全 世 界 无 产 者，联 合 起 来！

列宁全集

第二版增订版

第一卷

1893—1894年

中共中央 马克思 恩格斯 著作编译局编译
列 宁 斯大林

人民出版社

《列宁全集》第二版是根据中国共产党中央委员会的决定，由中共中央马克思恩格斯列宁斯大林著作编译局编译的。

凡　例

1. 正文和附录中的文献分别按写作或发表时间编排。在个别情况下，为了保持一部著作或一组文献的完整性和有机联系，编排顺序则作变通处理。

2. 每篇文献标题下括号内的写作或发表日期是编者加的。文献本身在开头已注明日期的，标题下不另列日期。

3. 1918年2月14日以前俄国通用俄历，这以后改用公历。两种历法所标日期，在1900年2月以前相差12天（如俄历为1日，公历为13日），从1900年3月起相差13天。编者加的日期，公历和俄历并用时，俄历在前，公历在后。

4. 目录中凡标有星花＊的标题，都是编者加的。

5. 在引文中尖括号〈　〉内的文字和标点符号是列宁加的。

6. 未说明是编者加的脚注为列宁的原注。

7.《人名索引》、《文献索引》条目按汉语拼音字母顺序排列。在《人名索引》条头括号内用黑体字排的是真姓名；在《文献索引》中，带方括号〔　〕的作者名、篇名、日期、地点等等，是编者加的。

《列宁全集》第二版增订版说明

　　《列宁全集》第二版增订版是马克思主义理论研究和建设工程的重点项目，由国家出版基金资助出版，旨在为深入学习和研究马克思列宁主义理论提供收文更完整、内容更丰富、译文更精审、资料更翔实的基础文本。现对这个版本的增补和修订情况作如下综合说明：

　　一、增订版在《列宁全集》第二版基础上增补了新文献。从1984年起，由中共中央编译局编译的《列宁全集》第二版陆续出版，1990年出齐，共60卷。这部全集收载列宁文献9000多件，总计约3000万字，是我国自行编辑的、在全世界各种列宁著作版本中收载文献最丰富的版本。全集出版后，我们又将新发现的列宁文献编为《列宁全集补遗》两卷。这些新文献对于全面深入地学习和研究列宁思想与实践活动具有重要价值，因此我们从《列宁全集补遗》辑录的文献中精选了44篇，按时间顺序分别编入《列宁全集》第二版的相应卷次，其中33篇收入正文，11篇收入附录，总计约20万字。为了便于读者查阅，我们在第1卷卷末刊出了《〈列宁全集〉第二版增订版新增文献一览表》，并在相关卷次的《前言》中对新增文献作了必要的说明。

　　二、增订版对《列宁全集》第二版正文和注释中出现的马克思恩格斯著作引文进行了全面校订。《列宁全集》第二版中引自马克思恩格斯著作的大量文字,均依据我局编译的《马克思恩格斯全集》第一版译文。自1995年起,《马克思恩格斯全集》第二版陆续问世,迄今已出版24卷;从2004年起,我们又编译了10卷本《马克思恩格斯文集》,这部文集于2009年作为马克思主义理论研究和建设工程重点项目出版。在编译这些新版马克思恩格斯著作的过程中,我们根据权威的外文版本,对《马克思恩格斯全集》第一版译文进行了校订,努力使译文更加贴切地反映经典作家的原意。本增订版根据上述最新版本的译文,对列宁著作中出现的马克思恩格斯著作引文进行了统一;同时,对未收入上述版本的列宁引文,也按照马克思恩格斯著作最新版本的编译标准逐条进行了审核和修订,以保证这些引文与今后将要问世的新版马克思恩格斯著作译文相统一。在这项工作中,我们既注意列宁引文与马克思恩格斯著作的一致性,又充分考虑列宁引证时的具体语境和逻辑思路。特别是对列宁自己翻译的引文,我们没有机械地照搬马克思恩格斯著作的中译文,而是进行了缜密的分析和对照,在用词和表述上保留了列宁的译法和风格。

　　三、增订版力求妥善解决和审慎处理《列宁全集》第二版各卷译文中的问题。《列宁全集》第二版的译文质量超过以往各种版本,在经典著作编译史上达到了新的水准。为了做到精益求精,我们重新校阅和仔细审读了各卷正文,在原有译文整体不变的前提下,只对文中存在的个别缺陷和瑕疵,包括语言表述、规范用字、标点符号、注码位置等方面的欠妥之处以及文字排印方面的疏忽错漏,作了认真修订和勘正。除此之外,我们还根据理论界的意见和建议,对列宁著作中出现的与马克思恩格斯著作相关联的一些重要概念和术语进行了分析和研究。列宁使用的理论概念和术语与马克思恩格斯著述中的相关表述在内涵上是一脉相承的,但在特定历史条件和文化背景下,列宁对某些理论概念和术语的运用和诠释又往往带有时代和民族的特征。鉴于这种情况,我们对相关译名逐一进行了研讨和审核,最终确定哪些译名在哪些场合必须与马克思恩格斯著作统一,哪些译名在特定情况下应当尊重列宁自己的表达方式,力求充分反映列宁著述的思想内涵和理论特色。

四、增订版修订和充实了《列宁全集》第二版各卷所附的资料。我们利用马克思主义理论研究和建设工程重点项目 5 卷本《列宁专题文集》的编辑成果,对各卷《前言》进行了修订,努力以更加准确简洁的语言阐明列宁著作的时代背景、理论要旨、历史地位和指导意义,帮助读者理解列宁思想的精髓及其对世界社会主义运动的理论贡献。我们根据最新研究成果,对列宁著作中涉及的重大历史事件、重要历史人物以及各种政党组织、社会思潮、学术流派和理论著作的评价问题进行了研讨;在此基础上,对注释、人名索引和列宁生平大事年表中的重要提法进行了审核,对一些涉及史实的释文作了必要的补正,对各卷的通用注释、人物小传和文献索引进行了统一,以保证评价的科学性和表述的准确性,同时兼顾与马克思恩格斯著作中相关论述和资料的一致性。

五、增订版沿用《列宁全集》第二版的编辑体例和技术规格。整部全集仍由 60 卷组成,分为三大部分:第 1—43 卷为著作卷,第 44—53 卷为书信卷,第 54—60 卷为笔记卷。各卷正文前面刊有编辑《凡例》和编者《前言》，正文后面附有注释、人名索引、文献索引和列宁生平大事年表。增订版各卷的插图，仍采用《列宁全集》第二版的编排方式。

中共中央 马克思　恩格斯 著作编译局
　　　　 列　宁　斯大林
2013 年 12 月

《列宁全集》第二版编辑说明

《列宁全集》第二版是根据中国共产党中央委员会的决定,由中共中央马克思恩格斯列宁斯大林著作编译局编译的。

伟大的无产阶级革命导师列宁和俄国布尔什维克党把马克思主义的普遍真理同帝国主义时代世界形势的最新发展,同俄国的具体实际结合起来,使社会主义革命首先在一个经济和文化比较落后的国家获得胜利,并对俄国社会主义革命和社会主义建设的经验作了理论概括,形成了列宁主义。列宁主义是马克思主义的继续和发展,它在哲学、政治经济学、科学社会主义这三个方面,对马克思主义的理论宝库作出了伟大的贡献。马克思列宁主义是真正科学的世界观,它为全世界无产阶级和进步人类提供了认识世界和改造世界最强大的思想武器。马克思列宁主义的普遍真理同中国的具体实际相结合,是中国共产党领导全国人民在长期革命斗争和建设事业中取得胜利的一条基本历史经验。在新的历史时期,要把我国建设成为具有高度文明和高度民主的现代化社会主义国家,同样必须坚持和发展马克思列宁主义,这就要求我们必须认真地系统地学习和研究马克思列宁主义。因此,编译出版一部文献更加丰富、译文更加准确、资料更加充实的《列宁全集》,具有重要意义。

《列宁全集》第一版是依照苏联编辑的《列宁全集》俄文第四版第1—39卷译出的,除最后一卷外,其余各卷都是在1955—1959年出版的。第一版问世20多年来对我国人民学习和研究马克思列宁主义起了很大作用。但这一版也有不足之处,这就是:大量的列宁文献没有收录在内;译文还不够完善;各卷的参考资料种类少,内容过于简略。

《列宁全集》第二版以《列宁全集》俄文第五版为基础并增收《列宁文集》俄文版中的部分文献编辑而成。这部全集共60卷,分三大部分:第1—43卷为著作卷,第44—53卷为书信卷,第54—60卷为笔记卷。本版全集收载列宁文献9 000多件,同第一版相比,文献篇幅增加三分之一以上。

著作卷部分新增加的文献有文章、报告、决议草案、批示、指示、命令以及未写成或未找到正式文献的各种提纲和草稿等等。有些文献形式上属于书信类,但具有独立著述的性质或涉及重大的方针政策,也编入著作卷。

书信卷部分同第一版相比,文献数量增加最多,其中大量的是十月革命后有关国务活动的函电,内容涉及国家政权建设、经济建设、党的建设、科学文化、对外关系和国际共产主义运动等各个方面。

笔记卷部分收辑了列宁为研究某些专题所作的文献资料的摘录、提要和批注等等,如《哲学笔记》、《关于帝国主义的笔记》、《土地问题笔记》、《〈俄国资本主义的发展〉准备材料》等。

大部分著作卷和书信卷都有附录。编入著作卷附录的有本卷某些正式文献的提纲和草稿、有关的笔记和批语,还有同列宁著作直接有关的党的重要文献和涉及列宁生平事业的材料等。编入书信卷附录的是一些由列宁签署或与其他人共同签署,但不能确定是列宁草拟、口授或审定的函电。

本版的全部译文都依据最新版本的原文重新作过校订。

各卷有编者写的前言,介绍该卷所收文献的写作背景和主要内容。书后附有资料性的注释、简介人物的人名索引、列宁引用和提到的文献资料的索引、记述列宁主要实践活动和理论活动的年表。

中共中央 马克思 恩格斯 著作编译局
列　宁 斯大林

1984 年 3 月

目　　录

附　　录

插　图

前　言

　　本卷收载列宁在革命活动初期即 1893 年至 1894 年所写的著作。

　　列宁开始革命活动是在 19 世纪 80 年代末。当时的俄国已经是一个资本主义国家,城乡经济生活都已纳入资本主义的轨道,但经济发展水平还落后于欧洲其他许多国家。1861 年宣布废除农奴制,对俄国资本主义的发展起了促进作用,但沙皇专制制度原封未动,农奴制经济关系的残余还大量存在,严重地阻碍着经济的发展和社会的进步。随着大工业的发展,工人阶级人数激增,而且比较集中。工人与资本家的阶级对抗日益加剧,工人阶级维护自身经济利益的运动蓬勃兴起,罢工斗争接连不断。工人运动在当时还缺乏组织,缺乏科学社会主义思想的指导,基本上是自发的。在农村,资本主义商品经济的发展导致村社的解体,引起深刻的阶级分化;出现了农村资产阶级和无产阶级,即富农和雇农。广大贫苦农民身受资本主义和农奴制残余的双重压迫。

　　普列汉诺夫于 1883 年创立的劳动解放社,为马克思主义在俄国的传播作了重要贡献,在理论上为俄国社会民主党奠定了基础,向着工人运动跨出了第一步。但当时的马克思主义宣传还局限于同工人运动缺乏联系的秘密小组,马克思主义并没有同工人运动真正结合起来。在俄国先进工人和倾向革命的知识分子中广为流行的民粹主义思想,受到普列汉诺夫等人的有力批判,但其影响远未肃清。80年代至90年代的自由主义民粹派,抛弃了旧民粹主义的革命纲领,走上与沙皇政府妥协的道路,利用手中的合法刊物,攻击马克思主义,挑起同俄国社会民主党人的论战。自由主义民粹主义成了妨碍马克思主义和俄国工人运动相结合的主要思想障碍。与此同时,俄国知识界还出现了一种披着马克思主义外衣的资产阶级思潮,即所谓合法马克思主义。这是国际修正主义思潮在俄国的萌芽。合法马克思主义者从马克思主义中采纳了某些能为资产阶级接受的论点,打着客观主义的旗号,极力颂扬资本主义。

在本卷所收的著作中,列宁用马克思主义的立场、观点和方法分析了俄国现实的社会经济制度,阐明了俄国资本主义发展的规律和特点,提出了建立无产阶级革命政党的任务,指明了俄国革命发展的道路,对自由主义民粹主义和合法马克思主义作了深刻的批判。

卷首的《农民生活中新的经济变动》一文是至今发现的最早的列宁著作,写于1893年春。列宁在文中评介了波斯特尼柯夫的《南俄农民经济》一书,对作者用分类考察而不是依据平均数字来研究俄国农民经济的方法予以肯定,同时也指出了作者观点的局限性和方法论上的错误。作者看到了农民经济状况的"多样性",承认各类农户之间存在着经济"悬殊"和"经济利益的斗争",但注意的是量的差别,而不是质的不同,因而没有按经营的性质来划分农户类别,看不到村社农民中间"直接的剥削"关系,忽视了农民经济的一切变动都是在资本主义商品经济的总背景下发生的。列宁利用该书中的丰富资料,对俄国农民经济的现实状况作了深刻的马克思主义的分析，揭示了俄国农业资本主义发展的形式和过程。他证明：商品经济已占统治地位，村社农民已分化为农村资产阶级和无产阶级，中农则是经济上不稳固的阶层。列宁的科学论证粉碎了民粹派认为村社农民未被资本主义触动、村社可以作为社会主义基础的谬论。

《论所谓市场问题》一文用马克思的经济理论分析了俄国的经济制度。市场问题曾是俄国马克思主义者和民粹派争论的焦点之一。当时有一种流行的民粹派观点认为，由于人民大众日益贫穷，市场有完全停闭的趋势，资本主义不可能充分发展，并且由此得出资本主义在俄国没有根基的结论。列宁详尽地描述了社会分工使自然经济转化为商品经济、进而转化为资本主义经济的过程，并且说明了这一经济演进过程同市场的关系。列宁指出"市场不过是商品经济中社会分工的表现，因而它也和分工一样能够无止境地发展"（见本卷第81页），人民大众的贫穷并不构成资本主义发展的障碍，反而是资本主义发展的表现和条件。

列宁还批判了《市场问题》一文的作者格·波·克拉辛的错误。克拉辛引述了《资本论》关于社会总资本再生产过程中两大部类之间交换的公式，却得出第一部类的积累不依赖消费品生产的错误结论。列宁在纠正这一错误时指出，作者忽略了技术进步的因素，如果把这一因素纳入马克思的公式，那就可以得出一个唯一正确的结论："**在资本主义社会中，生产资料的生产比消费资料的生产增长得快。**"（见本卷第67页）此外，列宁还批判了克拉辛提出的在资本主义生产方式囊括全国各个经济领域之后，资本主义的发展完全依赖国外市场的论点，说明这种论点与民粹派的观点完全一致。

《什么是"人民之友"以及他们如何攻击社会民主党人?(答〈俄国财富〉杂志反对马克思主义者的几篇文章)》是列宁批驳俄国自由主义民粹派观点、捍卫马克思主义科学世界观的重要著作。

1893年年底开始,自由主义民粹派的主要代表尼·康·米海洛夫斯基、谢·尼·尤沙柯夫和谢·尼·克里文柯等人在他们公开出版的《俄国财富》杂志上肆意攻击马克思主义和社会民主党人。以"人民之友"自居的自由主义民粹派,成了反对马克思主义和俄国无产阶级革命运动的人民之敌。为了回击自由主义民粹派对马克思主义的进攻,系统阐述马克思主义的科学世界观,列宁写了这部著作,全书总共分为三编。

列宁在第一编中批判了米海洛夫斯基的唯心史观和社会学中的主观方法,深刻地阐释了历史唯物主义和唯物辩证法的基本原理。以米海洛夫斯基为代表的主观社会学家把他们臆想的所谓"一般社会"作为研究对象,把是否合乎抽象的"人的本性"作为判断社会现象的标准,认为"社会学的根本任务是阐明那些使人的本性的这种或那种需要得到满足的社会条件"(见本卷第107页)。他从唯心主义立场和观点出发,把攻击的矛头直接指向马克思创立的唯物主义历史观,甚至妄言马克思在《资本论》中根本没有阐述唯物主义历史观。列宁驳斥了米海洛夫斯基的粗暴歪曲,指出:马克思在《资本论》中摒弃了主观社会学关于"一般社会"的抽象议论,而对现实的资本主义社会作了科学分析,"把经济的社会形态的发展理解为一种自然历史过程"(见本卷第106页),这一科学结论"从根本上摧毁了这种以社会学自命的幼稚说教"(见本卷第107页)。列宁进一步阐发了这一科学结论的历史唯物主义内涵,指出马克思得出这一科学结论所使用的方法,"就是从社会生活的

各种领域中划分出经济领域,从一切社会关系中划分出**生产关系**,
即决定其余一切关系的基本的原始的关系"(见本卷第 107 页)。
马克思"把社会关系分成物质的社会关系和思想的社会关系。思
想的社会关系不过是物质的社会关系的上层建筑,而物质的社会
关系是不以人的意志和意识为转移而形成的,是人维持生存的活
动的(结果)形式"(见本卷第 120—121 页)。列宁还强调,马克思
的社会经济形态理论包含着一个极为重要的唯物主义观点,那就
是:社会物质生产力是社会历史发展的决定性因素。他指出:"只
有把社会关系归结于生产关系,把生产关系归结于生产力的水
平,才能有可靠的根据把社会形态的发展看做自然历史过程。"
(见本卷第 110 页)列宁认为,马克思的社会经济形态理论揭示
了社会发展的规律性,抓住了复杂的社会现象中的主要东
西——生产关系,只要分析了生产关系,就可以发现"各国社会
现象中的重复性和常规性"(见本卷第 109—110 页),也就是各
个国家历史发展的共同规律性。列宁对马克思的社会经济形态
理论给予了高度评价。他说:"达尔文推翻了那种把动植物物种
看做彼此毫无联系的、偶然的、'神造的'、不变的东西的观点,探
明了物种的变异性和承续性,第一次把生物学放在完全科学的基
础之上。同样,马克思也推翻了那种把社会看做可按长官意志(或
者说按社会意志和政府意志,反正都一样)随便改变的、偶然产生
和变化的、机械的个人结合体的观点,探明了作为一定生产关系总
和的社会经济形态这个概念,探明了这种形态的发展是自然历史
过程,从而第一次把社会学放在科学的基础之上。"(见本卷第
111—112 页)

　　米海洛夫斯基歪曲和攻击历史发展的必然性思想,硬说历史

发展的必然性使社会活动家成为"被动者"，成为"被历史必然性的内在规律从神秘的暗窖里牵出来的傀儡"（见本卷第 128 页）。列宁驳斥了这种歪曲和攻击，阐明了历史发展的必然性与个人在历史上的作用之间的辩证关系，指出："决定论思想确认人的行为的必然性，摒弃所谓意志自由的荒唐的神话，但丝毫不消灭人的理性、人的良心以及对人的行动的评价。恰巧相反，只有根据决定论的观点，才能作出严格正确的评价，而不致把什么都推到自由意志上去。同样，历史必然性的思想也丝毫不损害个人在历史上的作用：全部历史正是由那些无疑是活动家的个人的行动构成的。"（见本卷第 129 页）列宁同时阐明了个人的社会活动取得成功的条件，指出：社会活动家必须认清社会制度的本质及其发展规律，俄国的经济制度决定了俄国社会已是资产阶级社会，摆脱这个社会只能有一条从资产阶级制度本质中必然产生的出路，那就是无产阶级反对资产阶级的斗争；以实现社会主义为目标的活动必须吸引广大劳动群众参加才能取得成功。

　　米海洛夫斯基还把马克思在《资本论》中使用的辩证方法曲解为套用黑格尔的"三段式"。列宁揭露说：这种说法是荒谬的，黑格尔的辩证法是唯心主义辩证法，黑格尔认为观念发展的三段式决定现实的发展，而马克思的辩证法是唯物主义辩证法，是揭示现实世界发展变化规律的科学方法。列宁指出："马克思和恩格斯称之为辩证方法（它与形而上学方法相反）的，不是别的，正是社会学中的科学方法，这个方法把社会看做处在不断发展中的活的机体（而不是机械地结合起来因而可以把各种社会要素随便配搭起来的一种什么东西），要研究这个机体，就必须客观地分析组成该社会形态的生产关系，研究该社会形态的活动规律和发展规律。"（见本卷

第 135 页)

在第二编中，列宁剖析了自由主义民粹派经济学家尤沙柯夫等人的经济理论。这一编至今没有找到。

在第三编中，列宁批判了自由主义民粹派的经济政策和政治纲领。19 世纪 90 年代，自由主义民粹派已经无法否认俄国资本主义的存在，但他们认为，资本主义是"人为地"培植起来的，而"人民生产"即小农经济和手工业是"自然地产生的"，是和资本主义对立的经济，农村劳动群众遭受剥削只不过是政策造成的"缺陷"，因此，他们祈求政府采取措施"保护经济上的弱者"，并把国家看成凌驾于一切阶级之上的实施"改革"的工具。列宁对这些谬论进行了有力的批驳，他指出，只要看看现实的农村和现实的农村经济，就"可以看到受市场调节的社会经济组织所具有的种种现象：可以看到那些曾经是平等的宗法式的直接生产者在分化为富人和穷人，可以看到**资本**特别是商业**资本**的产生，它给劳动者布下天罗地网，吸吮他们的全部脂膏"（见本卷第 201 页）。"人民之友"只要公正而认真地研究这些情况，"就会看出资本主义分化的情况是如此明显，'人民制度'的神话就不攻自破了"（见本卷第 201 页）。列宁用确凿的事实雄辩地证明，在俄国，资本主义是商品生产的必然结果，无论在农业还是手工业中，资本主义生产关系都已占优势，不过是处于较低的发展阶段，这种生产关系是劳动群众受奴役的根本原因。列宁揭露了自由主义民粹派纲领的反动实质：它抹杀农村中的阶级对抗，祈求政府采取温和的改良措施，企图以此引诱被剥削劳动群众放弃斗争，使半农奴制半自由的经济制度永恒化；"民粹主义已经堕落为最平庸的小资产阶级激进主义的理论，'人民之友'就是这种堕落的非常明显的例证。"（见本卷第 257 页）

　　列宁在批判自由主义民粹派的同时,论证了社会民主党人的基本纲领和策略:"社会民主党人的政治活动是要协助俄国工人运动发展和组织起来,把工人运动从目前这种分散的、缺乏指导思想的抗议、'骚动'和罢工的状态,改造成**整个**俄国工人**阶级**的有组织的斗争,其目的在于推翻资产阶级制度,剥夺剥夺者,消灭以压迫劳动者为基础的社会制度。"(见本卷第262—263页)列宁强调指出:俄国工人阶级是俄国全体被剥削劳动群众唯一的和天然的代表,是推翻沙皇专制制度和资本统治的整个解放运动的领导力量。列宁坚信:只要社会民主党人领会了科学社会主义思想,领会了关于俄国工人的历史使命的思想,使这些思想得到广泛传播并在工人中间建立坚固的组织,把现时工人分散的经济斗争变成自觉的阶级斗争,"**俄国工人**就会起来率领一切民主分子去推翻专制制度,并引导**俄国无产阶级**(和**全世界无产阶级并肩地**)**循着公开政治斗争的大道走向胜利的共产主义革命**"(见本卷第264页)。

　　在本书的附录部分,列宁还揭露了自由派和激进派对马克思主义的阉割和曲解,阐明了马克思主义的批判的和革命的本质,指出马克思主义理论对世界各国社会主义者所具有的不可遏止的吸引力,就在于它把严格的和高度的科学性同革命性结合起来。

　　《民粹主义的经济内容及其在司徒卢威先生的书中受到的批评》是列宁批判合法马克思主义的代表作,也是他以后写《俄国资本主义的发展》等著作的基础。列宁将这篇文章收入《十二年来》文集时,加了一个副标题:《马克思主义在资产阶级著作中的反映》。

　　司徒卢威在《俄国经济发展问题的评述》一书中对民粹主义作

了系统的批判，并且声称他在若干问题上赞同马克思主义观点，但是丝毫不受马克思主义学说的"约束"。为了揭露司徒卢威对民粹主义的批评在哪些地方背离了马克思主义，列宁在第一章中把马克思主义观点和民粹主义观点作了对照，逐段评述了集中反映70年代民粹派观点的《人民园地上的新苗》一文。在这一章和以后三章中，列宁用马克思主义观点分析批判了民粹主义的社会学观点、经济观点和政治纲领，揭露了民粹主义的阶级实质。列宁指出，民粹主义是从小生产者的立场来反对农奴制度和资产阶级制度的，民粹派是小生产者的利益和观点的代表。对待民粹派的纲领，列宁采取分析的态度，对其反动的、空想的内容作了尖锐的批判，同时也肯定它的某些反对中世纪制度的条文作为民主主义的要求所具有的进步意义。

司徒卢威对民粹主义的批评却是从客观主义立场出发，只是描述资本主义发展过程的"历史必然性和合理性"，故意抹杀这一过程带来的阶级对抗，避而不谈民粹派的阶级实质，对民粹派纲领持全盘否定态度，主张支持富农，要使俄国从贫穷的资本主义国家变成富强的资本主义国家。列宁详尽地分析批判了司徒卢威的错误立场，表述了哲学党性原则的一个重要方面。列宁指出："唯物主义本身包含有所谓党性，要求在对事变作任何评价时都必须直率而公开地站到一定社会集团的立场上。"（见本卷第363页）司徒卢威抹杀现实的阶级矛盾，赞颂资本主义，客观上是在为资产阶级效劳。此外，列宁还揭露和批判了司徒卢威在国家、人口过剩、国内市场等问题上背离马克思主义的观点。

列宁的这几篇早期著作证明，年轻的列宁对马克思主义不但有深刻的研究，而且善于把马克思主义的普遍原理创造性地运用于俄国的具体实际,为俄国社会民主党人指明了奋斗目标和历史任务。

在本增订版中,本卷文献比《列宁全集》第2版相应时期所收文献增加1篇,即反映列宁早期革命实践活动的《调查提纲》,编入本卷的附录部分。

弗·伊·列宁

（1891 年）

1893年列宁《农民生活中新的经济变动》手稿第1页

（按原稿缩小）

农民生活中新的经济变动

评弗·叶·波斯特尼柯夫《南俄农民经济》一书[1]

(1893 年春)

一

两年前出版的弗·叶·波斯特尼柯夫《南俄农民经济》一书(1891 年莫斯科版,XXXII 页＋391 页)极为详尽周密地描述了塔夫利达、赫尔松和叶卡捷琳诺斯拉夫三省的农民经济,主要是描述了塔夫利达省内陆(北部)各县的农民经济。这一描述所根据的,第一(也是主要的),是上述三省地方自治局统计机关的调查材料;第二,是作者个人的观察,其中一部分是执行公务[①]时进行的,一部分是 1887—1890 年专为研究农民经济而进行的。

把地方自治局统计机关对整个地区的调查材料汇总成一个完整的东西,并以系统的形式叙述调查的结果,这种尝试本身就有很大的意义,因为地方自治局的统计[2]提供了丰富的而且非常详尽的关于农民经济状况的材料,但提供的方式却使这些调查材料对公众几乎没有什么用处:地方自治局的统计汇编是整卷整卷的表格(通常是一县一卷),单把这些表格汇总成相当大而清楚的项目,

---

① 作者曾任塔夫利达省规划官地的官吏。

就要专门下一番工夫。把地方自治局的统计资料加以汇总和整理，早就感到有必要了。为了这个目的，最近在进行《地方自治局统计总结》的出版工作。其出版计划如下：选择某一个能说明农民经济的局部问题，然后专门研究如何把地方自治局统计中有关这一问题的全部资料汇总起来；把关于俄国南部黑土地带和北部非黑土地带的资料、关于纯粹农业省份和手工业省份的资料合并在一起。已出版的两卷《总结》就是按这个计划编成的；第1卷专谈"农民村社"（瓦·沃·），第2卷专谈"农民的非份地租地"（尼·卡雷舍夫）[3]。这种汇总方法的正确性是值得怀疑的，因为这样来汇总，第一，不得不把具有不同经济条件的不同经济区域的资料汇总在一起（同时，由于地方自治局的调查没有完结并漏掉许多县份，要分别说明各个区域非常困难，在第2卷《总结》中已出现这种困难，卡雷舍夫试图把地方自治局统计中的现有资料分别归入各个不同的地区，但没有成功）；第二，不得不单独描述农民经济的某一方面而不涉及其他方面，——这是完全不可能的；不得不把某个问题人为地割裂开，这就丧失了概念的完整性。卡雷舍夫把农民非份地租地同份地租地、同农民的经济分类和播种面积方面的总的资料割裂开。非份地租地仅仅被看做农民经济的一部分，其实这种租地往往是私有经济的特殊经营方式。因此，按经济条件相同的一定地区来汇总地方自治局的统计资料，在我看来是更可取的。

关于用什么方法来汇总地方自治局统计机关的调查材料才比较正确，我是顺便谈谈自己的想法，这种想法是我把《总结》和波斯特尼柯夫的书相比较时产生的，然而我应当声明：波斯特尼柯夫本来就没有打算**汇总**，因为他把数字资料推到次要地位，而一心注意描述的完备和鲜明。

　　作者在自己的描述中,对经济性质的、行政法律性质的(土地占有形式)和技术性质的问题(地界问题;经营制度;收获量)几乎予以同样注意,但他打算把第一类问题放在首要地位。

　　波斯特尼柯夫先生在序言中说:"应当承认,我对农民经济的技术本来可以多注意一些,但我没有这样做,因为在我看来,经济性质的条件在农民经济中比技术起着更重要的作用。我国书刊……往往忽视经济方面…… 很少注意研究根本的经济问题,而对我国农民经济说来,根本的经济问题就是土地问题和地界问题。本书以较多篇幅说明的正是这两个问题,特别是土地问题。"(序言第 IX 页)

　　我完全同意作者关于经济问题和技术问题孰轻孰重的见解,因此,在本文中,我只打算对波斯特尼柯夫先生著作中从政治经济学方面研究农民经济的那一部分加以论述①。

　　作者在序言中对这一研究的要点说明如下:

　　"近来在农民耕作业中出现的大量使用机器的现象和富裕农民经营规模的显著扩大,使我国农业生活进入新的阶段,而今年艰难的经济条件无疑地将给这一阶段的发展以新的刺激。随着经营规模的扩大和机器的使用,农民劳动生产率和家庭劳动能力大大提高,但这一点在确定每一农民家庭所能耕种的土地面积时一直是被忽视的……

　　农民经济中使用机器引起了生活上的重大变化:缩减了农业

---

　　①　这种论述我觉得不是多余的,因为波斯特尼柯夫先生的这本书是近年来我国经济文献中最杰出的著作之一,但几乎一直没有被人注意。部分原因也许是由于作者虽然承认经济问题很重要,但把这些问题论述得过于琐碎,并且由于掺杂着其他问题的细节而使这种论述累赘不堪。

对人手的需求,使农民更锐敏地感到我国存在着农业人口过剩的现象,促使那些在村里显得多余的家庭增多起来,它们必须外出做零工,实际上成为无地户。同时,农民经济中采用大机器使农民的生活水平在现有的耕作方法和粗放的条件下达到了以前想都想不到的高度。这种情况是农民生活中新的经济变动之所以有力量的保证。本书的首要任务就是指出并阐明南俄农民中的这种变动。"(序言第 X 页)

在叙述作者认为这些新的经济变动表现在哪里之前,我应该再附带说明两点:

第一,上面已经指出,波斯特尼柯夫披露了关于赫尔松省、叶卡捷琳诺斯拉夫省和塔夫利达省的资料,但是比较详细的只有最后一省的资料,而且也不是有关全省的,因为作者没有提供经济条件略微不同的克里木的资料,而仅限于塔夫利达省北部别尔江斯克、梅利托波尔和第聂伯罗夫斯克三个内陆县。我要引用的也只是这三县的资料。

第二,塔夫利达省的居民除俄罗斯人外,还有德意志人和保加利亚人,不过他们的人数和俄罗斯人比较起来是不多的:在第聂伯罗夫斯克县的 19 586 户中,德意志移民为 113 户,即仅占 0.6%。在梅利托波尔县的 34 978 户中,德意志人和保加利亚人为(1 874+285=)2 159 户,即占 6.1%。最后,在别尔江斯克县的 28 794 户中 7 224 户,即占 25%。在三县的 83 358 户中,移民总共为 9 496 户,即约占$\frac{1}{9}$。因此,总的说来,移民人数很少,而在第聂伯罗夫斯克县更是微不足道。作者总是把移民的经济同俄罗斯人的经济分开而加以详细的描述。我则撇开所有这些描述,仅限于研究俄罗斯农民的经济。诚然,数字资料是把俄罗斯人同德意志人合在一起的，但后者为数不多，加进他们也改变不了总的对比关系，所以完全可以根据这些资料来说明俄罗斯农民的经济。塔夫利达省的俄罗斯人是近30年迁居到这一边疆区的，他们和其他俄罗斯省份农民不同的只是比较富裕而已。这个地方的村社土地占有制，照作者的说法，是"典型的和稳定的"①。总之，把移民除外，塔夫利达省的农民经济和一般类型的俄罗斯农民经济是没有任何根本区别的。

二

波斯特尼柯夫说："现时在任何一个较大的南俄村庄（大概对俄国大部分地方都可以这样说），各类居民的经济状况都是极不相同的，很难把一个村庄作为一个整体来谈它的生活水平，并用平均数字来说明这种生活水平。这种平均数字虽能指出农民经济生活中某些一般的决定条件，但丝毫不能说明现实中经济现象的多样性。"（第106页）

稍后，波斯特尼柯夫说得更肯定了。

他说："经济生活水平的不同使人极难解答居民一般是否富裕的问题。匆匆走过塔夫利达省的大村庄的人，常常作出当地农民甚为富裕的结论；但如果一个村庄的农民有一半是富人，而另一半经常穷困，这个村庄可以称为富裕的村庄吗？究竟应该用什么标志来确定一个村庄比较富裕或不太富裕呢？在这里，说明全村或

① 只有5个村庄存在着个体农户土地占有制。

全区居民境况的平均数字显然不足以断定农民的富裕程度。要判断它，只能根据许多资料的总和，**并把居民加以分类**。"（第154页）

也许有人觉得确认农民中间的这种分化并不是什么新鲜事情，因为差不多每篇谈论农民经济的文章都提到了这一点。但问题在于人们提到这个事实时总是不重视它的意义，认为它是无关紧要的，甚至是偶然的，认为谈农民经济类型时可以用平均数字加以说明，人们总是讨论各种实际措施对全体农民的意义。从波斯特尼柯夫的书中可以看出他是反对这种观点的。他指出（而且不止一次）"村社内各个农户的经济状况有很大的不同"（第323页），并反对"把农民村社看做某种单一的整体的倾向，而直到现在我国城市知识分子对村社还是这样看的"（第351页）。他说："最近十年地方自治局统计机关的调查材料说明，我国的村社决不是我们70年代的政论家所想象那样的单一体，近几十年来，村社的居民已分化为几类，其经济富裕程度十分悬殊。"（第323页）

波斯特尼柯夫以散见全书的大量资料证实自己的见解，现在我们应当把所有这些资料系统地汇总起来，检验一下这种见解是否正确，并对下列问题作出回答：究竟谁说得对，是把农民看做某种单一体的"城市知识分子"呢，还是断言农民有很大的不同的波斯特尼柯夫？其次，这种不同究竟达到了怎样的程度？它是否已使我们不能仅仅根据平均数字就从政治经济学角度对农民经济作出总的评述？它是否能够改变实际措施对各类农民所起的作用和影响？

在引用可以提供解决这些问题的材料的数字以前，必须指出，所有这类资料全是由波斯特尼柯夫从塔夫利达省地方自治局统计汇编中摘引来的。最初地方自治局统计机关进行调查时，只收集了各村社的资料,没有收集关于每一农户的资料。但他们很快发觉这些农户在财产状况方面的差别,便进行了按户调查——这是更深入地研究农民经济状况的第一步。下一步就是编制综合表:统计人员确信村社[4]内部农民在财产方面的差别比农民在法律地位方面的差别更大,于是把农民经济状况的全部指标按照一定的财产差别分类,例如按照每户的播种面积、役畜头数、份地耕地数量等等分类。

　　塔夫利达省地方自治局统计机关是按照播种面积把农民分类的。波斯特尼柯夫认为这种分类法"是成功的"(第 XII 页),因为"在塔夫利达省各县的经济条件下,播种面积是农民生活水平的最重要标志"(第 XII 页)。波斯特尼柯夫说:"在南俄草原边疆区,农民的各种非农业性质的副业目前还不大发达,现在极大多数的农村居民主要是从事以种植谷物为主的耕作业。""地方自治局的统计表明,塔夫利达省北部各县只有 7.6% 的本地农村居民纯粹从事副业,还有 16.3% 的居民除自己的耕作业外兼营副业。"(第 108页)事实上,按照播种面积分类,就是对俄国其他地区来说,也比地方自治局统计人员所采用的按其他标准(例如按照每户份地或份地耕地的亩数)分类的办法正确得多。一方面,份地数量不能直接说明农户的殷实程度,因为份地面积取决于家庭的登记丁口[5]数或现有的男性人数,它对户主的殷实程度只有间接的依存关系,其次,因为农民也许不使用份地,将其出租,并且由于没有农具他也无法使用份地。另一方面,既然居民以务农为主,那就必须确定播种面积,以便统计生产,确定农民消费、购买和出卖的粮食数量,因为不弄清这些问题,农民经济的一个很重要的方面就搞不清楚,农业的性质以及它同外水比较起来意义如何等等也会模糊不清。最后,必须以播种面积作为分类的根据,才有可能把一户的经济同所谓农民土地占有标准和耕作标准相比较,同食物标准(Nahrungsfläche)和劳动标准(Arbeitsfläche)相比较。总之,根据播种面积分类不仅是成功的,而且是最好的和绝对必要的。

塔夫利达省的统计人员根据播种面积把农民分为六类:(1)不种地者;(2)种地不满5俄亩者;(3)种地5—10俄亩者;(4)种地10—25俄亩者;(5)种地25—50俄亩者;(6)种地超过50俄亩者。三县各类农户数目的对比情况如下:

农户类别	别尔江斯克县	梅利托波尔县	第聂伯罗夫斯克县	所有三县每户平均播种面积
	百分数	百分数	百分数	(单位俄亩)
不种地者	6	7.5	9	——
种地不满5俄亩者	12	11.5	11	3.5
种地5—10俄亩者	22	21	20	8
种地10—25俄亩者	38	39	41.8	16.4
种地25—50俄亩者	19	16.6	15.1	34.5
种地超过50俄亩者	3	4.4	3.1	75

把德意志人除外,总的对比(这些百分数指全体居民而言,包括德意志人在内)变化不大:例如作者认为塔夫利达省各县种地少者(种地不满10俄亩者)占40%,种地中等者(种地10—25俄亩者)占40%,种地多者占20%。德意志人不计算在内,最后一项数字降低$\frac{1}{6}$(即16.7%,只减少3.3%),而种地少者的数目则相应增加。

我们先从土地占有和土地使用情况来确定这些农民类别有多大的不同。

波斯特尼柯夫列出了这样一个表(作者没有计算表中所指出的三类土地的总数(第145页)):

农　民 类　别	每户平均耕地面积（单位俄亩）											
	别尔江斯克县				梅利托波尔县				第聂伯罗夫斯克县			
	份地	购买地	租地	总计	份地	购买地	租地	总计	份地	购买地	租地	总计
不　种　地　者	6.8	3.1	0.09	10	8.7	0.7	—	9.4	6.4	0.9	0.1	7.4
种地不满5俄亩者	6.9	0.7	0.4	8.0	7.1	0.2	0.4	7.7	5.5	0.04	0.6	6.1
种地5—10俄亩者	9	—	1.1	10.1	9	0.2	1.4	10.6	8.7	0.05	1.6	10.3
种地10—25俄亩者	14.1	0.6	4	18.7	12.8	0.3	4.5	17.6	12.5	0.6	5.8	18.9
种地25—50俄亩者	27.6	2.1	9.8	39.5	23.5	1.5	13.4	38.4	16.6	2.3	17.4	36.3
种地超过50俄亩者	36.7	31.3	48.4	116.4	36.2	21.3	42.5	100	17.4	30	44	91.4
全　　县	14.8	1.6	5	21.4	14.1	1.4	6.7	22.2	11.2	1.7	7.0	19.9

　　波斯特尼柯夫说："这些数字表明,塔夫利达省各县比较富裕的农民不仅使用大量份地（这可能是由于家庭人口多）,同时他们也是买地最多租地最多的人。"（第146页）

　　不过我认为关于这个问题应该指出一点,份地从下等户到上等户的依次递增,不能**完全**用家庭人口递增来解释。波斯特尼柯夫提供了下表来说明三县各类农民的家庭人口:

	每　户　平　均					
	别尔江斯克县		梅利托波尔县		第聂伯罗夫斯克县	
	男女人口	劳动力	人　口	劳动力	人　口	劳动力
不种地者	4.5	0.9	4.1	0.9	4.6	1
种地不满5俄亩者	4.9	1.1	4.6	1	4.9	1.1
种地5—10俄亩者	5.6	1.2	5.3	1.2	5.4	1.2
种地10—25俄亩者	7.1	1.6	6.8	1.5	6.3	1.4
种地25—50俄亩者	8.2	1.8	8.6	1.9	8.2	1.9
种地超过50俄亩者	10.6	2.3	10.8	2.3	10.1	2.3
全　　县	6.6	1.5	6.5	1.5	6.2	1.4

从上表可以看出，从下等户到上等户每户份地数量的增加，比男女人数和劳动力数量的增加快得多。我们以第聂伯罗夫斯克县下等户的数字作为 100 来说明这一点：

	份地	劳动力	男女人口
不种地者	100	100	100
种地不满 5 俄亩者	86	110	106
种地 5—10 俄亩者	136	120	117
种地 10—25 俄亩者	195	140	137
种地 25—50 俄亩者	259	190	178
种地超过 50 俄亩者	272	230	219

显然，除家庭人口外，每户的殷实程度也是决定份地数量的因素。

我们研究各类农民购买地数量的资料时可以看出，购买土地的几乎都是种地超过 25 俄亩的上等户，其中主要是每户种地 75 俄亩的最大的耕作者。可见，购买地的资料完全证实了波斯特尼柯夫关于农民有不同的类别的看法。例如作者在第 147 页上谈到"塔夫利达省各县农民购买了 96 146 俄亩土地"时所引证的资料就根本不能说明问题，因为这些土地几乎全部掌握在占有份地最多的区区少数人手中，即掌握在波斯特尼柯夫所说的"富裕"农民手中，而这些农民不超过人口的 $\frac{1}{5}$。

关于租地也必须这样说。上表中的租地一项包括份地的和非份地的租地。可以看出，租地面积完全随农民富裕程度的提高而相应地扩大，因此，一个农民自己占有的土地愈多，他租进的土地也愈多，从而也就剥夺了最贫苦户所需要的土地面积。

必须指出，这是全俄国的普遍现象。卡雷舍夫教授总结了俄国各地（只要那里有地方自治局统计机关的调查材料）农民非份地的租地情况，并把租地面积和租地户的富裕程度之间的直接依存关系表述成为一条普遍规律①。

其次,波斯特尼柯夫还提供了更详细的关于租地(非份地的和份地的均在内)分配的数字,现在我把这些数字引证如下:

	别尔江斯克县			梅利托波尔县			第聂伯罗夫斯克县		
	租地户的百分数	每一租地户所租耕地	每俄亩租价	租地户的百分数	每一租地户所租耕地	每俄亩租价	租地户的百分数	每一租地户所租耕地	每俄亩租价
种地不满 5 俄亩者	18.7	2.1	11	14.4	3	5.50	25	2.4	15.25
种地 5—10 俄亩者	33.6	3.2	9.20	34.8	4.1	5.52	42	3.9	12
种地 10—25 俄亩者	57	7	7.65	59.3	7.5	5.74	69	8.5	4.75
种地 25—50 俄亩者	60.6	16.1	6.80	80.5	16.9	6.30	88	20	3.75
种地超过 50 俄亩者	78.5	62	4.20	88.8	47.6	3.93	91	48.6	3.55
全 县	44.8	11.1	5.80	50	12.4	4.86	56.2	12.4	4.23

这里我们也可以看出,平均数字完全不能说明问题:因为我们说第聂伯罗夫斯克县有 56％的农民租种土地,这句话只能给人们一个关于这种租地的极不完全的概念,因为在自己土地不够的(下面将说到)各类农户中,租地户的百分数低得多,例如在第一类中只有 25％,而自己土地很多的上等户则几乎都租种土地(91％)。每一租地户所租土地在数量上的差别还更显著,例如上等户租的土地分别为下等户的 30 倍、15 倍、24 倍。显然,这也就改变了租地本身的性质,因为在上等户中这已是商业性的经营,而在下等户中这也许是由于极端贫困引起的。后一推测可以用租金方面的资料来证实:最低的几类付出的土地租金较高,有时竟比上等户付出的高 3 倍(在第聂伯罗夫斯克县)。这里必须提醒一点:租地愈少租金愈高并不是我国南部的特点,因为卡雷舍夫的著作证明这个

---

① 《根据地方自治局的统计资料所作的俄国经济调查总结》第 2 卷,尼·卡雷舍夫著《农民的非份地租地》1892 年多尔帕特版第 122、133 页及其他各页。

规律是普遍适用的。

波斯特尼柯夫谈到这些资料时说:"塔夫利达省各县租种土地的多半是拥有足够数量的份地耕地和私有耕地的富裕农民;非份地即离村较远的私有地和官地的租种更是这样。其实这也是很自然的事情,因为租种较远的土地要有足够数量的役畜,而这里不大富裕的农民连耕种自己份地所需的役畜也不足。"(第148 页)

不应该认为,上述租地分配情况,是由个人租种土地造成的。即使租种土地的是村团,情况也毫无改变,原因很简单,因为土地是按照同样的根据即"按照货币"来分配的。

波斯特尼柯夫说:"根据国家产业管理局清册,1890 年三县按照契约出租的 133 852 俄亩官地中,租给农民村团使用的可耕地有 84 756 俄亩,即占全部面积的 63% 左右。但是,农民村团租来的土地是由为数不多的户主而且多半是由富裕户主使用的。地方自治机关的按户调查十分明显地指出了这一事实"(第 150 页)[1]:
[见第 13 页表格。——编者注]

波斯特尼柯夫总结道:"可见第聂伯罗夫斯克县富裕农户使用了全部租地的 $\frac{1}{2}$ 以上,别尔江斯克县则在 $\frac{2}{3}$ 以上,而在租种官地最多的梅利托波尔县甚至占租地面积的 $\frac{4}{5}$ 以上。三县最贫苦农户(种地不满 10 俄亩者)一共只有 1 938 俄亩,即租地的 4% 左右。"(第 150 页)作者接着又提供了一连串的例子来说明村团租来的土地分配不均,但这些例子不必引用了。

---

[1]　波斯特尼柯夫并未列出下表的最后一项(三县总计)。他在表**6**下注明:"按照租地条件,农民只有权耕种租地的 $\frac{1}{3}$。"

农 民 类 别	别尔江斯克县			梅利托波尔县			第聂伯罗夫斯克县			三县总计			
	租地户数	租地面积（单位俄亩）	每一租地户租地面积	租地户数	租地面积（单位俄亩）	每一租地户租地面积	租地户数	租地面积（单位俄亩）	每一租地户租地面积	租地户数	租地面积（单位俄亩）	百分比	每一租地户租地面积
种地不满5俄亩者	39	66	1.7	24	383	16	20	62	3.1	83	511	1	6.1
种地 5—10俄亩者	227	400	1.8	159	776	4.8	58	251	4.3	444	1 427	3	3.2
种地 10—25俄亩者	687	2 642	3.8	707	4 569	6.4	338	1 500	4.4	1 732	8 711	20	5.0
种地 25—50俄亩者	387	3 755	9.7	672	8 564	12.7	186	1 056	5.7	1 245	13 375	30	10.7
种地超过50俄亩者	113	3 194	28.3	440	15 365	34.9	79	1 724	21.8	632	20 283	46	32.1
总 数	1 453	10 057	7	2 002	29 657	14.8	681	4 593	6.7	4 136	44 307	100	10.7

谈到波斯特尼柯夫关于租地决定于租地户的富裕程度的结论时，指出地方自治局统计人员的相反意见是极有意义的。

在书的开头，波斯特尼柯夫刊载了他的《论塔夫利达省、赫尔松省和叶卡捷琳诺斯拉夫省地方自治局的统计工作》一文（第 XI—XXXII 页）。文中他顺便研究了塔夫利达省地方自治机关在 1889 年出版的《塔夫利达省省志》，这本省志简短地总结了整个调查研究工作。波斯特尼柯夫在分析该书专论租地的一篇时说：

"地方自治局统计表明，在我国土地很多的南部和东部各省，除自己的大量份地外还租种相当多的土地的富裕农民占较大的百分数。这里经营的目的不仅为了满足家庭本身的需要，而且还为了得到一些盈余，一些收入，农民就是靠这种收入来修缮他们的建筑物、购置机器和添购土地。这种愿望是很自然的,而且不包含任何罪恶,因为它还未显现出任何的盘剥因素。〈这里确实没有盘剥因素,但剥削因素无疑是有的:富裕农民既租进远远超过需要的土地,也就夺取了贫苦农民生产食物所需的土地;他们既扩大经营规模,也就需要追加的劳动力,也就要雇用工人。〉但是地方自治局某些统计人员,大概认为农民生活中的这些现象是不合理的,竭力缩小这些现象的意义,而且竭力证明:农民租地主要是由于需要食物;如果富裕农民也租很多土地,那么,这种租地户的百分数毕竟是随着份地面积的扩大而不断减少的。"(第XVII页)为了证明这种想法,《省志》编者维尔涅尔先生把塔夫利达**全**省有1—2个劳动力和2—3头役畜的农民按份地的多少分成几类。结果是:"随着份地面积的扩大,租地户的百分数相应减少,每户的租地面积也相应地减少,但减少的幅度不及前者。"(第XVIII页)波斯特尼柯夫非常公正地指出,这类方法根本不能说服人,因为农民中的**这一部分**(只有2—3头役畜的农民)是随便抽出的,而且撇开的正是富裕农民;此外,也不能把塔夫利达省内陆各县和克里木合在一起,因为它们的租地情况并不一样:在克里木有½—¾的居民是无地的(即所谓分成农民),在北部各县这种农民只有3%—4%。在克里木几乎随时都可找到出租的土地,在北部各县有时却不能找到。指出下述一点是有意义的:其他各省地方自治局的统计人员也作过同样的尝试(当然,同样是不成功的),想把农民生活中一些"不合理的"现象,例如以获得收入为目的的租地掩盖起来。(见卡雷舍夫上述著作)

既然农民租种非份地的分布情况证明各个农户之间不仅存在

着量的差别(租得多,租得少),而且存在着质的差别(由于需要食物而租地;为了商业目的而租地),那么租种**份地**的情况就更是这样了。

波斯特尼柯夫说:"1884—1886年塔夫利达省三县在进行按户调查时所登记的、农民从农民手中租来的份地耕地共为256 716俄亩,这个数目占该地全部农民份地耕地的¼,这里还没有把农民租给居住在村庄中的平民知识分子以及文书、教员、神职人员和其他人(在按户调查时不在调查之列的非农民成分的人)的土地面积计算在内。下列数字表明,这一大批土地几乎全部是由富裕农户租种的。在调查时登记的、户主从邻人那里租来的份地耕地的亩数如下:

每户种地不满10俄亩者	16 594俄亩	即 6%
每户种地10—25俄亩者	89 526俄亩	即 35%
每户种地超过25俄亩者	150 596俄亩	即 59%
共　　计	256 716俄亩	100%

这些出租的土地,正如土地出租者一样,大多数是属于不种地、不经营和种地少的那个农民类别的。可见塔夫利达省各县有相当大一部分农民(约占全体居民的⅓左右)没有耕种自己的全部份地(一部分由于不愿种地,但大部分由于没有种地所需的役畜和农具),把它出租,从而使另一半比较富裕的农民使用更多的土地。无疑地,大多数土地出租者是破落的户主。"(第136—137页)

下面这张表就是上述一段话的证明,它"表明了塔夫利达省两县(地方自治局的统计缺梅利托波尔县的资料)出租份地的户主的相对数字和他们出租的份地耕地的百分数"(第135页)。

| | 别尔江斯克县 | | 第聂伯罗夫斯克县 | |
	出租份地 的户主的 百 分 数	出租的 份地的 百分数	出租份地 的户主的 百 分 数	出租的 份地的 百分数
不种地者	73	97	80	97.1
种地不满 5 俄亩者	65	54	30	38.4
种地 5—10 俄亩者	46	23.6	23	17.2
种地 10—25 俄亩者	21.5	8.3	16	8.1
种地 25—50 俄亩者	9	2.7	7	2.9
种地超过 50 俄亩者	12.7	6.3	7	13.8
全 县	32.7	11.2	25.7	14.9

　　我们考察了农民占有土地和使用土地的情况,现在来谈谈役畜和农具的分配情况。关于各类农民的役畜数量,波斯特尼柯夫提供了如下的三县合计的数字:

| | 共　　有 | | 平 均 每 户 有 | | | 没有役畜 |
	马	耕牛	役畜	其他 畜类①	共有①	的农户的 百 分 数
不种地者	—	—	0.3	0.8	1.1	80.5
种地不满 5 俄亩者	6 467	3 082	1.0	1.4	2.4	48.3
种地 5—10 俄亩者	25 152	8 924	1.9	2.3	4.2	12.5
种地 10—25 俄亩者	80 517	24 943	3.2	4.1	7.3	1.4
种地 25—50 俄亩者	62 823	19 030	5.8	8.1	13.9	0.1
种地超过 50 俄亩者	21 003	11 648	10.5	19.5	30	0.03
共 计	195 962	67 627	3.1	4.5	7.6	—

　　这些数字本身不能说明类别,这一点等以后叙述耕作机具和划分农民经济类别时再来说明。这里我们只指出,各类农民在拥有役畜数量上的差别是那样巨大,以致我们看到上等户的牲畜远远超过他们家庭的需要,而下等户的牲畜(尤其是役畜)却少得连独立经营也不可能。

————————

　　① 折合成大牲畜。

关于农具分配的资料也完全相同。"按户调查曾把农民的农具即犁和多铧浅耕犁进行登记，提供了说明三县全部居民情况的下列数字"（第 214 页）：

	没有耕具的农户的百分数	只有多铧浅耕犁的农户的百分数	有犁及其他耕具的农户的百分数
别尔江斯克县	33	10	57
梅利托波尔县	37.8	28.2	34
第聂伯罗夫斯克县	39.3	7	53.7

这张表说明有何等众多的农民失去了**独立**经营的可能。至于各上等户的情形，从下列按播种面积划分的各类农民每户农具平均数量的资料可以看出：

	每　户　农　具　的　平　均　数					
	别尔江斯克县		梅利托波尔县		第聂伯罗夫斯克县	
	运输工具（轻便马车等）	耕具（犁和多铧浅耕犁）	运输工具	耕具	运输工具	耕具
种地 5—10 俄亩者	0.8	0.5	0.8	0.4	0.8	0.5
种地 10—25 俄亩者	1.2	1.3	1.2	1	1	1
种地 25—50 俄亩者	2.1	2	2	1.6	1.7	1.5
种地超过 50 俄亩者	3.4	3.3	3.2	2.8	2.7	2.4

在农具数量上，上等户比下等户（作者完全抛开了种地不满 5 俄亩的一类）多 3—5 倍；在劳动力数量[①]上，上等户比下等户多 $^{11}/_{12}$，即不到一倍。从这里已可看出上等户必然要雇工人，而下等户有一半没有耕具（注意：这里的"下等"户指倒数第三类），因此也就失去了独立经营的可能。

自然，上述土地、役畜和农具数量上的差别也决定着播种面积上的差别。上文已列出六类农民每户的播种面积亩数。而塔夫利达省农民的播种面积总数在各类之间的分配情形如下：

---

① 见上面各类家庭人口表。

	播种面积 （单位俄亩）	百分数	
种地不满 5 俄亩者	34 070	2.4	40％的人口占有播种面积12％
种地 5—10 俄亩者	140 426	9.7	
种地 10—25 俄亩者	540 093	37.6	40％的人口占有播种面积38％
种地 25—50 俄亩者	494 095	34.3	20％的人口占有播种面积50％
种地超过 50 俄亩者	230 583	16	
总　　计	1 439 267	100％	

这些数字一目了然。应该补充的只有一点：波斯特尼柯夫认为（第272页）每户光靠耕作业就能维持全家生活的平均播种面积为16—18俄亩。

三

前一章里已经列举了一些说明各类农民的财产状况和经营规模的资料。现在应该列举一些确定各类农民的经营性质、经营方式和经营制度的资料。

首先谈谈波斯特尼柯夫的这一论点："随着经营规模的扩大和机器的使用，农民劳动生产率和家庭劳动能力大大提高。"（第 X 页）作者为了证明这一论点，算出了各类农户耕种**一定**面积的土地需要多少劳动力和役畜。计算时不可能利用关于家庭人口的资料，因为"下等户提供自己的一部分劳动力出外去当雇农，而上等户则雇用雇农"（第114页）。塔夫利达省地方自治局的统计没有关于雇用的和提供的劳动力的数字，因此，波斯特尼柯夫根据地方自治局统计机关关于雇用劳动力的户数的资料，根据耕种一定面积土地需要多少劳动力的计算，大致算出了这个数字。波斯特尼柯夫承认,不能要求这样算出的数字十分确切,但他认为他的计算只会大大改变两类上等户的家庭人口,因为其余几类的雇工数字不大。读者把前面引证的关于家庭人口的资料和下表比较一下,就可检验这种观点是否正确。

塔 夫 利 达 省 三 县

	劳 动 力			每户(连雇工在内)	
	雇用的	提供的	差 额	人 口	劳动力
不种地者	239	1 077	— 838	4.3	0.9
种地不满 5 俄亩者	247	1 484	−1 237	4.8	1.0
种地 5—10 俄亩者	465	4 292	−3 827	5.2	1.0
种地 10—25 俄亩者	2 846	3 389	— 543	6.8	1.6
种地 25—50 俄亩者	6 041	—	+6 041	8.9	2.4
种地超过 50 俄亩者	8 241	—	+8 241	13.3	5
总　　计	18 079	10 242	+7 837	—	—

把上表最后一栏和关于家庭人口的资料比较一下,我们可以看出波斯特尼柯夫稍稍减少了下等户的劳动力数目而增加了上等户的劳动力数目。因为他的目的是要证明耕种一定面积土地所需的劳动力数目是随着经营规模的扩大而减少的,所以作者的大致计算只会缩小而不会夸大这种减少的程度。

作了这一初步计算之后,波斯特尼柯夫提供了一张表来说明各类农民的播种面积与劳动力、役畜以及人口数量的对比关系(第117 页):

每 100 俄 亩 播 种 面 积

	1 对役畜耕种	户数	人口 (连雇工在内)	劳动力	役畜头数
种地不满 5 俄亩者	7.1 俄亩	28.7	136	28.5	28.2
种地 5—10 俄亩者	8.2 俄亩	12.9	67	12.6	25
种地 10—25 俄亩者	10.2 俄亩	6.1	41.2	9.3	20
种地 25—50 俄亩者	12.5 俄亩	2.9	25.5	7	16.6
种地超过 50 俄亩者	14.5 俄亩	1.3	18	6.8	14
总　　计	10.9 俄亩	5.4	36.6	9	18.3

"可见，随着经营规模和耕地面积的扩大，农民用于养活劳动力即人和牲畜的支出（这是农业中一项最主要的支出）就依次递减。种地多的各类农户用在每俄亩播种面积上的这项支出几乎只有种地少的各类农户的一半。"（第117页）

作者在下面用一个门诺派[7]农户的详细家庭收支情况作例子来证实劳力和役畜方面的支出是农业中的主要支出的论点。在该农户的全部支出中，经营方面的支出占24.3％，役畜方面的支出占23.6％，劳力方面的支出占52.1％。（第284页）

波斯特尼柯夫认为他所作的关于劳动生产率随着经营规模的扩大而提高的结论具有很大的意义（从上面引证的他的序言中的一段话也可以看出这一点）。就研究我国农民的经济生活和各类农户的经营性质来说，就小规模耕作与大规模耕作的相互关系这个总问题来说，也不能不承认这个结论确实重要。后一个问题被许多著作家搅得混乱不堪，而产生这种混乱的主要原因是把社会条件不同、经营方式各异的不同类型的经济拿来比较，例如把靠生产农产品取得收入的经济和靠剥削其他缺乏土地的农户而取得收入的经济（例如紧接着1861年改革[8]后的那一时期的农民经济和地主经济）拿来比较。波斯特尼柯夫完全避免了这个错误，他没有忘记比较的基本规则：拿来比较的现象必须是同类的。

为了更详细地证明就塔夫利达省三个县所得出的论点，作者首先分别引用了各县的资料，其次单独引用了关于俄罗斯居民（确切地说是俄罗斯居民中人数最多的一类农民——前国家农民[9]）的资料。（第273—274页）

每对役畜耕种的土地（单位俄亩）

	全　县			前国家农民		
	别尔江斯克	梅利托波尔	第聂伯罗夫斯克	别尔江斯克	梅利托波尔	第聂伯罗夫斯克
种地不满 5 俄亩者	8.9	8.7	4.3	—	—	—
种地 5—10 俄亩者	8.9	8.7	6.8	8.9	9.1	6.8
种地 10—25 俄亩者	10.2	10.6	9.7	10.3	10.9	9.6
种地 25—50 俄亩者	11.6	12.4	12.3	12.3	12.8	11.9
种地超过 50 俄亩者	13.5	13.8	15.7	13.7	14.3	15
平　均	10.7	11.3	10.1	—	—	—

还是那个结论："耕种一定面积土地所需役畜的相对数目，经营规模小的农户比'设备完善的'农户大半倍到一倍。按户调查发现同一规律也适用于所有其他人数较少的一类农民，如前地主农民[10]、租地者等，适用于一切地区，甚至以一乡一村为限的最小地区。"（第 274 页）

播种面积和经营费用的对比关系不利于小农户，还表现在另一种费用上即用于农具和役畜的费用上。

上面我们已经看到，从下等户到上等户，每户的农具和役畜的数目是怎样迅速增加的。如果计算一下耕种一定面积土地所需的农具和役畜，就会看出它们是随着从下等户到上等户而**减少**的（第 318 页）：

每 100 俄亩播种面积

	役畜	犁和多铧浅耕犁	轻便马车
种地不满 5 俄亩者	42 头	4.7	10
种地 5—10 俄亩者	28.8 头	5.9	9
种地 10—25 俄亩者	24.9 头	6.5	7
种地 25—50 俄亩者	23.7 头	4.8	5.7
种地超过 50 俄亩者	25.8 头	3.8	4.3
三　县：	25.5 头	5.4	6.5

"这张表说明，耕种一定面积土地所需的大农具（耕具和运输工具）数量是随每户播种面积的增多而递减的，因此，上等户用于耕具和运输工具的支出按每俄亩平均要相对地少些。种地不满10俄亩的农户有些例外：它的耕具比另一类种地16俄亩的农户少些，这只是因为这一类农户有许多不是用自己的农具而是用租来的农具种地，而这绝不会缩减农具方面的支出。"（第318页）

波斯特尼柯夫说："地方自治局的统计十分清楚地表明，农民经营规模愈大，耕种一定面积土地所需的农具、劳动力和役畜就愈少。"（第162页）

后面波斯特尼柯夫又指出："前几章已经说明，在塔夫利达省的几个县里，各类农民和各个地区都有这种现象。根据地方自治局的统计资料看来，在其他也是以耕作业为农民经济的主要部门的省份里，农民经济中也显露出这种现象。可见这种现象十分普遍，像是一种规律而且具有很大的经济意义，因为这个规律使小农业在很大程度上失去了它的经济意义。"（第313页）

波斯特尼柯夫的后一意见说得早了一点。要证明小经济必然为大经济所排挤，只确定大经济获利较多（产品成本低得多）是不够的，还必须确定货币经济（确切些说，就是商品经济）压倒自然经济，因为在自然经济的条件下，产品是供生产者自己消费而不进入市场，低廉的产品不会在市场上同昂贵的产品相遇，因此也就不可能排挤它。这一点下面将更详细地谈到。

为了证明上面确定的规律适用于全俄国，波斯特尼柯夫选择地方自治局统计机关曾详细地把居民作过经济分类的几个县，并算出各类农户每对役畜和每个劳力所耕种的平均面积。得出的结论仍旧一样："经营规模小的农户为耕种一定面积土地而支付的劳动力费用,比经营规模较大的农户多半倍到一倍。"(第316页)这一点无论对于彼尔姆省(第314页)或沃罗涅日省,无论对于萨拉托夫省或切尔尼戈夫省(第315页)都是正确的,因此,波斯特尼柯夫确已证明了这一规律普遍适用于全俄国。

现在我们来谈谈各类农户的"收入和支出"(第9章)和它们同市场的关系问题。

波斯特尼柯夫说:"每一个自成独立单位的农户,它的土地面积由下列四部分组成:第一部分是生产养活劳动者家庭和住在该农户家里的工人的食物,就狭义来说,这是农户的**食物**面积;第二部分是供给为农户干活的牲畜的饲料,也可以称为**饲料**面积;第三部分包括宅地、道路、池塘等等以及提供种子的那部分播种面积,可称为**经营**面积,因为它是为全部经营服务的;最后,第四部分是生产由农户拿到市场出售的未加工的或加过工的粮食和其他农作物,这是农户的**商业**面积或**市场**面积。在每一单个农户里,土地分为上述四部分不取决于所种植的作物的种类,而取决于种植这些作物的直接目的。

农户的货币收入取决于它的土地的商业部分,因此,这部分面积愈大,从它得到的产品的相对价值愈高,农户户主向市场提出的需求就愈大,因此国家在本国市场范围内能够保持的非农业的劳动数量就愈多,农业对于本国的行政(税收)和文化的意义就愈大,户主本身的纯收入和他用于农业支出和农业改良的资金也就愈多。"(第257页)

波斯特尼柯夫的这一论断,假如再作一个十分重要的修正,那就完全正确了。作者说到农户的商业面积对于国家的意义,其实很明显,这只能指货币经济占优势,大部分产品采取**商品**形式的国家。忘记这一条件,认为它是不言而喻的事情,不去精确地研究它在某一国家适用到怎样的程度,就会犯庸俗政治经济学的错误。

从整个经济中划分出它的市场面积,这是很重要的。对于国内**市场**有意义的决不是生产者的全部收入(它决定该生产者的富裕程度),而只是他的**货币**收入。是否拥有货币绝不是由生产者的富裕程度决定的:从自己那块土地上得到足够自己消费的产品而从事自然经济的农民,是享受到富裕生活的,但是他没有货币;从土地上只得到他所需要的一小部分粮食而靠偶然的"外水"得到另一部分粮食(虽然数量少,质量差)的半破产农民,是享受不到富裕生活的,但是他有货币。由此可见,任何关于农民经济及其收入对于市场的意义的论断,如果不是以计算货币收入部分作依据,那是不会有丝毫价值的。

为了确定各类农户的上述四部分播种面积各占多少,波斯特尼柯夫先算出了全年的粮食消费量,他大致估算每人需要两俄石[①]粮食(第 259 页),即每人需要在播种面积中占⅔俄亩。然后确定每匹马的饲料面积占 1.5 俄亩,种子面积占耕地的 6%,于是得出如下的数字[②](第 319 页):

	每 100 俄亩播种面积				所得的货币收入 (单位卢布)	
	经营 面积	食物 面积	饲料 面积	商业 面积	每俄亩	每户
种地不满 5 俄亩者	6	90.7	42.3	−39	—	—
种地 5—10 俄亩者	6	44.7	37.5	+11.8	3.77	30
种地 10—25 俄亩者	6	27.5	30	36.5	11.68	191
种地 25—50 俄亩者	6	17	25	52	16.64	574
种地超过 50 俄亩者	6	12	21	61	19.52	1 500

---

　①　俄石是俄国旧容量单位,合 209.91 公升。——编者注

　②　波斯特尼柯夫是这样来确定货币收入的:把全部商业面积都作为种植最贵的粮食即小麦的面积,知道小麦的平均收获量和价格,也就算出了从这块面积得到多少钱。

波斯特尼柯夫说:"上述各类农户在货币收入上的差别足以说明经营规模的意义,但实际上各类农户在庄稼收入上的差别一定更大,因为应该估计到上等户每俄亩的收获量更大,出售粮食的价格更高。

在对收入的这一计算中,我们纳入计算中的不是农户的全部面积,而只是耕地面积,因为我们没有塔夫利达省各县农户的各种牲畜所使用的其他农业用地的准确数字;但是纯粹从事农业的南俄农民的货币收入几乎完全取决于播种面积,所以上述数字相当准确地描绘出各类农民从农业所得的货币收入上的差别。这些数字表明货币收入是怎样随着播种面积而剧烈地变化着。种地 75 俄亩的家庭每年得到的货币收入达 1 500 卢布,种地 34 ½ 俄亩的家庭每年有574 卢布,而种地 16 ⅓ 俄亩的家庭只有 191 卢布。种地 8 俄亩的家庭只得到 30 卢布,也就是说,如果不搞副业,这笔收入是不够抵补经营上的货币支出的。当然,上述数字还没有表明从经营上得到的纯收入,要算出纯收入必须从上述数字减去农户用在捐税、农具、建筑物、购置衣服鞋子等等方面的一切货币支出。但是,这些支出的增加并不与经营规模的扩大成正比。家庭开支的增加与家庭人数成正比,而家庭人数的增加,从表内可以看出,比各类农户播种面积的增加慢得多。至于各项经营支出(缴纳土地税和地租,维修建筑物和农具),它们的增加最多不过同经营规模成正比,而经营上的货币收入总数的增加,如上表所表明的,却不止与播种面积成正比。而且所有这些经营支出同农户用于维持劳动力的主要支出比较起来是很小的。所以我们可以这样来表述这一现象:农户经营农业从每俄亩土地上得到的纯收入,随着经营规模的缩小而递减。"(第 320 页)

这样,我们从波斯特尼柯夫的资料中可以看出,各类农民的农业经营同市场的关系是极不相同的：上等户（每户种地超过 25 俄亩者）是从事商业性的经营，生产粮食的目的是获得收入。相反，在下等户中，农业不能满足家庭必不可少的需要（这是指每户种地不满 10 俄亩的耕作者），如果精确地计算一下经营上的全部支出，那一定会发现这类农民的经营是亏本的。

利用波斯特尼柯夫所列举的资料来解决下面这个问题也是极有意义的：农民分裂为不同类别，同他们向市场提出的需求量有什么样的关系呢？我们知道，这种需求量取决于商业面积的大小，而后者又随着经营规模的扩大而增加；但要知道，上等户经营规模的扩大与下等户经营规模的缩小是相辅而行的。在农户数量上，下等户比上等户多一倍：前者在塔夫利达省各县占 40%，后者只占 20%。总的说来，上述的经济分化是否会减少向市场提出的需求量呢？老实说，我们根据先验的推论就可以给这个问题以否定的回答：问题在于下等户的经营规模很小，只靠农业不能满足家庭的全部需要；为了不致饿死，这些下等户只好把自己的劳动力拿到市场上去，出卖劳动力使他们得到一定数量的货币，这样就抵补了（在一定程度上）由于经营规模缩小而引起的需求量的缩减。但波斯特尼柯夫的资料可以使我们更确切地回答上面提出的问题。

我们以某一数量的播种面积如 1 600 俄亩为例，并假设用两种方法分配它：第一，分配给经济上同类的农民，第二，分配给我们现时在塔夫利达省各县所看到的那种已分裂为不同类别的农民。在第一种情况下，假定每个农户平均各得 16 俄亩播种面积（塔夫利达省各县的实际情况正是这样），那么，就有 100 个农户依靠农业完全可以满足自己的需要。向市场提出的需求量为 191×100＝19 100 卢布。在第二种情况下，1 600 俄亩播种面积还是分配给 100

户,但用另一种分法,即像塔夫利达省各县农民实际分配播种面积那样:完全不种地者8户,种地4俄亩者12户,种地8俄亩者20户,种地16俄亩者40户,种地34俄亩者17户,种地75俄亩者3户(播种面积共为1 583俄亩,这就是说,甚至略少于1 600俄亩)。这样分配时,有很大一部分农民(40%)不能从自己土地上得到足以满足全部需要的收入。只计算种地超过5俄亩的农户,向市场提出的货币需求额就为$20×30+40×191+17×574+3×1 500=21 350$卢布。这样一来,我们可以看到,尽管撇开整整20户[毫无疑义,它们也有货币收入,只不过不是由出售自己的产品得来的],尽管播种面积缩减到1 535俄亩,但向市场提出的货币需求总额却增加了[11]。

上面已经说过,下等户的农民不得不出卖自己的劳动力;相反,上等户必须购买劳动力,因为要耕种他们面积很大的土地,自己的人手已经不够了。现在,我们应该更详细地谈谈这个重要现象。波斯特尼柯夫似乎没有把这个现象归入"农民生活中新的经济变动"(至少他在概括自己的研究结果的序言中没有提到它),但是,它比富裕农民采用机器或扩大耕地是更值得注意的。

作者说:"塔夫利达省各县较富裕的农民一般都大量使用雇工,他们耕种的面积远远超过自己家庭的劳动能力。例如三县各类农民每100户中有雇工的情况如下:

不种地者	3.8%
种地不满5俄亩者	2.5
种地5—10俄亩者	2.6
种地10—25俄亩者	8.7
种地25—50俄亩者	34.7
种地超过50俄亩者	64.1
总　　计	12.9%

　　这些数字表明,使用雇工的多半是种地较多的富裕户主。"(第144页)

　　把前面引用过的不包括雇工的(三县分列的)和连雇工在内的(三县合计的)各类家庭人口的数字比较一下,我们就可以看到,种地25—50俄亩的户主靠雇工使自己的劳动力增加约$\frac{1}{3}$(每户的劳动力由1.8—1.9增至2.4),而种地超过50俄亩的户主使劳动力约增加一倍(从2.3增至5);按照作者的计算甚至多于一倍,他认为这些户主自己有7 129人,应该雇用的劳动力达8 241人(第115页)。下等户必须提供大量外出谋生的劳动力,这从农业经营不能给它们提供维持自己生活所必需的产品这一点上即可明白地看出。可惜我们没有关于提供外出谋生的劳动力数量的精确资料。出租自己份地的户主数目可以作为这一数量的间接指标:前面已引过波斯特尼柯夫的意见,说塔夫利达省各县约有$\frac{1}{3}$居民没有耕种自己的全部份地。

四

　　从上面引证的资料可以看出,波斯特尼柯夫完全证明了他的各个农户的经济状况"有很大的不同"的论点。这种不同不仅涉及农民的财产状况和播种面积,甚至涉及各类农户的经营性质。不仅如此。"不同"和"分化"这两个术语本来是不足以充分说明现象的。如果一个农民有1头役畜,另一个有10头,我们称之为分化。如果一个农民除了他占有的份地外,单纯为了利用土地取得收入而租进几十俄亩土地,从而使另一个农民没有可能租到养家糊口所需的土地，那么，摆在我们面前的显然是某种重要得多的现象；我们应该把这种现象称为"悬殊"（第323页），称为"经济利益的斗争"（第XXXII页）。波斯特尼柯夫使用这些术语的时候，没有充分估计到这些术语的全部重要性；他也没有发觉后面这两个术语也是不够的。租进变穷了的那类居民的份地，雇用不再自己种地的农民当雇农，这已经不只是悬殊，这是直接的剥削。

既然承认现代农民中有深刻的经济悬殊，我们也就不能只按财产状况把农民分为几个阶层。如果上述的不同只是量的差别，这样划分也许够了。但事实并非如此。如果一部分农民从事农业的目的是为了商业利益，其结果是获得大量的货币收入，而另一部分农民从事农业甚至不能满足家庭必不可少的需要，如果上等农户靠下等农户的破产来改善自己的经营，如果富裕农民大量利用雇佣劳动，而贫苦农民却不得不出卖自己的劳动力，那么，这无疑已是质的差别了。所以，现在我们的任务应该是按照经营性质（经营性质不是指技术上的特点，而是指经济上的特点）的差别对农民进行分类。

波斯特尼柯夫对后面这些差别注意太少，所以他虽然也承认必须"更概括地把居民划分为几个类别"（第110页）并作了这种划分的尝试，但是，我们马上可以看到，不能认为他的尝试是完全成功的。

波斯特尼柯夫说："为了更概括地把居民划分为几个经济类别，我们要利用另一标志，这一标志虽然在各地区并没有同类经济意义，但是，它更符合农民自己所采用的分类法，而且地方自治局统计人员也曾指出各县都有这种分类法。这就是按户主在经营方式上的独立程度即按每户役畜头数来分类。"（第110页）

"目前南俄地区的农民，可以按户主的经济独立程度和经营方式分为如下三大类：

（1）有畜力的户主，即有全套的犁或代替犁的其他耕具，不租牲畜、不需插犋[12]而用自己的牲畜足以进行田间工作的户主。这些户主使用曳引犁或多铧浅耕犁，自己有役畜 2—3 对或更多些，与此相适应，每户有成年劳力三个，或至少有成年劳力两个和半劳力一个。

（2）畜力不够的户主或插犋户，即由于没有足够数量的牲畜来独立驾用而靠插犋进行田间工作的户主。这种户主每户饲养 1 对、1.5 对、在某些场合下甚至 2 对役畜，与此相适应，有一个或两个成年劳力。这种户主在耕种难耕的土地和必须使用 3 对役畜曳引的犁（或代替它的多铧浅耕犁）的时候，即使有 2 对役畜也必须插犋。

（3）没有畜力的或根本没有牲畜的‘无马的’户主，或有 1 头役畜（大多数是马，因为耕牛通常总是成对地养，只有两头套在一起才能耕地）的户主。他们租别人的牲畜种地，或者出租自己的土地以换取一部分收成而根本不种地。

农民自己通常就是按农民生活中的根本经济标志来这样分类的（这种经济标志在这里就是役畜头数和驾用方式）。但是这样分类，无论在上述三类的每一类中或各类之间，都有很大的差异。”（第 121 页）

这三类在农户总数中所占的百分数如下（第 125 页）：

	第 一 类	第 二 类	第 三 类	
	用自己的牲畜耕种的	靠插犋耕种的	租牲畜耕种的	不种地的
别尔江斯克县	37	44.6	11.7	6.7
梅利托波尔县	32.7	46.8	13	7.5
第聂伯罗夫斯克县	43	34.8	13.2	9

为了确定上述三县的畜力分配情况,除了上表外,作者又提供了一个按农户饲养的役畜头数分类的表:

各类农户在农户总数中所占的百分数

	有 役 畜 的 农 户			无役畜的农 户
	有 4 头 或 4 头以上的	有 2—3 头的	有 1 头的	
别尔江斯克县	36.2	41.6	7.2	15
梅利托波尔县	34.4	44.7	5.3	15.6
第聂伯罗夫斯克县	44.3	36.6	5.1	14

可见在塔夫利达省各县,一户最少要有 4 头役畜才算是畜力充足。

不能认为波斯特尼柯夫这样分类是完全成功的,首先因为在这三类的每一类中都有很大的差别。

作者说:"我们看到在南俄有畜力的户主是很不同的:富裕农民畜力很多,较贫苦的农民畜力很少。前者又分为畜力充足的(有 6—8 头役畜)和不充足的(有 4—6 头)⋯⋯ '无马的'户主在富裕程度上也是很不同的。"(第 124 页)

波斯特尼柯夫采取的划分方法的另一个不便之处,在于地方自治局的统计(如上文所指出的)不是按役畜头数而是按播种面积把居民分类的。因此,要能确切地表现各类农民的财产状况,就得采取按播种面积分类的方法。

波斯特尼柯夫按这一标志也把居民同样分为三类:种地少的户主,即种地不满 10 俄亩和不种地的;种地中等的户主,即种地 10—25 俄亩的;种地多的户主,即种地超过 25 俄亩的。作者称第一类为"贫苦户",第二类为中等户,第三类为富裕户。

关于这三类的数量,波斯特尼柯夫说:

"一般说来，在塔夫利达农民中（不包括移民），种地多的占农户总数的$\frac{1}{6}$左右，中等的占 40％左右，种地少和不种地的占 40％多一些。而在塔夫利达省各县的全部居民（包括移民）中，种地多的占居民的$\frac{1}{5}$或 20％左右，中等的占 40％左右，种地少和不种地的占 40％左右。"（第 112 页）

可见把德意志人合在一起对各类人数的改变极其微小，所以利用全县的总数字是不会造成错误的。

现在我们的任务应该是尽量准确地分别说明这三类中每一类的经济状况，从而力求弄清农民中的经济悬殊的程度和原因。

波斯特尼柯夫没有给自己提出这样的任务，因此，他引用的资料很凌乱，对各类农民所下的总的评语也不够明确。

我们先谈占塔夫利达省各县居民$\frac{2}{5}$的下等户即贫苦户。

这类农民实际上穷到什么程度，最好根据役畜（农业中的主要生产工具）头数来判断。塔夫利达省三县的役畜总数为 263 589头，下等户（第 117 页）有 43 625 头，即占总数的 17％，等于平均数的$\frac{3}{7}$。上面已经列举了没有役畜的农户的百分数（下等户的三类各占 80％，48％，12％）。波斯特尼柯夫根据这些数字作出结论说："只有在不种地和每户种地不满 10 俄亩的两类里，没有牲畜的户主的百分数才相当大。"（第 135 页）这类户主的播种面积是与牲畜头数相适应的：三县的私有地共为 962 933 俄亩，他们播种146 114 俄亩，即 15％。加上租地，使播种面积增加到 174 496 俄亩，但因为其他各类农民的播种面积也同时增加，而且增加的比例比下等户更大，结果下等户的播种面积只占全部播种面积的12％，也就是$\frac{3}{8}$以上的居民占有$\frac{1}{8}$的播种面积。如果联想到作者认为塔夫利达人的播种面积平均数是正常的（即可以满足家庭全部需要的)播种面积,那就不难看出播种面积只占平均数的³/₁₀的下等户是分得多么的少。

很自然,在这样的情况下,这类农民的农业经营的处境是极为悲惨的。我们从上文已经看到,塔夫利达省各县 33%—39% 的居民,也就是下等户的绝大多数,是根本没有耕具的。由于没有农具,农民只好抛弃土地,把份地出租。波斯特尼柯夫认为这样的土地出租者(无疑地,他们的经济已经完全解体了)占居民的¹/₃左右,即仍然是贫苦户的极大多数。我们顺便指出,地方自治局的统计确认这种"出卖"份地(农民常用的字眼)的现象到处都有,而且量也很大。指出这一事实的报刊也已经发明了对付它的办法——禁止转让份地。这样的办法暴露出它的发明人像公务员那样盲目相信上司命令的威力。波斯特尼柯夫十分正确地对这类办法的现实性提出异议。他说:"毫无疑问,单单禁止出租土地是消灭不了这一现象的,因为它深深地扎根于当前农民生活的经济制度中。没有农具和经营资料的农民,事实上不能利用自己的份地,必须把份地租给其他有经营资料的农民。直接禁止出租土地会使土地的出租秘密进行,不受监督,而且出租土地的条件可能会比现在更坏,因为土地出租者出租土地是迫不得已的。其次,农民为了清偿欠缴的国家税款,将更经常地通过村审判所[13]出租他们的份地,而这样出租对贫苦农民是最不利的。"(第 140 页)

全体贫苦户的经济呈现出完全衰落的景象。

波斯特尼柯夫说:"实质上,不种地的户主和租别人牲畜耕种自己土地的种地少的户主,在经济状况上并没有很大的差别。前者把自己的土地全部租给同村人,后者只出租一部分,但是二者**不是给自己同村人当雇农,就是去挣外水,而且主要还是农业方面的**

外水,不过是住在自己的家里。因此,**不种地的和种地少的两种农民可以合在一起研究**,二者都是失去自己的经济的户主,在大多数场合下是已经破产或正在破产的、没有种地所需的牲畜和农具的户主。"(第 135 页)

稍后,波斯特尼柯夫又说:"如果不经营的和不种地的农户多半是已经破产的农户,那么,出租自己土地的种地少的农户就是前者的候补者。每次大的歉收或偶然事故,如火灾、丢失马匹等等,都会使这一类中的一部分户主下降为不经营的农民和雇农。因为某种缘故而丧失役畜的户主开始走向衰落。租别人牲畜种地,含有许多不稳定的、混乱的因素,往往被迫缩小耕地。地方的农村信贷所和同村人都拒绝贷款给这样的农夫[注:"在塔夫利达省各县有许多信贷社设立在大村庄里,它们靠国家银行的贷款进行业务,但是只有富裕的户主才能得到它们的贷款"];他要得到贷款,其条件通常比'有钱的'农民更为苛刻。农民说:'他什么也拿不出来,怎能借给他呢。'他负债累累,一旦遇到事故,就会丧失土地,尤其是在他还欠国家税款的时候。"(第 139 页)

贫苦户农民的农业经营衰落到什么程度,从作者甚至拒绝回答他们究竟怎样从事经营这一问题看得最为清楚。作者说,种地不满 10 俄亩的农户的"耕作业所处的条件太不稳定,以致不能用一定的方法加以说明"(第 278 页)。

上面列举的下等户农民的经营的特征虽然为数很多,但是极不完全,因为这些纯粹是反面的特征,其实一定也有正面的特征。直到现在我们只听说这类农民不能算做独立的耕作者业主,因为他们的耕作业完全衰落,播种面积非常不够,而且,他们的耕作业也不稳定。统计人员在描述巴赫姆特县的情形时指出:"只有不缺种子的殷实的和富裕的业主才能遵守某种播种规则,而贫苦农民是有什么种什么,种在哪里算哪里,随随便便种上就算。"(第278页)然而,列入下等户的农民的大量存在(塔夫利达省三县共有3万余户,男女人口共有20余万),决不是偶然的。如果他们不靠自己种地维持生计,那他们靠什么过活呢? 主要靠出卖自己的劳动力。前面我们看到,波斯特尼柯夫谈到这类农民时,曾说他们靠做雇农和挣外水过活。在几乎完全没有手工业的南方,这种外水大部分是农业方面的,也就是**被雇去**干农活。为了更详细地说明下等户农民经济的主要特点正是出卖劳动力,现在我们来逐一考察地方自治局统计机关将这类农民分成的三个级别。不种地的户主就不必说了,他们是地道的雇农。第二级就是每户种地不满5俄亩(平均3.5俄亩)的耕作者。从播种面积分为经营面积、饲料面积、食物面积和商业面积的前述分法中可以看出,这点播种面积是根本不够的。波斯特尼柯夫说:"每户种地不满5俄亩的第一类农民,在自己的播种面积中没有市场面积即商业面积;他们只有靠做雇农和用其他方法挣来外水才能生活下去。"(第319页)最后一级就是每户种地5—10俄亩的户主。试问,这类农民的独立的农业经营与所谓"外水"有什么样的关系呢? 要确切地回答这个问题,必须掌握一些属于**这类**户主的**典型的**农民家庭收支表。波斯特尼柯夫完全承认家庭收支表资料的必要性和重要性,但他指出,"收集这些资料是很困难的,而在许多情况下,对于统计人员来说简直是不可能的"(第107页)。后一意见很难令人同意,因为莫斯科省的统计人员就收集了一些极有意义的和详细的家庭收支表(见《莫斯科省统计资料汇编》。经济统计部分。第6卷和第7卷);沃罗涅日省的某些县份,正如作者自己指出的那样,甚至逐户地收集了家庭收支表的资料。

非常惋惜的是,波斯特尼柯夫自己收集的家庭收支表资料极为不够:他引用七份德意志移民的家庭收支表,而俄罗斯农民的家庭收支表只有一份,并且全部家庭收支表都是大耕作者的(播种面积最小的是俄罗斯农民,有 39.5 俄亩),就是说,都是根据地方自治局统计机关现有的资料就能完全清楚地看出其经济情况的那一类农民的。波斯特尼柯夫表示遗憾,他"旅行时未能收集更多的农民家庭收支表",他说,"要准确地断定这些家庭收支情况,是件很不容易的事情。塔夫利达人虽然对自己的经济情况相当公开,但是收支的准确数字大部分连他们自己也不知道。农民对自己支出的总数或大笔的收支还能记得比较确实,但小数目几乎总是忘掉了"。(第288页)可是收集几份家庭收支表,即使未把零星细数包括在内,也比作者那样收集"将近 90 份评定"经济状况的"记述"要好些,因为地方自治局的按户调查已经把这种经济状况弄得相当清楚了。

由于我们手头没有家庭收支表,要确定这一类农民的经营性质,只有依靠两种资料:第一,波斯特尼柯夫对养活一个中等家庭所必需的每户播种面积亩数的计算;第二,关于播种面积分为四部分的资料,以及本地农民的货币支出平均数(每户一年)的资料。

波斯特尼柯夫详细地计算了供给全家食物、种子和牲畜饲料所必需的亩数,并根据这个计算作出了如下的最后结论:

"完全靠农业为生而不闹亏空的、人口和富裕程度都是中等的农民家庭,在普通年成时,自己应该有 4 俄亩播种面积供给全家 6.5 人的食物,4.5 俄亩供给 3 匹役马的饲料,1.5 俄亩供给播种用的种子,6—8 俄亩生产向市场出售的粮食,一共 16—18 俄亩。……塔夫利达省的中等户每户约有播种面积 18 俄亩,但塔夫利达省三县中，有 40％的居民每户的播种面积不满 10 俄亩，如果他们仍然从事耕作业，那只是因为他们靠外水和出租土地得到一部分收入。这部分居民的经济情况是不正常的、不稳定的，因为在大多数情况下他们不可能有备荒的存粮。"（第 272 页）

这一类农民每户平均有播种面积 8 俄亩，就是说，还不到必需数量（17 俄亩）的一半，因此，我们可以得出结论说，这类农民的收入大部分是靠"外水"，即靠出卖自己的劳动得来的。

另一种算法：根据上面引用的波斯特尼柯夫关于播种面积分配情况的资料，在 8 俄亩播种面积中，0.48 俄亩用于种子，3 俄亩用于牲畜饲料（这一类农民平均每户有役畜 2 头而不是 3 头），3.576 俄亩用于全家的食物（人口也少于中等家庭，约 5 个半而不是 6 个半），因此，剩下的商业面积就不到 1 俄亩（0.944 俄亩）了，作者算出从这块土地得到的收入为 30 卢布。但是，塔夫利达人必需的货币支出总数比这大得多。作者说，收集货币支出的数字资料比收集家庭收支的资料容易得多，因为农民自己常常计算这项账目。根据这种计算可以看出：

"据塔夫利达人计算，一个中等人口的家庭，即有一个干活的丈夫、一个妻子和四个孩子的家庭，如果只经营自己的土地（大约 20 俄亩）而不租地，那么它全年必需的货币支出是 200—250 卢布。一个人口较少而且尽量省吃俭用的家庭的最低货币支出应当是 150—180 卢布。年收入不会低于这个数目，因为这个男劳动力和他的妻子在本地当管吃管住的雇农一年能挣 120 卢布，而且还不必负担牲畜、农具等方面的任何开支，又能从租给同村人的土地中得到一些'油水'。"（第 289 页）因为这类农民低于中等户，所以我们不是拿中等的货币支出，而是拿最低的，甚至最低数目中的最小的，即150卢布来说的，这笔钱是一定可以靠"外水"得到的。根据这种计算，这类农民靠自己的经营得到(30＋87.5[1]＝)117.5卢布，靠出卖劳动得到120卢布。因此，我们依然得出：这类农民靠独立的农业经营只能抵补他的最低支出的**一小半**[2]。

可见，考察了下等户中各部分农民的经营性质之后，可以得出一个无可怀疑的结论：虽然多数农民也有小块播种面积，但是，他们的生活资料的主要来源还是出卖自己的劳动力。所有这类农民，更像是雇佣工人，而不像是耕作者业主。

波斯特尼柯夫没有提出下等户农民的经营性质问题，也没有说明外水和他们的经营的关系，这是他的著作的一个大缺点。正因为这样，他始终没有充分说明这个乍看起来令人奇怪的现象，即自己土地太少的下等户农民反而抛弃土地，将它出租；正因为这样，他始终没有把下等户农民的生产资料(即土地和农具)数量大大低于平均数这一重要事实与经营的一般性质联系起来。因为生产资料的平均数，如我们所看到的，恰好只能满足家庭的必不可少

---

① 3.5俄亩的食物面积，每俄亩提供25卢布(25×3.5＝87.5)——波斯特尼柯夫的计算，第272页。

② 载于1885年《俄国思想》杂志**14**第9期(《人民土地占有标准》)上的尤沙柯夫先生的计算完全证实了这个结论。他认为塔夫利达省每户的食物即最低的份地标准是9俄亩。但是，尤沙柯夫先生**只把谷类**食物和税款算在份地的账上，他认为其他支出可以用外水来抵补。地方自治局统计的家庭收支表证明，后一种支出占全部支出的一大半。例如沃罗涅日省的农民家庭的平均支出是495.39卢布，既包括实物支出，也包括货币支出。其中109.10卢布用来饲养牲畜[注意：尤沙柯夫把饲养牲畜的费用算在割草场和补助农业用地的账上，而不是算在耕地的账上]，135.80卢布用于植物类食物和税款，250.49卢布用于其他支出——衣服、农具、地租以及各种经营需要等[《奥斯特罗戈日斯克县统计资料汇编》中的24份家庭收支表]。莫斯科省一个家庭每年平均支出348.83卢布，其中156.03卢布用于谷类食物和税款，192.80卢布用于其他支出。[莫斯科省统计人员收集的8份家庭收支表的平均数——在前引书内。]

的需要,所以,贫苦农民由于生产资料短缺,绝对需要找寻别人的生产资料来使用自己的劳动,就是说,必须把自己出卖。

现在我们来谈谈第二类,就是也占人口40%的**中等户**。属于这一类的是每户种地10—25俄亩的户主。"中等"这一术语对这一类是完全适用的,不过要附带说明一下,他们的生产资料比平均数略微(稍许)低一点:他们每户的播种面积是16.4俄亩,而全体农民的平均数是17俄亩。每户的牲畜是7.3头,而平均数是7.6头(役畜3.2头,平均数是3.1头)。每户的全部耕地是17—18俄亩(包括份地、购买地和租地),而各县的平均数是20—21俄亩。试把每户的播种亩数和波斯特尼柯夫所提出的标准比较一下,就能看出这类农民经营自己的土地得到的收入只能勉强糊口。

根据这些资料,似乎可以认为这类农民的经济是最巩固的:一个农民可以靠它抵补自己的全部支出,他劳动不是为了获得收入,而只是为了满足迫切的需要。然而事实上情况恰恰相反,这类农民的经济特点却是非常不巩固。

首先,在这类农民中播种面积达到16俄亩这一平均数才够用。可见,种地10—16俄亩的户主,光靠种地不能抵补全部支出,他们也不得不去挣外水。我们从前面引证的波斯特尼柯夫的大致计算可以看出,这类农民雇用的劳动力有2 846人,而提供劳动力的却有3 389人,就是说,要多543人。可见这类农户中大约半数的生活不是完全有保障的。

其次,这类农民平均每户有役畜3.2头,然而我们从上文已经看出,畜力需要有4头。可见,这类户主有很大一部分不能光靠自己的牲畜耕种土地,必须插犋。这一类中的插犋户也不少于½,这是可想而知的,因为有畜力的农户总数约占40%,其中20%是富裕的上等户,其余的 20％是中等户,可见中等户中没有畜力的不会少于½。波斯特尼柯夫没有介绍这一类中的插犋户的准确数字。我们看看地方自治局统计汇编,就会找到下面的资料(两个县的)①。

全部耕地播种情况

种地 10—25 俄亩的农户		用自己牲畜播种的		插 犋 的		租牲畜播种的		用其他方法播种的	
总户数	播种面积(单位俄亩)	户数	面 积(单位俄亩)	户数	面 积(单位俄亩)	户数	面 积(单位俄亩)	户数	面 积(单位俄亩)
梅利托波尔县 13 789	226 389.21	4 218	79 726.55	9 201	141 483.26	321	4 405.8	49	773.3
第聂伯罗夫斯克县 8 234	137 343.75	4 029	71 125.2	3 835	61 159.05	320	4 352.5	50	707.25

由此可见,在两县的中等户中,用自己牲畜耕种土地的农户占少数:在梅利托波尔县不到总户数的⅓,在第聂伯罗夫斯克县不到½。可见上面的三县合计的插犋户总数(½)还嫌太低,一点也没有夸大。自然,单靠自己牲畜不能耕种土地的现象已经充分说明经济的不巩固性,但为了具体说明起见,我们还是引证波斯特尼柯夫对插犋所作的描述,可惜他对这个不论在经济方面或生活方面都很有意义的现象注意得太少了。

波斯特尼柯夫说:"根据力学定律,三匹马驾在一起的牵引力并不等于一匹马的牵引力的三倍,由于同样道理,插犋户的耕作面积标准也要[比用自己牲畜耕种的农民]低些。插犋户可能住在村子的两头(插犋的大部分都是亲属),而且两个户主(也有三户插犋的)的地块要比一个户主多一倍。这一切都增加了往返上的支出。[注:"在分配土地时,每户按自己的人口在一定地段分得连在一起的地块,因此,人口少的农户的地块要小些。在塔夫利达省,插犋

---

① 《梅利托波尔县统计资料汇编》(《塔夫利达省统计资料汇编》第 1 卷附录)1885年辛菲罗波尔版 Б第 195 页。《第聂伯罗夫斯克县统计资料汇编》(《塔夫利达省统计资料汇编》第 2 卷)1886 年辛菲罗波尔版 Б第 123 页。

的条件是多种多样的。插犋户中谁有多铧浅耕犁就替谁多耕种 1
俄亩,例如替一户耕种 10 俄亩,替另一户耕种 11 俄亩;或者由没
有多铧浅耕犁的户负担工作期间修理多铧浅耕犁的全部费用。插
犋的牲畜头数不等时也是这样的:如替一户多耕种一天,等等。在
卡缅卡村,多铧浅耕犁的所有者一个春天可以得到 3—6 个卢布。
插犋户之间常常发生不和。"]为了求得和睦,同样要花相当多的时
间,有时工作未完就闹起纠纷来了。在另一种情况下,插犋户没有
耙地的马匹,于是把马从多铧浅耕犁上卸下来,用几匹驮水,用几
匹耙地。在尤兹库伊村有人告诉我,插犋户用多铧浅耕犁往往一
天最多耕 1 俄亩,即比标准少一半。"(第 233 页)

　　他们不但役畜不足,而且农具很少。从上面引用的说明各类
农民每户农具平均数量的表中可以看出,各县中等户平均每户耕
具不少于一件。但事实上就是在同一类里面,农具的分配也不均
等。可惜波斯特尼柯夫没有提供这方面的资料,我们只好查看地
方自治局的统计汇编。第聂伯罗夫斯克县的 8 227 户中有 1 808
户完全没有耕具;在梅利托波尔县的 13 789 户中有 2 954 户完全
没有耕具;这种农户在前一个县中占 21.9%,在后一个县中占
21.4%。无疑地,没有耕具的户主在经济状况上接近下等户,而有
耕具一件以上的户主则接近上等户。没有犁的户主还要多:在第
聂伯罗夫斯克县占 32.5%,在梅利托波尔县占 65.5%。最后,这
类户主所拥有的收割谷物的机器(这种机器在南俄农民经济中有
很重要的意义,因为在那里用手收割,劳动力不够,并且地块很长,
搬运谷物要用整月整月的时间)更是微不足道了:第聂伯罗夫斯克
县的这类农民一共只有割草机和收割机 20 台(每 400 户 1 台),梅
利托波尔县一共只有 178.5 台(每 700 户 1 台)。

波斯特尼柯夫对这类农民的一般经营方法作了如下的描写：

"有役畜不到4头的户主必须靠插犋耕种土地。这一类的户主每户有两个或一个劳动力。由于经营规模较小、实行插犋和农具很少，这些户主的相对劳动能力也就降低。插犋户常用耕得较慢的小三铧浅耕犁来耕地。如果这类户主要租用邻居的机器来收割谷物，那要等到邻居收完自己谷物后才能租到。用手收割，时间会拖长，有时还要雇日工并且花更多的钱。单独一人干活的户主遇到紧急的家事或履行社会义务就得中断工作。农民在离村很远的地里干活，为了一次完成翻地和播种，往往要在那里逗留整整一个星期，而单独一人干活的户主要到那里去干活，那就必须经常回村去看望留下的家属。"（第278页）在中等户中，这种单独一人干活的户主（有一个劳动力的）占大多数，这从波斯特尼柯夫所引的下表中可以看出，这张表说明了塔夫利达省三县各类农户的家庭劳动力的数目（第143页）。

	每 100 户中			
	无 男劳动力的	有 1 个劳动力的	有 2 个劳动力的	有3个和3个以上劳动力的
不种地者	19	67	11	3
种地不满 5 俄亩者	9	77.6	11.7	1.7
种地 5—10 俄亩者	4.2	74.8	17.7	3.3
种地 10—25 俄亩者	1.7	59	29	10.3
种地 25—50 俄亩者	1.2	40	35.7	23.1
种地超过 50 俄亩者	0.9	25	34.3	39.8
总　　计	4.3	60.6	24.6	10.5

从这张表中可以看出，在中等户中有一个劳动力或根本没有劳动力的农户占³⁄₅[1]。

---

[1]　波斯特尼柯夫引用特里罗果夫的名著《村社和赋税》来证明自己关于有家眷的（即有很多劳动力的）户主在经济上远远优于单独一人干活的户主的论点。

为了具体说明中等户和上等户的关系以及中等户经济的巩固程度，我们从《第聂伯罗夫斯克县统计资料汇编》中摘引一些关于农民拥有的全部土地面积在各类农民间的分配情形的数字，其中包括播种面积分配数字①。我们得到如下的图表：

农民类别	农户百分数	份地耕地		购买地		租地		出租地	全部使用土地		播种面积	
		俄亩	百分数	俄亩	百分数	俄亩	百分数		俄亩	百分数	俄亩	百分数
贫苦户	39.9	56 444.95	25.5	2 003.25	6	7 838.75	6	21 551.25	44 735.7	12.4	38 439.25	11
中等户	41.7	102 793.7	46.5	5 376	16	48 397.75	35	8 311	148 256.45	41.2	137 343.75	43
富裕户	18.4	61 844.25	28	26 530.75	78	81 645.95	59	3 039.25	166 981.7	46.4	150 614.45	46
总　计	100	221 082.9	100	33 910	100	137 882.45	100	32 901.5	359 973.85	100	326 397.45	100

从这张表可以看出，按份地耕地数量来说，中等户居第一位：他们手中握有 46.5％ 的土地。份地不足迫使农民去租土地，因此，农民使用的土地总面积增加了 50％ 以上。中等户的土地**在绝对数量上**也增加了，但**在相对数量上**减少了：它只占有全部土地面积的 41.2％ 和播种面积的 43％；而上等户占了首位。因此，不仅下等户，而且中等户也直接感受到夺取他们土地的上等户的压力。

根据上述一切，我们可以对中等户的经济状况说明如下。列入这一类的是纯粹靠自己种地的收入维持生活的耕作者业主；他们的播种面积几乎和当地农民的平均播种面积相等（或稍低些），能勉强满足家庭必不可少的需要。但是，役畜和农具的不足和分配不均，特别是上等户日益排挤下等户和中等户这一咄咄逼人的

---

① 这些数字是第聂伯罗夫斯克全县的，包括未列入乡的村庄在内。表中"全部使用土地"一项数字是我算出来的——把份地、租地和购买地加在一起，减去出租地。这里以第聂伯罗夫斯克县为例，是因为该县几乎全是俄罗斯人。

趋势,使得中等户的经济不巩固,不稳定。

现在我们来看最后一类,即包括富裕农民的上等户。在塔夫利达省各县,列入这一类的有⅕的居民,每户种地超过25俄亩。这一类农民的役畜、农具、份地和其他土地比另两类农民实际多多少,上面已引用了足够的资料。为了表明这一类农民究竟比中等农民富裕多少,我们只引用一下关于播种面积的数字:第聂伯罗夫斯克县的富裕户平均每户种地41.3俄亩,而全县的平均数是17.8俄亩,即少一半多。一般说来,事情的这一方面,即种地多的农民最为富裕,波斯特尼柯夫已经相当详尽地说明了,但他几乎完全没有注意另一个重要得多的问题:上等户的经济在全区整个农业生产中有什么意义,上等户取得成功,其他两类付出了什么样的代价。

原来这类农民数量很少,他们在南方最富庶的区域,在塔夫利达省,总共只占居民的20%。因此,可能以为他们在整个地区的经济中的意义是不大的[①]。但事实上情况恰恰相反,这些占人口少数的富裕农民在整个农产品生产中却起着主要的作用。塔夫利达省三县的全部播种面积共为1 439 267俄亩,掌握在富裕农民手中的有724 678俄亩,即一半以上。当然,这些数字远没有准确地反映出上等户的优势,因为富裕农民的收获量比贫苦农民和中等农民高得多,根据上面引用的波斯特尼柯夫的说明,贫苦农民和中等农民是不能进行任何正常经营的。

这样一来,生产粮食的主要是上等户农民,所以(这是特别重

---

① 例如斯洛尼姆斯基先生就犯了这样的错误,他在一篇评论波斯特尼柯夫这本著作的文章中说道:"富裕农户消失在大量贫苦农民中,有些地方似乎根本没有富裕农户。"(1893年《欧洲通报》杂志**15**第3期第307页)

要并往往被忽视的)各种各样有关农业的描述和耕作技术改进的评论等等,主要是而且极大部分是(有时甚至完全是)关于少数殷实农民的。我们以推广改良农具的资料为例。

波斯特尼柯夫对塔夫利达农民的农具作了如下的叙述:

"农具除少数外,都和德意志移民的农具一样,但式样较少,一部分质量较差,因而价格比较低廉。只有第聂伯罗夫斯克县人烟稀少的西南部分是例外,至今还在使用小俄罗斯的原始农具,如笨重的木犁和带铁齿的古式木犁。在塔夫利达省各县的其余地区,农民都普遍使用改良的铁犁。与犁同样在耕地中占首要地位的,还有多铧浅耕犁,在许多场合它甚至是农民唯一的耕具。但多半是犁和多铧浅耕犁并用……　耙地普遍使用带铁齿的木耙,耙有两种,一种是用两匹马拉的耙,可以耙10英尺宽的一块地,一种是约1俄丈宽的用一匹马拉的耙……　多铧浅耕犁是一种有3个、4个或5个铧的工具……　在多铧浅耕犁前面常常装一个小播种机,它随多铧浅耕犁的轮子转动而转动。它撒播种子,多铧浅耕犁同时把种子覆盖起来。在农民的其他耕地工具中,偶尔还可以看到一种播种后用来平地的木磙。收割机近10年来在农民中特别流行。据农民说,在富裕的村庄里有收割机的农户几乎占½……　农民的割草机比收割机少得多……　农民也很少使用马拉搂草机和脱粒机。普遍地使用风车……　运输完全是用现在俄国很多农村都会制造的德国式轻便马车和大车……　脱粒各地都使用长短不同的有齿的石磙。"(第213—215页)

要知道这些农具是怎样分配的,只有查看地方自治局统计汇编,虽然其中的资料也不完全:塔夫利达省的统计人员只登记了犁、多铧浅耕犁、收割机、割草机和马车(即轻便马车或大车)。我们把梅利托波尔县和第聂伯罗夫斯克县的数字加在一起就可以看到,犁和快耕犁的总数为 46 522 件,其中上等户拥有 19 987 件,即 42.9%;轻便马车的总数为 59 478 辆,其中上等户拥有 23 747 辆,即 39.9%;最后,收割机和割草机的总数为 3 061 台,其中上等户拥有 2 841 台,即 92.8%。

前面已经引用了表明上等农户的劳动生产率远远高过下等农户和中等农户的资料。现在我们看看大耕作者的经营的这种特点是由什么技术特点造成的。

波斯特尼柯夫说:"农民占有土地和使用土地的规模,在很大程度上也决定着耕作制和耕作性质。可惜我国农民经济研究者至今还很少研究二者之间的这种依存关系,他们往往还是把农村居民各阶层的农民经济看成是同类的。我先撇开耕作制不谈,而尽量简短地概述我在塔夫利达省各县旅行时调查清楚的各类农户经营中的这些技术特点。

用自己牲畜耕作而不需要插锹的户主,每户有 4 头、5 头、6 头或更多的役畜①,而他们的经济状况也有许多差别。四铧的浅耕犁需要套上 4 头牲畜,五铧的需要 5 头牲畜。耕地以后紧接着就要耙地,如果户主没有多余马匹,他就不能马上耙地,而要在耕地结束以后再耙,就是说,要用已经有些干燥的土来覆盖种子,这对种子的发芽是不利的。如果在离村很远的地方耕作,就需送水和饲料,没有多余马匹也会使工作中断。在这种种情况下,如果没有全套的役畜,就会错过时间,耽误播种。有大量役畜而又使用多铧浅耕犁时,农民能较快地播种,更好地利用有利的天气,用较湿润

---

① 富裕农户每户有 6—10 头役畜(见上文)。

的泥土覆盖种子。可见春耕技术上的优越性属于每户有 6 头、更好是有 7 头役畜的'设备完善的'户主。有 7 匹马时可以用一架五铧浅耕犁和两副耙同时耕作。农民们说,这样的户主'是不会停工的'。

如果收成好,在庄稼收完后,当本地经济对劳动力需求最紧张的时候,这些户主的经济状况上的差别就显得更为重要。有 6 头役畜的户主,一面运回庄稼,一面脱粒,用不着把庄稼堆成垛子,这当然就省时间和劳动力。"(第 277 页)

为了全面说明这些大耕作者的经营性质,还应当指出一点:按照波斯特尼柯夫的意见,这一类农民种地已是"商业性的"经营了。上引商业面积资料完全证实了作者的说法,因为播种面积大部分是生产向市场出售的产品的,在种地 25—50 俄亩的农户中占总面积的 52%,在种地超过 50 俄亩的农户中占总面积的 61%。货币收入的数量也证明了这一点:连富裕户的这种收入的最低数(每户 574 卢布)也超过必需的货币支出总数(200—250 卢布)1 倍以上,这样就有盈余,可以积累起来,用于扩大和改善经营。波斯特尼柯夫说,"在每户种地超过 50 俄亩的最富裕的农民那里",连"畜牧业的一个部门——饲养粗毛羊——也已具有市场的性质"。(第 188 页)

现在我们来谈波斯特尼柯夫同样没有加以充分研究(甚至几乎没有涉及)的另一个问题:少数农民的经济成就对群众的影响怎样? 无疑地,完全是坏的。上面引证的数字(特别是关于租地的)充分地证明了这一点,因此在这里只总结一下就行了。塔夫利达省三县农民共租进 476 334 俄亩土地(非份地和份地),其中富裕户租进 298 727 俄亩,即 $\frac{3}{5}$ 以上(63%)。贫苦户租进的亩数只占

6％,中等户占 31％。如果注意到最需要(如果不是唯一需要)租地的是两类下等户(上面引用的关于第聂伯罗夫斯克县各类农民间的土地分配情形的数字表明,上等户仅份地一项已几乎达到播种面积的"标准"数量),那么就会知道,他们因富裕农民扩大商业性耕地而在使用土地上受到多么大的限制。[①]

　　份地租地的分配情形也提供了完全相同的结论,上面已引用了这方面的数字。为了指出份地租地对不同类别的农民有什么意义,我们摘引波斯特尼柯夫著作的第 4 章中对这一现象的描述。

　　他说:"目前份地已成为南俄农民日常生活中的普遍投机对象。立下字据,用土地作抵押取得借款,这种做法在塔夫利达省农民中很通行;而来自土地的收入在偿清债务以前归放款者所得,土地可出租或出卖一两年,或长达 8 年、9 年和 11 年,这种份地的出让要在乡公所和村公所里取得正式证明。在较大村庄里,每逢星期天或节日,我都看到村公所门前聚集着大群闹哄哄的人。问到聚集的原因时,人们总是回答说,这是在请客,由村政权注册证明出卖份地…… 把份地典给别人使用的现象,不仅在按登记丁口分配土地和根本不彻底重分土地的村庄里有,而且在按现有人口分配土地和彻底重分土地的村庄里也有,不过在后一种村庄里典押的期限通常短些,而且典押时估计到重分土地的期限,因为近来这里重分土地的期限大部分是在村社重分土地的决定中预先规定了的。目前份地的典押在南俄村庄中集中地表现出当地富裕农民(在这里,特别是在塔夫利达省各县,他们为数很多)的切身利益。

---

　　①　波斯特尼柯夫说:"德意志人压迫当地农民的方法……是剥夺他们可以租到或买到的邻近的土地。"(第 292 页)显而易见,俄国富裕农民在这一点上接近德意志移民甚于接近自己贫苦的同胞。

这种典押是富裕的塔夫利达人大量扩大耕地并得到很大的经济利益的主要条件之一。因此,目前富裕农民对他们日常生活中的一切变化都很敏感,因为这些变化会使他们失掉这种通常租金低廉、地点又近的土地。"(第140页)以下说到的是:梅利托波尔县的县农民事务会议¹⁶要求每次出让份地都要得到村会的同意,这个命令使农民受到束缚,以及"这命令的后果只是使农村审判所里没有土地契约登记册了,虽然作为非正式的登记册大概还在登记"(第140页)。

富裕农民不仅租进大量土地,而且几乎是唯一的土地购买者:在第聂伯罗夫斯克县,他们拥有全部购买地的78%;在梅利托波尔县,在总数48 099俄亩购买地中,他们拥有42 737俄亩,即88%。

最后,独享贷款的也是这类农民。为了补充前面所引证的作者关于南方农村信贷所的意见,我们再引证作者对信贷所的如下说明:

"目前村信贷所和信贷社在我国有些地方很普遍(例如在塔夫利达省各县就很多),它们主要是帮助富裕农民。可以说,它们的帮助是很重要的。我不止一次地听到有这种信贷社的地区的塔夫利达农民说:'谢天谢地,我们现在摆脱了犹太佬。'但说这种话的是富裕农民。经济力量薄弱的农民找不到保人,享受不到贷款。"(第368页)贷款的这种垄断化不是什么意外事情,因为信贷业务不过是一种延期支付的买卖。很自然,只有有钱的人才能支付,而在南俄农民中有钱的只是少数富裕农民。

为了全面说明其生产活动成果比其他各类加在一起还占优势的这一类农民的经营性质,要提醒的只有一点,即这一类农民"大量"使用雇佣劳动,而被迫提供雇佣劳动的是下等户。说到这里必须指出：精确地计算农业生产中的雇佣劳动是有很大困难的，我们的地方自治局统计机关似乎还没有克服这一困难。因为农业所需的劳动在全年内不是固定的、均衡的，而只是在一定的季节急剧增多，所以只登记固定的雇佣工人远不能表现出剥削雇佣劳动的程度，而统计临时工人（往往是计件的）又极其困难。波斯特尼柯夫在大致地计算各类农户的雇佣工人数目时，把一个劳动力耕种 15 俄亩①当做富裕户的劳动标准。作者在他的著作的第 7 章中详细地考察了耕作面积的实际情况，结果表明，只有用机器收割谷物才能达到这样的标准。然而就是在富裕户中收割机的数量也不多，例如在第聂伯罗夫斯克县每 10 户约有 1 台，所以即使考虑到作者的说法：机器的主人在收完自己的谷物后把机器租出去，结果仍然是，大部分农民肯定用不上机器，因而要雇用日工。因此，上等户使用雇佣劳动的规模一定比作者所计算的更大，所以这一类农民所获得的高额货币收入很大部分（如果不是全部）是从**资本**（就科学的政治经济学赋予这一术语的专门含义来说）得到的收入。

　　把关于第三类的叙述总括起来，可以概述如下：生产资料大大超过中等农民，因此具有更高劳动生产率的富裕农民，是全区农产品主要的、压倒其余两类的生产者；按其性质来说，这类农民的经营是商业性的，在很大程度上是建立在剥削雇佣劳动上的。

　　对该地三类农民的经营在政治经济学上的差别所作的上述简评，是对波斯特尼柯夫书中有关南俄农民经济的资料加以系统整理以后得出的。我认为，这个简评证明：要研究农民经济（从政治经济学方面），不把农民分为几类是完全不可能的。上面已经指

----

① 　1.8—2.3 个劳动力就是 27—34.5 俄亩，而富裕农民种的地为 34.5—75 俄亩。可见富裕户总的特点是它们的经营规模大大超出了家庭的劳动标准。

出,波斯特尼柯夫是承认这一点的,甚至责备地方自治局统计机关没有这样做,说它的综合表虽有丰富的数字但"不清楚",说"它只见树木不见森林"(第 XII 页)。波斯特尼柯夫未必有权这样责备地方自治局统计机关,因为他自己也没有系统地把农民分为"清楚的"类别,但是,他的要求的正确性是不容怀疑的。既然承认各个农户间不仅有量的差别,而且有质的差别①,那就绝对必须把农民不是按"富裕程度"而是按经营的社会经济性质分类。希望地方自治局统计机关能立即这样做。

五

波斯特尼柯夫不仅确认农民中的经济悬殊,并且指出这一现象在加强。

他说:"各类农民富裕程度上的不同在我国普遍存在,而且早已存在。但是,近几十年来农民的这种分化表现得很明显,并且看来正在日益加剧。"(第 130 页)作者认为,1891 年的艰难的经济情况[17]一定进一步推动了这个过程。

试问,产生这种对全体农民有如此巨大影响的现象的原因是什么呢?

波斯特尼柯夫说:"塔夫利达省是欧俄土地最多的省份之一,而且农民分得的土地也最多。在该省,到处都存在着村社土地占

---

① 经营性质有自己消费的和商业性的;利用劳动的性质有出卖劳动力和购买劳动力两种,前者是谋取生活资料的主要来源,后者是把播种面积扩大到超出家庭劳动能力之外的必然结果。

有制,比较平均地按人口分配土地,而且耕作业几乎是农村居民的唯一职业。然而按户调查表明,这里有 15％的农村居民没有任何役畜,约有⅓的居民没有足够的农具来耕种自己的份地。"(第 106 页)作者问道:"各类农户之间的这种巨大不同是由什么决定的呢? 在纯粹从事农业经营的地区中,不种地的和没有役畜的户主占有这样大的百分数(我们描述的地区现在的情况就是这样),具体说来又是由什么决定的呢?"(第 130 页)

波斯特尼柯夫在寻找这种现象的原因时完全误入迷途(幸亏没有走多远),扯到"胡闹"、"酗酒"甚至火灾和盗马。但他还是得出了这样的结论:这些原因不是"事情的最本质的方面"。家中孤儿寡母,即没有成年劳力,同样也说明不了什么问题,因为在塔夫利达省各县全部不经营的(即没有播种面积的)农户中,孤儿寡母的家庭仅占 18％。

作者得出结论说:"不经营的主要原因应该在农民经济生活的其他因素中去寻找。"(第 134 页)波斯特尼柯夫认为:"在所指出的一些农户的农民经济衰落的原因中,**份地不断缩小**、农民使用的土地面积有限和农民的平均经营规模缩小,可以认为是最根本的原因,可惜我国地方自治局统计机关至今还没有弄清楚。"(第 141 页)作者说:"俄国经济贫困的根本原因是农民的土地占有规模和经营规模的狭小,不能利用农民家庭的全部劳动能力。"(第 341 页)

波斯特尼柯夫的这一论点表达得极不确切,因为作者自己曾断定:农民的平均经营规模(17—18 俄亩播种面积)足以使一个家庭过小康的生活,在经营规模方面对全体农民下一个一般的笼统的评语是不可能的。为了说明波斯特尼柯夫的这一论点,应该提醒一下,他在前面已确定了农民劳动生产率随着经营规模的扩大而提高的一般规律。按照他的计算,只有上等户才能做到充分利用家庭的劳动力(和役畜),例如在塔夫利达省各县只有富裕农民才能做到,而大多数农民"掘地效率很低"(第340页),浪费大量劳力。

虽然作者完全证明了劳动生产率以经营规模为转移,证明了下等农户的生产率极低,但仍不能把这个规律(波斯特尼柯夫称之为俄国农业人口过剩,农业劳动的饱和)看做农民分化的原因。因为问题正在于为什么农民分为如此不同的类别,而农业人口过剩就是以这样的分裂为前提的;人口过剩这一概念是作者把小农户和大农户以及它们的收入进行对比时形成的。因此,指出农业人口过剩并不能回答"各类农户的巨大不同是由什么决定的?"这个问题。看来波斯特尼柯夫也意识到这一点,不过他没有明确地向自己提出任务——研究这种现象的原因,因此,他的意见有些残缺不全。除了不周全不确切的论点外,也有正确的思想。例如他说:

"不能指望目前在土地占有制基础上正进行着的农村生活中的残酷斗争,在将来会促进居民中的村社原则和协调原则的发展。这种斗争不是偶然的条件引起的暂时的斗争…… 我们认为它不是村社传统和在农村生活中发展起来的个人主义之间的斗争,而是纯粹的经济利益的斗争;由于缺少土地,这种斗争必然以一部分居民的不幸结局而告终。"(第XXXII页)

波斯特尼柯夫在另一个地方说道:"事实是十分清楚的,在缺少土地和经营规模很小的情况下,在缺乏足够的副业的情况下,农民是不会富足的。经济上的一切弱者不管怎样迟早总是要被抛出农民耕作业之外的。"(第368页)

这些意见包含有对问题的正确得多的答案,而且这种答案和上面所谈的农民分化现象完全吻合。答案是这样的：大量不经营的农户的出现及其数量的增加，是由农民中的经济利益的斗争决定的。这种斗争是在什么基础上进行的，是用什么手段进行的呢？说到手段，那么不仅是抢购土地（从刚才引证的波斯特尼柯夫的那段话是可以这样想的），更重要的是随着经营规模的扩大而降低生产费用（这一点上面已经谈得很多）。说到斗争产生的基础，那么，波斯特尼柯夫的下面一段话已经很清楚地指出来了：

"经营面积有一定的最低限度，农民的经营不能低于这个限度，否则就会无利可图，甚至无法维持。为了养活家庭和牲畜〈?〉，农户需有一定的食物面积；没有从事或很少从事副业的农户，还需要一些市场面积，以便销售产品，获得货币来缴纳税款，购置衣服鞋袜和支付经营所必需的工具、建筑物等等方面的开支。农民的经营规模如果低于这个最低限度，就无法维持。在这种情况下，农民就会认为放弃经营去当雇农更为有利，因为雇农的开支比较少，即使总收入少些也可以较充分地满足需要。"（第141页）

一方面，如果农民认为把自己的播种面积扩大到远远超过自己对粮食的需要是有利的事，那是因为他可以出卖自己的产品。另一方面，如果农民认为放弃经营去当雇农是有利的事，那是因为他要满足自己的大部分需要就必须支出货币，也就是说，必须出卖点什么[①]；而既然他在出卖自己的产品时，在市场上碰到了他无力与之竞争的对手，那他就只能出卖自己的劳动力。总之，供出售的

---

① 参看上面引用的关于食物播种面积和商业播种面积的资料（不过从这两种面积上得到的收入是满足耕作者的需要而不是满足耕作业的需要，就是说，这里的收入是指本来意义上的收入而不是指生产费用），以及塔夫利达人用在吃粮（不分男女，每人两俄石）上的平均货币支出的资料。

产品的生产是上述现象滋长的基础。农民中产生经济利益斗争的主要原因就在于存在着一种使市场成为社会生产的调节者的制度。

波斯特尼柯夫在描写了"农民生活中新的经济变动"并作了解释这些变动的尝试之后，转而叙述应当解决"土地问题"的实际措施。我们不再跟着作者进入这一领域，第一，因为这不在本文计划之内，第二，因为波斯特尼柯夫的著作的这一部分是最差的。后一点是完全可以理解的，大家总该记得，作者正是在试图说明经济过程的时候，矛盾最多，意思也最含混，而对经济过程不作充分和准确的说明，是根本谈不上指出什么实际措施的。

载于1923年《党的第一次代表大会二十五周年纪念文集(1898—1923)》

译自《列宁全集》俄文第5版第1卷第1—66页

论所谓市场问题[18]

（1893 年秋）

一

　　在人民大众很穷而且愈来愈穷的时候，资本主义能否在我们俄国发展并充分发展起来呢？须知资本主义的发展是需要广大的国内市场的，而农民的破产却在破坏这个市场，大有使市场完全停闭、资本主义制度无法建立之势。固然有人说，资本主义把我国直接生产者的自然经济变成商品经济，也就会给自己建立市场，但能否设想，靠着半赤贫农民的自然经济的可怜残余，就能在我国发展起像我们在西欧看到的那种强大的资本主义生产呢？单是由于群众的贫穷化，我国的资本主义就是一种软弱无力、没有根基、不能囊括国内全部生产、不能成为我国社会经济**基础**的东西，这难道还不明显吗？

　　这就是我国著作界经常提出来反对俄国马克思主义者的一些问题；没有市场这个说法是否认马克思的理论适用于俄国的最主要的论据之一。我们要着手分析的《**市场问题**》这篇论文就是为驳斥这个论据而写的。

По поводу такъ-называемаго
вопроса о рынкахъ.

I.

1893 年列宁《论所谓市场问题》手稿第 1 页

（按原稿缩小）

二

该文作者是以"资本主义生产占普遍和绝对的统治"这一假设为基本前提的。他根据这个前提阐述了《资本论》第 2 卷第 21 章的内容(第 3 篇《社会总资本的再生产和流通》)。

马克思在这里给自己提出的任务,是研究社会生产如何补偿用来满足工人和资本家个人需要的那一部分产品,以及用来构成生产资本要素的那一部分产品。正因为如此,在第 1 卷里,在研究**单个**资本的生产和再生产时,可以只是按价值来分析资本和产品的各个组成部分——[《资本论》第 1 卷表明,产品的价值等于 c(不变资本)+v(可变资本)+m(剩余价值)],——而在这里,就必须注意按产品的物质构成来区分产品,因为由资本要素构成的那一部分产品不能用于个人消费,反之亦然。因此,马克思把社会总生产(因而也就是把社会总产品)分为两个部类:(I)生产资料的生产,即生产资本要素(只能用于生产消费的商品)的生产;(II)消费资料的生产,即用于工人阶级和资本家阶级个人消费的商品的生产。

现在以下列公式[阿拉伯数字表示价值单位——譬如百万卢布,罗马数字表示上述社会生产的两个部类。剩余价值率为 100%]作为研究的基础:

$$\text{I } 4\,000c+1\,000v+1\,000m=6\,000 \quad \left. \begin{matrix} 资本=7\,500 \\ \\ 产品=9\,000 \end{matrix} \right\}$$
$$\text{II } 2\,000c+\ \ 500v+\ \ 500m=3\,000$$

我们先假定研究的是简单再生产,即假定生产不扩大,一直保持原有的规模；这就是说，全部额外价值[19]都被资本家用于非生产方面，即用于个人需要而不用于积累。在这种情形下可以看出，首先，Ⅱ 500v 和 Ⅱ 500m 应被第 Ⅱ 部类的资本家和工人消费掉，因为这种产品是以满足个人需要的消费资料形式存在的。其次，以实物形式存在的 Ⅰ 4 000c 应由第 Ⅰ 部类的资本家消费掉，因为要使生产规模不变，下一年度就得保持同样数量的资本来生产生产资料；可见补偿这一部分资本也没有什么困难，因为与之相应的、以煤、铁、机器等实物形式存在的那一部分产品，将在从事生产资料生产的资本家之间进行交换，并照旧成为他们的不变资本。这样还剩下 Ⅰ (v＋m) 和 Ⅱ c。Ⅰ 1 000v＋Ⅰ 1 000m 是以生产资料形式存在的产品，Ⅱ 2 000c 则是以消费资料形式存在的产品。第 Ⅰ 部类的工人和资本家（在简单再生产即在额外价值全部消费掉的情况下）应消费掉价值 2 000[1 000(v)＋1 000(m)]的消费资料。第 Ⅱ 部类的资本家要能继续原有规模的生产，就应当购进价值 2 000 的生产资料，以补偿自己的不变资本（2 000 Ⅱ c）。由此可见，Ⅰ v＋Ⅰ m 应当和 Ⅱ c 交换，否则就不能按原有规模进行生产。简单再生产的条件，就是第 Ⅰ 部类的可变资本加额外价值等于第 Ⅱ 部类的不变资本：Ⅰ (v＋m)＝Ⅱ c。换句话说，这个规律可表述为：全年新生产出来的价值总额（两部类的），应等于以消费资料形式存在的产品的总价值：Ⅰ (v＋m)＋Ⅱ (v＋m)＝Ⅱ (c＋v＋m)。

当然，简单再生产实际上是不会有的，这一方面是因为整个社会的生产不可能每年都停留在原有的规模上，另一方面是因为积累是资本主义制度的规律。因此，我们要考察一下，规模扩大的社会生产或者说积累是如何进行的。在积累时，资本家只把一部分额外价值用于个人需要，另一部分则用于生产方面，即转化为生产资本要素以扩大生产。因此,在积累时,$I(v+m)$和 $II\,c$ 不可能相等:必须使 $I(v+m)$大于 $II\,c$,以便使第 I 部类的一部分额外价值($I\,m$)不和消费资料交换,而用来扩大生产。这样我们就得出:

甲、简单再生产公式:

$I\ 4\ 000c+1\ 000v+1\ 000m=6\ 000$。

$II\ 2\ 000c+\quad 500v+\quad 500m=3\ 000$。

$$I(v+m)=II\,c。$$

乙、积累的开端公式:

$I\ 4\ 000c+1\ 000v+1\ 000m=6\ 000$。

$II\ 1\ 500c+\quad 750v+\quad 750m=3\ 000$。

$$I(v+m)>II\,c。$$

现在看看在积累的条件下社会生产应如何进行。

第一年:

$I\ 4\ 000c+1\ 000v+1\ 000m=6\ 000$。$\left\{\begin{array}{l}资本=7\ 250\\ 产品=9\ 000\end{array}\right.$

$II\ 1\ 500c+\quad 750v+\quad 750m=3\ 000$。

$I(1\ 000v+500m)$与 $II\ 1\ 500c$ 交换(同简单再生产时一样)。

把 $I\ 500m$ 作为积累,即用于扩大生产,转化为**资本**。如果按原先的比例把它分为不变资本和可变资本,那么就会得出:

$$I\ 500m=400c+100v。$$

追加的不变资本($400c$)在第 I 部类自身的产品(它的实物形式是生产资料)中就已有了,追加的可变资本($100v$)则应从第 II 部类的资本家手里取得。因此,第 II 部类的资本家也应进行积累,拿自己的一部分额外价值($II\ 100m$)去交换生产资料($I\ 100v$),并把这些生产资料变成追加的不变资本。因此,他们的不变资本将从 $1\ 500c$ 增加到 $1\ 600c$;为了使用这些不变资本,就需要追加的劳动力——**50v**，这 50v 也是从第 II 部类资本家的额外价值中取得的。

把第 I 部类和第 II 部类的追加资本都加到原始资本中去，产品的分配情况就成为：

$$I\ 4\ 400c + 1\ 100v + (500m) = 6\ 000。$$
$$II\ 1\ 600c + \quad 800v + (600m) = 3\ 000。$$

括弧内的额外价值代表资本家的消费基金，即不用于积累而用于资本家个人需要的那一部分额外价值。

如果生产照常进行，到年底就会得出：

$$I\ 4\ 400c + 1\ 100v + 1\ 100m = 6\ 600 \quad \left\{ \begin{array}{l} 资本 = 7\ 900 \\ 产品 = 9\ 800 \end{array} \right\}$$
$$II\ 1\ 600c + \quad 800v + \quad 800m = 3\ 200$$

I (1 100v+550m) 与 II 1 650c 交换，其间追加的 50c 从 800 II m 中取得[同时由于 c 增加了 50，v 也要增加 25]。

接着 550 I m 照先前那样积累起来：

$$550\ I\ m = 440c + 110v$$

$$165\ II\ m = 110c + 55v。$$

现在把追加资本加到原始资本中去[把 440c 加到 I 4 400c 中去；把 110v 加到 I 1 100v 中去。把 50c 和 110c 加到 II 1 600c 中去；把 25v 和 55v 加到 II 800v 中去]，就得出：

$$I\ 4\ 840c + 1\ 210v + (550m) = 6\ 600。$$
$$II\ 1\ 760c + \quad 880v + (560m) = 3\ 200。$$

在生产继续进行的条件下就会得出：

$$I\ 4\ 840c + 1\ 210v + 1\ 210m = 7\ 260 \quad \left\{ \begin{array}{l} 资本 = \ 8\ 690 \\ 产品 = 10\ 780 \end{array} \right\}$$
$$II\ 1\ 760c + \quad 880v + \quad 880m = 3\ 520$$

余类推。

马克思研究社会总资本再生产问题所得出的结果主要就是如此。必须附带说明，这里只是最简要地介绍了这种研究，至于马克思详细分析过的很多问题，如货币流通、逐渐损耗的固定资本的补偿等等，因与所研究的问题没有直接关系，则一概省略了。

三

该文作者从马克思的这种研究中得出了什么结论呢？可惜他没有把他的结论十分明确地表述出来，所以我不得不根据某些彼此不很协调的说法来加以推断。例如该文有这样一段话：

"这里我们看到，在第Ⅰ部类中，在制造生产资料的生产资料生产中，积累是怎样进行的：……这种积累的进行既不依赖消费品生产的运动，也不依赖任何个人消费。"（第15页第3段）

当然，说积累"不依赖"消费品的生产是不行的，因为要扩大生产就需要新的可变资本，因而也就需要消费品；大概作者不过是想用这种说法来强调该公式的一个特点，即Ⅰc（第Ⅰ部类的不变资本）进行再生产时是不和第Ⅱ部类交换的，比如说，社会上每年有一部分煤是为采煤而生产的。当然，这种生产（为采煤而生产煤）通过随后的一系列交换还会与消费品生产发生联系，否则煤矿主和他们的工人都会无法生存。

作者在另一处就讲得更差了。他说："资本主义积累的**主要**运动的进行，现在和过去（最早时期除外）都不依赖任何直接生产者，不依赖任何居民阶层的个人消费。"（第8页）这里仅仅是指出在资本主义的历史发展中生产资料的生产比消费品的生产占优势。这种说法又被重复了一遍："如果从一方面说,对于资本主义社会,典型的是为积累而积累,是生产消费而不是个人消费,那么从另一方面说,对于它,**典型的**正是为生产资料而生产生产资料。"(第21页第2段)假如作者想用这些话来说明资本主义社会不同于以往其他经济组织的地方,就在于机器及其所需物品(煤、铁等)的生产得到发展,那么这完全是对的。就技术水平说,资本主义社会超过了所有其他社会,而技术进步正表现于人力劳动与机器劳动相比日益退居次要地位。

因此,与其批判作者表达得不够清楚的说法,倒不如直接请教马克思,看看能否从他的理论中得出第I部类比第II部类占"优势"的结论,看看这一优势究竟应当如何理解。

从上面所引的马克思的公式根本不能得出第I部类比第II部类占优势的结论,因为这两个部类在这里是平行发展的。可是这个公式没有考虑的正是技术进步。如马克思在《资本论》第1卷中所证明的,技术进步表现于可变资本与不变资本的比值$(\frac{v}{c})$逐渐缩小,而在这个公式中却是把这个比值当做不变的。

显而易见,如果把这种变化纳入公式中,那一定是生产资料比消费品增长得快。可是我还是觉得,第一为了明显起见,第二为了防止可能由这个前提得出不正确的结论,把这种计算列出来并不是多余的。

[下表中的积累率是当做不变的:额外价值的一半用于积累,一半供个人消费。]

[也可以略过下面的公式而直接看下一页上由它得出的结论。字母∂.代表用来扩大生产的追加资本,即额外价值的积累部分。]

第一年：I 4 000c＋1 000v＋1 000m＝6 000······v：(c＋v)＝20.0％

　　　　II 1 500c＋　750v＋　750m＝3 000······v：(c＋v)＝33.3％

　　　　I (1 000v＋500m)＝II 1 500c

　　д. I 500m＝450c＋50v·············v：(c＋v)＝$\dfrac{1}{10}$

　　д. II 60m＝　50c＋10v·············v：(c＋v)＝$\dfrac{1}{6}$

　　I 4 450c＋1 050v＋(500m)＝6 000

　　II 1 550c＋　760v＋(690m)＝3 000

第二年：I 4 450c＋1 050v＋1 050m＝6 550······v：(c＋v)＝19.2％

　　　　II 1 550c＋　760v＋　760m＝3 070······v：(c＋v)＝32.9％

　　　　I (1 050v＋525m)＝II 1 575c

　　　　　　II (1 550c＋25m)

　　д.II　28m＝　25c＋　3v·············v：(c＋v)＝约$\dfrac{1}{9}$

　　д. I 525m＝500c＋25v·············v：(c＋v)＝约$\dfrac{1}{21}$

　　д.II　28m＝　25c＋　3v·············v：(c＋v)＝约$\dfrac{1}{9}$

　　I 4 950c＋1 075v＋(525m)＝6 550

　　II 1 602c＋　766v＋(702m)＝3 070

第三年：I 4 950c＋1 075v＋1 075m＝7 100······v：(c＋v)＝17.8％

　　　　II 1 602c＋　766v＋　766m＝3 134······v：(c＋v)＝32.3％

　　　　I (1 075v＋537$\dfrac{1}{2}$m)＝II 1 612$\dfrac{1}{2}$c

$$II\ (1\ 602c+10\frac{1}{2}m)$$

$$д.\ II\quad 11\frac{1}{2}m=\ 10\frac{1}{2}c+\ 1v\cdots\cdots v:(c+v)=约\frac{1}{12}$$

$$д.\ I\ 537\frac{1}{2}m=517\frac{1}{2}c+20v\cdots\cdots v:(c+v)=约\frac{1}{26}$$

$$д.\ II\quad 22m=20c+\ 2v\cdots\cdots\cdots\cdots v:(c+v)=\ \frac{1}{11}$$

$$I\ 5\ 467\frac{1}{2}c+1\ 095v+(537\frac{1}{2}m)=7\ 100$$

$$II\ 1\ 634\frac{1}{2}c+\ 769v+(730\frac{1}{2}m)=3\ 134$$

第四年：$I\ 5\ 467\frac{1}{2}c+1\ 095v+1\ 095m=7\ 657\frac{1}{2}\cdots v:(c+v)=16.7\%$

$\qquad\quad II\ 1\ 634\frac{1}{2}c+\ 769v+\ 769m=3\ 172\frac{1}{2}\cdots v:(c+v)=32.0\%$

余类推。

现在我们把这个公式中关于社会产品各部分增长情形的结论比较一下[20]：

	制造生产资料的生产资料		制造消费资料的生产资料		消费资料		社会总产品	
		百分比		百分比		百分比		百分比
第一年	4 000	100	2 000	100	3 000	100	9 000	100
第二年	4 450	111.25	2 100	105	3 070	102	9 620	107
第三年	4 950	123.75	2 150	107.5	3 134	104	10 234	114
第四年	5 467 ½	136.7	2 190	109.5	3 172	106	10 828 ½	120

这样我们看到，增长最快的是制造生产资料的生产资料生产，其次是制造消费资料的生产资料生产，最慢的是消费资料生产。

即使没有马克思在《资本论》第 2 卷中所作的研究,根据不变资本有比可变资本增长得快的趋势的规律也能得出上面的结论,因为生产资料增长最快这个论点,不过是把这个规律运用于社会总生产时的另一种说法而已。

但是,也许应当再跨进一步吧? 既然我们认为 v 与 $c+v$ 的比值在不断缩小,为什么不可以认为 v 会等于零,认为原有数量的工人在生产资料数量增多时仍旧够用呢? 这样,额外价值的积累部分将直接加到第 I 部类的不变资本中去,社会生产将在第 II 部类完全停滞的情况下,单纯依靠制造生产资料的生产资料来增长①。

当然,这已是滥用公式了,因为这样一个结论是建立在不可思议的假设上面的,因而是不正确的。怎能设想使 v 与 c 的比值日益缩小的技术进步只表现在第 I 部类,而让第 II 部类完全停滞不前呢? 使第 II 部类完全不进行积累,是否符合**要求**每个资本家在破产威胁下扩大企业的资本主义社会的规律呢?

总之,从马克思上述研究中能够得出的唯一正确的结论是:**在资本主义社会中,生产资料的生产比消费资料的生产增长得快。**

---

① 我不想说,这类现象作为个别情况绝对不可能发生。但这里谈的不是个别情况,而是资本主义社会发展的一般规律。

我用下面的公式说明所讲的内容:

I 4 000c＋1 000v＋1 000m＝6 000

II 1 500c＋ 750v＋ 750m＝3 000

I(1 000v＋500m)＝II 1 500c

I 500m 积累起来,加到 I 4 000c 中去:

I 4 500c＋1 000v＋ (500m)＝6 000

II 1 500c＋ 750v＋ 750m＝3 000

I 4 500c＋1 000v＋1 000m＝6 500

II 1 500c＋ 750v＋ 750m＝3 000

I(1 000v＋500m)＝II 1 500c

I 500m 照前面那样积累起来,余类推。

上面说过,这个结论是直接根据这样一个尽人皆知的原理得出来的:资本主义生产创造了以往各个时代无法比拟的高度发展的技术。① 马克思仅在一个地方十分明确地专门谈到这个问题,而这个地方完全证实了上述说法的正确:

"资本主义社会和野蛮人的区别,并不像西尼耳所认为的那样,仿佛野蛮人的特权和特性是有时耗费自己的劳动而不能使他获得任何可以分解为(转化为)收入即消费资料的果实。区别在于:

(a)资本主义社会把它所支配的年劳动的较大部分〈注意〉用来生产生产资料(即不变资本),而生产资料既不能以工资形式也不能以剩余价值形式分解为收入,而只能作为资本执行职能。"(《资本论》第 2 卷第 436 页)②

四

现在要问,上述理论同"轰动一时的市场问题"究竟有什么关系呢? 须知上述理论是从"资本主义生产方式占普遍和绝对的统治"这一假设出发的,而"问题"却是资本主义"是否可能"在俄国充分发展起来。诚然,这个理论纠正了通常的资本主义发展观念,但很明显,弄清**一般**资本主义是如何发展的,还丝毫不能解决俄国资

---

① 　因此,上述结论还可以稍微变个方式来说:在资本主义社会中,生产(因而还有"市场")的增长或是靠消费品的增加,或是(这是主要的)靠技术进步,即靠机器劳动排挤手工劳动,因为 v 与 c 的比值的变化正表示手工劳动的作用的缩小。

② 　见《马克思恩格斯文集》第 6 卷第 489 页。——编者注

本主义发展的"可能性"（和必然性）的问题。

　　然而，该文作者并不限于论述马克思关于按资本主义方式组织起来的社会总生产进程的理论。他还指出，必须区别"资本积累的两个**根本不同的**方面：（1）资本主义生产向广度的发展，即资本主义生产逐渐囊括现成的劳动领域，排挤自然经济，并靠牺牲自然经济来扩大自己；（2）资本主义生产向深度（如果可以这样说的话）的发展，即资本主义生产的扩大与自然经济无关，就是说，是在资本主义生产方式占普遍和绝对的统治的条件下进行的"。我们暂且不批判这种分法，而首先考察一下作者称之为资本主义向广度发展的情况，因为弄清楚资本主义经济取代自然经济这一过程，我们就会知道俄国资本主义将怎样"囊括全国"。作者对资本主义向广度的发展作了如下图解：

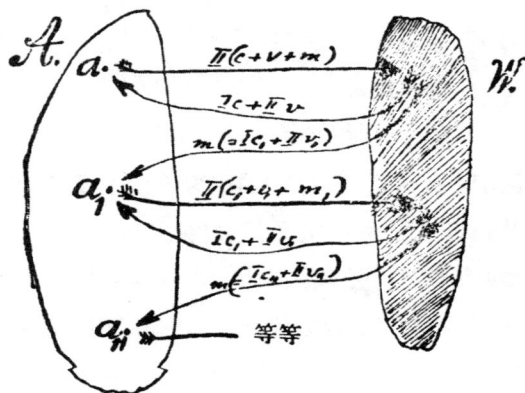

A——资本家，W——直接生产者。　　a, a_1, a_{11}——资本主义企业。
箭头表示被交换的商品的运动。　　c, v, m——商品价值的组成部分。
I, II——商品的实物形式：I——生产资料，II——消费资料。

　　该文作者说:"A 和 W 两方的根本区别,在于 A 方生产者是资本家,他们把自己的额外价值用于生产,而 W 方是直接生产者,他们把自己的额外价值(我这里是指产品价值减去生产资料和生活必需资料价值后的剩余部分)用于非生产方面。

　　我们循着图式的箭头看去,很容易看出 A 方的资本主义生产如何靠 W 方的消费发展起来,逐渐囊括 W 方。"资本主义企业 a 的产品以消费品形式供给"直接生产者";"直接生产者"与之相交换而归还生产资料形式的不变资本(c)、消费资料形式的可变资本(v)、追加的生产资本要素 $c_1 + v_1$ 形式的额外价值(m)。这一追加的生产资本被用来建立新的资本主义企业 a_1,而 a_1 同样将自己的产品以消费品形式供给"直接生产者",余类推。"从上列资本主义向广度发展的图式中可以看出,全部生产紧紧依赖'外部'市场的消费,群众的消费(总的来看,无论这些群众在哪里,在资本家身旁或在海外什么地方,都一样)。显然,只要 W 方所有直接生产者都变成商品生产者,A 方生产的扩大即资本主义朝这个方向的发展就会终止,因为正如我们上面所看到的,每一个新企业的建立(或旧企业的扩大)都是指望 W 方有一批新的消费者的。"作者在结语中说:"关于资本主义积累即关于资本主义扩大再生产的流行观念只限于这样看问题,而没有考虑到资本主义生产向深度的发展是不依赖任何拥有直接生产者的国家的,就是说,是不依赖所谓外部市场的。"

　　从上述一切看来,可以同意的只有一点,就是这个关于资本主义向广度发展的观念和解释这一观念的图式是和流行的民粹派观点完全一致的。

　　的确,很难把流行观点的全部荒谬性和空洞性表现得比这个图式更清楚更明白了。

"流行观念"一向把我国资本主义看成一种与"人民制度"脱离、与"人民制度"无关的东西,这和图式内所描绘的完全一样,因为从图式中根本看不出资本主义和人民两"方"有什么联系。为什么来自 A 方的商品在 W 方找到了销路?什么东西使 W 方的自然经济变成商品经济? 流行观点从未回答这些问题,它把交换看成一种偶然现象,而不把它看成一定的**经济制度**。

其次,流行观点从来没有**说明**我国资本主义从何产生,如何产生。该图式也正是这样,对这点并未说明。照图式看来,好像资本家是从外面什么地方来的,而不是就从那些"直接生产者"当中来的。资本家从哪里给自己找来 a, a₁ 等等企业所必需的"自由工人",也是无法了解的。谁都知道,实际上这些工人正是从"直接生产者"当中找来的,但从图式里丝毫看不出商品生产怎样囊括 W "方"而在那里造成一批自由工人。

总之,这个图式同流行观点一模一样,根本没有说明我国资本主义制度的各种现象,因此,它毫无用处。制作这个图式的目的(说明资本主义怎样靠牺牲自然经济发展起来而囊括全国)根本没有达到,因为连作者自己也看到,"如果一味坚持所分析的观点,那么得到的结论必然是资本主义生产方式决不能普遍地发展起来"。

既然如此,那就只有令人奇怪,为什么作者自己同意(即使是部分地同意)这种观点,说:"资本主义在幼年时期确实〈?〉是用这种最容易的〈原文如此!?〉方式〈其所以最容易,因为这里是逐渐囊括现成的劳动部门〉发展起来的,甚至现在〈??〉它还部分地在朝这个方向发展,因为地球上还存在着自然经济的残余,因为人口还在不断增加。"

其实,这不是"最容易的"资本主义发展方式,而不过是对发展过程的"最容易的理解方式",并且"容易"到了应当称之为完全不理解才是。俄国的各色各样民粹派到现在还满足于这些"最容易的"手法,他们从来不想**说明**我国资本主义是如何产生和如何起作用的,他们只是把我国制度"有病的地方"(资本主义)和"健康的地方"(直接生产者即"人民")加以对照,把前者放在左边,把后者放在右边,并且用一种感伤的词句来结束全部深奥的思想,说这是对"人类公共生活""有害的",那是对"人类公共生活""有益的"。

<h1 style="text-align:center">五</h1>

　　要修正上列图式,必须首先弄清所说的几个概念的内涵。所谓商品生产,是指这样一种社会经济组织,在这种组织之下,产品是由个别的、单独的生产者生产的,同时每一生产者专门制造某一种产品,因而为了满足社会需要,就必须在市场上买卖产品(产品因此变成了商品)。所谓资本主义,是指商品生产发展的这样一个阶段,在这个阶段上,不仅人类劳动产品是商品,而且人的劳动力本身也成了商品。因此,在资本主义的历史发展中有两个重要关键:(1)直接生产者的自然经济转化为商品经济,(2)商品经济转化为资本主义经济。第一个转化是由于出现了社会分工,即单独的个别的生产者专门从事一种生产部门的生产[注意:这是商品经济的必备条件]。第二个转化是由于个别生产者在各自单独为市场生产商品时,发生一种竞争关系,每个人都力图高价卖出,低价买进,结果必然是强者更强而弱者垮台,少数人发财而大众破产,使独立生产者变为雇佣工人,许多小企业变为少数大企业。所以,图

式应制得使人看到资本主义发展中的这两个关键，以及由这种发展而引起的市场量的变化，亦即转化为商品的产品数量的变化。

下列图表①就是照这个设想制成的。为了专门分析上述资本主义发展的两个关键对市场的影响，我们把一切没有直接关系的因素都抽象化，就是说，假定它们是不变的（如人口、劳动生产率以及其他等等）。

现在我们来研究一下这个表示由 6 个生产者组成的村社经济体系中渐次发生的变化的图表。表中列举的 6 个时期表示自然经济转化为资本主义经济的各个阶段。

第一时期。有 6 个生产者，每人都把自己的劳动花费在 3 个生产部门（a，b 和 c）。得到的产品（每个生产者得到 9，即 a＋b＋c＝9）在自己的经济中供自己使用。这纯粹是一种自然经济；产品根本不进入市场。

第二时期。生产者 I 改变了自己劳动的生产项目：他放弃 b 的生产，而把早先用于这一生产部门的劳动时间用于生产部门 c。由于一个生产者这样专业化，其余的生产者也就减少 c 的生产（因为业主 I 生产的产品已超过他本身的消费）而增加 b 的生产，以便制造供生产者 I 消费的产品。分工的出现必然导致商品生产：生产者 I 卖出 1c 而买进 1b，其余的生产者卖出 1b（5 人各卖出$\frac{1}{5}$b）而买进 1c（各买$\frac{1}{5}$c）；价值 6 的产品量进入市场。市场量完全符合社会劳动专业化的程度：一个 c（1c＝3）和一个 b（1b＝3）的生产即社会总生产［18c（＝a＝b）］的$\frac{1}{9}$专业化了，社会总产品也就有$\frac{1}{9}$进入了市场。

---

① 　图表见第 74 — 75 页。——编者注

图表说明：

I—II……—VI——生产者。

a，b，c——生产部门（例如农业、采掘工业和加工工业）。

$a=b=c=3$。产品价值量 $a=b=c$ 等于 **3**（3 个价值单位），其中额外价值为 **1**。①

"市场"一栏表示卖出的（或购进的）**产品**的价值量；括弧内是卖出的（或购进的）劳动力（＝p.c.）价值量。

从一个生产者到另一个生产者的箭头表示前者是后者的雇佣工人。

假定是**简单再生产**，即全部额外价值都由资本家用于非生产方面。

生产者	生产部门			合计	自给量
	a	в	c		
1. I	a	в	c	9	9
II	a	в	c	9	9
III	a	в	c	9	9
IV	a	в	c	9	9
V	a	в	c	9	9
VI	a	в	c	9	9
总计	6a	6в	6c	54	54
3. I	a	—	2c	9	6
II	a	2в	—	9	6
III	a	—	2c	9	6
IV	a	2в	—	9	6
V	a	—	2c	9	6
VI	a	2в	—	9	6
总计	6a	6в	6c	54	36
5. I	2a	—	6c	24	11
II	½a	—	—	1½	1½
III	½a	—	—	1½	1½
IV	2a	6в	—	24	11
V	½a	—	—	1½	1½
VI	½a	—	—	1½	1½
总计	6a	6в	6c	54	28

① 补偿不变资本的那一部分价值是假定不变的，因此略去不谈。

市场		生产者	生产			合计	自给量	市场		
卖出	购进		生产部门					卖出	购进	
			a	B	c					
—	—	I	a	—	$2c$	9	6	3	3	**2.**
—	—	II	a	$\frac{6}{5}$ B	$\frac{4}{5}$ c	9	$8\,\frac{2}{5}$	$\frac{3}{5}$	$\frac{3}{5}$	
—	—	III	a	$\frac{6}{5}$ B	$\frac{4}{5}$ c	9	$8\,\frac{2}{5}$	$\frac{3}{5}$	$\frac{3}{5}$	
—	—	IV	a	$\frac{6}{5}$ B	$\frac{4}{5}$ c	9	$8\,\frac{2}{5}$	$\frac{3}{5}$	$\frac{3}{5}$	
—	—	V	a	$\frac{6}{5}$ B	$\frac{4}{5}$ c	9	$8\,\frac{2}{5}$	$\frac{3}{5}$	$\frac{3}{5}$	
—	—	VI	a	$\frac{6}{5}$ B	$\frac{4}{5}$ c	9	$8\,\frac{2}{5}$	$\frac{3}{5}$	$\frac{3}{5}$	
—	—	总计	6a	6B	6c	54	48	6	6	
3	3	I	a		6c	21	10	11	3 (+8p.c.)	**4.**
3	3	II	a	—	—	3	3	(4p.c.)	4	
3	3	III	a	—	—	3	3	(4p.c.)	4	
3	3	IV	a	6B	—	21	10	11	3 (+8p.c.)	
3	3	V	a	—	—	3	3	(4p.c.)	4	
3	3	VI	a	—	—	3	3	(4p.c.)	4	
18	18	总计	6a	6B	6c	54	32	22 (+16p.c.)	22 (+16p.c.)	
13	3 (+10p.c.)	I	6a	—	—	18	6	12	6 (+6p.c.)	**6.**
(5p.c.)	5	II		—	—	—	—	(6p.c.)	6	
(5p.c.)	5	III	—	6B	—	18	6	12	6 (+6p.c.)	
13	3 (+10p.c.)	IV		—	—	—	—	(6p.c.)	6	
(5p.c.)	5	V	—	—	6c	18	6	12	6 (+6p.c.)	
(5p.c.)	5	VI		—	—	—	—	(6p.c.)	6	
26 (+20p.c.)	26 (+20p.c.)	总计	6a	6B	6c	54	18	36 (+18p.c.)	36 (+18p.c.)	

第三时期。分工继续发展,完全囊括生产部门 b 和 c:3 个生产者只从事 b 的生产,另外 3 个只从事 c 的生产。每人卖出 3 个价值单位——1c(或 1b),同样买进 3 个价值单位——1b(或 1c)。这种分工的加强引起了市场的扩大,进入市场的产品现在已为 18 个价值单位。市场量仍然完全符合社会劳动专业化(即分工)的程度:3 个 b 和 3 个 c 的生产即 $\frac{1}{3}$ 的社会生产专业化,社会产品也就有 $\frac{1}{3}$ 进入市场。

第四时期所表明的已经是资本主义生产。表内没有列入商品生产变为资本主义生产的过程,因此必须单独予以说明。

上一时期内每个生产者已经都是商品生产者(仅指在 b 和 c 两个生产部门内):每个人都不依赖别的生产者而各自单独为市场生产,当然,市场量是他们谁也不知道的。这种为共同市场劳动的单独生产者之间的关系叫做竞争。不言而喻,在这种情况下,生产和消费(供给和需求)之间的平衡只有经过多次的波动才能达到。手艺较好,精明强干的强的生产者会因这多次波动而更为强大,弱的、手艺差的生产者则会因这些波动而垮台。少数人发财而大众贫困,——这就是竞争规律的必然后果。结局是破产的生产者丧失经济独立性,只有到他那幸运的对手扩大了的作坊中去当雇佣工人。而图表所说明的正是这种情形。从前 6 个生产者都经营的生产部门 b 和 c,现在集中到了两个生产者(I 和 IV)手里。其余的生产者则给这两人当雇工,他们已不能得到自己劳动的全部产品,因额外价值已被雇主占有[我提醒一句,额外价值假定等于产品的 $\frac{1}{3}$,因而生产 2b(=6)的人从业主那里只取得 $\frac{2}{3}$,即 4]。结果是分工发展,市场扩大(现在进入市场的已为 22),虽然"大众""变穷了":成为(局部地)雇佣工人的生产者,每人得到的全部产品已

经不是9而只是7,其中3是他从独立经济(即农业——生产部门
a)中得到的,4是从雇佣劳动中(从2b或2c的生产中)得到的。
这些生产者与其说是独立的业主,不如说是雇佣工人,他们再也没
有可能把自己劳动的产品拿到市场上去,因为破产使他们丧失了
制造产品所必需的生产资料。他们只得去寻找"外水",即把自己
的劳动力拿到市场上去,并以出卖这种新商品得来的货币购买自
己必需的产品。

从图表中可以看出,生产者II和III、V和VI各出卖4个价值
单位的劳动力,而购买4个价值单位的消费品。至于I和IV两个
生产者——资本家,则每人各生产产品21;其中自己消费10[3(=
a)+3(=c或b)+4(2c或2b的额外价值)],出卖11,同时购买商
品3(c或b)+8(劳动力)。

必须指出,在这里,社会劳动专业化的程度(总数为30的5b
和5c的生产专业化了)和市场量(22)并不绝对一致,但表内这一
不正确之处,是由于采用简单再生产①即没有积累而产生的,因
此,从工人那里攫取的额外价值(每个资本家各得4)都被资本家
作为**实物**全部消费掉了。既然资本主义社会不能没有积累,下面
将作相应的修正。

第五时期。商品生产者的分化也扩展到了农业生产部门
(a):雇佣工人不能继续经营,而主要是在别人的工业企业做工,
他们破产了,他们所剩下的只是农业经济的一点残余,约为原有规
模的½(我们假设原有规模刚够满足一家的需要),这正像我国大
量"种地的"农民一样,他们现有的播种面积仅仅是独立的农业经

---

①　第五时期和第六时期也是这样。

济的一点残余。生产部门 a 也开始同样集中成少数大企业。雇佣工人现在已不能靠自己的粮食过活，因此，早先因工人有独立的农业经济而被压低的工资，现在已有所提高，使工人有钱购买粮食（虽然数量少于他自己当业主时的消费）：现在工人自己生产 $1\frac{1}{2}$（$=\frac{1}{2}a$），再购买1，总共得到 $2\frac{1}{2}$，而从前却是3（$=a$）。除了工业企业而外又有扩大的农业经济的业主——资本家，现在各生产 $2a$（$=6$），其中2作为工资归于工人，而 $1(\frac{1}{3}a)$——额外价值——由资本家取得。这个图表说明，伴随资本主义的发展而来的，是"人民"的"贫穷化"（每个工人所消费的一共只是 $6\frac{1}{2}$，而不是第四时期的7）和市场的扩大（进入市场的已为26）。多数生产者的"农业经济的衰落"不是引起农产品市场的缩小，而是引起它的扩大。

第六时期。生产专业化即社会分工的完成。所有生产部门都各自分开而成为各个生产者的专业。雇佣工人完全失去独立经济而专靠从事雇佣劳动过活。结果又是资本主义发展[自给的独立经济被彻底排挤掉]，"大众贫穷化"[虽然工资有了增加，但工人的消费却从 $6\frac{1}{2}$ 降到6：他们每人生产 $9(3a,3b,3c)$，以 $\frac{1}{3}$ 作为额外价值交给业主]，市场继续扩大，现在进入市场的已占社会产品的 $\frac{2}{3}(36)$。

六

现在，我们根据上列图表作出几个结论。

第一个结论："市场"这一概念和社会分工（即马克思所说的

"任何商品生产〈我们加上一句，因而也是资本主义生产〉的共同基础"）这一概念是完全分不开的。哪里有社会分工和商品生产，那里就有"市场"；社会分工和商品生产发展到什么程度，"市场"就发展到什么程度。市场量和社会劳动专业化的程度有不可分割的联系。

"这个产品只有在货币上，才取得一般的社会公认的等价形式，而货币又在别人的口袋里。为了把货币吸引出来，商品首先应当对于货币占有者是使用价值，就是说，用在商品上的劳动应当是以社会有用的形式耗费的，或者说，**应当证明自己是社会分工的一部分**。但分工是自然形成的生产有机体，它的纤维在商品生产者的背后交织在一起，而且继续交织下去。商品可能是一种新的劳动方式的产品，它声称要去满足一种新产生的需要，或者想靠它自己去唤起一种需要。**一种特殊的劳动操作，昨天还是同一个商品生产者许多职能中的一种职能，今天就可能脱离这种联系，独立起来，从而把它的局部产品当做独立商品送到市场上去。**"（《资本论》第1卷第85页。① 黑体是我用的）

因此，在资本主义社会里，市场发展的限度决定于社会劳动专业化的限度。而这种专业化，按其实质来说，正像技术的发展那样没有止境。要把制造整个产品的某一部分的人类劳动的生产率提高，就必须使这部分的生产专业化，使它成为一种制造大量产品因而可以（而且需要）使用机器等等的专门生产。这是一方面。另一方面，资本主义社会的技术进步表现在劳动社会化上面，而这种社会化必然要求生产过程中的各种职能的专业化，要求把分散的、孤

---

① 　见《马克思恩格斯文集》第5卷第127页。——编者注

立的、在从事这一生产的每个作坊中各自重复着的职能,变为社会化的、集中在一个新作坊的、以满足整个社会需要为目的的职能。下面举例说明:

"近来北美合众国各木材加工工厂日趋专业化,'出现了很多工厂,例如有专门制造斧头柄的、扫帚柄的或活页桌的…… 机器业不停地向前发展,新机器不断地被发明出来,使生产的某一方面的工序简化,费用减低…… 每一部门,例如家具业的每一部门都变成了专业,需要专门的机器和专门的工人…… 在马车业方面,轮缘由专门工厂(密苏里州、阿肯色州、田纳西州)生产,车辐在印第安纳州和俄亥俄州生产,车毂则由肯塔基州和伊利诺伊州的专门工厂生产。这一切部件都由一些以制造整个车轮为专业的专门工厂买去。这样就有上十个工厂参与了某一辆廉价马车的制造'。"(特维尔斯科伊先生的《美国十年》。载于 1893 年《欧洲通报》杂志第 1 期。转引自尼古·—逊的著作第 91 页脚注 1。)

由此可见,断言所有自给自足的生产者一旦变成商品生产者,社会劳动专业化所引起的资本主义社会市场的发展就要停止,这是何等的不正确。俄国的马车生产早已变成商品生产,但有些轮缘还由每个马车(或车轮)作坊各自生产;技术很差,生产由大批生产者分散进行。技术进步必然引起生产的各部分的专业化、社会化,因而使市场扩大。

这里应该附带说明一下。上述一切丝毫也不否定资本主义国家没有国外市场就不能生存的论点。在资本主义生产条件下,生产和消费的平衡只有经过一系列的波动才能达到;生产规模越大,它所依靠的消费者范围越广,这些波动也就越厉害。因此很明显,当资产阶级的生产达到很高的发展程度时,它就不可能局限于本国的范围：竞争迫使资本家不断扩大生产并为自己找寻大量推销产品的国外市场。资本主义国家必须有国外市场，显然丝毫不违背下述这个规律，即市场不过是商品经济中社会分工的表现，因而它也和分工一样能够无止境地发展；这正如危机丝毫不违背价值规律一样。只是当我国资本主义生产在某些部门（例如棉纺织业）达到充分发展、几乎囊括整个国内市场并造成为数不多的大企业时，在俄国的著作界中才出现了对市场的忧虑。我国资本主义大工业的利益正是谈论市场和市场"问题"的物质基础，下述事实就是这一点的最好证明：虽然手工业生产价值 10 亿卢布以上的物资，并且也是为那些贫困的"人民"而生产，但我国著作界还没有人预言过我国手工业将因"市场"的消失而毁灭。关于我国工业将因市场不够而毁灭的哀号，不过是我国资本家欲盖弥彰的骗人伎俩，他们借此对政治施加压力，把自己钱袋的利益和"国家"的利益等同起来（谦虚地认为自己"无力"），使自己能够推动政府走上实行侵略的殖民政策的道路，甚至为了保护这种"国家"利益而使政府卷入战争。只有具备漫无涯际的民粹派的空想和稚气，才能把关于市场的哀号（这是已经十分强壮并已经神气起来的资产阶级的鳄鱼眼泪）当做我国资本主义"无力"的证明！

　　第二个结论："人民大众的贫穷化"（这是民粹派所有关于市场的议论的不可或缺的组成部分）不仅不阻碍资本主义的发展，相反，它本身就反映了资本主义的发展，是资本主义的条件并且在加强资本主义。资本主义需要"自由工人"，而贫穷化也就在于小生产者变为雇佣工人。大众变穷而少数剥削者发财，小企业破产和衰落而较大的企业加强和发展；这两个过程都促进市场的扩大：从前靠自己的经济过活的"变穷了的"农民，现在靠"外水"即靠出卖劳动力过活；现在他不得不购买必需的消费品（尽管数量较少，质量较差）；另一方面，这种农民所丧失的生产资料则集中到少数人手里，变成**资本**，所生产出来的产品也就进入市场。只有用这一点才可以说明，我国农民在改革后时代遭受大量剥夺的结果，不是缩小而是增加了全国总生产量①和扩大了国内市场。大家知道，大工厂的生产大为增加，手工业也有很大发展（二者主要都为国内市场进行生产），国内市场上流通的粮食数量也同样增加了（国内粮食贸易得到了发展）。

第三个结论（关于生产资料生产的意义）要求修正这个图表。我们已经指出，这个图表根本不企求说明资本主义发展的全部过程，而只想说明自然经济变为商品经济和商品经济变为资本主义经济对市场的影响。因此，在图表里把积累撇开了。但实际上，资

---

① 这一点也许只有在农业生产方面会引起争论。例如尼·—逊先生说："粮食生产正处于绝对停滞状态。"他作出这个结论所根据的只是 8 年（1871—1878年）的资料。我们来看看更长时期的资料吧，因为 8 年显然是太短了。我们把60 年代［1871 年《军事统计汇编》］、70 年代［尼·—逊的材料］和 80 年代［1890 年《俄国资料汇编》］的资料比较一下。这些资料涉及欧俄 50 个省份，包括连马铃薯在内的一切粮食。

年份\几年的平均数	播种量		收获量		收获率	人口（单位千人）	
	单位千俄石（扣去种子）						
1864—1866 年（3）	71 696	100	151 840	100	3.12	61 421	100（1867 年）
1871—1878 年（8）	71 378	99.5	195 024	128.4	3.73	76 594	124.7（1876 年）
1883—1887 年（5）	80 293	111.9	254 914	167.8	4.17	85 395	139.0（1886 年）

本主义社会不进行积累就不能存在,因为竞争迫使每个资本家在破产的威胁下扩大生产。生产的这种扩大在图表内已有说明,例如,生产者 I 在第三第四两个时期之间将自己的生产 c 扩大 2 倍,即由 $2c$ 增加到 $6c$;以前他一个人在作坊里做工,现在他有两个雇佣工人了。显然,没有积累是不能这样扩大生产的,因为这需要建造可容几个人的厂房,需要添置更多的生产工具,需要购买更多的原料等等。就扩大 b 的生产的生产者 IV 说来,情形也是如此。这种个别作坊的扩大,即生产的集中,必然引起(或者说加强也可以)为资本家而进行的机器、铁、煤等等生产资料的生产。生产集中提高了劳动生产率,以机器劳动代替手工劳动而挤掉了一定数量的工人。另一方面,这些被资本家转化为不变资本的机器和其他生产资料的生产也发展起来了,不变资本的增长现在开始快于可变资本了。例如,把第四第六两个时期比较一下,就可看出生产资料的生产增加了一半(因为在第四时期,需要增加不变资本的资本主义企业有两个,而在第六时期则有三个),我们把这种增长和消费品生产的增长比较一下,就可看到前面所说的那种情形:生产资料的生产增长最快。

　　生产资料增长最快这个规律的全部意义和作用就在于:机器劳动代替手工劳动(总的说来,就是机器工业时代的技术进步)要求加紧发展煤、铁这些真正"制造生产资料的生产资料"的生产。该文作者不懂得这个规律的意义,只看到过程的图解,而没有看到过程的真正内容。这从他下面一段话中可以清楚地看出:"在局外人看来,这种为生产资料而生产生产资料似乎是十分荒谬的,但是要知道〈原文如此!〉,泼留希金式的为积钱而积钱[21]也是〈?!!〉十分荒谬的。二者都不知道它们在做什么。"民粹派所竭力证明的正是这一点,即俄国资本主义是荒谬的,它只能使人民破产,而不能提供高级的生产组织。这当然是瞎说。机器劳动代替手工劳动根本不"荒谬",相反,这正表现了人类技术的整个进步作用。技术愈发展,人的手工劳动就愈受排挤而为许多愈来愈复杂的机器所代替,就是说,机器和制造机器的必需品在国家全部生产中所占的地位愈来愈重要①。

除这三个结论外,还须补充说明两点。

第一,上面所讲的,丝毫也不否认马克思在下面一段话中所谈到的"资本主义生产方式中的矛盾":"工人作为商品的买者,对于市场来说是重要的。但是作为他们的商品——劳动力——的卖者,资本主义社会的趋势是把它的价格限制在最低限度。"(《资本论》第2卷第303页脚注(32)②)上面已经指出,在资本主义社会中,制造消费品的那一部分社会生产也不能不增长。生产资料生产的发展只能延缓上述矛盾,但不能消灭这个矛盾。只有资本主义生产方式本身消灭了,这个矛盾才能消灭。但是,不言而喻,把这个矛盾看做阻碍俄国资本主义充分发展的东西(民粹派就爱这样做)是十分荒谬的;不过前面的图表已充分说明了这一点。

第二,在讨论资本主义发展和"市场"扩大间的相互关系时,不能忽略一个毋庸置疑的真理,即资本主义的发展必然引起全体居

---

① 因此很明显,把资本主义的发展分为向广度发展和向深度发展是不对的,因为整个发展都依靠分工;这两个方面没有"本质的"区别。它们之间真正存在着的差别,只是技术进步阶段不同而已。资本主义技术发展的低级阶段(简单协作和工场手工业),还没有制造生产资料的生产资料生产,只是到了高级阶段(大机器工业),这种生产才开始出现并得到巨大的发展。

② 参看《马克思恩格斯文集》第6卷第350页脚注(32)。——编者注

民和工人无产阶级需要水平的增长。这种增长的造成，一般是由于产品交换的频繁，而产品交换的频繁又使城市和乡村间、各个不同地区间的居民的接触更为频繁。造成这种情形的，还有工人无产阶级的密集，这种密集提高着这个阶级的觉悟程度和人的尊严感，使他们有可能同资本主义制度的掠夺趋向作有效的斗争。欧洲的历史十分有力地说明了这一需要增长的规律，例如把18世纪末和19世纪末的法国无产者，或者把19世纪40年代①和现代的英国工人比较一下就可知道。这个规律在俄国也显出了自己的作用：商品经济和资本主义在改革后时代的迅速发展也引起了"农民"需要水平的提高，农民比从前"干净些"了（在衣着、住房等方面）。这种无疑是进步的现象，应归功于俄国资本主义而不能归功于别的什么，这一点即使用下面这一人所共知的事实（这个事实曾被所有研究我国手工业和整个农民经济的人指出过）也能予以证明，就是工业地区的农民比那些只从事农业生产和几乎未被资本主义触及的农民要"干净"得多。当然，这种现象首先而且最容易表现为单纯对"文明"的外表方面的模仿，但只有瓦·沃·先生这类彻头彻尾的反动分子才能为这种现象痛哭流涕，认为这里面除"衰落"之外一无所有。

七

要了解"市场问题"究竟是怎么一回事，最好把第一图表（关于

---

①　参看弗·恩格斯《1844年英国工人阶级状况》。这是一种骇人听闻的、污秽不堪的穷困（毫不夸大）和人的尊严感完全丧失的状况。

A 方资本家和 W 方直接生产者之间的交换)和**第二**图表(关于 6 个生产者的自然经济如何转化为资本主义经济)所说明的民粹主义和马克思主义对发展过程的两种看法比较一下。

我们拿第一个图表来看是什么也不能理解的。资本主义为什么会发展呢? 它从何而来? 它被看成是一种"偶然现象",它的产生不是归之于"**我们**走错了路"……就是归之于长官的"培植"。为什么"大众日益贫穷"呢? 该图表对这一点又没有回答,民粹派不是回答问题,而是以"万古神圣的制度"、离开正路一类的感伤词句以及诸如此类的无稽之谈来支吾搪塞,著名的"社会学中的主观方法"在这方面是颇为擅长的。

没有本领解释资本主义,耽于空想而不愿研究和弄清现实,结果必然否定资本主义的意义和力量。就好像资本主义是一个身患绝症的病人,无从汲取发展的力量。即使我们说这病人能靠"制造生产资料的生产资料"的生产来发展,那也只能使他的病况得到微不足道的几乎觉察不出的好转。要知道,为此就需要发展资本主义的技术①,而"我们看到"的恰恰是没有这种发展。为此就需要使资本主义囊括全国,而我们看到的是"资本主义决不能普遍地发展起来"。

反之,如果我们拿第二个图表来看,就可以看出,无论资本主义的发展或人民的贫穷化都不是偶然的。这是以社会分工为基础的商品经济发展的必然伴侣。市场问题完全不存在了,因为市场不过是这种分工和商品生产的表现。资本主义的发展已不仅是可能的[该文作者至多②只能证明这一点],而且是必然的,因为社会

---

① 就是说,以大的工业单位代替小的工业单位,以机器劳动排挤手工劳动。

② 就是说,当他正确地估计了和真正地了解了生产资料生产的意义的时候。

经济既已建立在分工和产品的商品形式的基础上，技术进步就不能不引起资本主义的加强和深入。

现在要问，为什么应该采取第二种看法呢？检验其正确性的标准是什么呢？

是现代俄国经济现实中的种种事实。

第二个图表的重心是商品经济如何过渡到资本主义经济，即商品生产者如何分化为资本家和无产阶级。如果我们注意一下俄国当前社会经济中的种种现象，就可以看出，其中占主要地位的正是我国小生产者的**分化**。就拿种地的农民来说，一方面，农民大批地抛弃土地，丧失经济独立性，变成无产者，另一方面，农民不断扩大耕地并采用改良的耕作法。一方面，农民丧失农具和役畜，另一方面，农民购置改良农具，开始购买机器等等[参看瓦·沃·《农民经济中的进步潮流》]。一方面，农民抛弃土地，出卖和出租份地，另一方面，农民租进份地并贪婪地购买私有主土地。这一切都是人所共知的早就确定了的事实①，这些事实只能用商品经济的规律来**解释**，正是商品经济把我国"村社"农民也分化为资产阶级和无产阶级。再拿手工业者来说，在改革后时代，不仅有新的行业产生出来，旧的行业获得更快的发展[这种现象是刚才所指出的种地农民分化的结果，是社会分工愈来愈细的结果②]，而且大批手工业者愈来愈穷，陷入赤贫的境地，丧失了经济独立性，而极少数则靠牺牲这些群众而富有起来，积攒巨额资本，变成包买主，包揽销路，并终于在我国绝大多数手工业中组织起完全资本主义式的**家**

---

① 农民自己很中肯地把这一过程称为**"非农民化"**[见《1892年下诺夫哥罗德省的农业概况》1893年下诺夫哥罗德版第3编第186—187页]。

② 尼古拉·—逊先生最大的理论错误之一就是忽视了这种现象。

庭手工制大生产。

我国小生产者中存在这两种截然相反的趋向，清楚地表明资本主义和大众的贫穷化不仅不互相排斥，反而互相制约，并且无可辩驳地证明，资本主义现时已经是俄国经济生活的基本背景。

因此，说"市场问题"的答案就在于农民分化这一事实中，并不是什么奇谈怪论。

同时不能不指出，轰动一时的"市场问题"的（流行的）提法本身就含有许多荒谬见解。通常的说法（见第1节）根本就是建立在一些极其不可思议的假设上面的，仿佛社会经济制度可以按照某一群人物（"知识分子"或"政府"）的意志而建立或消灭（因为否则就不会提出资本主义是否"能够"发展、俄国是否"应当"经历资本主义、村社是否"应该"保存等等问题）；仿佛资本主义排斥人民的贫穷化；仿佛市场是一种与资本主义无关而独自存在的东西，是资本主义发展的某种特殊条件。

不纠正这些荒谬见解，问题就不能解决。

"当人民大众很穷而且愈来愈穷的时候，资本主义能否在俄国发展起来呢？"我们假定有人果真对这个问题想出了这样的答案："是的，能够发展，因为资本主义将不靠消费品而靠生产资料来发展。"很明显，这样的答案是以一个十分正确的见解为根据的，就是资本主义国家总生产量的增长主要靠生产资料（即依靠生产资料甚于依靠消费品），但更明显的是，这样的答案丝毫无助于问题的解决，正如小前提正确而大前提荒谬，就不能从三段论法中得出正确的结论一样。这样的答案（再说一遍）的前提是资本主义正在发展、囊括全国并转入高级技术阶段（大机器工业），而问题的基础却正好是否认资本主义发展的可能性，否认大生产形式代替小生产形式的可能性。

必须把"市场问题"从"可能"和"应当"这种毫无裨益的臆测中移到现实的基础上来,移到研究和**解释**俄国经济制度怎样形成、为什么正是这样形成而不是那样形成的基础上来。

我只就手头现有的材料举几个例子来具体说明上面的阐述是根据哪一种材料。

为了说明小生产者的分化,说明他们中间不仅有贫穷化的过程,而且有大规模的(比较而言)资产阶级经济建立的过程,我来引证一下分属于不同省份的三个欧俄纯农业县的资料,即塔夫利达省第聂伯罗夫斯克县、萨马拉省新乌津斯克县和萨拉托夫省卡梅申县的资料。这些资料取自地方自治局统计汇编。为了预防可能被人指责所选县份不是典型县份(在几乎不知农奴制为何物和主要在改革后的"自由"制度下才有很多人居住的我国边疆地区,其分化速度确实比中部地区更快),我特作如下几点说明:

(1)从塔夫利达省内陆三个县中挑选了第聂伯罗夫斯克县,因为那里住的全是俄罗斯人[移民户仅占 0.6%],他们都是村社农民。

(2)在新乌津斯克县的资料中,只引了有关俄罗斯(村社)居民的资料[见《新乌津斯克县统计资料汇编》第 432—439 页(a)],其中不包括所谓"独立农庄主",即那些脱离村社而单独居住在购买地或租地上的村社农民。若把这些农场主经济[1]的直接代表者也

---

[1] 事实上,2 294 个独立农庄主有播种面积 123 252 俄亩(即每户平均有 53 俄亩)。他们雇用了 2 662 个男工(和 234 个女工),他们有 4 万多头马和牛,有很多改良农具。见《新乌津斯克县统计资料汇编》第 453 页。

算在内，分化情形就会明显得多了。

　　(3)在卡梅申县的资料中，只引了有关大俄罗斯(村社)居民的资料。

农户类别(按富裕程度)	第聂伯罗夫斯克县					新乌津斯克县					卡梅申县				
	户数	百分比	播种面积(单位俄亩)	百分比	每户播种面积	户数	百分比	播种面积(单位俄亩)	百分比	每户播种面积	户数	百分比	播种面积(单位俄亩)	百分比	每户播种面积
贫苦户	7 880	40	38 439	11	4.8}10.9	10 504	37	36 007	8	3.4}7.75	9 313	54	29 194	20	3.1}5.7
中等户	8 234	42	137 344	43	16.6	10 757	38	128 986	29	12	4 980	29	52 735	35	10.6
富裕户	3 643	18	150 614	46	41.3	7 015**22**	25	284 069	63	40.5	2 881	17	67 844	45	23.5
总　计	19 757	100	326 397	100	17.8	28 276	100	449 062	100	15.9	17 174	100	149 773**23**	100	8.7

　　汇编中的分类，在第聂伯罗夫斯克县以每户的播种面积亩数为标准，其余二县则以役畜头数为标准。

　　列入**贫苦**户的，在第聂伯罗夫斯克县是不种地和种地不满 10 俄亩的农户，在新乌津斯克县和卡梅申县是没有役畜或有 1 头役畜的农户。列入**中等**户的，在第聂伯罗夫斯克县是种地 10—25 俄亩的农户，在新乌津斯克县是有役畜 2—4 头的农户，在卡梅申县是有役畜 2—3 头的农户。列入**富裕**户的是种地超过 25 俄亩(第聂伯罗夫斯克县)或有役畜超过 4 头(新乌津斯克县)和超过 3 头(卡梅申县)的农户。

　　根据这些资料可以清楚地看到，在我国种地的村社农民中所发生的并不是一般的贫穷化和破产的过程，而是分化为资产阶级和无产阶级的过程。大量农民(贫苦户)——平均约有½——丧失了经济独立性。他们手中只拥有当地农民全部农业经济的很小一部分——约13%(平均)的播种面积；每户只有播种面积3—4俄亩。要判断这点播种面积的作用，我们只指出下述一点就够了：塔夫利达省的一个农户要专靠独立的农业经济过活而不求助于所谓"外水",就必须有播种面积 17—18 俄亩①。显然,下等户多半不是靠自己的农业经济而是靠外水即靠出卖劳动力维持生活。如果我们研究一下说明这一类农民状况的更详细的资料,那就可以看出,正是这一类农民中,放弃农务、出租份地、丧失农具、外出干活挣钱的人最多。这一类农民代表着我国农村无产阶级。

但另一方面,从这些村社农民中又分化出性质完全相反的另一类。上等户占有的播种面积比下等户多 6—9 倍。如果把这些播种面积(每户 23—40 俄亩)和全家光靠自己的农业经济就能过小康生活的"标准"亩数比较一下,就可看出前者比后者还多 1—2 倍。显然,这种农民从事农业就是为了获得收入,为了出卖粮食。他们有相当可观的积蓄并用这种积蓄来改善经营,提高耕作技术,购置农业机器和改良农具,例如在新乌津斯克县,14%的户主有改良农具;而在上等户中,42%的户主有改良农具(所以在全县有改良农具的农户总数中,上等户便占了 75%),集中在他们手里的改良农具占"农民"现有改良农具总数的 82%②。上等户已不能光靠本身的劳动力耕种自己的土地,因而需要雇工,例如新乌津斯克县有 35%的上等户户主雇长工(秋收农忙时节雇的人未计在内);第聂伯罗夫斯克县也是如此。一句话,上等户无疑已是资产阶级了。他们的力量已不在于掠夺别的生产者(像高利贷者和"盘剥者"那样),而在于独立地组织③生产:这一类农民占全体农民⅕,他们手里集中了超过½的播种面积[我取三个县的总平均数]。如果注意

---

① 在萨马拉省和萨拉托夫省,这个标准要低⅓,因为该地居民的生活较差。

② 全县农民共有 5 724 件改良农具。

③ 当然这也是靠掠夺,但已不是掠夺独立生产者,而是掠夺工人。

到这些农民的劳动生产率(即收成)远远超过了下等户中种地的无产者的生产率,那就不能不得出结论说,农村资产阶级是粮食生产的主要推动者。

农民分裂为资产阶级和无产阶级[民粹派在此过程中除"大众的贫穷化"外什么也看不见]对"市场"量,即对转变为**商品**的那一部分粮食的数量该有何种影响呢? 显然,这一部分粮食要大大增加,因为上等户的粮食远远超过本身的需要而大批进入市场;另一方面,下等户不得不用干活挣来的钱购买粮食。

为了举出有关这个问题的确切资料,我们所需要的已不是地方自治局统计汇编,而是弗·叶·波斯特尼柯夫的著作《南俄农民经济》。波斯特尼柯夫根据地方自治局的统计资料,描述了塔夫利达省内陆三个县(别尔江斯克、梅利托波尔和第聂伯罗夫斯克)的农民经济,并按照各类农民[按播种面积大小分为六类:(1)不种地者;(2)种地不满 5 俄亩者;(3)种地 5—10 俄亩者;(4)种地 10—25 俄亩者;(5)种地 25—50 俄亩者;(6)种地超过 50 俄亩者]分析了这种经济。在研究各类农民和市场的关系时,作者把每一农户的播种面积分为四部分:(1)**经营面积**——这是波斯特尼柯夫给提供播种所需种子的那部分播种面积所取的名称;(2)**食物面积**——提供养活劳动者家庭和工人的粮食;(3)**饲料面积**——提供役畜饲料;(4)**商业面积或市场**面积——提供转变为商品而在市场上出卖的产品。显然,只有最后一种面积才提供**货币**收入,而其余的都是提供实物收入,就是说,提供农户本身消费的产品。

在计算各类农民的这几种面积中的每一种面积时,波斯特尼柯夫制成了这样一张表:

	100 俄亩播种面积的分配				货币收入		塔夫利达省三县合计		每类农民的播种面积（平均数）
	经营面积	食物面积	饲料面积	商业面积	每俄亩	每户	播种面积	其中的商业面积	
					（卢 布）		（俄亩）	（俄亩）	
种地不满 5 俄亩者	6	90.7	42.3	—39	—	—	34 070	—	3.5 俄亩
种地 5—10 俄亩者	6	44.7	37.5	+11.8	3.77	30	140 426	16 851	8 俄亩
种地 10—25 俄亩者	6	27.5	30	36.5	11.68	191	540 093	194 433	16.4 俄亩
种地 25—50 俄亩者	6	17.0	25	52	16.64	574	494 095	256 929	34.5 俄亩
种地超过 50 俄亩者	6	12.0	21	61	19.52	1 500	230 583	140 656	75 俄亩
总　计	6			42			1 439 267	608 869	17—18 俄亩

说明：

(1)波斯特尼柯夫并未列出倒数的第 2 栏,这是我计算出来的。

(2)波斯特尼柯夫确定的货币收入数量,是假定全部商业面积都种小麦,并按平均收获量和平均粮价计算的。

我们从这些资料中可以看出,经济规模愈大,其商品性就愈大,为出卖而生产的粮食就愈多[各类农民出卖粮食的百分比为 12％—36％—52％—61％]。主要耕作者即两类上等户(他们拥有全部播种面积的 $\frac{1}{2}$ 以上)出卖他们半数以上的农产品[52％和 61％]。

假如农民不分裂为资产阶级和无产阶级,换句话说,假如播种面积"平均"分给全体"农民",则**全体**农民都会是中等户(种地 10—25 俄亩),而进入市场的粮食只会是全部粮食的 36％,即 518 136 俄亩播种面积的产品(1 439 267 俄亩的 36％等于 518 136 俄亩)。从上表可以看出,现在进入市场的粮食却为全部粮食的 42％,即 608 869 俄亩的产品。可见"大众的贫穷化",40％农民(即种地不满 10 俄亩的贫苦户)的经济的完全衰落和农村无产阶级的形成,使 **9 万**①

---

① 90 733 俄亩等于全部播种面积的 6.3％。

俄亩播种面积的产品投入了市场。

　　我决不是想说,由农民分化引起的"市场"扩大仅限于此。完全不是的。举例说,我们看到农民购置改良农具,即把他们的积蓄用于"生产资料的生产"。我们看到进入市场的,除粮食外,还有另一种商品,即人的劳动力。我所以不提这一切,是因为我引用这个例子只有一个目的,就是说明在我们俄国,大众的贫穷化确实引起商品经济和资本主义经济的加强。我有意选择了粮食这种产品,因为无论何时何地粮食卷入商品流通总是最迟最慢;因而选的地区也是纯农业地区。

　　现在我再举一个纯工业区即莫斯科省的例子。地方自治局统计人员在《莫斯科省统计资料汇编》第 6 卷和第 7 卷中,描述了莫斯科省农民经济的情形。这两卷汇编收载了许多叙述手工业概况的出色文章。我只引用《**花边业**》①一文的一个地方,其中说明了改革后时代农民的手工业如何和为什么特别迅速地发展起来。

　　花边业在本世纪 20 年代产生于波多利斯克县沃罗诺沃乡的两个互相毗连的村庄。"19 世纪 40 年代,花边业虽未扩展到广大地区,但已开始慢慢地普及于邻近各村,而自 60 年代起,特别是近 3—4 年来,迅速地向周围地区发展了。"

　　在目前有花边业的 32 个村庄中,花边业的产生年代如下:

2 个村庄——1820 年。

4 个村庄——1840 年。

5 个村庄——19 世纪 60 年代。

7 个村庄——1870—1875 年。

14 个村庄——1876—1879 年。

---

①　《**莫斯科省统计资料汇编**》,经济统计部分,第 6 卷第 2 编。《莫斯科省手工业》
　　1880 年莫斯科版第 2 编。

该文作者说:"如果探究一下这种现象(即手工业正是在近几年得到非常迅速的发展)产生的原因,那我们可以看出,一方面,农民生活条件在此期间大为恶化,另一方面,一部分境况较好的居民的需要却有了显著的增长。"

为了证实这一点,作者利用了莫斯科地方自治局统计中的一些资料,现在我把这些资料列成下表①:

波多利斯克县沃罗诺沃乡

沃罗诺沃乡	各类户主数	家畜数		100个男女人口所有的家畜数			各类户主数					各类户主所有的马匹数				有份地的户主数			
		马	奶牛	马	奶牛	小牲畜	无马的	有1匹马的	有2匹马的	有3匹马的	有3匹马以上的	有1匹马的	有2匹马的	有3匹马的	有3匹马以上的	总计	种地·自耕	种地·雇人耕种	不种地
1869年	1 233	1 473	1 472	22	22	30	276 22%	567 46%	298 24%	70 6%	22 2%	567 39%	596 40%	210 14%	100 7%	1 067	900 84%	92 9%	75 7%
1877年	1 244	1 607	1 726	25	27	38	319 26%	465 37%	313 25%	95 8%	52 4%	465 29%	626 39%	285 18%	231 14%	1 166	965 82.5%	5 0.5%	196 17%

作者继续说:"这些数字雄辩地说明,该乡马、奶牛和小牲畜的**总数增加了**,但这种财富的增加只属于某些人,即属于有马2—3匹以上的户主……

……因而我们看到,在无奶牛无马的农民增多的同时,不再耕种土地的农民也在增加:牲畜没有,肥料不够;地力日益枯竭,不值得耕种;为了养活自己和全家,为了不致饿死,单是男人从事手工业已不够了(他们过去在农闲时本来就从事手工业),现在需要家中其他成员也去找外水了……

……表内引用的数字资料还向我们说明了另一种现象;在这些乡村中,有2—3匹马、奶牛的人数也有了**增加**。因此,这些农

---

① 我省略了关于奶牛分配的资料(结论一样),加上了百分比。

民的财富也增加了,与此同时我们却说:'某某村所有的妇女儿童个个都在从事手工业生产。'怎样来解释这种现象呢?……　要弄清这一现象,我们就得看看这些村子里的人过着什么样的生活,就得进一步了解他们的家庭情况,那时也许能弄明白,这种为销售而生产商品的强烈欲望是由什么引起的?

我们在这里当然不去详细研究:在什么样的顺利情况下,农民中逐渐分化出一些较强的个人和家庭;什么条件造成了他们的财富;什么社会条件使得这种财富一经出现就能迅速增长,而且增长到这种程度,竟使乡村中一部分居民与另一部分居民有了显著的不同。在考察这个过程时,只要指出农村中一个极其平常的现象就够了。在一个村子里,有某某农民以强健、能干、精明、勤劳闻名于乡间;他的家庭人口很多,身强力壮、年轻有为的儿子占了大半;他们生活在一起,不分家;他们有 4—5 个人的份地。显然,种这些地用不着全家的人手。于是有 2—3 个儿子经常外出做零工或在本地从事手工业生产,只在割草时,才暂时把它们放下,帮助家庭干田间工作。家中各个成员挣来的钱不劈分,成为大家的财产;再加上其他一些有利条件,收入就大大超过用来满足家庭需要的开支。开始有了积蓄,于是家庭就能在较好的条件下从事手工业生产,就是说,能用现钱从原主手里购买原料,能把制成的商品在值钱的时候卖出,能不依赖各种'分活人'以及男女商人等。

这时,开始有可能雇一两个工人,或者把活计分配给已不能完全独立从事某种生产的贫苦农户。由于诸如此类的条件,我们所说的这个较强的家庭就有可能不单单靠本身劳动来获得利润。在这里,我们当然不去涉及这类家庭如何产生出通常所谓盘剥者、寄生虫之类人物的情形，我们只来考察农民中最平常的现象。载于《汇编》第 2 卷和第 6 卷第 1 编中的一些表格清楚地说明，随着一部分农民生活状况的恶化，往往有另外一小部分农民或个别农民的财富增多起来。

随着手工业的发展，乡村与外界、与城市（这里指与莫斯科）的来往日益频繁，莫斯科的某些生活方式逐渐渗入乡村，并首先在这些较为富裕的家庭里流行起来。购置茶炊，购置必要的玻璃器皿和陶瓷器皿，穿得'比较干净'。农夫穿得干净首先表现在丢掉草鞋穿上皮靴，妇女则先穿上比较干净的衣服，然后才穿上各式皮鞋和皮靴。首先使她们醉心的是各种色彩鲜艳的印花布、头巾、毛织花披巾之类的美丽什物……

……在农民家庭里'自古以来'就是妻子给丈夫、自己和孩子做衣服……　在他们自己种亚麻的时候，他们只须花很少一点钱去购买衣料和做衣服用的东西，而这些钱是靠卖鸡、鸡蛋、蘑菇、草莓、剩余的线球或麻布零头得来的。其余一切都在家里制造。农妇们在家里生产需要她们提供的一切东西，并把自己田间工作之外的全部空闲时间都花在这上面，这就是沃罗诺沃乡各村花边业的发展非常缓慢的原因。花边主要是由生活较有保障或人口较多的家庭的姑娘们编织的，因为这些家庭不需要全家妇女都去纺麻织布。但是廉价的印花布、细布逐渐排挤着麻布；再加上其他一些情况，如有时亚麻歉收，有时丈夫要做件红布衫，有时自己要做件漂亮点的'舒勃卡'（无袖女衫），于是在家里织各种麻布、头巾以解决农民穿衣问题的习惯渐渐受到排挤，或者受到很大的限制。服装本身也在变化，这部分是由于家庭织的布为工厂织的布所排挤和代替……

……这就是大部分居民必须竭力为销售而生产商品，甚至让孩子也来参加这种生产的原因。"

这位细心的观察家的朴实叙述，清楚地说明社会分工在我国农民群众中是怎样进行的，它怎样引起了商品生产［因而也引起市场］的扩大，这种商品生产怎样自然而然地（也就是通过它使生产者和市场所发生的关系）使得人的劳动力的买卖成为"最平常的现象"。

八

最后，把一位"流行观点"最新最有名的代表人物的论断分析一下，以说明所争论的问题（在这个问题上堆砌的抽象概念、图表和公式似乎太多了），也许不是多余的事情。

我说的就是尼古拉·—逊先生①。

他认为，国内市场的"缩小"和农民购买力的"降低"，是俄国资本主义发展的最大"障碍"。他说，手工业的资本主义化排挤了家庭工艺品的生产；农民不得不买衣服穿。农民为了弄到这笔钱，就加劲开垦土地，由于份地不够，就把这种耕地扩大到远远超过合理经营所许可的限度，他把土地租金提高到难以想象的程度，他最后终于破产了。资本主义自己给自己掘下了坟墓，把"人民经济"带进了 1891 年可怕的危机，于是……资本主义停滞了，因为它没有基础，无力继续"走这条道路"。俄罗斯觉悟到"**我们**离开了万古神

---

① 显然，这里谈不上去分析他的整部著作（这需要专门写一部书），而只能分析他惯用的论据之一。

圣的人民制度"，所以它正在等待……长官下几道"把大生产移接
到村社上去"的命令。

这个"万古常新的"（在俄国民粹派看来）理论的荒谬性到底在
哪里呢？

是这个理论的制造者不懂得"为生产资料而生产生产资料"的
意义吗？当然不是。这个规律尼古·—逊先生知道得很清楚，他
甚至提到这个规律在我国也有表现（第 186、203 — 204 页）。诚
然，由于他具有用种种矛盾自己打自己耳光的才能，有时（参看第
123 页）他就忘记这个规律，但很明显，纠正这类矛盾，丝毫纠正不
了作者上述基本论断。

他的理论的荒谬性，在于他没有本领说明我国的资本主义，而
把自己关于资本主义的论断建筑在纯粹的虚构上面。

尼古·—逊先生把由于家庭产品被工厂产品排挤而破产的
"农民"，看做是某种同一的、内部一致的东西，它对各种生活现象
的反映就像一个人那样统一。

现实中根本就没有这种情形。如果没有各生产单位（农户）的
孤立性，商品生产也就不可能在俄国产生，并且谁都知道，我国农
民实际上是各自经营而不依赖他人的；他们各自担着风险生产归
他们私有的产品；他们独自和"市场"来往。

现在我们来看看"农民"的情况是怎样的。

"农民因需要钱而过分扩大耕地，于是遭到破产。"

但只是殷实的、有种子的、有足够役畜和农具的农民才能扩大
耕地。**这种**农民（大家知道，他们是少数）的确增加了播种面积，甚
至把自己的经济扩大到没有工人帮助就不能应付的程度。多数农
民则根本无力用扩大经济的办法来满足对金钱的需要，他们既没

有任何储备，也没有足够的生产资料。**这种**农民要弄到钱，就得去找"外水"，就是说，他拿到市场上去的，已不是自己的产品，而是自己的劳动力了。出去找外水自然使农业经济更加衰落，这个农民的最后结局就是把自己的份地租给本村社的富户；这个富户扩大自己的经济，当然不是把这种份地出产的产品自己消费掉，而是把它送到**市场**上去。结果是"人民的贫穷化"、资本主义发展和市场扩大。但不仅如此。这个富裕农民一心经营扩大了的农业经济，已不能像从前那样进行自给自足的生产了，就拿鞋子来说，买鞋穿对他更合算了。至于变穷了的农民，他也得买鞋穿：他不能自己做鞋子，原因很简单，他已没有自己的经济了。于是产生了对鞋子的需求，产生了粮食的供应，这是善于经营的农夫所生产的余粮（这种农夫的经济的进步潮流使瓦·沃·先生很感动）。附近做鞋的手工业者也同农民现在的处境一样：衰落的经济提供的粮食太少，要购买粮食就必须扩大生产。当然，能够扩大生产的仍然只是那些有积蓄的手工业者，即少数人；他们有可能雇用工人或把活计分给贫苦农民在家里做。而多数手工业者则无从考虑扩大作坊：如果发了财的包买主能给他们点"活计做"，就是说，如果他们能给自己唯一的商品（劳动力）找到购买者，他们就很高兴了。结果又是人民的贫穷化、资本主义发展和市场扩大；这又推动了社会分工的进一步发展和深入。这个运动到何处为止呢？这谁也说不上来，正如谁也说不上来它从什么地方开始一样，但这无关紧要。重要的是在我们面前有一个活生生的有机过程，即商品经济发展和资本主义增长的过程。农村中的"非农民化"向我们表明这个过程的开端，它的萌芽，它的早期阶段；城市中的大资本主义向我们表明这个过程的结尾和它的趋向。若想把这两个现象分割开来，若想把它们看做孤立的互不依赖的东西，那你就不能使自己的论断前后一致，就不能说明人民的贫穷化和资本主义的增长这两个现象。

但常有这种情形：一些爱发这种无头无尾的议论的人们不能说明这个过程，于是中止探讨，说这两个他们都同样不了解的现象中，有一个现象［这里当然是指那个与"有批判头脑的人物的崇高道德感"相抵触的现象］是"荒谬的"、"偶然的"、"悬空的"。

显然，事实上只有他们自己的议论才是"悬空的"。

载于1937年11月17日《布尔什维克》杂志第21期

译自《列宁全集》俄文第5版第1卷第67—122页

什么是"人民之友"以及
他们如何攻击社会民主党人？

（答《俄国财富》杂志反对马克思主义者的几篇文章）²⁴

（1894 年春夏）

第 一 编

《俄国财富》杂志²⁵对社会民主党人发动进攻了。这个杂志的头目之一尼·米海洛夫斯基先生，还在去年第 10 期上就宣布要对"我国所谓的马克思主义者或社会民主党人"进行一场"论战"。随后出现了谢·克里文柯先生的《论文化孤士》一文（第 12 期）和尼·米海洛夫斯基先生的《文学和生活》一文（1894 年《俄国财富》杂志第 1 期和第 2 期）。至于杂志本身对我国经济现实的看法，谢·尤沙柯夫先生在《俄国经济发展问题》一文（第 11 期和第 12 期）中已作了最充分的叙述。这些先生在他们的杂志上总是以真正"人民之友"的思想和策略的表达者自居，其实他们是社会民主党最凶恶的敌人。现在我们就把这些"人民之友"，把他们对马克思主义的批判、他们的思想、他们的策略仔细考察一下。

尼·米海洛夫斯基先生最注意马克思主义的理论根据，因此专门对唯物主义历史观作了分析。在概略地叙述了阐明这个学说的大量马克思主义文献的内容以后，米海洛夫斯基先生就用这样一大段话开始了他的批判。

他说："首先自然产生这样一个问题：马克思在哪一部著作中叙述了自己的唯物主义历史观呢？他的《资本论》给我们提供了一个把逻辑力量同渊博学识、同对全部经济学文献和有关事实的细心研究结合起来的范例。他把那些早被遗忘或现在谁也不知道的经济学理论家搬出来，他对工厂视察员在各种报告中或专家在各种专门委员会上所陈述的证词中极其琐碎的细节也没有忽视；总之，他翻遍了数量惊人的实际材料，一部分用来论证，一部分用来说明他的经济理论。如果说他创立了'崭新的'历史过程观，用新的观点说明了人类的全部过去，总结了至今有过的一切历史哲学理论，那他当然会同样竭尽心力地做到这一点的，也就是说，他会真正重新审查并批判地分析一切关于历史过程的著名理论，研究世界历史的大量事实。同达尔文比较一下——在马克思主义文献中经常作这样的比较——就会更加确信这种看法。达尔文的全部著作是什么呢？就是把堆积如山的实际材料总结为几点概括性的、彼此紧相联系的思想。马克思的相称著作究竟在哪里呢？这样的著作是没有的。不仅马克思没有这样的著作，而且在全部马克思主义文献中也没有这样的著作，虽然这种文献数量很大，传播很广。"

这一大段话清楚地说明人们多么不理解《资本论》和马克思。他们被马克思论述中的巨大论证力量所折服，只得奉承他，称赞他，同时却完全忽视学说的基本内容，若无其事地继续弹着"主观社会学"的老调。由此不禁令人想起考茨基在他的一本论马克思经济学说的著作中所选用的一段很恰当的题词：

> 谁不称赞克洛普施托克的美名？
> 可是，会不会人人都读他的作品？不会。
> 但愿人们少恭维我们，
> 阅读我们的作品时多用心！①

正是这样！米海洛夫斯基先生应当少称赞马克思，多用心阅读他的著作，或者最好是更认真思索自己所读的东西。

米海洛夫斯基先生说，"马克思的《资本论》给我们提供了一个把逻辑力量同渊博学识结合起来的范例"。一个马克思主义者指出：米海洛夫斯基先生的这句话，给我们提供了一个把光辉词句和空洞内容结合起来的范例。这个评语是十分公正的。马克思的这种逻辑力量究竟表现在什么地方呢？它产生了什么样的结果呢？读了米海洛夫斯基先生的上述那一大段话，会以为这全部力量不过是用于最狭义的"经济理论"而已。为了更加渲染马克思表现自己逻辑力量的范围是狭小的，米海洛夫斯基先生还着重指出"极其琐碎的细节"、"细心"、"谁也不知道的理论家"等等。这样一来，似乎马克思对于建立这些理论的方法，并没有提出任何值得一提的实质性的新东西，似乎他使经济学仍然停留在过去经济学家原有的范围以内，并没有将它扩大，并没有对这门科学本身提出"崭新的"见解。然而凡是读过《资本论》的人，都知道这完全不符合事实。由此不禁令人想起米海洛夫斯基先生16年前同一个庸俗的资产阶级先生尤·茹柯夫斯基进行论战时对马克思的评论[26]。那时，也许是时代不同，也许是感觉比较新鲜，不管怎样，米海洛夫斯基先生的那篇文章，无论在笔调上或内容上，都是完

---

① 见哥·埃·莱辛《致读者格言诗》。——编者注

全不同的。

　　"'本书的最终目的就是揭示现代社会的发展规律①〈原文是
Das ökonomische Bewegungsgesetz——经济运动规律〉',卡·马
克思曾这样谈到他的《资本论》并严格地坚持了他的主旨",——
1877年米海洛夫斯基先生就是这样评论的。我们更仔细地来考
察一下这个批评家也承认是严格地坚持了的主旨吧。这个主旨就
是"揭示现代社会的经济发展规律"。

　　这句话本身就使我们碰到几个需要加以说明的问题。既然马
克思以前的所有经济学家都谈论一般社会,为什么马克思却说"现
代(modern)"社会呢? 他在什么意义上使用"现代"一词,按什么
标志来特别划出这个现代社会呢? 其次,社会的经济运动规律是
什么意思呢? 我们总是听见经济学家说:只有财富的生产才完全
受经济规律支配,而分配则以政治为转移,以政权和知识界等等对
社会的影响如何为转移——而这也就是《俄国财富》杂志所属的那
个圈子里的政论家和经济学家们喜爱的思想之一。马克思谈到社
会的经济运动规律,并把这个规律叫做 Naturgesetz——自然规
律,这究竟是什么意思呢? 我国如此众多的社会学家写了大堆大
堆的著作,说社会现象领域根本不同于自然历史现象领域,因此,
研究前者必须采用十分特别的"社会学中的主观方法"。既然如
此,那对马克思的话又怎样理解呢?

　　发生这些疑问是自然的,必然的;当然,只有完全无知的人,才
会在谈到《资本论》时回避这些疑问。为了弄清这些问题,我们且
先从《资本论》的同一序言中再引一句话,这句话就在上述那句话

――――――――――

　　①　参看《马克思恩格斯文集》第5卷第10页。——编者注

的稍后几行。

马克思说："我的观点是把经济的社会形态的发展理解为一种自然历史过程。"①

只要把序言里引来的这两句话简单地对照一下，就可以看出《资本论》的基本思想就在于此，而这个思想，正像我们听说的那样，是以罕见的逻辑力量严格地坚持了的。说到这里，我们首先要指出两个情况。马克思说的只是一个"社会经济形态"，即资本主义社会经济形态，也就是他说的，他研究的只是这个形态而不是别的形态的发展规律，这是第一。第二，我们还得指出马克思得出他的结论的方法，这些方法，像我们刚才听到米海洛夫斯基先生所说的那样，就是"对有关事实的细心研究"。

现在我们来分析《资本论》的这一基本思想，它是我们这位主观哲学家如此狡猾地企图加以回避的。社会经济形态这一概念指的究竟是什么呢？怎样才可以而且必须把这种形态的发展看做是自然历史过程呢？这就是现在摆在我们面前的问题。我已经指出，从旧的（对俄国说来不是旧的）经济学家和社会学家的观点看来，社会经济形态这一概念完全是多余的，因为他们谈论的是一般社会，他们同斯宾塞们争论的是一般社会是什么，一般社会的目的和实质是什么等等。在这种议论中，这些主观社会学家所依靠的是如下这类论据：社会的目的是为社会全体成员谋利益，因此，正义要求有一种组织，凡不合乎这种理想的（"社会学应从某种空想开始"，——主观方法的首创者之一米海洛夫斯基先生的这句话绝妙地说明了他们的方法的实质）组织的制度都是不正常的，应该取

---

① 参看《马克思恩格斯文集》第 5 卷第 10 页。——编者注

消的。例如，米海洛夫斯基先生说："社会学的根本任务是阐明那些使人的本性的这种或那种需要得到满足的社会条件。"可以看出，这位社会学家感兴趣的只是使人的本性得到满足的社会，而完全不是什么社会形态；何况这些社会形态还可能是以少数人奴役多数人这种不合乎"人的本性"的现象为基础的。同样可以看出，在这位社会学家看来，根本谈不上把社会发展看做自然历史过程。（"社会学家既然认为事物有合乎心愿的，有不合乎心愿的，他就应当找到实现合乎心愿的事物，消除不合乎心愿的事物的条件"，即"找到实现如此这般理想的条件"，——这也是同一个米海洛夫斯基先生说的。）不仅如此，甚至谈不上什么发展，而只能谈由于……由于人们不聪明，不善于很好了解人的本性的要求，不善于找到实现这种合理制度的条件而在历史上发生过的种种违背"心愿"的偏向，"缺陷"。显而易见，马克思关于社会经济形态发展的自然历史过程这一基本思想，从根本上摧毁了这种以社会学自命的幼稚说教。马克思究竟是怎样得出这个基本思想的呢？他做到这一点所用的方法，就是从社会生活的各种领域中划分出经济领域，从一切社会关系中划分出**生产关系**，即决定其余一切关系的基本的原始的关系。马克思自己曾这样描写过他对这个问题的推论过程：

　　"为了解决使我苦恼的疑问，我写的第一部著作是对黑格尔法哲学的批判性的分析……　我的研究得出这样一个结果：法的关系正像国家的形式一样，既不能从它们本身来理解，也不能从所谓人类精神的一般发展来理解，相反，它们根源于物质的生活关系，这种物质的生活关系的总和，黑格尔按照 18 世纪的英国人和法国人的先例，概括为'市民社会'，而对市民社会的解剖应该到政治经济学中去寻求。我研究政治经济学所得到的结果，可以简要地表述如下：人们在自己生活的社会生产中发生一定的……关系，即同他们的物质生产力的一定发展阶段相适合的**生产关系**。这些生产关系的总和构成社会的经济结构，即有法律的和政治的上层建筑竖立其上并有一定的社会意识形式与之相适应的现实基础。物质生活的生产方式制约着整个社会生活、政治生活和精神生活的过程。不是人们的意识决定人们的存在，相反，是人们的社会存在决定人们的意识。社会的物质生产力发展到一定阶段，便同它们一直在其中运动的现存生产关系或财产关系（这只是生产关系的法律用语）发生矛盾。于是这些关系便由生产力的发展形式变成生产力的桎梏。那时社会革命的时代就到来了。随着经济基础的变更，全部庞大的上层建筑也或慢或快地发生变革。在考察这些变革时，必须时刻把下面两者区别开来：一种是生产的经济条件方面所发生的物质的、可以用自然科学的精确性指明的变革，一种是人们借以意识到这个冲突并力求把它克服的那些法律的、政治的、宗教的、艺术的或哲学的，简言之，意识形态的形式。我们判断一个人不能以他对自己的看法为根据，同样，我们判断这样一个变革时代也不能以它的意识为根据；相反，这个意识必须从物质生活的矛盾中，从社会生产力和生产关系之间的现存冲突中去解释。……　　大体说来，亚细亚的、古希腊罗马的、封建的和现代资产阶级的生产方式可以看做是经济的社会形态演进的几个时代。"①

　　社会学中这种唯物主义思想本身已经是天才的思想。当然，

----

　　①　参看《马克思恩格斯文集》第2卷第591—592页。——编者注

1940年延安解放社出版的《列宁选集》第2卷,该卷载有
《什么是"人民之友"以及他们如何攻击社会民主党人?》和
《民粹主义的经济内容及其在司徒卢威先生的书中受到的
批评》的节录

这在那时**暂且**还只是一个假设,但是,是一个第一次使人们有可能以严格的科学态度对待历史问题和社会问题的假设。在这以前,社会学家不善于往下探究像生产关系这样简单和这样原始的关系,而直接着手探讨和研究政治法律形式,一碰到这些形式是由当时人类某种思想产生的事实,就停了下来;这样一来,似乎社会关系是由人们自觉地建立起来的。但这个充分表现在《社会契约论》27思想(这种思想的痕迹,在一切空想社会主义体系中都是很明显的)中的结论,是和一切历史观察完全矛盾的。社会成员把他们生活于其中的社会关系的总和,看做一个由某种原则所贯穿的一定的完整的东西,这是从来没有过而且现在也没有的事情;恰恰相反,大众是不自觉地适应这些关系的,而且根本不了解这些关系是特殊的历史的社会关系,例如人们在其中生活了很多世纪的交换关系,只是在最近才得到了解释。唯物主义继续深入分析,发现了人的这些社会思想本身的起源,也就消除了这个矛盾;因此,唯物主义关于思想进程取决于事物进程的结论,是唯一可与科学的心理学相容的。其次,再从另一方面说,这个假设第一次把社会学提高到科学的水平。在这以前,社会学家在错综复杂的社会现象中总是难于分清重要现象和不重要现象(这就是社会学中主观主义的根源),找不到这种划分的客观标准。唯物主义提供了一个完全客观的标准,它把**生产关系**划为社会结构,并使人有可能把主观主义者认为不能应用到社会学上来的重复性这个一般科学标准,应用到这些关系上来。当他们还局限于思想的社会关系(即通过人们的意识①而形成的社会关系)时,他们不能发现各国社会现象

---

① 当然,这里说的始终是**社会**关系的意识,而不是其他什么关系的意识。

中的重复性和常规性,他们的科学至多不过是记载这些现象,收集素材。一分析物质的社会关系(即不通过人们的意识而形成的社会关系:人们在交换产品时彼此发生生产关系,甚至都没有意识到这里存在着社会生产关系),立刻就有可能看出重复性和常规性,把各国制度概括为**社会形态**这个基本概念。只有这种概括才使人有可能从记载(和从理想的观点来评价)社会现象进而以严格的科学态度去分析社会现象,譬如说,划分出一个资本主义国家和另一个资本主义国家的不同之处,研究一切资本主义国家的共同之处。

最后,第三,这个假设之所以第一次使**科学的**社会学的出现成为可能,还由于只有把社会关系归结于生产关系,把生产关系归结于生产力的水平,才能有可靠的根据把社会形态的发展看做自然历史过程。不言而喻,没有这种观点,也就不会有社会科学。(例如,主观主义者虽然承认历史现象的规律性,但不能把这些现象的演进看做自然历史过程,这是因为他们只限于指出人的社会思想和目的,而不善于把这些思想和目的归结于物质的社会关系。)

马克思在40年代提出这个假设后,就着手实际地(请注意这点)研究材料。他从各个社会经济形态中取出一个形态(即商品经济体系)加以研究,并根据大量材料(他花了不下25年的工夫来研究这些材料)对这个形态的活动规律和发展规律作了极其详尽的分析。这个分析仅限于社会成员之间的生产关系。马克思一次也没有利用这些生产关系以外的任何因素来说明问题,同时却使人们有可能看到商品社会经济组织怎样发展,怎样变成资本主义社会经济组织而造成资产阶级和无产阶级这两个对抗的(这已经是在生产关系范围内)阶级,怎样提高社会劳动生产率,从而带进一个与这一资本主义组织本身的基础处于不可调和的矛盾地位的因素。

《资本论》的**骨骼**就是如此。可是全部问题在于马克思并不以这个骨骼为满足,并不仅以通常意义的"经济理论"为限;虽然他**完全**用生产关系来**说明**该社会形态的构成和发展,但又随时随地探究与这种生产关系相适应的上层建筑,使骨骼有血有肉。《资本论》的成就之所以如此之大,是由于"德国经济学家"的这部书使读者看到整个资本主义社会形态是个活生生的形态:有它的日常生活的各个方面,有它的生产关系所固有的阶级对抗的实际社会表现,有维护资本家阶级统治的资产阶级政治上层建筑,有资产阶级的自由平等之类的思想,有资产阶级的家庭关系。现在可以看出,把马克思同达尔文相比是完全恰当的:《资本论》不是别的,正是"把堆积如山的实际材料总结为几点概括性的、彼此紧相联系的思想"。如果谁读了《资本论》,竟看不出这些概括性的思想,那就怪不得马克思了,因为我们知道,马克思甚至在序言中就已指出这些思想。而且这种比较不仅从外表方面(不知为什么,这一方面使米海洛夫斯基先生特别感兴趣)看是正确的,就是从内容方面看也是正确的。达尔文推翻了那种把动植物物种看做彼此毫无联系的、偶然的、"神造的"、不变的东西的观点,探明了物种的变异性和承续性,第一次把生物学放在完全科学的基础之上。同样,马克思也推翻了那种把社会看做可按长官意志(或者说按社会意志和政府意志,反正都一样)随便改变的、偶然产生和变化的、机械的个人结合体的观点,探明了作为一定生产关系总和的社会经济形态这个概念,探明了这种形态的发展是自然历史过程,从而第一次把社会学放在科学的基础之上。

现在,自从《资本论》问世以来,唯物主义历史观已经不是假设,而是科学地证明了的原理。在我们还没有看见另一种科学地解释某种社会形态(正是社会形态,而不是什么国家或民族甚至阶级等等的生活方式)的活动和发展的尝试以前,没有看见另一种像唯物主义那样能把"有关事实"整理得井然有序,能对某一社会形态作出严格的科学解释并给以生动描绘的尝试以前,唯物主义历史观始终是社会科学的同义词。唯物主义并不像米海洛夫斯基先生所想的那样,"多半是科学的历史观",而是唯一科学的历史观。

现在有人读了《资本论》,竟在那里找不到唯物主义,还有比这更可笑的怪事吗! 唯物主义在哪里呢? ——米海洛夫斯基先生带着实在莫名其妙的神情问道。

他读了《共产党宣言》,竟看不出那里对现代制度(法律制度、政治制度、家庭制度、宗教制度和哲学体系)的解释是唯物主义的,看不出那里甚至对种种社会主义和共产主义理论的批判也是在某种某种生产关系中寻找并找到这些理论的根源的。

他读了《哲学的贫困》,竟看不出那里对蒲鲁东社会学的剖析,是从唯物主义观点出发的,看不出对蒲鲁东所提出的解决各种历史问题的办法的批判,是从唯物主义原则出发的,看不出作者本人谈到应该在哪里寻找材料来解决这些问题时,总是举出生产关系。

他读了《资本论》,竟看不出这是用唯物主义方法科学地分析一个(而且是最复杂的一个)社会形态的范例,是大家公认的无与伦比的范例。于是他坐下来拼命思索这个深奥的问题:"马克思在哪一部著作中叙述了自己的唯物主义历史观呢?"

凡熟悉马克思的人，都会反问他：马克思在哪一部著作中没有叙述过自己的唯物主义历史观呢？米海洛夫斯基先生大概只有等到某个卡列耶夫的某本玄奥的历史著作在"经济唯物主义"这个条目内，用相应的号码标明马克思的唯物主义著作的时候，才会知道这些著作吧。

而最可笑的是，米海洛夫斯基先生责备马克思，说他没有"重新审查〈原文如此！〉一切关于历史过程的著名理论"。这简直可笑极了。试问这些理论十分之九都是些什么东西呢？都是一些关于什么是社会、什么是进步等等纯粹先验的、独断的、抽象的议论（我有意举出这些合乎米海洛夫斯基先生心意的例子）。要知道，这样的理论，就其存在来说，已是无用的，就其基本方法，就其彻头彻尾的暗淡无光的形而上学性来说，也是无用的。要知道，从什么是社会，什么是进步等问题开始，就等于从末尾开始。既然你连任何一个社会形态都没有研究过，甚至还未能确定这个概念，甚至还未能对任何一种社会关系进行认真的、实际的研究，进行客观的分析，那你怎么能得出关于一般社会和一般进步的概念呢？过去任何一门科学都从形而上学开始，其最明显的标志就是：还不善于着手研究事实时，总是先验地臆造一些永远没有结果的一般理论。形而上学的化学家还不善于实际研究化学过程时，就臆造什么是化学亲和力的理论。形而上学的生物学家谈论什么是生命，什么是生命力。形而上学的心理学家议论什么是灵魂。这种方法是很荒谬的。不分别说明各种心理过程，就不能谈论灵魂：在这里要想有所进步，就必须抛弃那些什么是灵魂的一般理论和哲学议论，并且能够把说明这种或那种心理过程的事实的研究放在科学的基础上。因此，米海洛夫斯基先生的责备，正好像一个在什么是灵魂这个问题上写了一辈子"学术著作"的形而上学的心理学家，连一个最简单的心理现象都解释不清楚，竟来责备一个科学的心理学家，说他没有重新审查所有关于灵魂的著名理论。他，这个科学的心理学家，抛弃了关于灵魂的哲学理论，直接去研究心理现象的物质基质（神经过程），而且，譬如说，分析并说明了某个或某些心理过程。于是，我们这位形而上学的心理学家读这部著作时，称赞它，说过程描写得很好，事实研究得不错，但是并不满意。这位哲学家听见周围的人说那位学者对心理学有完全新的观点，有科学心理学的特殊方法，就激动起来，怒气冲冲地说：且慢，究竟在哪一部著作中叙述了这个方法呢？这部著作中不是"仅仅有一些事实"吗？其中不是丝毫没有重新审查"所有关于灵魂的著名哲学理论"吗？这是完全不相称的著作呀！

在形而上学的社会学家看来，《资本论》自然同样是不相称的著作。他看不出什么是社会这种先验的议论毫无用处，不懂得这种方法并不是研究问题和说明问题，不过是把英国商人的资产阶级思想或俄国民主主义者的小市民社会主义理想充做社会概念罢了。正因为如此，这一切历史哲学理论就像肥皂泡一样，一出现就化为乌有，至多不过是当时社会思想和社会关系的征象，丝毫没有促进人们对社会关系，即使是个别的但是现实的（而不是那些"适合人的本性的"）社会关系的**理解**。马克思在这方面大大前进了一步：他抛弃了所有这些关于一般社会和一般进步的议论，而对**一种**社会（资本主义社会）和**一种进步**（资本主义进步）作了**科学的**分析。米海洛夫斯基先生却责备马克思，说他从头开始，而不从尾开始；从分析事实开始，而不从最终结论开始；从研究个别的、历史上一定的社会关系开始，而不从什么是一般社会关系的一般理论开始！于是他问："相称的著作究竟在哪里呢?"呵,好一个绝顶聪明的主观社会学家!!

如果我们这位主观哲学家,仅仅是对哪部著作论证过唯物主义这一问题疑惑不解,那也许还是小小的不幸。可是他,尽管在任何地方都没有找到对唯物主义历史观的论证,甚至没有找到对唯物主义历史观的叙述(也许正因为他没有找到),却开始把这个学说从未企求过的东西硬加到它的头上。他引证了布洛斯所说的马克思宣布了一种崭新的历史**观**的话,便毫不客气地推论下去,说这个理论企求"给人类解释其过去",说明"人类的全部〈原文如此!!?〉过去"等等。这完全是捏造! 这个理论所企求的只是说明资本主义一种社会组织,而不是任何别种社会组织。既然运用唯物主义去分析和说明一种社会形态就取得了这样辉煌的成果,那么,十分自然,历史唯物主义已不再是什么假设,而是经过科学检验的理论了;十分自然,这种方法也必然适用于其余各种社会形态,虽然这些社会形态还没有经过专门的实际研究和详细分析,正像已为充分事实所证实了的种变说思想适用于整个生物学领域一样,虽然对某些动植物物种来说,它们变化的事实还未能确切探明。种变说所企求的完全不是说明"全部"物种形成史,而只是把这种说明的方法提到科学的高度。同样,历史唯物主义也从来没有企求说明一切,而只企求指出"唯一科学的"(用马克思在《资本论》中的话来说)说明历史的方法。[①] 根据这一点可以判断,米海洛夫斯基先生所采用的是多么机智、多么郑重、多么体面的论战手法,他首先歪曲马克思,把一些妄诞的企求强加给历史唯物主义,

---

① 参看《马克思恩格斯文集》第 5 卷第 428—429 页脚注(89)。——编者注

说它企求"说明一切"，企求找到"打开一切历史门户的钥匙"（这种企求当然立即遭到马克思极其辛辣的反驳，见马克思为答复米海洛夫斯基的文章而写的"信"**28**），接着讥笑他自己所捏造的这种企求，最后，把恩格斯确切的意见（其所以确切，是因为这一次是摘录，而不是转述）引出来，即把唯物主义者所理解的政治经济学"尚待创造"、"我们所掌握的有关经济科学的东西，几乎只限于"资本主义社会史①等语引出来，于是作出这样的结论："这些话把经济唯物主义的适用范围缩得很小了！"要多么幼稚或多么自以为是的人，才会指望这种戏法不会被人识破啊！首先歪曲马克思，接着讥笑自己的捏造，然后引来确切的意见，便厚颜无耻地宣布这些意见把经济唯物主义的适用范围缩小了！

米海洛夫斯基先生这种讥笑办法究竟是什么样的货色，可从下述例子看出。米海洛夫斯基先生说："马克思在任何地方都没有论证过它们。"（即没有论证过经济唯物主义的理论根据）"固然，马克思和恩格斯曾打算写一部历史哲学和哲学历史性质的著作，甚至也写成了（1845—1846年），但这部著作**29**从未刊印。恩格斯说：'这部著作的第一部分是阐述唯物主义历史观的；这种阐述只是表明当时我们在经济史方面的知识还多么不够。'②"于是米海洛夫斯基先生作出结论说："由此可见，在'科学社会主义'和经济唯物主义理论的基本要点被发现以及随后在《宣言》中被阐述的时候，据作者之一自己承认，他们做这样一件事情的知识是不够的。"

你看这种批评多么可爱！恩格斯说他们当时的经济"史"的知识不够，因此，他们没有把自己的"一般"哲学历史性质的著作刊印

---

① 参看《马克思恩格斯文集》第9卷第156页。——编者注
② 参看《马克思恩格斯文集》第4卷第266页。——编者注

出来。米海洛夫斯基先生把这点曲解成这样，好像"做这样一件事情"，如制定"科学社会主义的基本要点"，即作出《宣言》中对**资产阶级**制度所作的科学批判，他们的知识是不够的。二者必居其一：或者是米海洛夫斯基先生不懂得概括全部历史哲学的尝试和科学地说明资产阶级制度的尝试之间的差别，或者是他认为马克思和恩格斯当时的知识还不足以批判政治经济学。如果是后一种情况，他就太刻薄了，竟不让我们见识一下他断定这种不足所持的理由以及他自己的更正和补充。马克思和恩格斯决定不发表他们的哲学历史著作，而集中全力来科学地分析一种社会组织，这只表明他们有高度的科学诚实态度。米海洛夫斯基先生决定加上几句话来对此加以挖苦，说马克思和恩格斯在阐述自己的观点时自己承认缺乏制定这些观点的知识，这只表明他的论战手法既不证明他聪明，也不证明他体面。

再举一个例子。米海洛夫斯基先生说："马克思的第二个我——恩格斯，为了论证经济唯物主义这一历史理论，做了更多的工作。他有一部专门的历史著作：《家庭、私有制和国家的起源，就(im Anschluß)摩尔根的研究成果而作》，这个'就'字真是妙极了。美国人摩尔根的书[①]，出版在马克思和恩格斯宣布经济唯物主义原理许多年以后，同经济唯物主义完全无关。"于是他认为"经济唯物主义者附和了"这本书，同时，因为在史前时期没有阶级斗争，他们便对唯物主义历史观的公式加上这样一个"更正"：在劳动生产率极低的原始时代，起首要作用的人自身的生产即子女生产，和物质财富生产同样是决定的要素。

---

①　指路易斯·亨利·摩尔根《古代社会，或人类从蒙昧时代经过野蛮时代到文明时代的发展过程的研究》一书。——编者注

恩格斯说："摩尔根的伟大功绩，就在于他在……北美印第安人的血族团体中找到了一把解开希腊、罗马和德意志上古史上那些极为重要而至今尚未解决的哑谜的钥匙。"①

米海洛夫斯基先生对此宣称："总之，在40年代末发现并宣布了一个崭新的唯物主义的和真正科学的历史观，这个历史观对历史科学的贡献，同达尔文理论对现代自然科学的贡献一样。"随后米海洛夫斯基先生又重复说，但是这个历史观从未科学地论证过。"它不仅没有经过大量的和多样的实际材料的检验〈《资本论》是"不相称的"著作：其中只有事实和细心研究而已！〉，甚至没有用哪怕是批判和排斥其他历史哲学体系的方法来充分说明过。"恩格斯的《欧根·杜林先生在科学中实行的变革》一书"只是顺便说出的一些机智的尝试"，因此米海洛夫斯基先生认为，这部著作中所涉及的大量重要问题，是可以完全回避的，尽管这些"机智的尝试"很机智地表明了"从空想开始的"社会学的空洞无物，尽管这部著作详细地批判了那种认为政治法律制度决定经济制度的"暴力论"，亦即《俄国财富》杂志的政论家先生们那么热心宣扬的"暴力论"。的确，对一部著作胡诌几句毫无意义的空话，比认真分析哪怕是其中唯物主义地解决了的一个问题，要容易得多；何况这样做又很保险，因为书报检查机关大概永远也不会准许翻译这部书，米海洛夫斯基先生也就不必为自己的主观哲学担心，可以把这部书叫做机智之作了。

更为突出和更有教益的（为说明人有舌头是为了隐瞒自己的思想，或赋予空洞以思想形式），是他对马克思的《资本论》的评论。

---

① 见《马克思恩格斯文集》第4卷第16页。——编者注

"《资本论》中有一些有历史内容的光辉篇页,**但是**〈这个"但是"妙极了! 这甚至不是"但是",而是有名的"mais",译成俄语意思是"耳朵不会高过额头"〉这些篇页也是按照此书的主旨,仅限于一个一定的历史时期,它们并不是确立经济唯物主义的基本原理,不过是涉及某类历史现象的经济方面。"换句话说,《资本论》这部专门研究资本主义社会的著作,对这个社会和它的上层建筑作了唯物主义的分析,"**但是**"米海洛夫斯基先生宁愿回避这个分析:看呀,这里仅仅说到"一个"时期,而他,米海洛夫斯基先生,则想概括一切时期,并且概括到根本不具体谈及任何一个时期。很明显,为了达到这个目的,也就是说,为了概括一切时期而实质上不涉及任何一个时期,就只有一个方法,就是作些"光辉"而空洞的泛泛之谈。在用空话来支吾搪塞的技巧方面,谁也比不上米海洛夫斯基先生。原来只是因为他,马克思,"并不是确立经济唯物主义的基本原理,不过是涉及某类历史现象的经济方面",所以不值得(单独地)从实质上涉及马克思的著作。多么深奥呀!"不是确立",只"不过是涉及"! ——的确,用空话来抹杀任何一个问题是多么容易呀! 例如,既然马克思屡次说明,商品生产者的关系是法治国家公民权利平等和自由契约等等原则的基础,这是什么意思呢? 他是以此来确立唯物主义呢,还是"不过是"涉及呢? 我们的哲学家以他特有的谦逊,避免作实质性的回答,而直接从他的那些夸夸其谈、言之无物的"机智的尝试"中作出结论。

这个结论如下:"在一种企求阐明世界历史的理论宣布40年以后,希腊、罗马和德意志上古史对这一理论来说仍然是些不解之谜,这是不足为奇的;而解开这些哑谜的钥匙,第一,是由一个与经济唯物主义理论完全无关、一点也不知道这个理论的人找到的;第二，是借助非经济因素找到的。'人自身的生产'这一术语，即子女生产，使人觉得有点可笑，而恩格斯却抓住这个术语，以便同经济唯物主义基本公式保持哪怕是字面上的联系。可是，恩格斯不得不承认，人类的生活在许多世纪内都不是按照这个公式形成的。"您，米海洛夫斯基先生的论战手法的确一点也"不足为奇"！这一理论是说，为了"阐明"历史，不要在思想的社会关系中，而要在物质的社会关系中去寻找基础。由于实际材料不够，过去没有可能把这个方法用来分析欧洲上古史的某些极重要的现象，例如氏族组织[30]，因此，这个组织仍然是一个谜①。后来，摩尔根在美洲搜集的丰富材料，使他有可能分析氏族组织的实质，并得出如下的结论：对氏族组织的说明，不要在思想关系（例如法的关系或宗教关系）中，而要在物质关系中去寻找。显然，这件事实光辉地证实了唯物主义方法，如此而已。所以，当米海洛夫斯基先生**为了非难**这个学说，而首先提到解开最困难的历史之谜的钥匙是由一个与经济唯物主义理论"完全无关"的人找到的时候，我们只能感到惊异，有些人多么不会辨别什么东西是在为自己辩护，什么东西是在痛斥自己。其次，我们的哲学家说，子女生产是非经济因素。可是您究竟在马克思或恩格斯的什么著作中读到他们一定是在谈经济唯物主义呢？他们在说明自己的世界观时，只是把它叫做唯物主义而已。他们的基本思想（在摘自马克思著作的上述引文中也已表达得十分明确）是把社会关系分成物质的社会关系和思想的社会

---

① 米海洛夫斯基先生在这里也没有放过机会来讥笑一下：咳，为什么这样，既然有科学的历史观，而古代史却是一个谜！米海洛夫斯基先生，您从任何一本教科书里都可以知道，氏族组织问题是曾引起许多理论来加以说明的最困难的问题之一。

关系。思想的社会关系不过是物质的社会关系的上层建筑,而物质的社会关系是不以人的意志和意识为转移而形成的,是人维持生存的活动的(结果)形式。马克思在上述引文中说,对政治法律形式的说明要在"物质生活关系"中去寻找。怎么,难道米海洛夫斯基先生以为子女生产关系是思想关系?米海洛夫斯基先生对这一点的解释很独特,值得拿来分析一下。他说:"无论我们怎样玩弄子女生产这个术语,以图在它和经济唯物主义之间建立一种哪怕是字面上的联系,无论它在错综复杂的社会生活现象中怎样同包括经济现象在内的其他现象交织着,但它毕竟有它本身的生理根源和心理根源。〈米海洛夫斯基先生,您这一番子女生产有其生理根源的话,莫非是说给吃奶的孩子听的吗!?您为什么要顾左右而言他呢?〉而这使我们联想到,经济唯物主义的理论家不仅没有弄清楚历史,也没有弄清楚心理学。毫无疑问,氏族联系在文明国家的历史中已经失去它的意义。但关于直接的两性联系和家庭联系,却未必能同样有把握地这样说。固然,它们在整个日益复杂的生活影响下有了很大的变化,可是只要有一定的辩证技巧就可以证明:不仅法律关系,就是经济关系本身也是两性关系和家庭关系的上层建筑。我们不准备研究这一点,不过我们还是要举出遗产制度来说一说。"

我们的哲学家终于有幸由说空话[①]进而谈到事实了,而这些事实是确定的,可以检验的,是不允许"顾左右而言他"轻易绕过问

---

① 责备唯物主义者没有搞清楚历史,却不试图把唯物主义者对各种历史问题所作的许多唯物主义说明的**任何一种**拿来分析一下;或者说:本来是可以证明的,但我们不来研究这一点,——的确,像这样的手法,不是说空话又是什么呢?

题实质的。我们且来看看，我们这位批评马克思的批评家是怎样证明遗产制度是两性关系和家庭关系的上层建筑的。米海洛夫斯基先生说："作为遗产传下来的，有经济生产的产品〈"经济生产的产品"！！这是多么通达！多么响亮！多么优雅的语言！〉，而遗产制度本身在一定程度内是受经济竞争的事实制约的。可是第一，作为遗产传下来的，还有非物质财富，这表现在关心用父辈精神教育子女上。"总之，子女教育列入了遗产制度！例如俄国民法中有这样一条："双亲应努力进行家庭教育，培养他们〈子女〉的情操，并促进政府意图之实现。"我们的哲学家莫非把这一点叫做遗产制度吗？"第二，甚至专就经济领域来说，既然没有当做遗产传下来的生产的产品就不可能有遗产制度，那么同样，没有'子女生产'的产品，没有这种产品和与之直接结合着的复杂的紧张的心理，也就不可能有遗产制度。"（咳，请你们注意这句话：复杂的心理与子女生产的产品"结合着"！这简直妙极了！）总之，遗产制度所以是家庭关系和两性关系的上层建筑，是因为没有子女生产就不可能有遗产制！是呀，这真算是发现了新大陆！直到现在，大家都以为子女生产不大能够解释遗产制度，正如饮食的必要性不大能够解释财产制度一样。直到现在，大家都认为：如果说从前俄国在采邑制度[31]鼎盛时代，土地不能继承的话（因为当时土地只是被当做有条件的财产），那么，对这一事实的解释，需要在当时社会组织的特点中去寻找。而米海洛夫斯基先生想必认为，这件事实不过是由于与当时地主的子女生产的产品结合的心理还不够复杂。

我们可以把一句有名的格言改个样子来说：只要把"人民之友"刮一刮，就可以看出资产者的原形。的确，米海洛夫斯基先生这一套关于遗产制度同子女教育、同子女生产心理等等相联系的议论,不就是说遗产制度也同子女教育一样是永恒的、必要的和神圣的吗! 固然,米海洛夫斯基先生想替自己留条后路,说"遗产制度在一定程度内是受经济竞争的事实制约的",但这无非是想逃避明确回答问题的一种诡计,而且是一种手法拙劣的诡计。既然向我们只字不提遗产对竞争究竟依赖到什么样的"一定程度",既然丝毫没有说明竞争与遗产制度之间的这个联系究竟是由什么引起的,那我们怎能领会这种意见呢? 其实,遗产制度以私有制为前提,而私有制则是随着交换的出现而产生的。已经处在萌芽状态的社会劳动的专业化和产品在市场上的转让是私有制的基础。例如,当原始印第安公社的全体社员还共同制造他们所必需的一切产品的时候,私有制就不可能产生。当分工渗入公社,社员开始各自单独生产某一种产品并把这种产品在市场上出卖的时候,表现商品生产者这种物质上的单独性的私有制就出现了。无论私有制或遗产,都是单独的小家庭(一夫一妻制的家庭)已经形成和交换已在开始发展的那个社会制度的范畴。米海洛夫斯基先生的例子所证明的,恰巧和他所想要证明的相反。

　　米海洛夫斯基先生还举出一个事实,但这又是一种奇谈怪论! 他继续修正唯物主义:"至于氏族联系,那么它们在各文明民族的历史中,确实有一部分已在生产形式影响的光线下褪色了〈又是一个遁词,不过是更加明显的遁词。究竟是什么生产形式呢? 一句空话!〉,但还有一部分在它们本身的延续和普遍化中——在民族联系中发展了。"这样说来,民族联系就是氏族联系的延续和普遍化了! 米海洛夫斯基先生关于社会历史的观念,显然是从给学生们讲的儿童故事中得来的。按这个陈腐浅陋的道理说来,社会历史是这样的：起初是家庭，这是任何一个社会的细胞①，然后家庭发展为部落，部落又发展为国家。米海洛夫斯基先生郑重其事地重复这种幼稚的胡说，不过是表明（除其他一切外）他甚至连俄国历史的进程也一点都不了解。如果可以说古罗斯³²有过氏族生活，那么毫无疑问，在中世纪，在莫斯科皇朝时代³³，这些氏族联系便不存在了，就是说，国家完全不是建立在氏族的联合上，而是建立在地域的联合上：地主和寺院接纳了来自各地的农民，而这样组成的村社纯粹是地域性的联合。但在当时未必能说已有真正的民族联系：国家分成各个"领地"，其中有一部分甚至是公国，这些公国还保存着从前自治制度的鲜明遗迹、管理的特点，有时候还保存着自己单独的军队（地方贵族是带领自己的军队去作战的）、单独的税界等等。仅仅在近代俄国历史上（大约从17世纪起），这一切区域、领地和公国才真正在事实上融合成一个整体。最可尊敬的米海洛夫斯基先生，这种融合并不是由氏族联系引起的，甚至不是由它的延续和普遍化引起的，而是由各个区域之间日益频繁的交换，由逐渐增长的商品流通，由各个不大的地方市场集中成一个全俄市场引起的。既然这个过程的领导者和主人是商人资本家，所以这种民族联系的建立也就无非是资产阶级联系的建立。米海洛夫斯基先生举出这两件事实，都是自己打自己的耳光，而给予我们的不过是标本的资产阶级的庸俗见解而已，其所以是**庸俗见解**，是因为他用子女生产及其心理来解释遗产制度，而用氏族联系来解释民族；其所以是**资产阶级的**，是因为他把历史上一个特定的社会

---

① 这是纯粹的资产阶级观念，因为分散的小家庭，只是在资产阶级制度下才占统治地位；这种家庭，在史前时期是根本没有的。资产者最大的特点，就是把现代制度的特征硬套在一切时代和一切民族身上。

形态(以交换为基础的社会形态)的范畴和上层建筑,当做同子女教育和"直接"两性关系一样普遍的和永恒的范畴。

这里最值得注意的是,我们的主观哲学家一试图由空话转到具体事实,就立刻滚到泥坑里去了。他在这个不很干净的地方,大概感到很舒服:安然坐着,收拾打扮,弄得污泥浊水四溅。例如,他想推翻历史是一系列阶级斗争事件这一原理,于是便以深思的神情宣称这是"走极端",他说"马克思所建立的、以进行阶级斗争为目的的国际工人协会,并没有阻止住法德两国工人互相残杀和弄得彼此破产",据他说,这也就证明唯物主义没有清除"民族自负和民族仇恨的邪魔"。这种断语表明,这位批评家丝毫不懂得工商业资产阶级的非常实际的利益是这种仇恨的主要基础,丝毫不懂得把民族感情当做独立因素来谈就是掩盖问题的实质。不过,我们已经看出,我们的哲学家对民族有多么深奥的认识。米海洛夫斯基先生只会以纯粹布勒宁式的讥讽态度[34]来对待国际[35],说"马克思是那个诚然已经瓦解但一定会复活的国际工人协会的首脑"。当然,如果像《俄国财富》杂志第 2 期国内生活栏编者按小市民的庸俗见解所写的那样,把"公平"交换制度看做国际团结的极限,而不懂得无论公平的或不公平的交换始终都以资产阶级的统治为前提和内容,不懂得不消灭以交换为基础的经济组织就不能停止国际冲突,那就不难了解,为什么他一说到国际,就一味嘲笑。那就不难了解,为什么米海洛夫斯基先生怎么也不能接受这样一个简单真理:除非在每一个国家把被压迫者阶级组织团结起来反对压迫者阶级,除非把这些民族的工人组织团结成一支国际工人大军去反对国际资本,是没有办法来消除民族仇恨的。至于说国际没有阻止住工人互相残杀,那只要向米海洛夫斯基先生提醒一下巴黎公社事件就够了，它表现了组织起来的无产阶级对待进行战争的统治阶级的真正态度。

米海洛夫斯基先生在这全部论战中，特别令人愤慨的，正是他的手法。如果他不满意国际的策略，如果他不赞成那些使欧洲工人为之而组织起来的思想，那他至少应当直率而公开地批评这些策略和思想，说明他认为什么策略更适当，什么观点更正确。可是他并不提出任何明确的异议，只是在汪洋大海的空话中到处插入无聊的嘲笑。怎能不把这叫做污泥浊水呢？尤其是，如果注意到在俄国不允许公开为国际的思想和策略进行辩护，就更不能不把这叫做污泥浊水了。米海洛夫斯基先生和俄国马克思主义者进行论战时所使用的手法也是这样的：他不愿费神去诚实地和确切地表达俄国马克思主义者的任何一个论点，然后给以直率而明确的批评，却宁肯抓住他听来的马克思主义的片断论据加以歪曲。请你们自己判断吧："马克思太聪明，太博学了，所以他不会以为社会现象的历史必然性和规律性的思想就是他发现的……　这是站在〈马克思主义梯子的〉下级①的人们所不知道的〈他们不知道"历史必然性的思想并不是马克思发明或发现的新东西，而是早已探明的真理"〉，或者说，他们对历来为探明这个真理所耗费的心血和精力，至多只有一个模糊的概念。"

------

　　①　谈到这个无聊的用语时，必须指出：米海洛夫斯基先生特别挑出马克思（他太聪明，太博学，所以我们的批评家不能够直率而公开地批评他的任何一个论点），然后摆出恩格斯（"没有那么多创作才智的人"），再后摆出多少有点独立见解的人，如考茨基，以及其余的马克思主义者。试问这种分法有什么重大意义呢？如果批评家不满意马克思学说的通俗解说者，谁又妨碍他按照马克思学说来纠正他们呢？他丝毫没有这样做。显然，他本想说得俏皮一些，结果却平淡无奇。

很明显,这种说法的确能够影响一些初次听到马克思主义的人,批评家在这些人面前也就容易达到自己的目的:曲解、讥笑和"战而胜之"(据说,《俄国财富》杂志编辑部的同事就是这样来评论米海洛夫斯基先生的文章的)。凡是稍微知道马克思的人,都能马上看出这种手法的全部虚伪和浮夸。尽可不同意马克思,但是决不能否认,是马克思万分明确地表述了自己的观点,这些观点对从前的社会主义者来说完全是**新东西**。新就新在从前的社会主义者为了论证自己的观点,认为只要指明群众在现代制度下受压迫的事实,只要指明使每个人都可获得自己生产成果的那种制度的优越性,只要指明这个理想制度适合"人的本性",适合理性道德生活概念等等就足够了。马克思认为不能以这种社会主义为满足。他并不限于评论现代制度,评价和斥责这个制度,他还对这个制度作了科学的解释,把这个在欧洲和非欧洲各个国家表现得不同的现代制度归结为一个共同基础,即资本主义社会形态,并对这个社会形态的活动规律和发展规律作了客观分析(他指明这个制度下的剥削的**必然性**)。同样,他认为不能满足于伟大的空想社会主义者及其渺小的模仿者即主观社会学家所说的只有社会主义制度才适合人的本性的断语。他以对资本主义制度的这种**客观**分析,证明了资本主义制度变为社会主义制度的**必然性**(他究竟怎样证明这一点,米海洛夫斯基先生又怎样反驳这一点,对于这个问题,我们还得回头再说)。这就是马克思主义者经常援引必然性的由来。米海洛夫斯基先生对问题的曲解极为明显:他撇开这个理论的全部实际内容、全部实质,而把问题说成这样,似乎这整个理论归结起来就在于"必然性"一词("在复杂的实际情况下不能只援引必然性"),似乎这个理论的**证据**就在于历史必然性是这样要求的。换句话说，他对学说的内容默不作声，只抓住它的名称，他自己竭力使马克思学说变成一枚"磨光了的金币"，现在却又加以讥笑。我们当然不去探究这种讥笑，因为这套把戏我们已经看够了。让他去翻筋斗，以博得布勒宁先生的欢心和满意吧（无怪乎布勒宁先生在《新时报》36上抚摸了一下米海洛夫斯基先生的头顶37），让他向马克思点头哈腰之后又悄悄地向马克思吠叫："马克思同空想主义者和唯心主义者的论战，即使没有这一点"，就是说即使马克思主义者没有重申论战的理由，"也是单方面的"。我们只能把这种伎俩叫做吠叫，因为他确实**没有**拿出**一个**实际的、确定的、经得起检验的异议来反对这场论战，所以（不管我们怎样乐于谈论这个题目，认为这场论战对解决俄国社会主义问题极为重要），我们简直无法回答这种吠叫，而只有耸耸肩膀说：

> 哎呀，哈巴狗，它敢向大象吠叫，想必是力量不小！38

　米海洛夫斯基先生在这之后关于历史必然性的议论，也是并不乏味的，因为它总算向我们打开了"我国著名社会学家"（这是米海洛夫斯基先生和瓦·沃·先生一起在我国"文化界"的自由派人士中间博得的称号）的一部分真正的思想行囊。他谈到"历史必然性的思想和个人活动的作用之间的冲突"时说，社会活动家如以活动家自居，那就大错特错了；其实他们是"被动者"，是"被历史必然性的内在规律从神秘的暗窖里牵出来的傀儡"，——据他说，这就是从历史必然性思想得出的结论，因此，他称这个思想是"没有结果的"和"模糊不清的"。也许不是任何一个读者都明白米海洛夫斯基先生从哪里弄来这套傀儡之类的胡说。原来，关于决定论和道德观念之间的冲突、历史必然性和个人作用之间的冲突的思想，正是主观哲学家喜爱的话题之一。关于这个问题,他写了那么一大堆纸张,说了无数的小市民感伤的荒唐话,想把这个冲突解决得使道德观念和个人作用占上风。其实,这里并没有什么冲突,冲突完全是米海洛夫斯基先生因担心(而且是不无根据的)决定论会推翻他所如此酷爱的小市民道德而捏造出来的。决定论思想确认人的行为的必然性,摒弃所谓意志自由的荒唐的神话,但丝毫不消灭人的理性、人的良心以及对人的行动的评价。恰巧相反,只有根据决定论的观点,才能作出严格正确的评价,而不致把什么都推到自由意志上去。同样,历史必然性的思想也丝毫不损害个人在历史上的作用:全部历史正是由那些无疑是活动家的个人的行动构成的。在评价个人的社会活动时会发生的真正问题是:在什么条件下可以保证这种活动得到成功? 有什么保证能使这种活动不致成为孤立的行动而沉没在相反行动的汪洋大海里? 这也就是社会民主党人和俄国其他社会主义者解决得各不相同的另一个问题:以实现社会主义制度为目标的活动,应当怎样吸引群众参加才能取得重大的成果? 显然,这个问题的解决,直接取决于对俄国社会力量的配置的看法,对构成俄国现实的阶级斗争的看法,——而米海洛夫斯基先生又是只围着问题兜圈子,甚至不打算明确提出这个问题并给以一定的解答。大家知道,社会民主党人解答这个问题时所持的观点是:俄国经济制度是资产阶级社会,要摆脱这个社会只能有一条从资产阶级制度本质中必然产生的出路,这就是无产阶级反对资产阶级的阶级斗争。显然,严肃的批评应当是:或者反对那种认为我国制度是资产阶级制度的观点,或者反对关于这种制度的本质及其发展规律的看法,但米海洛夫斯基先生甚至不想触及这些严肃问题。他宁愿用一些毫无内容的辞藻来支吾搪塞,说什么必然性是一个太一般的括弧等等。是的,米海洛夫斯基先生,任何一种思想,假若你把它当干鱼³⁹对待,先把全部内脏剜去,然后摆弄剩下的外壳,那都会成为一个太一般的括弧！这个掩盖现代真正重大而迫切问题的外壳,就是米海洛夫斯基先生所喜爱的领域,因此,他特别傲然自得地强调说,"经济唯物主义忽视或不正确地阐述英雄和大众的问题"。看,关于当前俄国现实是由哪些阶级的斗争和在什么基础上构成的问题,在米海洛夫斯基先生看来想必是一个太一般的问题,于是他避而不谈。可是对于英雄和大众(不管这是工人大众、农民大众、厂主大众或是地主大众)之间存在什么关系的问题,他却极感兴趣。也许这确实是个"有兴趣的"问题,但责备唯物主义者集中全力来解决直接有关劳动阶级解放的问题,那不过表明自己是个庸人科学的爱好者而已。米海洛夫斯基先生在结束他对唯物主义的"批评"(?)时,又一次企图歪曲事实,颠倒黑白。恩格斯认为《资本论》曾被职业经济学家默然抵制①,而米海洛夫斯基先生对恩格斯这一看法的正确性表示怀疑(为了证明这种怀疑是有根据的,还举了一个可笑的理由,说德国有许许多多大学！),他说:"马克思想到的决不是这类读者〈工人〉,他对科学界人士也是有所期待的。"这话完全不对,因为马克思十分懂得,很少有可能指望资产阶级科学界人士会持公正的态度和作出科学的批评,所以他在《资本论》第2版跋中对这一点说得非常明确。他在那里说:"《资本论》在德国工人阶级广大范围内迅速得到理解,是对我的劳动的最好的报酬。一个在经济方面站在资产阶级立场上的人……迈尔先生,在普法战争期间发行的一本小册子中说得很对:被认为是德国世袭财产

① 参看《马克思恩格斯文集》第4卷第15页。——编者注

的卓越的理论思维能力(der große theoretische Sinn),已在德国的所谓有教养的阶级中完全消失了,但在德国工人阶级中复活了。"①

还有一套颠倒黑白的把戏,也是针对唯物主义的,而且完全是按照第一个公式套下来的。"这个理论〈唯物主义理论〉一直没有被科学地论证过和检验过。"命题就是如此,而证据则是:"恩格斯、考茨基和其他某些人的著作中(像在布洛斯的大作里那样)个别具有历史内容的很好篇页,本来没有经济唯物主义商标也行,因为〈请注意"因为"二字!〉实际上〈原文如此!〉这些篇页考虑到了社会生活的全部总和,虽然在这一和弦中经济的弦音占优势。"结论……是:"经济唯物主义在科学上是站不住脚的。"

又是那套老把戏! 为了证明这个理论没有根据,米海洛夫斯基先生首先是曲解它,硬说它荒谬到不愿考虑社会生活的全部总和(其实完全相反,唯物主义者——马克思主义者——是最先提出不仅必须分析社会生活的经济方面而且必须分析社会生活的各个方面这一问题的社会主义者②),接着又确认,"实际上"唯物主义

① 见《马克思恩格斯文集》第 5 卷第 15 页。——编者注

② 这是在《资本论》和社会民主党人策略中完全明白表示出来而和从前的社会主义者不同的地方。马克思直截了当地提出了不以经济方面为限的要求。1843 年马克思在给预备出版的杂志40拟定纲领时写信给卢格说:"然而整个社会主义的原则又只是……这一个方面。我们还应当同样关心另一个方面,即人的理论生活,因而应当把宗教、科学等等当做我们批评的对象。……正如**宗教**是人类的理论斗争的目录一样,**政治国家**是人类的实际斗争的目录。可见政治国家在自己的形式范围内从共和制国家的角度反映了一切社会斗争、社会需求、社会真理。所以,把最特殊的政治问题,例如等级制度和代议制度之间的区别作为批判的对象,毫不意味着降低原则高度。因为这个问题只是用**政治的**方式来表明人的统治同私有制的统治之间的区别。这就是说,批评家不但能够而且必须探讨这些政治问题(在那些极端的社会主义者看来这些问题是不值得注意的)。"(见《马克思恩格斯文集》第 10 卷第 8—9 页。——编者注)

者用经济"很好地"说明了社会生活的全部总和（这个事实显然击中了作者自己），最后作出结论说，唯物主义"是站不住脚的"。可是，米海洛夫斯基先生，您这套颠倒黑白的把戏倒是很妙地站住脚了！

这就是米海洛夫斯基先生用来"驳斥"唯物主义的一切。我再说一遍，这里没有任何批评，有的只是一堆空洞的妄自尊大的胡说。随便问一下什么人，米海洛夫斯基先生对生产关系是其余一切关系的基础的观点，究竟提出过什么异议呢？他用什么反驳过马克思用唯物主义方法得出的社会形态以及这些形态的自然历史发展过程这一概念的正确性呢？他怎样证明那些即使是他提到的作者对各种历史问题所提出的唯物主义解释是不正确的呢？任何人都一定会回答说：他没有提出任何异议，没有举出任何反驳的理由，没有指出任何不正确的地方。他只是在那里兜圈子，竭力用空话掩盖问题的实质，并顺便捏造种种无聊的遁词。

当这样一位批评家在《俄国财富》杂志第2期上继续反驳马克思主义的时候，很难指望他会拿出什么像样的东西。全部差别在于他那种颠倒黑白的发明能力已经穷尽，他在开始利用旁人的了。

首先他大谈社会生活的"复杂性"，甚至说加尔瓦尼电学也同经济唯物主义有联系，因为加尔瓦尼的实验对黑格尔也"发生了影响"。真是惊人的机智！这样说来，也可以把米海洛夫斯基先生和中国皇帝联系起来了！这除了说明有人以胡说为乐事，还能得出什么结论呢？！

米海洛夫斯基先生继续说："事物的历史进程的实质根本不可捉摸，经济唯物主义学说也没有捉摸住，虽然这个学说看来依靠两个基石，一个是生产形式和交换形式具有决定一切的意义的发现，一个是辩证过程的无可争辩性。"

　　这样看来,唯物主义者所依靠的是辩证过程的"无可争辩性"!就是说,唯物主义者把自己的社会学理论建立在黑格尔的三段式上。我们又听到这种老一套的责难,说马克思主义是黑格尔辩证法,这种责难看来已被批评马克思的资产阶级批评家用得够滥的了。这帮先生不能从实质上对这个学说提出任何反驳,就拼命抓住马克思的表达方式,攻击这个理论的起源,想以此动摇这个理论的根基。米海洛夫斯基先生也毫不客气地采用了这种手法。恩格斯《反杜林论》一书中的一章①成了他的借口。恩格斯在反驳攻击马克思辩证法的杜林时说:马克思从未打算用黑格尔的三段式来"证明"任何事物,马克思只是研究和探讨现实过程,马克思认为理论符合现实是理论的唯一标准。假使说,有时某种社会现象的发展符合肯定——否定——否定的否定这个黑格尔公式,那也没有什么奇怪,因为这在自然界中根本不是罕见的现象。于是恩格斯引证自然历史方面(麦粒的发育)和社会方面的例子,例如起初是原始共产主义,接着是私有制,然后是资本主义的劳动社会化;又如起初是原始唯物主义,然后是唯心主义,最后是科学唯物主义,等等。谁都明白,恩格斯立论的重心在于:唯物主义者的任务是正确地和准确地描绘现实的历史过程;而坚持辩证法,选择例子证明三段式的正确,不过是科学社会主义由以长成的那个黑格尔主义的遗迹,是黑格尔主义表达方式的遗迹罢了。既然已经断然声明,用三段式"证明"任何事物都是荒谬的,说谁也没有打算这样做,那么,"辩证"过程的例子究竟能有什么意义呢? 这不过是表露了学

----

　　①　指弗·恩格斯《反杜林论》第 1 编第 13 章《辩证法。否定的否定》,见《马克思恩格斯文集》第 9 卷第 136—150 页。——编者注

说的起源，难道还不明显吗？米海洛夫斯基先生自己也感觉到这一点，他说，不可把理论的起源当做理论的罪过。但是，要在恩格斯这段议论中发现超乎理论起源的东西，那显然就必须证明，至少有一个历史**问题**，唯物主义者不是根据有关事实，而是借三段式来解决的。米海洛夫斯基先生企图证明过这点吗？丝毫也没有。相反，他自己也不得不承认："马克思用实际内容把空洞的辩证公式充实到了这种程度，以至可以把这个公式从这个内容上去掉，就像从杯子上去掉盖子一样，并不会改变什么。"（米海洛夫斯基先生在这里把有关未来的问题作为例外，我们在下面还要谈到。）既然如此，米海洛夫斯基先生为什么又这样热心地和这个并不改变什么的盖子周旋呢？为什么说唯物主义者所"依靠"的是辩证过程的无可争辩性呢？他为什么在攻击这个盖子时公然撒谎骗人，说他是在攻击科学社会主义的"基石"之一呢？

　　我当然不会去探究米海洛夫斯基先生是怎样分析三段式的例子的，我重说一遍，因为这无论对科学唯物主义还是对俄国马克思主义，都没有任何关系。但有一个问题值得注意：米海洛夫斯基先生这样曲解马克思主义者对辩证法的态度，究竟有些什么根据呢？根据有二：第一，米海洛夫斯基先生只知其一，不知其二；第二，米海洛夫斯基先生又玩了（或正确些说，从杜林那里剽窃了）一套歪曲捏造的手法。

　　关于第一点，米海洛夫斯基先生在读马克思主义文献时，常常碰见社会科学中的"辩证方法"，碰见社会问题范围（谈的也只是这个范围）内的"辩证思维"等等。由于头脑简单（如果只是简单那还好），他以为这个方法就是按黑格尔三段式的规律来解决一切社会学问题。他只要稍微细心一点看问题，就不能不确信这种看法是荒谬的。马克思和恩格斯称之为辩证方法（它与形而上学方法相反）的，不是别的，正是社会学中的科学方法，这个方法把社会看做处在不断发展中的活的机体（而不是机械地结合起来因而可以把各种社会要素随便配搭起来的一种什么东西），要研究这个机体，就必须客观地分析组成该社会形态的生产关系，研究该社会形态的活动规律和发展规律。辩证方法对形而上学方法（社会学中的主观方法无疑也属于这个概念）的态度，我们在下面将尽力以米海洛夫斯基先生自己的议论为例加以说明。现在我们仅仅指出，凡是读过恩格斯（在同杜林的论战中。俄文版：《社会主义从空想到科学的发展》）或马克思（《资本论》中的各条注解和第 2 版《跋》；《哲学的贫困》）关于辩证方法的定义和叙述的人，都会看出根本没有说到黑格尔的三段式，而全部问题不过是把社会演进看做是社会经济形态发展的自然历史过程。为了证明这一点，我把《欧洲通报》杂志 1872 年第 5 期上描述辩证方法的那一段话（短评：《卡尔·马克思的政治经济学批判的观点》[41]）全部引来，这段话马克思在《资本论》第 2 版《跋》中引证过。马克思在《跋》中说，他在《资本论》中应用的方法被人们理解得很差。"德国的评论家当然大叫什么黑格尔的诡辩。"马克思为要更明白地叙述自己的方法，于是摘引了上述短评中描述这个方法的那一段话。短评说：在马克思看来，只有一件事情是重要的，那就是发现他所研究的那些现象的规律，在他看来，最重要的是这些现象变化的规律，这些现象发展的规律，即它们由一种形式过渡到另一种形式、由一种社会关系秩序过渡到另一种社会关系秩序的规律。所以马克思竭力去做的只是一件事：通过准确的科学研究来证明社会关系的一定秩序的必然性，同时尽可能完善地指出那些作为他的出发点和根据的事实。

为了这个目的，只要证明现有秩序的必然性，同时证明这种秩序不可避免地要过渡到另一种秩序的必然性就完全够了，而不管人们相信或不相信，意识到或没有意识到这种过渡。马克思把社会运动看做受一定规律支配的自然历史过程，这些规律不仅不以人的意志、意识和意图为转移，反而决定人的意志、意识和意图。（请那些因为人抱有自觉的"目的"，遵循一定的理想，而主张把社会演进从自然历史演进中划分出来的主观主义者先生们注意。）既然意识要素在文化史上只起着这种从属作用，那么不言而喻，以文化本身为对象的批判，比任何事情更不能以意识的某种形式或某种结果为依据。这就是说，作为这种批判的出发点的不能是观念，而只能是外部客观现象。批判将不是把事实和观念比较对照，而是把一种事实同另一种事实比较对照。对这种批判唯一重要的是，对两种事实进行尽量准确的研究，使之真正形成相互不同的发展阶段，而且特别需要的是同样准确地把一系列已知的状态、它们的连贯性以及不同发展阶段之间的联系研究清楚。马克思否认的正是这种思想：经济生活规律，不管是应用于现在或过去，都是一样的。恰恰相反，每个历史时期都有它自己的规律。经济生活呈现出的现象和生物学的其他领域的发展史颇相类似。旧经济学家不懂得经济规律的性质，他们把经济规律同物理学定律和化学定律相比拟。更深刻的分析证明，各种社会有机体像动植物有机体一样，彼此根本不同。马克思认为自己的任务是根据这种观点来研究资本主义的经济组织，因而极其科学地表述了对经济生活的任何准确的研究所应抱的目的。这种研究的科学价值在于阐明支配着一定社会有机体的产生、生存、发展和死亡以及为另一更高的有机体所代替的特殊规律（历史规律）。

这就是马克思从报章杂志对《资本论》的无数评论中挑选出来并译成德文的一段对辩证方法的描述，马克思这样做，是因为这段对辩证方法的说明，正如他自己所说，是十分确切的。试问，这里有一句话提到三段式、三分法、辩证过程的无可争辩性等等胡说，即米海洛夫斯基先生用骑士姿态加以攻击的那些胡说吗？马克思紧接着这段描述之后还直截了当地说，他的方法和黑格尔的方法"截然相反"。在黑格尔看来，观念的发展，按照三段式的辩证规律，决定现实的发展。当然，只有在这种场合，才说得上三段式的作用，才说得上辩证过程的无可争辩性。马克思说，在我看来则相反，"观念的东西不过是物质的东西的反映"。因而全部问题归结为"对现存事物及其必然的发展的肯定的理解"：三段式只能起着使庸人们发生兴趣的盖子和外壳（"我卖弄起黑格尔的字眼来了"，——马克思在这个跋里说）的作用。现在要问，如果一个人想批判科学唯物主义的"基石"之一即辩证法，他无所不谈，甚至连蛤蟆和拿破仑都谈到了，可就是不谈这个辩证法有何内容，不谈社会的发展是否真的是自然历史过程，把社会经济形态看做特殊的社会有机体的唯物主义概念是否正确，对这些形态的客观分析的方法是否正确，社会观念是否真的不决定社会发展反而为社会发展所决定等等问题，那么，我们应该怎样评判这个人呢？是否可以说只是由于他不理解呢？

关于第二点。米海洛夫斯基先生这样"批判"辩证法以后，就把这种"借"黑格尔三段式进行论证的办法硬加到马克思头上，并且当然是扬扬得意地攻击这种办法。他说："关于未来，社会内在规律纯粹是被辩证地提出来的。"（这也就是上文提到的例外。）马克思关于资本主义的发展规律必然使剥夺者被剥夺的论断，带有

"纯粹辩证的性质"。马克思关于土地和资本公有的"理想"，"就其必然和毫无疑义来说，纯粹是维系在黑格尔三项式链条的最末一环上的"。

　　这个论据**完全**是从杜林那里**拿来**的，是杜林在他的《国民经济学和社会主义批判史》一书（1879年第3版第486—487页）里运用过的。可是，米海洛夫斯基先生只字不提杜林。话又说回来，也许这套歪曲马克思的手法是他的独出心裁吧？

　　恩格斯给了杜林一个绝妙的答复，而且他也引述了杜林的批评，所以我们只引恩格斯的答复[42]就可以了。读者一定会看出，这个答复对米海洛夫斯基先生也是完全适用的。

　　"杜林说：'这一历史概述〈英国资本的所谓原始积累的产生过程〉①，在马克思的书中比较起来还算是最好的，如果它不但抛掉博学的拐杖，而且也抛掉辩证法的拐杖，那或许还要好些。由于缺乏较好的和较明白的方法，黑格尔的否定的否定不得不在这里执行助产婆的职能，靠它的帮助，未来便从过去的腹中产生出来。从16世纪以来通过上述方法实现的个人所有制的消灭，是第一个否定。随之而来的是第二个否定，它被称为否定的否定，因而被称为"个人所有制"的重新建立，然而是在以土地和劳动资料的公有为基础的更高形式上的重新建立。既然这种新的"个人所有制"在马克思先生那里同时也称为"社会所有制"，那么这里正表现出黑格尔的更高的统一，在这种统一中，矛盾被扬弃〈aufgehoben——这是黑格尔的专用术语〉，就是说按照这种文字游戏，矛盾既被克服又被保存。

　　……这样，剥夺剥夺者，便是历史现实在其外部物质条件中的

―――――――――

　　①　这个尖括号中的话是恩格斯加的。——编者注

仿佛自动的产物……　未必有一个深思熟虑的人,会凭着否定的
否定这一类黑格尔蠢话的信誉而确信土地和资本公有的必然性。
其实,马克思观念的混沌杂种,并不使这样的人感到惊奇,他知道
什么东西能够同作为科学基础的黑格尔辩证法合拍,或者确切地
说,知道一定会出现无稽之谈。对于不熟悉这些把戏的人,应该明
确指出,在黑格尔那里,第一个否定是教义问答中的原罪概念,而第
二个否定则是引向赎罪的更高统一的概念。这种从宗教领域中抄
袭来的荒唐类比,当然不能为事实的逻辑提供根据……　马克思先
生安心于他那既是个人的又是社会的所有制的混沌世界,却让他的
信徒们自己去解这个深奥的辩证法之谜。'杜林先生就是这样说的。

　　总之,——恩格斯总结说,——马克思不依靠黑格尔的否定的
否定,就无法证明社会革命的必然性,证明建立土地公有制和劳动
所创造的生产资料的公有制的必然性;他在根据从宗教中抄袭来
的这种荒唐类比创造自己的社会主义理论时,得出这样的结论:在
未来的社会里,将存在一种既是个人的又是社会的所有制,即黑格
尔的被扬弃的矛盾的更高的统一。①

---

①　这段杜林观点的表述对米海洛夫斯基先生也完全适用,关于这点,他那篇《卡
　　尔·马克思在尤·茹柯夫斯基先生的法庭上》的论文里还有下述一段可以证
　　明。米海洛夫斯基先生在反驳那位断言马克思是私有制辩护者的茹柯夫斯
　　基先生时,曾指出马克思的这个公式并解说如下:"马克思把黑格尔辩证法中
　　两个尽人皆知的戏法搬到自己的公式中来,第一,这个公式是按黑格尔三段
　　式规律造成的;第二,合题是以对立面(即个人所有制和社会所有制)的同一
　　为基础的。可见'个人'一词,在这里具有一种特殊的、纯粹假设的,即辩证过
　　程的一个组成部分的意义,而丝毫也不能引为根据。"这是一个怀有最善良愿
　　望的人在俄国公众面前替"热血志士"马克思辩护以反对资产者茹柯夫斯基
　　先生时所说的话。他就是怀着这种善良愿望而把马克思说成这样:马克思把
　　自己对过程的看法建立在"戏法"上面! 米海洛夫斯基先生可以从这里吸取
　　一个对他不无益处的教训:做任何一件事情单靠善良愿望都是有点不够的。

　　我们先把否定的否定撇在一边,来看看'既是个人的又是社会的所有制'。杜林先生把这叫做'混沌世界',而且他在这里令人惊奇地确实说对了。但是很遗憾,处于这个'混沌世界'之中的不是马克思,而又是杜林先生自己。…… 他按照黑格尔来纠正马克思,把马克思只字未提的什么所有制的更高的统一硬加给马克思。

　　马克思是说:'这是否定的否定。这种否定重新建立个人所有制,然而是在资本主义时代的成就的基础上,在自由劳动者的协作的基础上和他们对土地及他们所生产的生产资料的公有制上来重新建立。以自己劳动为基础的分散的个人私有制转化为资本主义私有制,同事实上已经以社会生产为基础的资本主义私有制转化为社会所有制比较起来,自然是一个长久得多、艰苦得多、困难得多的过程。'他说的就是这些。可见,靠剥夺剥夺者而建立起来的状态,被称为重新建立个人所有制,然而是**在**土地和靠劳动本身生产的生产资料的社会所有制的**基础上**重新建立。对任何一个懂德语的人来说〈懂俄语也一样,米海洛夫斯基先生,因为译文完全准确〉,这就是说,社会所有制涉及土地和其他生产资料,个人所有制涉及产品,也就是涉及消费品。为了使甚至六岁的儿童也能明白这一点,马克思在第56页〈俄文版第30页〉①设想了一个'自由人联合体,他们用公共的生产资料进行劳动,并且自觉地把他们许多个人劳动力当做一个社会劳动力来使用',也就是设想了一个按社会主义原则组织起来的联合体,还说:'总产品是一个社会产品。这个产品的一部分重新用做生产资料。**这一部分依旧是社会的。**而另一部分则作为生活资料由联合体成员消费。**因此,**这一部分要在他们

_____

　　① 参看《马克思恩格斯文集》第5卷第96页。——编者注

之间进行分配。'这些话甚至对杜林先生来说，也是足够清楚的。

既是个人的又是社会的所有制，这个混乱的杂种，这种在黑格尔辩证法中一定会出现的无稽之谈，这个混沌世界，这个马克思让他的信徒们自己去解的深奥的辩证法之谜——这又是杜林先生的自由创造物和想象物……

那么，——恩格斯继续说，——否定的否定在马克思那里究竟起了什么作用呢？在第 791 页和以后几页〈俄文版第 648 页①及以后几页〉上，马克思概述了前 50 页〈俄文版前 35 页〉中所作的关于资本的所谓原始积累的经济研究和历史研究的最后结果。在资本主义时代之前，至少在英国，存在过以劳动者自己的生产资料的私有制为基础的小生产。所谓原始积累，在这里就是这些直接生产者的被剥夺，即以自己劳动为基础的私有制的解体。这种解体之所以成为可能，是因为上述的小生产只能同生产和社会的狭隘的、自然产生的界限相容，因而它发展到一定程度就产生消灭它自身的物质基础。这种消灭，即个人的分散的生产工具转化为社会的积聚的生产工具，形成资本的前史。一旦劳动者转化为无产者，他们的生产资料转化为资本，一旦资本主义生产方式站稳脚跟，劳动的进一步社会化，土地和其他生产资料的进一步转化〈变为资本〉，从而对私有者的进一步的剥夺，都会采取新的形式。'现在要剥夺的已经不再是独立经营的劳动者，而是剥削许多工人的资本家了。这种剥夺是通过资本主义生产本身的内在规律的作用，即通过资本的积聚进行的。一个资本家打倒许多资本家。随着这种积聚或少数资本家对多数资本家的剥夺，规模不断扩大的劳动过

---

① 参看《马克思恩格斯文集》第 5 卷第 872 页。——编者注

程的协作形式日益发展,科学日益被自觉地应用于工艺方面,土地日益被有计划地共同利用,劳动工具日益转化为只能共同使用的东西,一切生产资料因作为结合的、社会的劳动的共同生产资料使用而日益节省。随着那些掠夺和垄断这一转化过程的全部利益的资本巨头不断减少,贫困、压迫、奴役、退化和剥削的程度不断加深,而日益壮大的、由资本主义生产过程本身的机制所训练、联合和组织起来的工人阶级的反抗也不断增长。资本成了和它一起并在它羽翼下繁盛起来的生产方式的桎梏。生产资料的积聚和劳动的社会化,达到了同它们的资本主义外壳不能相容的地步。这个外壳就要炸毁了。资本主义私有制的丧钟就要响了。剥夺者就要被剥夺了。'

现在我请问读者:辩证法的一团混乱和各种观念的杂乱交织在哪里呢?使一切差别化为乌有的那种概念的混淆在哪里呢?为信徒创造的辩证法的奇迹和仿效黑格尔的逻各斯学说所玩弄的戏法——据杜林说,没有这些东西,马克思就不能自圆其说——在哪里呢?马克思历史地证明并在这里简略地概述:正像以往小生产由于自身的发展而造成消灭自身的条件一样,现在资本主义生产方式也自己造成使自己必然走向灭亡的物质条件。这是一个历史的过程,如果说它同时又是一个辩证的过程,那么这不是马克思的罪过,尽管这对杜林先生说来好似命中注定的。

马克思只是在作了自己的历史的和经济的证明之后才继续说:'资本主义的生产方式和占有方式,从而资本主义的私有制,是对个人的、以自己劳动为基础的私有制的第一个否定。对资本主义生产的否定,是它自己由于自然历史过程的必然性而造成的。这是否定的否定'等等(如上面引证过的)。

　　因此，当马克思把这一过程称为否定的否定时，他并没有想到
要以此来证明这一过程是个历史地必然的过程。相反，他在历史
地证明了这一过程一部分实际上已经实现，一部分还一定会实现
以后，才又指出，这是一个按一定的辩证法规律完成的过程。他说
的就是这些。由此可见，如果说杜林先生断定，否定的否定不得不
在这里执行助产婆的职能，靠它的帮助，未来便从过去的腹中产生
出来，或者他断定，马克思要求人们凭着否定的否定的信誉来确信
土地和资本的公有的必然性，那么这些论断又都是杜林先生的纯
粹的捏造。"（第125页）

　　读者可以看出，恩格斯这段驳斥杜林的出色议论，对于米海洛
夫斯基先生也是完全适用的，因为米海洛夫斯基先生同样断言，马
克思把未来纯粹维系在黑格尔链条的最末一环上，断言对于未来
的必然性的信念只能建立在信仰上①。

　　杜林和米海洛夫斯基先生之间的全部区别，只有下列两小点：
第一，尽管杜林一说起马克思就怒火万丈，但他毕竟认为必须在他
那部《批判史》②的下一节里提到马克思如何在跋③中断然反驳了
那种说他是黑格尔主义的责难，而米海洛夫斯基先生对马克思十
分明确地说明自己是怎样理解辩证方法的那段话（上面引过的那

---

　　①　说到这里，我以为不妨指出：恩格斯的全部解释是载在他谈论麦粒、卢梭学说
　　　　和其他辩证过程实例的那一章里的。看来只要把这些实例拿来和恩格斯（以
　　　　及马克思，因为这本著作的手稿预先读给马克思听过）这样明白肯定的声
　　　　明——根本谈不到用三段式来证明什么东西，或把这三段式的"假设成分"塞
　　　　到现实过程的描述中，——对照一下，就完全可以明白，责难马克思主义是黑
　　　　格尔辩证法，是荒谬绝伦的。
　　②　指杜林《国民经济学和社会主义批判史》。——编者注
　　③　指马克思《资本论》第1卷第2版《跋》，见《马克思恩格斯文集》第5卷第14—
　　　　23页。——编者注

段话）却避而不谈。

第二，米海洛夫斯基先生的第二个独到之处，是他把全部注意力集中在动词时态的用法上。为什么马克思说到将来的时候使用现在时呢？——我们的哲学家扬扬得意地问道。可敬的批评家，关于这个问题，你可以去查任何一本语法书，它会告诉你，当将来的事情是必不可免和毫无疑义的时候，就要用现在时而不用将来时。但是，究竟为什么这样，为什么它是毫无疑义的呢？——米海洛夫斯基先生惊问道，他想装出非常激动的样子，把歪曲捏造的把戏弥缝起来。马克思对这点也给了十分确定的答复。可以认为这个答复不充分或不正确，但那就必须指明**究竟什么地方**不正确，**为什么**不正确，而不是胡诌一通，说这是黑格尔主义。

有一个时候，米海洛夫斯基先生不仅本人知道这个答复是什么，而且还教训过别人。他在1877年写道，茹柯夫斯基先生尽可认为马克思关于未来的理论是一种猜测，但是，他"没有道义上的权利"回避"马克思认为具有重大意义的"劳动社会化问题。呵，当然咯！茹柯夫斯基在1877年没有道义上的权利回避问题，而米海洛夫斯基先生在1894年却有这种道义上的权利了！也许是丘必特可做的，公牛不可做吧？！**43**

在这里我不禁想起曾经发表在《祖国纪事》杂志**44**上的一则关于对这个社会化的见解的奇闻。该杂志1883年第7期载有一位局外人①先生《给编辑部的信》，这位先生也同米海洛夫斯基先生一样，认为马克思关于未来的"理论"是一种猜测。这位先生说："其实，在资本主义统治下，劳动的社会形式不过是几百或几千工

_____

　① 尼·康·米海洛夫斯基的笔名。——编者注

人在一个场所内磨着,锤着,转着,堆着,填着,拖着,以及还从事许多其他操作。这个制度的一般性质很可拿一句俗话来表示:'人人为自己,上帝为大家。'这谈得上什么劳动的社会形式呢?"

这立刻就可以看出,这个人算是把问题弄清楚了!"劳动的社会形式""不过是""在一个场所内做工"!!既然连最优秀的俄国杂志之一都有这种奇怪见解,还居然有人要我们相信《资本论》的理论部分已为科学界所公认。的确,"公认的科学"既然不能用稍为像样的东西来反驳《资本论》,于是就恭维它,同时继续表现极其无知,重复着经济学教科书中的陈词滥调。我们必须稍微谈谈这个问题,好让米海洛夫斯基先生知道他按照自己的固定习惯而完全回避了的问题的实质。

资本主义生产使劳动社会化,决不在于人们在一个场所内做工(这只是过程的一小部分),而在于随着资本集中而来的是社会劳动的专业化,每个工业部门的资本家人数的减少,单独的工业部门数目的增多;就是说,在于许多分散的生产过程融合成一个社会生产过程。例如,在手工纺织时代,小生产者自己纺纱并用它来织布,工业部门并不多(纺纱业和织布业合在一起)。一旦资本主义使生产社会化,单独的工业部门的数目就增加起来,纺纱业单独纺纱,织布业单独织布;这种生产单独化和生产集中使机器制造业、煤炭采掘业等等新部门相继出现。在每个现在已更加专业化的工业部门里,资本家的人数日益减少。这就是说,生产者之间的社会联系日益加强,生产者在结成一个整体。分散的小生产者各人兼干几种操作,所以不大依赖别人:例如一个手工业者自己种亚麻,自己纺麻和织布,几乎是不依赖别人的。正是在这种分散的小商品生产者的制度下(也只是在这种制度下),"人人为自己,上帝为大家"这句俗话，也就是说，市场波动的无政府状态，才是有根据的。当劳动已因资本主义而社会化，情形就完全不同了。织布厂老板依赖纺纱厂老板；后者又依赖种棉花的资本家，依赖机器制造厂老板，依赖煤矿老板等等。结果任何一个资本家离了别的资本家都不行。显然，"人人为自己"这句俗话完全不适用于这样一种制度：这里已经是一人为大家工作，大家为一人工作（上帝已没有立足之地，不管他是作为天空的幻影，还是作为人间的"金犊"[45]）。制度的性质完全变了。在存在分散的小企业的制度下，其中某个企业停工了，只影响社会少数成员，并未造成普遍的混乱，因而不会引起大家的注意，不会激起社会的干涉。可是，如果一个属于非常专业化的工业部门，而且几乎是为全社会工作但又依赖全社会（为简单起见，我以社会化已达顶点时的情形为例）的大企业停工了，那么，社会其余一切企业都一定会停工，因为它们只能从这个企业取得必需的产品，只有有了这个企业的商品，才能实现自己的全部商品。这样，所有的生产就融合成一个社会生产过程，同时每种生产又由资本家各自经营，以他的意愿为转移，把社会产品归他私人所有。于是生产形式就同占有形式发生不可调和的矛盾，这难道还不清楚吗？后者不能不适应前者，不能不也变成社会的即社会主义的，这难道还不明显吗？而《祖国纪事》杂志的机智的庸人却把一切归结为在一个场所内做工。真是胡说八道！（我所说的只是物质过程，只是生产关系的改变，没有涉及这一过程的社会方面，没有涉及工人的联合、团结和组织，因为这是派生的现象，第二位的现象。）

　　我们所以不得不向俄国"民主主义者"解释这种起码的常识，是因为他们全身浸透了小市民思想，除小市民制度外，根本不能想象其他的制度。

　　我们还是回过来谈米海洛夫斯基先生吧。他拿什么来反驳马克思在作出资本主义发展规律本身使社会主义制度必然到来的结论时所依据的事实和理由呢？他是不是证明了在实际上（在商品的社会经济组织条件下）社会劳动过程不是日益专业化，资本和企业不是日益集中，整个劳动过程不是日益社会化呢？没有，他没有举出任何一个理由来反驳这些事实。他是不是动摇了认为资本主义社会具有一种不能与劳动社会化相容的无政府状态的论点呢？他丝毫没有谈到这一点。他是不是证明过一切资本家的劳动过程联合为一个社会劳动过程的现象能同私有制和平共居呢？除马克思指明的出路之外，是不是还能想出其他摆脱矛盾的出路呢？没有，他一个字也没有提到这一点。

　　他究竟靠什么来进行批评呢？靠颠倒黑白、歪曲捏造，靠无非是要花招的滔滔不绝的空话。

　　批评家预先说了一大堆关于历史的三段一贯的步骤的废话，然后煞有介事地质问马克思：“以后又怎样呢？”也就是说，在他所描写的那个过程的最后阶段以后，历史将怎样前进呢？试问，对这种手法又能叫做别的什么呢？请注意，马克思一开始从事写作活动和革命活动，就十分明确地表示过他对社会学理论的要求：社会学理论应当确切地描写现实过程，如此而已（例如参看《共产党宣言》论共产党人的理论标准[46]）。他在《资本论》里极严格地遵守了这个要求，即他给自己提出的任务是科学地分析资本主义社会形态，而当他证明了这个组织在我们眼前的实际发展具有什么样的趋势，这个组织必然会灭亡而转变为另一更高的组织时，他就结束了自己的分析。而米海洛夫斯基先生避而不谈马克思学说的全部实质，却提出他的“以后又怎样呢？”这个极其愚蠢的问题，并故作高深地补充说："我应当坦白地承认，我不完全懂得恩格斯的答复。"但是，米海洛夫斯基先生，我们却应当坦白地承认，我们完全懂得这种"批评"的精神和手法！

或者再拿这样一段议论来说吧："在中世纪，马克思所说的以自己劳动为基础的个人所有制，甚至在经济关系方面，既不是唯一的，也不是主要的因素。除它之外，还有许多其他的东西，但马克思所解释的辩证方法〈莫非是米海洛夫斯基先生所歪曲的辩证方法吗？〉却不主张研究这些东西……　所有这些公式显然不能表现出历史现实的全貌，甚至也不能表现出它的局部情况，而只能满足人们喜欢把任何事物都想象为有它的过去、现在、将来的那种爱好。"米海洛夫斯基先生，甚至您的歪曲捏造的手法也单调得令人作呕！他在马克思的只求表述资本主义现实发展过程的公式①里，先偷偷塞进用三段式证明任何东西的意图，然后断定马克思的公式不符合这个由米海洛夫斯基先生强加于它的计划（第三阶段恢复的只是第一阶段的**一个**方面，而把其余各方面略去了），并随随便便地作出结论说："这个公式显然不能表现出历史现实的全貌！"

同这样一个甚至不能（用恩格斯评杜林时所用的字眼）破例作出准确引证的人，难道可以进行严肃的论战吗？甚至不打算证明这个公式不对在哪里，就硬要大家相信这个公式"显然"不符合现实，难道这值得加以反驳吗？

---

① 马克思所以把中世纪经济制度的其他特征撇开不谈，是因为这些特征属于封建社会形态，而马克思研究的只是**资本主义**社会形态。资本主义发展过程，按其纯粹状态来说，确实是从分散的小商品生产者的制度和他们的个人劳动所有制开始的（例如在英国）。

　　米海洛夫斯基先生不去批评马克思主义观点的实际内容,却
就过去、现在和将来三个范畴练习自己的机智。譬如说,恩格斯在
反驳杜林先生的"永恒真理"时说,"今天向我们宣扬"三种道德,即
基督教的封建的道德、资产阶级的道德和无产阶级道德,可见过
去、现在和将来都有自己的道德论①。米海洛夫斯基先生就这一
点说道:"我认为历史分期的一切三分法,正是以过去、现在和将来
三个范畴为基础的。"多么深奥啊! 可是,谁不知道,考察任何一个
社会现象的发展过程,总会在这个现象中发现过去的遗迹、现在的
基础和将来的萌芽呢? 譬如说,难道恩格斯曾想断言道德史(其实
他谈的只是"现在")只限于上述三个阶段吗? 难道曾想断言封建
道德以前没有奴隶制道德,奴隶制道德以前没有原始共产主义公
社的道德吗? 米海洛夫斯基先生不去认真批评恩格斯用唯物主义
观点阐明现代各派道德思想的尝试,却拿最空洞的辞藻来款待
我们!

　　米海洛夫斯基先生的"批评"一开始就声明他不知道在哪一部
著作里叙述过唯物主义历史观,说到这种"批评"手法,提一下这位
作者曾经知道这些著作之一并对它作过比较正确的评价,也许不
无益处。1877 年米海洛夫斯基先生是这样评《资本论》的:"如果
去掉《资本论》的笨重无用的黑格尔辩证法的盖子〈真是咄咄怪事!
为什么在 1877 年"黑格尔辩证法"是"无用的",而在 1894 年唯物
主义却成了依靠"辩证过程的无可争辩性"呢?〉,那么,不管这部著
作其他长处如何,我们也能看出这部著作很好地研究了解决形
式和它赖以存在的物质条件的关系这个总问题所必需的材料,

---

　　① 　参看《马克思恩格斯文集》第 9 卷第 98 页。——编者注

并且为一定的领域很好地提出了这个问题。"所谓"形式和它赖以存在的物质条件的关系"，也就是社会生活诸方面的相互关系问题，思想的社会关系是物质的社会关系的上层建筑的问题，唯物主义学说也就是对这个问题的一定的解决。我们再往下看吧：

"老实说，**全部《资本论》**〈黑体是我用的〉研究的是一经产生的社会形式怎样日益发展，怎样加强自己的典型特征，怎样使各种发现、发明、生产方式的改进、新的市场和科学本身从属于自己，使之同化，怎样迫使这些东西为自己服务，最后，这个形式又怎样经受不住物质条件的继续变化。"

真是变得叫人吃惊！在1877年，"全部《资本论》"是对一定社会形式的唯物主义的研究（难道唯物主义不正是以物质条件说明社会形式吗？），而在1894年，却甚至不知道在什么地方，在哪部著作里去找这种唯物主义的叙述了！

在1877年，《资本论》是"研究""这个形式〈即资本主义形式？可不是吗？〉怎样经受不住物质条件的继续变化"（请注意这点！）；而在1894年却变成根本没有任何研究了，资本主义形式经受不住生产力的继续发展的信念"纯粹"维系在"黑格尔三段式的最末一环上"了！在1877年，米海洛夫斯基先生写道："对于这个社会形式和它赖以存在的物质条件的关系的分析，将**永远**〈黑体是我用的〉是这位作者的逻辑力量和渊博学识的纪念碑"；而在1894年，他却宣称唯物主义学说在任何时候任何地方都没有经过科学的检验和论证！

真是变得叫人吃惊！这究竟是怎么一回事呢？发生了什么事情呢？

发生了两件事情:第一,70 年代的**俄国**农民社会主义,因为自由具有资产阶级性质而对自由"嗤之以鼻",曾同那些竭力掩盖俄国生活中的对抗性的"高头大额的自由派"作过斗争,而且幻想过农民革命,但现在它已经完全变质了,产生了庸俗的小市民的自由主义,这种自由主义认为农民经济的进步潮流给人以"振奋人心的印象",而忘记了这种潮流带来(和引起)的是农民大批地被剥夺;第二,在 1877 年,米海洛夫斯基先生以维护"热血志士"(即革命社会主义者)马克思不受自由派批评家的攻击为己任,而且是那样专心致志,竟没有发觉马克思的方法和他自己的方法互不相容。可是有人向他说明了辩证唯物主义和主观社会学之间的这个不可调和的矛盾,——恩格斯的文章和书就说明了这点,俄国社会民主党人也说明了这点(在普列汉诺夫的著作里往往可以看到对米海洛夫斯基先生非常中肯的批评),——而米海洛夫斯基先生却不去认真地重新考虑问题,反而索性放肆起来。他现在不是欢迎马克思(像他在 1872 年和 1877 年所表现的那样)[47],而是躲在居心叵测的赞词后面向他乱吠,并且大叫大嚷地反对俄国马克思主义者,因为俄国马克思主义者不愿以"保护经济上的最弱者"为满足,不愿以货栈、农村改良、手工业博览馆和手工业劳动组合等等善良的小市民的进步办法为满足,而仍然想做"热血志士",主张社会革命,要训练、领导并组织真正革命的社会分子。

讲了这一小段追述往事的插话以后,看来可以把分析米海洛夫斯基先生对马克思理论的"批评"的工作结束了。我们试把批评家的"理由"归纳起来作一总结。

他想要摧毁的学说,第一是依据唯物主义历史观的,第二是依据辩证方法的。

　　关于第一点，批评家首先说他不知道在哪部著作中叙述过唯物主义。他在任何地方都没有找到这种叙述，于是自己捏造一套什么是唯物主义。为了使人觉得这个唯物主义有过分的企求，他捏造说唯物主义者企求说明人类的全部过去、现在和将来；可是后来，批评家查阅了马克思主义者原来的声明，发现他们自己认为只是说明了一个社会形态，于是批评家就断定唯物主义者缩小了唯物主义的适用范围，说这样他们就自己打了自己的耳光。为了向人说明制定这个唯物主义的方法，他便捏造说唯物主义者自己都承认他们的知识不足以制定科学社会主义，虽然马克思和恩格斯只是承认（在1845—1846年）对经济史的知识不够，虽然他们从未刊印这部证明他们知识不够的著作。演了这样一些前奏之后，批评家就以如下的批评款待我们：《资本论》被推翻了，因为它只涉及一个时期，而批评家是需要各个时期的；因为《资本论》并不确立经济唯物主义，不过是涉及经济唯物主义。这些论据大概很有分量并且很重要，所以只得承认唯物主义从未被科学地论证过。接着又用这样一件事实来反驳唯物主义，说有一个与这个学说完全无关的人，完全在另外一个国家研究了史前时期，也得出了唯物主义的结论。其次，为了表明把子女生产扯到唯物主义上面去是完全不正确的，表明这不过是玩弄字眼，于是批评家就来证明经济关系是两性关系和家庭关系的上层建筑。这位严肃的批评家在这里为了教训唯物主义者所作的指点，使我们获得了一个深刻的真理：遗产制度非有子女生产不行，复杂的心理是同这子女生产的产品"结合着"的，子女是以父辈的精神来教育的。顺便我们也知道了民族联系就是氏族联系的延续和普遍化。批评家在继续他的关于唯物主义的理论钻研时，察觉到马克思主义者许多论据的内容都是说在资产阶级制度下群众遭受压迫和剥削是"必然"的,这个制度"必然"要转变为社会主义制度,于是他连忙宣称:必然性是个太一般的括弧(如果不说清楚人们究竟认为什么是必然的),因此,马克思主义者是神秘主义者和形而上学者。批评家还说,马克思同唯心主义者的论战是"单方面的",可是只字不提这些唯心主义者的观点是怎样对待主观方法的,马克思的辩证唯物主义是怎样对待这些唯心主义者的观点的。

至于马克思主义的第二个基石——辩证方法,那只须这位大胆的批评家一推,就把它推翻了。而且这一下是推得很准的:批评家大卖气力来驳斥似乎用三段式可以证明什么东西的见解,可是闭口不谈辩证方法决不是三段式,不谈它恰恰是对社会学中的唯心主义方法和主观主义方法的否定。另一下是专推马克思的:批评家在奋勇的杜林先生的帮助下,把一个不可思议的胡说偷偷加在马克思头上,似乎马克思在用三段式证明资本主义灭亡的必然性,然后批评家就得意扬扬地来攻击这个胡说。

这就是"我国著名社会学家"的辉煌"胜利"的史诗! 观察这些胜利,岂不是"大有教益"(布勒宁)吗?

这里还不能不涉及一点,这虽然与对马克思学说的批评没有直接关系,但对弄清楚批评家的理想和他对现实的理解,却是极为重要的。这就是他对西欧工人运动的态度。

上面已经引过米海洛夫斯基先生的说法,他说唯物主义在"科学"上(也许是在德国"人民之友"的科学上吧?)站不住脚,可是米海洛夫斯基先生又说,这个唯物主义"在工人阶级中间确实传播得很快"。米海洛夫斯基先生究竟怎样解释这个事实呢? 他说:"至于经济唯物主义在所谓横的方面获得成就,即它以未经批判地检验过的形式广为传播,那么,这种成就并不是侧重于科学方面,而是侧重于未来的远景所确定的日常生活实践方面。"未来的远景所"确定"的实践这一拙劣词句的意思,不外是说唯物主义所以得到传播,不是因为它正确地说明了现实,而是因为它离开这个现实,转到远景方面去了。接着又说:"这种远景对领会它的德国工人阶级所要求的,对热情关心德国工人阶级命运的人们所要求的,既不是知识,也不是批判的思考。它要求的只是信仰。"换句话说,唯物主义和科学社会主义所以能广为传播,是因为这个学说答应给工人们一个美好的未来! 可是,只要稍微知道一点社会主义和西欧工人运动的历史,就可看出这种解释是极端荒谬和虚伪的。谁都知道,科学社会主义其实从未描绘过任何未来的远景,它仅限于分析现代资产阶级制度,研究资本主义社会组织的发展趋势,如此而已。马克思早在1843年就写道:"我们并不向世界说:'停止你那些斗争吧,它们都是愚蠢之举';我们要向世界喊出真正的斗争口号。我们只向世界指明它究竟为什么而斗争,而意识则是世界**必须**具备的东西,不管世界愿意与否"①,并且马克思严格地执行了这个纲领。谁都知道,例如《资本论》这部叙述科学社会主义的主要的和基本的著作,对于未来只是提出一些最一般的暗示,它考察的只是未来的制度所由以长成的那些现有的因素。谁都知道,在未来的远景方面,从前的社会主义者所写的东西多得多,他们极详细地描绘了未来的社会,想以这种制度的美景吸引人类,说那时人们不需要有斗争,那时人们的社会关系不是建立在剥削上,而是建立在合乎人的本性条件的真正进步原则上。尽管有一大批叙述过

---

① 见《马克思恩格斯文集》第10卷第9页。——编者注

这种思想的极有才华的人物和坚定不移的社会主义者,然而,只要大机器工业还未把工人无产阶级群众卷入政治生活的漩涡,只要工人无产阶级斗争的真正口号还未发现,他们的理论始终是脱离生活的,他们的纲领始终是脱离人民的政治运动的。发现这个口号的是马克思,是很久以前(1872年)曾被米海洛夫斯基先生评为"不是空想主义者,而是严肃的有时甚至是枯燥的学者"的马克思。马克思发现这个口号,根本不是靠指出什么远景,而是靠科学地分析现代资产阶级制度,说明在这个制度下剥削的**必然性**,探讨这个制度的发展规律。米海洛夫斯基先生当然可以对《俄国财富》杂志的读者武断地说,领会这种分析既不需要知识,也不需要思考,可是,我们已经看出他本人对这种分析所探明的起码真理一窍不通(我们将会看到,他那位经济学家同事[48]更是如此),所以他的这种说法自然只能使人付之一笑。不容置辩的事实是:资本主义大机器工业在什么地方和什么程度上发展起来,工人运动也就在什么地方和什么程度上展开和发展起来;社会主义学说正是在它抛弃了关于合乎人的本性的社会条件的议论,而着手唯物主义地分析现代社会关系并说明现在剥削制度的必然性的时候取得成就的。

米海洛夫斯基先生企图回避唯物主义在工人中间取得成就的真正原因,其手法是对这个学说如何对待"远景"作了与事实真相根本不符的介绍,现在他又开始用最庸俗的小市民的方式来嘲弄西欧工人运动的思想和策略。正如我们所看到的,他实在举不出一个理由来反对马克思关于资本主义制度因劳动社会化而必然转变为社会主义制度的论据,可是他却非常放肆地讥讽说,"无产者大军"正在准备剥夺资本家,"随后任何阶级斗争都会停止,天下就会太平,人间就会幸福"。他,米海洛夫斯基先生,知道一条比这简单得多和正确得多的实现社会主义的道路：只要"人民之友"更详细地指出"明白的和确定不移的"实现"合乎心愿的经济演进"的道路，那时这些人民之友就一定会"被召去"解决"实际经济问题"（见《俄国财富》杂志第11期尤沙柯夫先生《俄国经济发展问题》一文），可是暂时……暂时工人还应当等待一下，应当指望人民之友，不要抱着"没有根据的自信心"来独立进行反对剥削者的斗争。我们这位作者想彻底摧毁这种"没有根据的自信心"，就声色俱厉地痛斥"这个几乎可以容纳在袖珍词典里的科学"。的确，这还了得：科学居然是只值几文钱的可以放在口袋里的社会民主主义小册子！！有些人只是因为科学教导被剥削者独立进行争取自身解放的斗争，教导他们拒绝任何掩盖阶级对抗并想独揽一切的"人民之友"，才重视科学，因而才用庸人们觉得有失体面的廉价出版物叙述这个科学。请看，这些人盲目自信到了何等地步！如果工人把自己的命运交给"人民之友"，那就会是另一回事了，那时，"人民之友"就会拿出真正的、大部头的、学院式的和庸人的科学给他们看，就会把合乎人的本性的社会组织详细地介绍给他们，只要……工人们同意等待，不抱着这种没有根据的自信心自己起来斗争就行了！

────

米海洛夫斯基先生的"批评"的第二部分，已经不是反对马克思的理论，而是专门反对俄国社会民主党人。在谈这一部分以前，我们必须稍微离开一下本题。原来，米海洛夫斯基先生，正如他在批评马克思时不但没有打算确切地叙述马克思的理论，反而完全歪曲了这个理论一样，他对俄国社会民主党人的思想也是肆无忌惮地加以歪曲。必须恢复真相。要做到这一点，最方便的办法是把俄国从前的社会主义者的思想同社会民主党人的思想对照一

下。讲到前一种思想时,我且借用一下米海洛夫斯基先生在 1892
年《俄国思想》杂志第 6 期上发表的文章,他在这篇文章里也谈到
马克思主义(并且——说来会使他惭愧——是以庄重口气谈到的,
没有涉及那些只有按布勒宁方式才能在受检查的刊物上谈论的问
题,也没有污蔑马克思主义者),并且是同马克思主义对立地——
如果不是对立地,至少也是同它平行地——叙述了自己的观点。
我当然丝毫不想侮辱米海洛夫斯基先生,就是说,不想把他算做社
会主义者,也丝毫不想侮辱俄国社会主义者,把他们和米海洛夫斯
基先生同等看待:我只是认为他们和他的**论证程序**实质上是一样
的,差别只在于信念的坚定、率直和一贯的程度有所不同而已。

　　米海洛夫斯基先生在叙述《祖国纪事》杂志的思想时写道:"我
们向来把土地属于耕作者和劳动工具属于生产者作为道德的政治
的理想。"出发点看来是极其善意的,充满了极其善良的愿望……
"我国还存在着的中世纪劳动形式①已大大动摇了,但我们看不出
有什么理由来完全取消这些形式,以迎合任何一种学说,不管是自
由派的还是非自由派的。"

　　真是奇怪的议论! 要知道,无论什么"劳动形式",只在它被别
的什么形式代替时才会动摇;而我们的这位作者甚至没有(而且他
的同道中也没有一个人)打算去分析和说明这些新形式,以及弄清
旧形式被这些新形式排挤的原因。更奇怪的是这段议论的第二部
分:"我们看不出有什么理由来取消这些形式,以迎合一种学说。"
"我们"(即社会主义者,——请看上述附带说明)拥有什么手段来

————————

　　①　作者在另一地方解释道:"所谓中世纪劳动形式,指的不仅是村社土地占有
　　　　制、手工业和劳动组合组织。所有这些无疑都是中世纪形式,但土地或生产
　　　　工具属于劳动者的种种形式也应当算做中世纪形式。"

"取消"劳动形式，即改造社会各成员之间的生产关系呢？难道根据一种学说来改造这些关系的想法不是荒谬的吗？我们再听下去："我们的任务并不是一定要从本民族内部培育出一种'独特的'文明，但也不是要把西方文明连同一切腐蚀它的矛盾整个儿搬到我们这里来：必须尽可能从各处采纳长处，至于长处是自己的或别人的，那已不是原则问题，而是实际上方便不方便的问题。看来，这是这样简单明了，简直没有什么可说的。"的确，这是多么简单啊！从各处"采纳"长处，于是万事大吉！从中世纪形式中"采纳"生产资料归劳动者所有，而从新形式（即资本主义形式）中"采纳"自由、平等、教育和文化。所以没有什么可说的！社会学中的主观方法在这里了如指掌：社会学从空想——土地属于劳动者所有——开始，并指出实现合乎心愿的事情的条件：从四面八方"采纳"长处。这位哲学家纯粹形而上学地把社会关系看做是这些或那些制度的简单的机械的组合，看做是这些或那些现象的简单的机械的联结。他从这些现象中抽出一种现象，即中世纪形式中土地属于耕作者的现象，以为可以把它移植到任何别的形式中去，就像一所房子上的砖可以砌到另一所房子上一样。但这不是在研究社会关系，而是糟蹋应该研究的材料，因为在现实中这种土地属于耕作者的现象，并非像你所设想的那样单独和独立地存在着，这不过是当时生产关系中的一个环节，这种生产关系就是：土地为大土地占有者即地主所瓜分；地主把这种土地分给农民，以便剥削他们，于是土地好像是实物工资，它为农民提供必需品，使农民能够为地主生产剩余产品；它是一种使农民为地主服劳役的手段。为什么作者没有考察这种生产关系体系，而只抽出一种现象，因而使这种现象完全被歪曲了呢？这是因为作者不善于考察社会问题：

他(再说一遍,我把米海洛夫斯基先生的议论只是当做例子,来批评**整个**俄国社会主义)根本没有打算**说明**当时的"劳动形式",把这些形式看做一定的生产关系体系,看做一定的社会形态。用马克思的话来说,他根本不懂得辩证方法,而辩证方法要我们把社会看做活动着和发展着的活的机体。

他根本没有想到旧劳动形式被新劳动形式排挤的原因问题,于是在谈论这些新形式时便重复着完全同样的错误。在他看来,只要指出这些形式"动摇着"土地属于耕作者的制度(总的说来,就是生产者和生产资料分离)并斥责这多么不符合理想就够了。他的议论又是十分荒谬的:他抽出一种现象(土地被剥夺),却没有把它当做以**商品经济**为基础的另一种生产关系体系的组成部分,而商品经济则必然引起商品生产者之间的竞争,造成不平等,使一部分人破产和另一部分人发财。他指出了多数人破产的现象,却忽略了少数人发财的现象,从而使自己既不能了解前者,也不能了解后者。

他把这种手法居然还叫做"寻求有血有肉的生活问题的答案"(1894 年《俄国财富》杂志第 1 期),实则恰恰相反,他不能也不愿说明现实和正视现实,于是可耻地避开有产者反对无产者这样的生活问题,而躲入天真的空想领域中去;他把这叫做"寻求理想地处理迫切复杂的现实生活问题的答案"(《俄国财富》杂志第 1 期),实则他根本没有打算去分析和说明这一真正的现实。

他没有这样做,而是从各个不同的社会形态中毫无意思地抽出个别要素,从中世纪社会形态中抽出这个,从"新"社会形态中抽出那个,如此等等,然后用这些东西给我们臆造了一个乌托邦。显然,建立在这上面的理论,不能不与现实的社会演进相脱离,原因很简单：我们的空想社会主义者不得不在其中生活和活动的，并不是由这儿那儿采纳来的要素构成的社会关系，而是决定农民和富农（善于经营的农夫）、手工业者和包买主、工人和厂主之间关系的社会关系，这些社会关系是我们的空想主义者所完全不了解的。他们想按自己的理想来改造这些他们所不了解的社会关系的企图和努力不能不遭到失败。

在"诞生了俄国马克思主义者"的时候，社会主义问题在俄国的情形，概括说来就是如此。

俄国马克思主义者正是从批评以前的社会主义者的主观方法开始的；他们不以指出和斥责剥削现象为满足，他们力求**说明**这种现象。他们看见俄国改革后的全部历史是多数人破产和少数人发财的历史，目睹小生产者的大量遭受剥夺与普遍的技术进步同时存在，发现商品经济在什么地方和什么程度上发展并巩固起来，这两个绝对相反的潮流就在什么地方和什么程度上产生和加强起来，所以他们不能不得出结论说，他们所遇见的是**必然**使大众遭受剥夺和压迫的资产阶级的（资本主义的）社会经济组织。这一信念直接决定了他们的实践纲领。这个纲领归结起来就是加入无产阶级反对资产阶级的斗争，加入无产者阶级反对有产者阶级的斗争，这个斗争是俄国从最偏僻的乡村到最新式完善的工厂的经济现实的主要内容。怎样加入呢？答案又是由现实本身提示给他们的。资本主义已使主要工业部门达到大机器工业的阶段；它从而使生产社会化了，造成了新制度的物质条件，同时造成了新的社会力量——工厂工人阶级，即城市无产阶级。虽然这个阶级遭受的资产阶级剥削，按经济实质来说，和俄国全体劳动群众遭受的剥削是同样的，但是这个阶级在谋求自身解放这个方面却具有特别有利的条件：它同完全建立在剥削上面的旧社会已经没有丝毫联系；它的劳动条件和生活环境本身就把它组织起来，迫使它开动脑筋，使它有可能走上政治斗争的舞台。社会民主党人自然是把自己的全部注意力和一切希望寄托在这个阶级身上，把自己的纲领归结为发展这个阶级的阶级自觉，把自己的全部活动都用来帮助这个阶级起来进行反对现代制度的直接政治斗争，并吸引俄国全体无产阶级投入这个斗争。

———

现在我们来看看米海洛夫斯基先生是怎样攻击社会民主党人的。他用什么来反对他们的理论观点，反对他们的社会主义政治活动？

马克思主义者的理论观点被批评家说成下面的样子：

似乎马克思主义者说过，"真理在于：按照历史必然性的内在规律，俄国一定会使具有一切内部矛盾和大资本吞并小资本的资本主义生产发展起来，而脱离土地的农夫一定会变成无产者，一定会联合起来，一定会社会化，于是万事大吉，幸运的人类就可坐享其成了"。

请看，马克思主义者对现实的理解同"人民之友"毫无区别，只是对未来的想法有所不同：他们大概完全不注重现在，而只注重"远景"。米海洛夫斯基先生的意思就是这样，这是毫无疑义的，因为他说，马克思主义者"完全相信，他们对未来的预见没有一点空想成分，一切都是按照严格科学的训条衡量过的"；最后说得更加明白：马克思主义者"信仰并信奉抽象历史公式的不可变易性"。

总之，这是对马克思主义者的最陈腐最庸俗的责难，这种责难是所有那些丝毫不能从实质上反驳马克思主义者观点的人早已用过了的。"马克思主义者信奉抽象历史公式的不可变易性"！！

这完全是撒谎和捏造！

从来没有一个马克思主义者在什么地方论证过：俄国"应当有"资本主义，"因为"西欧已经有了资本主义，等等。从来没有一个马克思主义者认为马克思的理论是一种必须普遍遵守的历史哲学公式，是一种超出了对某种社会经济形态的说明的东西。只有主观哲学家米海洛夫斯基先生才会这样不了解马克思，竟然认为马克思准有某种一般哲学的理论；因此他从马克思那里得到了一个十分明确的解答：他是找错人了。从来没有一个马克思主义者不是根据理论符合一定的即俄国的社会经济关系的现实和历史这一点，而是根据别的什么来论证自己的社会民主主义观点的，而且他们也不能根据别的什么来论证自己的这种观点，因为"马克思主义"的创始人马克思自己就十分明确地说过对理论的这种要求，并且以此作为全部学说的基础。

当然，米海洛夫斯基先生可以任意反驳这些话，说他"亲耳"听到的恰恰是信奉抽象的历史公式。可是，就算米海洛夫斯基先生真从他的交谈者口里听到各种荒谬的胡说，那与我们社会民主党人或其他任何人又有什么相干呢？这除了证明他很幸运地挑中了自己的交谈者，还能证明什么呢？当然，很可能这位机智哲学家的这些机智交谈者自称是马克思主义者、社会民主党人等等，可是，谁不知道现在（这早已被人看出）任何一个坏蛋都喜欢穿上"红"衣服呢？① 如果米海洛夫斯基先生如此明达，竟不能把这种"乔装

---

① 我写这段话是假定米海洛夫斯基先生确实听到有人说过信奉抽象的历史公式，他一点也没有撒谎。但我认为他绝对需要就此附带声明一句：我是人云亦云而已。

者"和马克思主义者辨别清楚,或者说,如果他如此深知马克思,竟没有看出马克思十分着重提出的这个衡量他的全部学说的标准(把"我们眼前发生的现象"表述出来),那不过又证明米海洛夫斯基先生并不聪明而已。

不管怎样,他既然在报刊上开始同**社会民主党人**论战,他就应当针对这样一批社会主义者,他们早已用这个名称,而且只有他们用这个名称,所以决不能把别人同他们混淆起来,而且他们有自己的著作界代表——普列汉诺夫和他的小组⁴⁹。如果他这样做了,——显然,任何一个稍微正派的人都应当这样做,——并且读过第一本社会民主主义著作,即普列汉诺夫的《我们的意见分歧》一书,那么,他在头几页上就会看到作者以小组全体成员名义所写的那个毫不含糊的声明:

"我们决不想用一个伟大名字的威望〈即马克思的威望〉来庇护自己的纲领。"米海洛夫斯基先生,您懂俄文吗?您懂得信奉抽象公式和判断俄国的事情上不靠马克思的任何威望这两者之间的区别吗?

您把有幸偶尔从您的交谈者那里听来的断语,当做马克思主义者的断语,而把社会民主党的一位卓越成员以整个团体名义在刊物上发表的声明置之不理,您懂不懂您这样做是不老实呢?

往下还有更加明确的声明:

普列汉诺夫说:"我再说一遍,在最彻底的马克思主义者之间,在估计当代俄国现实的问题上可能发生意见分歧";我们的学说是"运用这个科学理论来分析极其错综复杂的社会关系的初次尝试"。

看来,这说得再明白不过了:马克思主义者从马克思的理论中，无疑地只是借用了宝贵的方法，没有这种方法，就不能阐明社会关系，所以他们在评判自己对社会关系的估计时，完全不是以抽象公式之类的胡说为标准，而是以这种估计是否正确和是否同现实相符合为标准的。

或许，你们以为作者在作这样的声明时，实际上所说的是另外一回事吧？但这是不对的。他当时要回答的问题是："俄国是不是应当经过资本主义发展阶段？"可见这个问题完全不是按马克思主义的方法，而是按我国各种哲学家的主观方法提出的，这些哲学家或者是把长官的政策，或者是把"社会人士"的活动，或者是把"适合人的本性的"社会理想一类的胡说，当做这种应当不应当的标准。现在要问，如果是一个信奉抽象公式的人，那会怎样回答这类问题呢？他大概会谈辩证过程的无可争辩性，马克思理论的一般哲学意义，每个国家经过某某阶段的不可避免性，如此等等。

而普列汉诺夫是怎样回答的呢？

他是像马克思主义者只能回答的那样回答的：

他把应当不应当这个无聊的、只能使主观主义者发生兴趣的问题完全撇在一边，始终只谈现实的社会经济关系，只谈这些关系的现实演进。因此，他没有直接回答这个提得不正确的问题，而是回答说："俄国**已经走上**了资本主义道路。"

米海洛夫斯基先生却装做行家的样子，大谈什么信奉抽象的历史公式、必然性的内在规律等等荒诞无稽的鬼话！而且把这叫做"对社会民主党人的论战"！！

我真不懂，如果他是论战家，那谁又是空吠者呢？！

谈到米海洛夫斯基先生上述那段言论时，还不能不指出：他把社会民主党人的观点叙述成这样，似乎他们认为"俄国**一定会使**它自己的资本主义生产**发展**起来"。显然,在这位哲学家看来,俄国还没有"它自己的"资本主义生产。这位作者想必赞成俄国资本主义只包括 150 万工人的看法,——我们在下面还会碰到我国"人民之友"的这种幼稚思想,他们把其余一切剥削自由劳动的现象不知归到哪里去了。"俄国一定会使具有一切内部矛盾的资本主义生产发展起来,而脱离土地的农夫一定会变成无产者。"真是越说越糟! 这样说来,岂不是俄国就没有"内部矛盾"了吗? 直截了当地说,也就是没有一小撮资本家对人民大众的剥削了吗? 没有大多数居民破产和一小撮人发财了吗? 农夫还只是将要脱离土地吗? 试问,俄国改革后的全部历史是什么呢? 不正是农民大量遭到剥夺,其强度是世所未见的吗? 该有多大的勇气才能当众说出这种话来。而米海洛夫斯基先生却有这种勇气说:"马克思谈的是现成的无产阶级和现成的资本主义,而我们还需要创造无产阶级和资本主义。"俄国还需要创造无产阶级?! 在俄国,只有在俄国,才能看到群众穷得走投无路,劳动者横遭剥削,它的贫民生活状况往往被拿来同英国相比(而且比得合情合理);千百万人民忍饥挨饿是经常的现象,而粮食输出却在日益增加。在这样的俄国,竟没有无产阶级!!

我认为,为了这些经典式的词句,应当给健在的米海洛夫斯基先生建立一座纪念碑!①

---

① 不过,米海洛夫斯基先生在这里也许还要试图抵赖,说他决不是想说俄国根本没有无产阶级,而只是想说俄国没有资本主义的无产阶级吧? 是不是? 那您为什么不把这一点说出来呢? 其实**全部问题**就在于:俄国无产阶级究竟是资产阶级社会经济组织所特有的无产阶级呢,还是别的什么无产阶级? 既然您在整整两篇文章中对这个最关紧要和重大的问题**只字**不提,宁肯胡说八道,乱扯一通,那又该怪谁呢?

　　不过我们在下面还会看到，"人民之友"惯用的策略，就是假装看不见俄国劳动者痛苦不堪的状况，硬说这种状况仅仅有点"不大稳定"，只要"文化界"和政府作些努力，就可以把一切引上正道。这些骑士们以为只要他们闭眼不看劳动群众状况所以不好，并不是因为这个状况"不大稳定"，而是因为劳动群众遭受一小撮剥削者的最无耻的掠夺，只要他们像鸵鸟一样把脑袋藏起来，不看这些剥削者，那么，这些剥削者就会消失。社会民主党人告诉他们，这是不敢正视现实的可耻的怯懦心理。社会民主党人把这一剥削事实作为出发点，并说这一事实只能用俄国社会的资产阶级组织把人民大众分裂为无产阶级和资产阶级来解释，只能用俄罗斯国家这个无非是资产阶级统治机关的阶级性质来解释，因此，**唯一出路**就是无产阶级对资产阶级进行阶级斗争。当社会民主党人对他们这样说的时候，这些"人民之友"就大哭大叫起来，说社会民主党人想使人民丧失土地！！想破坏我国人民经济组织！！

　　我们现在来谈谈这至少是不体面的全部"论战"中最令人愤慨的地方，就是米海洛夫斯基先生对社会民主党人的政治活动的"批评"（？）。谁都懂得，社会主义者和鼓动家在工人中间的活动不能在我国的合法报刊上开诚布公地讨论，受检查的正派报刊在这方面唯一能够做到的就是"保持应有的缄默"。米海洛夫斯基先生忘记了这个起码的规矩，恬不知耻地利用他对读者说话的垄断权来诬蔑社会主义者。

　　不过，就是不利用合法报刊，也会有办法来对付这个放肆无礼的批评家的！

　　米海洛夫斯基先生故作天真地说道："据我所知，俄国马克思主义者可以分为三类：旁观的马克思主义者（他们是过程的旁观者）、消极的马克思主义者（他们只"减轻分娩的痛苦"。他们"对种地的人不感兴趣，而把注意力和希望放在那些已经失去生产资料的人的身上"）和积极的马克思主义者（他们公然主张使农村进一步破产）。"

这是什么话？！俄国马克思主义者是以这样一种对现实的看法为出发点的社会主义者，即他们认为现实是资本主义社会，而摆脱这个社会的唯一出路就是无产阶级对资产阶级进行阶级斗争，这难道批评家先生不知道吗？他究竟用什么办法，根据什么理由，把他们同那种荒唐的庸俗见解混为一谈呢？他有什么权利（当然是道义上的权利）把马克思主义者这个名词用于那些显然不接受马克思主义最起码的基本原理的人，用于那些从来没有在任何地方以一个单独团体的名义发表过意见、从来没有在任何地方提出过任何一种单独纲领的人呢？

米海洛夫斯基先生给自己留下了很多后路，来为这种恶劣手法作辩护。

他用上流社会纨袴子弟的轻浮态度讥讽说："也许这不是一些真正的马克思主义者，但他们却自认为是并宣布自己是马克思主义者。"在什么地方什么时候宣布的呢？在彼得堡的自由派和激进派的沙龙里吗？在私人的书信里吗？就算是这样吧。那就请您在自己的沙龙里，在自己的通信中去同他们交谈吧！可是要知道您是在报刊上公开地反对那些在任何时候和任何地方都没有公开（在马克思主义旗帜下）发表过意见的人的。而且您明知道只有**一个**社会主义革命者团体用这个名称，不能把别的什么人同这个团体混为一谈，您却敢宣称您是在同**社会民主党**

人论战！①

　　米海洛夫斯基先生像一个被揭发了的学生那样躲躲闪闪，拼命向读者证明说：这与我毫不相干，我是"亲耳听到，亲眼看到"的。真是妙极了！我们乐于相信在您眼里除庸人和坏蛋外，没有别的人，但这与我们社会民主党人有什么相干呢？"在现时"，在不仅社会主义的活动，而且任何稍许独立的和正直的社会活动都要招来政治迫害的时候，有一个在这一或那一旗帜（民意主义⁵⁰、马克思主义、或者甚至是立宪主义的旗帜）下真正工作的人，就会有几十个假借这种名义来掩饰其自由派怯懦心理的清谈家，也许还会有几个简直是专谋私利的卑鄙家伙，这谁不知道呢？只有最卑鄙龌龊的家伙，才会把各种肮脏分子玷污了（而且是不声不响地）其中某一派的旗帜这一事实拿来归罪于这一派，这难道还不明白吗？米海洛夫斯基先生的全部叙述从头到尾都是曲解、歪曲和捏造。我们在上面已经看见，社会民主党人作为出发点的那些"真理"，被他完全歪曲了，被他说成另外一个样子，其实任何一个马克思主义者在任何地方和任何时候都没有那样叙述过，而且也不可能那样叙述。如果他叙述了社会民主党人对俄国现实的真正见解，他就不能不知道：能与这种见解"相适应的"**只有一种方法**，那就是促进

────────

① 我现在来谈谈米海洛夫斯基先生举出的一个**事实**。凡是读过他文章的人都会承认，他把斯克沃尔佐夫先生（《饥荒的经济原因》的作者）也列为"马克思主义者"。可是，这位先生本人并不这样称呼自己。只要对社会民主党人的著作有最起码的了解就可以知道，在社会民主党人看来，这位先生不过是一位极庸俗的资产者罢了。他不懂得，他为之拟定进步方案的社会环境是资产阶级的环境，因此连农民经济中确实可以觉察到的一切"技术改良"，也都是资产阶级的进步，是改善少数人状况而使多数人变成无产者，——既然如此，那他算是什么马克思主义者！他既然不懂得他对之提出方案的国家是一个只能拥护资产阶级和压迫无产阶级的阶级国家，那算是什么马克思主义者！

无产阶级的阶级自觉的发展,组织并团结无产阶级进行反对现代制度的政治斗争。可是他还留了一手。他装着受了委屈的样子,伪善地指天誓日,并油滑地说:"我很乐意听到这点,但我不懂你们抗议的是什么。"(他在《俄国财富》杂志第2期上就是这样说的)"你们仔细读读我对消极的马克思主义者的评论,就会知道我是说:从伦理观点看来,没有什么可反驳的。"

这当然不过是再次搬出从前那些可怜的遁词而已。

请你们说说,你们会把这样一个人的行为叫做什么:他说他在批评社会革命民粹派(另外一种民粹派还未出现,——我是拿这样一个时期来说的),同时却说出下面一类的话:

"据我所知,民粹主义者分三类:第一是彻底的民粹主义者,他们完全接受农夫的思想,完全按照农夫的愿望把笞刑和打老婆的风气普遍化,总之是奉行皮鞭刑棍政府的万恶政策,这种政策也曾叫做人民政策;其次是胆怯的民粹主义者,他们并不关心农夫的意见,只是企图通过结社之类的方法,把不合俄国国情的革命运动搬到俄国来,——可是,假如不是道路很滑,容易使胆怯的民粹主义者滚向彻底的民粹主义者或勇敢的民粹主义者的话,从伦理观点看来,是没有什么可反驳的;最后是勇敢的民粹主义者,他们在充分地实现善于经营的农夫的人民理想,因而去耕田种地,以便过十足的富农生活。"一切正派的人当然会把这叫做卑鄙庸俗的嘲弄。假如说这种话的人不能在同一报刊上受到民粹主义者的驳斥,假如这些民粹主义者的思想至今只是秘密地叙述过,因此,许多人对于这种思想都没有一个确切的了解并容易相信关于民粹主义者的任何一种说法,那么,大家都会同意这种人是……

不过,也许米海洛夫斯基先生自己还没有完全忘记这里应当安上一个什么字眼。

———

然而，已经够了！米海洛夫斯基先生的诸如此类的诽谤还有很多，可是，我不知道还有哪种工作会比在这污泥浊水中折腾，把散在各处的暗示收集起来加以比较，从中找出哪怕是一条稍微像样的反驳意见，更加讨厌，更加徒劳，更加吃力的了。

够了！

1894 年 4 月

出版者说明[51]

在本文中,读者会看到有些脚注指出要对某些问题作进一步的分析,但实际上却见不到这种分析。

原因在于本文仅仅是对《俄国财富》杂志论马克思主义的文章所作的答复的第一部分。由于时间紧迫,本文未能及时出版,可是我们认为不能再拖下去,因为我们已经耽误两个月了。所以,我们决定不等全文印完就先出版对尼·米海洛夫斯基先生的"批评"的分析。

在正在准备的第二版和第三版中,除了本文所作的分析外,读者还会看到对《俄国财富》杂志其他头目谢·尤沙柯夫和谢·克里文柯两位先生的社会经济观点所作的分析,以及对俄国经济现实的概述和由此而来的"社会民主党人的思想和策略"。

本 版 说 明[52]

本版完全是照初版翻印的。我们根本没有参加本文的撰述，因此，我们认为自己无权作任何改动，只是担任出版工作。我们出这一版的动机，是相信本书会使我们社会民主主义的宣传在一定程度上活跃起来。

我们认为，为这一宣传事业服务的志愿，应当是社会民主主义信念的必然结果，所以，我们建议一切与本书作者志同道合的人，用一切方法（当然，特别是用翻印的方法）予以协助，使本书和一切马克思主义宣传刊物尽量得到广泛的传播。现在的时机特别便于进行这种协助。《俄国财富》杂志的活动越来越具有向我们挑战的性质。这个杂志为了要阻止社会民主主义思想在社会上的传播，竟公然诬称我们漠视无产阶级利益和主张使大众破产。我们肯定地认为，这个杂志采用这种手段，只会有损于自己而促成我们的胜利。然而不应忘记，诽谤家拥有一切物质手段来广泛散布他们的诽谤。他们拥有每期印数几千份的杂志；阅览室和图书馆也在为他们效劳。因此，为了向我们的敌人证明特权地位的有利条件并非总能保证诋毁得逞，我们就应该尽我们的一切努力。我们深信大家是会作这种努力的。

1894 年 7 月

Выпускъ III.

ЧТО ТАКОЕ „ДРУЗЬЯ НАРОДА"

и

КАКЪ ОНИ ВОЮЮТЪ ПРОТИВЪ

СОЦІАЛ — ДЕМОКРАТОВЪ.

Сентябрь 1894

Изданіе
провинціальной группы
соціал-демократовъ

1894 年列宁《什么是"人民之友"以及他们如何攻击
社会民主党人?》一书胶印本第 3 编封面
（按原版缩小）

第 三 编

最后，我们还要和一位"人民之友"克里文柯先生认识认识，他也是公开同社会民主党人作战的。

不过，我们将不像对待米海洛夫斯基和尤沙柯夫两位先生那样去分析他的文章（1893年第12期的《论文化孤士》和1894年第1期的《途中来信》）。在前面，把这两位先生的文章全部加以分析是必要的，因为分析前者才能明白他们对唯物主义和马克思主义的反驳的内容，分析后者才能明白他们的政治经济学理论。现在我们来看看他们的策略、他们的实际建议、他们的政治纲领，以便对"人民之友"有一个完全的了解。他们在任何地方都没有像叙述他们的理论观点那样直截了当地、彻底地和充分地叙述过这个纲领。因此，我不得不从这个杂志的不同的文章中摘出这个纲领，好在这个杂志的撰稿人的意见相当一致，不会有什么矛盾。我将多引克里文柯先生的上述两篇文章而少引其他文章，因为这两篇提供的材料比较多，作者又是这个杂志的典型的实践家、政治家，正像米海洛夫斯基先生是这个杂志的典型的社会学家，尤沙柯夫先生是这个杂志的典型的经济学家一样。

但是，在讲到他们的纲领以前，无疑有必要再谈谈他们的一个理论见解。前面我们已经知道，尤沙柯夫先生常用什么人民租佃能维持人民经济之类的空话来支吾搪塞，以此掩盖自己对我国农民经济的无知。他没有涉及手工业，只是引了一些说明大工厂工业增长的资料。现在克里文柯先生谈到手工业时，也完全是重复类似的词句。他把"我国人民工业"即手工业同资本主义工业完全对立起来（第12期第180—181页）。他说："人民生产〈原文如此！〉多半是自然地产生的"，而资本主义工业"往往是人为地造成的"。在另一处，他把"小的人民工业"同"资本主义大工业"对立起来。如果你问前者的特点究竟是什么，那你只会听到：它是"小的"①，劳动工具是同生产者结合的（后一定义是我从米海洛夫斯基先生的上述文章里借用的）。可是要知道，这远没有说明它的经济组织，而且是完全不正确的。例如，克里文柯先生说："直到今天，小的人民工业提供的总产量还比资本主义大工业多得多，而且占用的人手也更多。"作者显然指的是关于手工业者人数的资料，他们达400万人，按另一种计算则达700万人。可是，谁不知道我国手工业经济的主要形式是家庭手工制大生产呢？谁不知道大量手工业者在生产中决不是处于独立地位而是处于完全受支配的从属地位，他们做工不是使用自己的材料而是使用只付给手工业者工资的商人的材料呢？说明这种形式占主要地位的资料，甚至在合法书刊上也引用过。例如，拿著名的统计学家谢·哈里佐勉诺夫登在《法学通报》杂志53（1883年第11期和第12期）上的一篇出色文章来说吧。谢·哈里佐勉诺夫在综合书刊上有关我国手工业最发达的中部各省的手工业资料时，得出的结论是家庭手工制大生产占绝对优势，也就是说，无疑是资本主义的工业形式占绝对

---

① 还可听到的只是："它可以发展成真正的〈原文如此！〉人民工业"，——克里文柯先生说。这是"人民之友"的惯用手法：只讲些空洞无聊的话，而不是确切地和直截了当地说明现实。

优势。他说:"在确定独立的小工业的经济作用时,我们得出这样
的结论:在莫斯科省手工业的全年周转额中,家庭手工制大生产占
86.5％,独立的小工业只占 13.5％。在弗拉基米尔省的亚历山德
罗夫县和波克罗夫县的手工业的全年周转额中,家庭手工制大生
产和工场手工业占 96％,独立的小工业只占 4％。"

　　据我所知,没有人打算推翻这些资料,而且也不能推翻。试
问,怎么能避而不谈这些事实,称这种工业是和资本主义工业相反
的"人民"工业,并说它可能发展成真正的"人民"工业呢?

　　这种公然无视事实的态度只能有一种解释:"人民之友"也和
俄国一切自由派一样,他们总的倾向是掩盖俄国的阶级对抗和对劳
动者的剥削,把这一切说成不过是些"缺点"。话又说回来,也许还
另有原因,那就是他们对问题有克里文柯先生那种深刻的认识,克
里文柯先生竟把"巴甫洛沃的刀类生产"叫做"半手艺性质的生产"。
"人民之友"把事情歪曲到这种程度,真是罕见! 巴甫洛沃的刀匠既
是为市场生产而不是做订货怎能说是手艺性质呢? 莫非克里文柯
先生把商人为了运货到下诺夫哥罗德的集市而向手工业者订货这
样的制度算做手艺? 这未免太可笑了,但他的意思想必就是这样。

　　其实,生产者具有(表面)独立性的小手工业形式在刀类生产
中保留得最少(同巴甫洛沃的其他生产比较起来)。尼·费·安年
斯基说:"餐刀和工具刀的生产[①]已同工厂生产很相近,正确些说,
已和工场手工业的生产很相近。"在下诺夫哥罗德省制造餐刀的
396 个手工业者中,为市场生产的只有 62 人(16％)。为老板[②]生

[①]　这是刀类生产中一个最大的部门,产值为 90 万卢布,而巴甫洛沃的刀类生产
　　总值为 275 万卢布。

[②]　即商人,他们供给手工业者材料并付给他们通常的工资。

产的有 273 人（69％），当雇佣工人的有 60 人（15％）。可见，只有
六分之一的手工业者才不直接受企业主奴役。另一种刀的生产，
即折刀（削笔刀）的生产，据这位作者说，则"介于餐刀生产和锁的
生产之间：这里大部分工匠已经在为老板生产，但同时还有相当多
的同市场发生关系的独立手工业者"。

　　下诺夫哥罗德省制造这种刀的总共有 2 552 个手工业者，其
中为市场生产的占 48％（1 236 人），为老板生产的占 42％
（1 058 人），当雇佣工人的占 10％（258 人）。可见，这里也是独立
的（?）手工业者占少数。为市场而生产的手工业者的独立当然也
只是表面上的，实则他们同样受包买主的**资本**奴役。如果我们拿
下诺夫哥罗德省戈尔巴托夫全县的手工业资料来看，全县从事手
工业的有 21 983 人，**占现有劳动者总数的 84.5％**[①]，我们就会得出
如下数字（说明手工业经济的确切数字只有五金业、制革业、马具
业、制毡业和大麻纺纱业中的 10 808 个工人）：手工业者的 35.6％
为市场生产，46.7％为老板生产，17.7％是雇佣工人。可见**这里也
是家庭手工制大生产占优势，即劳动受资本奴役的关系占优势**。

　　"人民之友"所以这样随便回避这类事实，也是由于他们对资
本主义的理解没有超出通常的庸俗观念——资本家就是经营大机
器企业的有钱的和有教养的企业主，而不愿知道这一概念的科学
的内涵。我们在前一章里已经看到，尤沙柯夫先生讲到资本主义
总是直接从机器工业讲起，而绕过了简单协作和工场手工业。这
是一种普遍流行的错误，其影响之一就是使人们忽视了我国手工

　　[①]　独特的俄国经济学家以工厂工人人数（原来如此！）衡量俄国资本主义，公然
　　　　把这些劳动者以及无数类似他们的劳动者算做农业人口，说他们受苦不是由
　　　　于资本的压迫，而是由于"人民制度"受到人为的压力（???!!）。

业的资本主义组织。

不言而喻,家庭手工制大生产就是资本主义工业形式,这里已具备资本主义工业形式的一切标志:商品经济已达到高度的发展,生产资料集中在个人手中,工人大众遭到剥夺,他们没有自己的生产资料,因而只好把劳动用在别人的生产资料上,他们不是为自己做工,而是为资本家做工。显然,就手工业的组织来说,这是纯粹的资本主义;同大机器工业相比,它的特点就是技术不发达(主要是因为工资低得不成样子),工人还保留一小块土地。后一种情况特别使"人民之友"困惑不解,因为他们同十足的形而上学者一模一样,习惯用赤裸裸的直接矛盾来思考:"是就是,不是就不是,除此以外,都是鬼话。"

工人没有土地就是资本主义;工人占有土地就不是资本主义;他们局限于这种令人宽慰的哲学,而忽略全部社会经济组织,忘记一件尽人皆知的事实,就是占有土地丝毫不能使这些土地占有者不过牛马的生活,不遭受其他同样的土地占有者——"农民"的极端无耻的掠夺。

看来,他们也不懂得,当资本主义还处在较低的发展阶段时,在任何地方它都不能使工人同土地完全分离。马克思根据西欧情况探明了这样一个规律:只有大机器工业才彻底剥夺了工人。因此很明显,那种以"人民占有土地"为理由,硬说我国没有资本主义的流行议论是毫无意义的,因为简单协作和工场手工业的资本主义,在任何时候和任何地方,都同劳动者完全离开土地没有关系,但丝毫也不因此就不成其为资本主义。

至于俄国的大机器工业(我国最大的和最重要的工业部门正在迅速采取这种形式),不管我国有什么样的独特性,它也具有和整个资本主义西欧相同的属性,它已经绝对不容忍工人和土地保持联系了。杰缅季耶夫用确切的统计资料也证明了这一事实,他(完全和马克思无关)根据这些资料作出结论说,机器生产同劳动者完全离开土地的现象不可分割地联系着。这一研究再次证明俄国是一个资本主义国家,劳动者同土地的联系已是这样微弱而且虚幻,有产者(货币持有者、包买主、富裕农民、手工工场主等等)的势力已是这样强固,只要技术再进一步,"农民"(?? 早就靠出卖劳动力过活的)就变成纯粹的工人了①。可是"人民之友"对我国手工业的经济组织的无知还远不止这点。他们甚至对那些不存在"为老板"做工的行业的看法,也和他们对耕作者的看法(这点我们在上面已经说过)一样肤浅。不过,这也是十分自然的,因为那些大谈政治经济学问题的先生大概只知道,在世界上生产资料"可能"同劳动者相结合,这就很好;"可能"和劳动者分离,那就很坏。这是无济于事的。

克里文柯先生谈论到资本主义化的行业和没有资本主义化的行业(这里"小生产能自由存在")时指出,在某些生产部门内,"基本生产费用"很小,因此,小生产在这里能够存在。他以烧砖业为例,说用于烧砖的生产费用可能只有砖场全年周转额的十五分之一。

这几乎是作者举出的唯一实例(再说一遍,主观社会学最显著的特点就是害怕直接而确切地说明现实和分析现实,宁愿飞向……小市民的"理想"领域),我们就拿它来考察一下,以便指明"人民之友"对现实的看法是多么不正确。

---

① 家庭手工制大生产不仅是资本主义制度,而且是最坏的资本主义制度,它既对劳动者实行最厉害的剥削,又使工人只有最小的可能来进行自身的解放斗争。

记述烧砖业（用白粘土制砖）的材料，我们可以在莫斯科地方自治机关的经济统计中找到（《汇编》第 7 卷第 1 编第 2 部分等等）。这一行业主要集中在博戈罗茨克县的三个乡，有 233 个作坊，1 402 个工人（其中有本户工人[①] 567 人，等于总数的 41％；雇佣工人 835 人，等于总数的 59％），全年生产总额为 357 000 卢布。这一行业早已产生，但在最近 15 年内，由于铁路的修筑大大促进了销路，它才特别发展起来。在铁路修筑以前，家庭生产形式起主要作用，现在则让位于剥削雇佣劳动了。这一行业也没有免除小工业家在销售方面对大工业家的依赖：由于"缺钱"，前者往往按极低的价格把砖（有时是把"坯"即未烧的砖）就地卖给后者。

我们不仅可以了解这种依赖关系，而且还有可能了解这个行业的组织，因为这项概述附有手工业者按户调查资料，上面有每个作坊的工人数目和全年生产总额。

为了弄清商品经济就是资本主义经济（也就是说商品经济发展到一定阶段时必然转变为资本主义经济）这个规律是不是适用于这一行业，我们就应当把各个作坊按它们的规模大小加以比较，因为问题正是在于大小作坊在生产中的作用和对雇佣劳动的剥削的相互关系。我们根据工人人数把手工作坊分为三类：（I）有 1—5 个工人者（本户工人和雇佣工人加在一起）；（II）有 6—10 个工人者；（III）有超过 10 个工人者。

我们考察每类作坊的规模、工人成分和生产总额，得出如下资料：

　[①]　所谓"本户"工人，指的是雇主家庭的劳动成员，以别于雇佣工人。

手工业者类别（按工人人数划分）	每个作坊的工人平均数	百分比		每个工人的年产量	百分比的分配			绝 对 数 字		
		有雇佣工人的作坊	雇佣工人		作坊	工人	生产总额	作坊①	工 人	生产总额（单位卢布）
I. 有 1—5 个工人者	2.8	25	19	251	72	34	34	167/43	476/92	119 500
II. 有 6—10 个工人者	7.3	90	58	249	18	23	22	43/39	317/186	79 000
III. 有超过 10 个工人者	26.4	100	91	260	10	43	44	23/23	609/557	158 500
总　　计	6	45	59	254	100	100	100	233/105	1 402/835	357 000

你们仔细看看这个表，就可看出这一行业的资产阶级的（即资本主义的）组织：作坊规模越大，劳动生产率就越高②（II 类例外），剥削雇佣劳动就越厉害③，生产就越集中④。

把自己的经济几乎完全建立在雇佣劳动之上的 III 类，虽然只占作坊总数的 10%，却占生产总额的 44%。

这种由于多数人（雇佣工人）被剥夺而造成的生产资料集中在少数人手中的情形，既向我们说明了这一行业内小生产者对包买主（大工业家也就是包买主）的依赖，也向我们说明了这一行业中对劳动的压迫。由此可见，劳动者被剥夺和被剥削的**原因**就在于生产关系本身。

---

①　分母代表有雇佣工人的作坊数和雇佣工人数。下表同此。

②　一个工人的年产量：I 类为 251 卢布；II 类为 249 卢布；III 类为 260 卢布。

③　有雇工的作坊在 I 类中占 25%。在 II 类中占 90%，在 III 类中占 100%；雇佣工人在 I 类中占 19%，在 II 类中占 58%，在 III 类中占 91%。

④　占作坊总数 72% 的 I 类占生产总额 34%，占作坊总数 18% 的 II 类占生产总额 22%，占作坊总数 10% 的 III 类占生产总额 44%。

大家知道,俄国民粹派社会主义者却持相反的意见,他们认为在手工业中劳动受压迫的原因不在于生产关系(他们声称这种生产关系是建立在没有剥削的基础上的),而在生产关系之外,在于政策,即在于土地政策、赋税政策等等。试问,这种现在几乎已经是顽固不化的偏见,为什么能一直存在呢?是不是因为对手工业中的生产关系的**另一种**看法占统治地位呢?完全不是。它所以能存在,只是因为**对现有的实际经济组织形式**根本不打算作**确切的说明**;它所以能存在,只是因为没有把生产关系专门划分出来,不对生产关系单独加以分析。总之,它所以能存在,只是因为不懂得社会科学的唯一科学的方法,即唯物主义的方法。于是我国旧社会主义者的推论过程现在也就清楚了。对于手工业,他们把剥削的原因归于生产关系**以外**的现象;对于大的工厂的资本主义,他们不能不看见**那里**剥削的原因正在于生产关系。这样就发生了不可调和的对立,互相不一致,这样就无法理解:既然手工业的生产关系(他们也没有考察这种生产关系!)中没有丝毫资本主义的东西,那么,这种大的资本主义是从哪里生长出来的呢?结论自然是:他们由于不了解手工业和资本主义工业的联系,而把前者和后者对立起来,把前者当做是"人民的",把后者当做是"人为的"。于是也就出现一种认为资本主义与我国的"人民制度"相矛盾的思想,这种思想传播很广,并且在不久以前还由尼古拉·—逊先生改头换面,献给俄国的公众。这种思想所以能存在,只是由于人们墨守成规,尽管它明明不合逻辑:说到工厂资本主义时,他们根据它实际上是什么来判断,说到手工业时,他们却根据它"可能是"什么来判断;说到前者的时候,他们根据对生产关系的分析,说到后者的时候,他们却不打算单独考察生产关系,而直接把问题转到政策方面去了。只要分析这些生产关系，我们就会看出，"人民制度"也是资本主义生产关系，不过还处在不发达的萌芽状态罢了；如果抛弃那种认为一切手工业者彼此一样的幼稚成见，准确地反映出他们之间的差别，那么，工厂"资本家"和"手工业者"之间的差别有时比"手工业者"彼此间的差别还小，**资本主义不是和"人民制度"相矛盾的东西，而是"人民制度"直接而又直接的继续和发展**。

也许有人认为这个例子举得不适当吧？也许有人会说雇佣工人的百分比在这里偏高了吧[①]？但这里重要的完全不是绝对数字，而是这些数字所揭示的**关系**，这种关系实质上是资产阶级关系，不管表现出来的资产阶级性是强还是弱，始终是资产阶级关系。

好吧，我就另举一个例子，故意举一个资产阶级性表现得弱的例子，我从伊萨耶夫先生关于莫斯科省手工业的书中举出这位教授先生称之为"纯粹家庭手工业"的陶器业来说吧。这一行业当然可以充当农民小手工业的代表：技术最简单，设备最少，而且生产的是到处必需的日用品。手工业者的按户调查正好有同样的资料，所以我们可以来研究一下这个对俄国绝大多数"人民"小手工业来说无疑是十分典型的行业的经济组织。我们把手工业者分成三类：(Ⅰ)有1—3个工人者(本户工人和雇佣工人加在一起)；(Ⅱ)有4—5个工人者；(Ⅲ)有超过5个工人者，然后我们用上法计算一下：

---

① 这对莫斯科省的手工业来说未必正确，但对俄国其他地区不那么发达的手工业来说，也许是对的。

手工业者类别（按工人人数划分）	每个作坊的工人平均数	百分比		每个工人的年产量	百分比的分配			绝 对 数 字		
		有雇佣工人的作坊	雇佣工人		作坊	工人	生产总额	作 坊	工 人	生产总额（单位卢布）
I. 有 1—3 个工人者	2.4	39	19	468	60	38	36	72/28	174/33	81 500
II. 有 4—5 个工人者	4.3	48	20	498	27	32	32	33/16	144/29	71 800
III. 有超过 5 个工人者	8.4	100	65	533	13	30	32	16/16	134/87	71 500
总　　计	3.7	49	33	497	100	100	100	121/60	452/149	224 800

显然，这一行业中的**关系**（这种例子是不胜枚举的）也是资产阶级关系：这里有商品经济基础上发生的同样的分化，并且是纯粹资本主义的分化，它导致剥削雇佣劳动，剥削雇佣劳动已在 III 类作坊中起主要作用。III 类作坊虽然只占作坊总数的⅛，却拥有 30％的工人，劳动生产率比平均劳动生产率高得多，生产几乎占全部生产的⅓。单是这种生产关系就已向我们说明了包买主的出现和他们有力量的原因。我们看到，拥有规模较大、收入较多的作坊并靠他人劳动（在 III 类陶器作坊中，每个作坊平均有 5.5 个雇佣工人）取得"纯"收入的少数人在积蓄"储金"，而多数人却在破产，甚至小作坊主（更不用说雇佣工人了）也不能收支相抵。后者当然不可避免地要受前者奴役，其所以不可避免，正是由于这种生产关系的资本主义性质。这种关系在于：由商品经济组织起来的社会劳动的产品落到私人手中，成为私人手中压迫和奴役劳动者的工具，成为剥削多数人而使个人发财的手段。不要以为生产关系的这种性质还不大发展，同生产者的破产并行的**资本**积累微不足道，

因而这种剥削、这种压迫就表现得轻微些。其实完全相反。这只会导致更粗野的农奴制的剥削形式，使资本在它还不能单纯用按劳动力价值购买工人劳动力的办法来直接支配工人时，能用高利贷压榨的罗网把劳动者束缚起来，用盘剥手段把劳动者控制起来，结果是不仅从劳动者身上攫取额外价值，而且攫取很大一部分工资，同时又不让他们有更换"老板"的机会，从而更加重了对他们的欺压；要他们把老板"给"（原来如此！）他们工作看成一种善行，借此奚落他们。很明显，任何一个工人永远不会同意把自己的地位换成俄国"真正""人民"工业中的"独立"手工业者的地位。同样很明显，俄国激进派所喜爱的一切措施，或者丝毫也不触动资本对劳动者的剥削和奴役，始终是一些零星的实验（劳动组合），或者使劳动者的状况恶化（禁止转让份地），最后，或者只会净化、发展和巩固现存的资本主义关系（技术改良、信贷等等）。

可是，"人民之友"永远也领会不了，农民手工业虽然总的情况很可怜，作坊规模很小、劳动生产率极低、技术简陋、雇佣工人不多，但其中已经有了**资本主义**。他们怎样也领会不了，**资本**是人和人之间的一定关系，尽管我们拿来比较的范畴的发展程度有高有低，它仍然是这样一种关系。资产阶级的经济学家从来不能了解这一点，他们始终反对资本的这个定义。记得其中一位经济学家在《俄国思想》杂志上谈到季别尔的书（论马克思的理论）时，引用了这个定义（资本是一种关系），加上几个惊叹号以示愤懑。

资产阶级哲学家最大的特点，就是把资产阶级制度的范畴看做永恒的和自然的范畴；因此，他们对资本下了这样的定义，例如，说资本是为了继续生产而积累的劳动，即认为资本是人类社会的永恒范畴，从而抹杀历史上一定的特殊的经济形态，在这种经济形态中，由商品经济所组织的这种**积累的劳动**落到不劳动的人的手里，并被用来剥削他人的劳动。因此，他们不是去分析和研究一定的生产关系体系，而是谈一些适用于任何制度的、掺杂着感伤的小市民说教的陈词滥调。

现在就来看看，"人民之友"为什么把这种工业称为"人民"工业，为什么把它同资本主义工业对立起来？那只是因为这班先生们是小市民思想家，他们甚至不能想象这些小生产者是在商品经济体系中生活和进行经营的（因此，我把他们称为小市民），他们同市场的关系必然地和不可避免地要把他们分裂为资产阶级和无产阶级。但愿你们能试一试，把我国"人民"手工业的实际组织研究一下，而不要空谈这种手工业"可能"成为什么，我们倒要看看，你们能不能**在俄国找到一个稍微发达的手工业部门不是按资本主义方式组织起来的**。

如果你们不同意这个概念必要的和充分的标志，就是少数人垄断生产资料、多数人失去生产资料、剥削雇佣劳动（一般说来，私人占有商品经济所组织起来的社会劳动的产品，就是资本主义的实质），那就请你们把"自己的"资本主义定义和"自己的"资本主义历史拿出来。

其实，我国"人民"手工业的组织，对资本主义的整个发展史提供了一个很好的例证。它向我们清楚地表明，资本主义产生于、萌芽于简单协作的形式（陶器业中的 III 类）；其次，它向我们表明，由于商品经济而积蓄在个人手中的"储金"怎样变成**资本**，即先是垄断销路（"包买主"和商人），因为只有这些"储金"的所有者，才有做批发生意所必需的资金，可以等待时机在远地市场销售商品；再其次，它还向我们表明，这一商业资本怎样奴役大批生产者和组织资本主义的手工工场，即资本主义的家庭手工制大生产；最后，它向我们表明，市场的扩大、竞争的加剧怎样使技术提高，这一商业资本怎样变成产业资本和组织大机器生产。当这种资本力量雄厚，奴役着千百万劳动者，奴役着整片整片地区的时候，它便开始直接地和肆无忌惮地对政府施加压力，把政府变为自己的仆役，这时我们机智的"人民之友"大喊大叫，说什么"培植资本主义"，"人为地造成"资本主义！

不用说，他们的恍然大悟正是时候！

由此可见，克里文柯先生大谈什么人民的、真正的、正常的工业，不过是想抹杀一个事实，即我国手工业无非是处于不同发展阶段的资本主义。这种手法我们已从尤沙柯夫先生那里领教够了。尤沙柯夫先生不研究农民改革，而空谈意义重大的宣言[54]的基本目的等等；不研究租佃，而把它叫做人民租佃；不研究资本主义的国内市场怎样形成，而抽象地议论资本主义因缺乏市场而必然灭亡等等。

为了说明"人民之友"先生们把事实歪曲到了何等地步，我再举一个例子①。我们的主观哲学家们很少给我们举出确切的事实，如果我们把他们所举的最确切的事实之一忽略过去，那未免太不公道了。这个事实就是克里文柯先生（这个杂志1894年第1期）引用的沃罗涅日省的农民家庭收支表。在这里，我们可以从他们自己选出的资料中清楚地看到，究竟是谁对现实的看法比较正确，是俄国激进派和"人民之友"呢，还是俄国社会民主党人。

---

① 虽然这个例子涉及已经讲过多次的农民分化，但我认为还是有必要把**他们自己举出的资料**分析一下，以便清楚地表明所谓社会民主党人不注意现实而只注意"预察未来"的这种谎言是多么无耻，表明"人民之友"在和我们进行论战时，避开我们观点的实质，而用一些胡说来支吾搪塞的这种行径是多么无赖。

　　沃罗涅日省地方自治机关统计学家舍尔比纳先生,在他记述奥斯特罗戈日斯克县的农民经济一书的附录中,列出 24 个典型农户家庭收支表,并在正文中分析了这些收支表①。

　　克里文柯先生在重复这一分析时,却没有看出,或者正确些说,不愿看出,这种分析方法对了解我国种地农民的经济毫无用处。问题在于这 24 户家庭收支表所记述的是完全不同的农户,既有富裕的,也有中等的,也有贫苦的;克里文柯先生本人也指出了这一点(第 159 页),可是他和舍尔比纳先生一样,单采用那些把各种不同类型的农户加在一起而得出的**平均**数字,从而把他们的分化完全掩盖起来。而我国小生产者的分化是一个很普遍很重大的事实(社会民主党人早已要俄国社会主义者注意这一事实。见普列汉诺夫的著作),甚至从克里文柯先生选出的这一点资料中也能十分清楚地看出来。他谈到农民**经济**时,不是按他们经济规模的大小和经营的类型来分类,而是像舍尔比纳先生那样,按法律地位把他们分为前国家农民和前地主农民,只注意前者比后者富裕,而忽略这两类农民内部的差别比这两类农民彼此间的差别要大得多②。为了证明这一点,现在我把这 24 户家庭收支表分成三类:(甲)单独划出 6 户富裕农民,然后是(乙)11 户中等农民(在舍尔比纳的表上是第 7—10 户和第 16—22 户)和(丙)7 户贫苦农民

---

　　① 《沃罗涅日省统计资料汇编》第 2 卷第 2 编。《奥斯特罗戈日斯克县的农民经济》1887 年沃罗涅日版。家庭收支表载于附录中,见第 42—49 页。家庭收支表的分析载于第 18 章《农户的人员组成和家庭收支情况》。
　　② 毫无疑义,只靠农业为生而雇有一个雇农的农户,按类型来说,同当雇农的或靠当雇农获得 $\frac{3}{5}$ 收入的农户是不同的。可是这 24 户中二者都有。大家自己判断一下,如果我们把当雇农的和雇有雇农的户主加在一起,然后玩弄总平均数,这是一种什么"科学"!

（在舍尔比纳的收支表上是第 11—15 户和第 23—24 户）。**例如，克里文柯先生说，前国家农民每户的支出为 541.3 卢布；前地主农民每户的支出为 417.7 卢布。**同时他忽略了各种农户的支出是大不相同的：例如前国家农民中有支出 84.7 卢布的农民，也有支出**为十倍以上**的即 887.4 卢布的农民（即使把一个支出 1 456.2 卢布的德意志移民除开不算）。把这些数字加在一起得出的平均数能有什么意义呢？如果拿我的分类来看，那我们就会看出富裕户每户平均支出 855.86 卢布，中等户每户平均支出 471.61 卢布，贫苦户每户平均支出 223.78 卢布①。

相差的比例约为 4:2:1。

我们再往下看。克里文柯先生仿效舍尔比纳，引用了**按法律地位分类**的农民在个人消费方面的支出额：例如前国家农民每口人每年用于植物类食品的支出为 13.4 卢布，前地主农民每口人每年为 12.2 卢布。而按经济标准分类则数字如下：（甲类）17.7 卢布；（乙类）14.5 卢布；（丙类）13.1 卢布。用于肉乳食品的支出：前地主农民每口人为 5.2 卢布；前国家农民每口人为 7.7 卢布。而按经济标准分类则数字如下：（甲类）11.7 卢布；（乙类）5.8 卢布；（丙类）3.6 卢布。显然，按法律地位分类的计算法不过是把极大的差别掩盖了起来。因此，这种计算法显然是不行的。克里文柯先生说，前国家农民的收入比前地主农民的收入多 53.7％：总平均数（根据 24 户家庭收支表）为 539 卢布，前者为 600 卢布以上，后者约为 400 卢布。而按殷实程度分类则收入的数字如下：（甲类）1 053.2 卢布；（乙类）473.8 卢布；（丙类）202.4 卢布，也就是

---

①　每家人口平均数的差别却小得多：（甲类）7.83 人，（乙类）8.36 人，（丙类）5.28 人。

说,相差的幅度不是 3∶2,而是 10∶2。

　　克里文柯先生说:"前国家农民每户产业的总值为 1 060 卢布,前地主农民每户产业的总值为 635 卢布。"但按经济标准分类①则是:(甲类) 1 737.91 卢布;(乙类) 786.42 卢布;(丙类) 363.38 卢布,——相差的幅度又不是 3∶2,而是 10∶2。作者既然把**农民**按法律地位分类,也就无法对这种**农民**的经济得出一个正确的认识。

　　如果我们按殷实程度来看看各类农民的经济,那我们就会看出:富裕户的收入平均为 1 053.2 卢布,支出平均为 855.86 卢布,即纯收入为 197.34 卢布。中等户的收入平均为 473.8 卢布,支出平均为 471.61 卢布,即每户纯收入为 2.19 卢布(贷款和欠税还未计算在内);显然,这类农户勉强可以收支相抵;11 户中 5 户有亏空。下等户即贫苦户简直是亏本经营:收入为 202.4 卢布,支出为 223.78 卢布,即亏空 21.38 卢布。② 显然,如果我们把这些农户加在一起而得出一个总平均数(纯收入为 44.11 卢布),那我们就会完全歪曲现实。我们就会回避(像克里文柯先生那样回避)一个事实,即有纯收入的 6 户富裕农民都使用雇农(8 人)。这一事实向我们说明了他们的农业性质(他们在转变为农场主),这种农业使他们能得到纯收入,使他们几乎完全没有经营"副业"的必要。这些农户(算在一起)只有 6.5%的收支(6 319.5卢布中的 412 卢布)靠副业来弥补,并且这些副业(按舍尔比纳先生举的例子来看)是

---

①　农具方面的差别特别大:每户农具的平均价值为 54.83 卢布。但富裕户的农具价值为平均数的 2 倍多,即 111.80 卢布,而贫苦户则为平均数的$\frac{1}{3}$弱,即 16.04 卢布。中等户为 48.44 卢布。

②　有趣的是雇农(7 户贫苦户中有 2 户)的家庭收支没有亏空:每户收入 99 卢布,支出 93.45 卢布。其中有一个雇农由雇主管吃管穿。

"拉脚"或甚至是"收购绵羊"一类的事情,这不但不证明他们依赖别人,反而证明他们在剥削别人(正是在后一场合,积蓄的"储金"在变为商业**资本**)。这些农户有4个工业作坊,使他们获得320卢布(5%)的收入[①]。

中等农民的经济却是另一种类型:前面已经说过,他们未必能够收支相抵。农业不能维持他们的开销,他们有19%的收入是靠所谓副业。这是哪类副业,我们从舍尔比纳先生的文章中可以看出。那里指出有7户从事副业,其中只有2户从事独立的副业劳动(缝纫和烧炭),其余5户都是出卖劳动力("到低地去割草","到酿酒厂做工","农忙时打日工","替人放羊","在本地庄园里做工")。这已经是半农半工,干外活使他们丢开农业,从而彻底破坏他们的农业。

至于贫苦农民,他们经营农业简直是亏本;"副业"在他们的家庭收支中作用更大(占收入的24%),并且这些副业几乎完全(只有一户除外)是出卖劳动力。其中有两户以"副业"(当雇农)为主,占收入的$\frac{2}{3}$。

由此可见,小生产者正在完全分化,上等户在变为资产阶级,下等户在变为无产阶级。显然,如果我们拿总平均数来说,那我们丝毫也看不出这一点,我们根本无法了解农村经济。

只是由于玩弄这些虚假的平均数,作者才能采用这样的方法。为了确定这些典型户在全县一般农户中的地位,舍尔比纳先生把农民按份地面积分类,结果,这24户(总平均起来)按他们的富裕程度来说,要比全县中等户高$\frac{1}{3}$左右。这种计算方法决不能认为

---

① 见附录一(本卷第265页。——编者注)。

是令人满意的,一则因为这 24 户中有很大差别,二则因为按份地面积分类掩盖了农民分化。作者提出的"份地是"农民"富裕的根本原因"这一论点是完全不对的。谁都知道,在村社内部"平均"分配土地,丝毫不会妨碍无马的社员抛弃土地,出租土地,外出做工而变成无产者;也不会妨碍多马的社员租进大量土地,从事大规模的有收益的经营。例如,我们从这 24 户家庭收支表上就可看出:一个富裕农民有 6 俄亩份地,收入共为 758.5 卢布;一个中等农民有 7.1 俄亩份地,收入共为 391.5 卢布;一个贫苦农民有 6.9 俄亩份地,收入共为 109.5 卢布。总之,我们已经看到,各类农户的收入比例为 4:2:1,而份地面积的比例则为 22.1:9.2:8.5＝2.6:1.08:1。这是完全可以理解的,因为我们看到,例如,富裕农民每户有份地 22.1 俄亩,又租进土地 8.8 俄亩,中等农民的份地则较少(9.2 俄亩),租进的土地也较少——7.7 俄亩,贫苦农民的份地则更少(8.5 俄亩),租进的土地只有 2.8 俄亩[①]。因此,当克里文柯先生说"可惜舍尔比纳先生引用的资料不能当做衡量全省甚至全县的一般情况的准确尺度"时,我们只能说:只有在采用计算总平均数这种不正确的方法(克里文柯先生就不该用这种方法)时,这些资料才不能当做衡量的尺度,可是一般说来,舍尔比纳先生的资料是丰富而有价值的,它使人有可能作出正确的结论,如果克里文柯先生没有作出正确的结论,那不能怪舍尔比纳先生。

　　例如,舍尔比纳先生在第 197 页上已不是按份地面积,而是按役畜头数把农民分成几类,也就是按经济标志而不是按法律标志分类。这种分类使人有充分理由说,这 24 个典型户各类之间的比

　　[①]　当然,我不是想说,**单是** 24 户的资料就能推翻关于份地有根本意义的论点。但前面引过的几个县的资料,是完全可以推翻这个论点的。[55]

例,和全县各经济类别之间的比例是完全一致的。

这种分类是这样的①：

沃罗涅日省奥斯特罗戈日斯克县

农户类别（按役畜头数划分）	数 目		每 户 有				农 户 百 分 比					
	农户	农户的百分比	大牲畜	土地(单位俄亩)		每户平均人口	有雇农者	有工商企业者	无房屋者	无劳动力者	不种地者	无农具者
				份地	租地							
I.无役畜者	8 728	26.0	0.7	6.2	0.2	4.6	0.6	4.0	9.5	16.6	41.6	98.5
II.有 1 头役畜者	10 510	31.3	3.0	9.4	1.3	5.7	1.4	5.4	1.4	4.9	2.9	2.5
III.有 2—3 头役畜者	11 191	33.3	6.8	13.8	3.6	7.7	8.3	12.3	0.4	1.3	0.4	—
IV.有 4 头以上役畜者	3 152	9.4	14.3	21.3	12.3	11.2	25.3	34.2	0.1	0.4	0.3	—
总 计	33 581	100.0	4.4	11.2	2.5	6.7	5.7	10.0	3.0	6.3	11.9	23.4

24 个典型户中的②			
雇 农	0.5	7.2	0	4.5
贫苦户	2.8	8.7	3.9	5.6
中等户	8.1	9.2	7.7	8.3
富裕户	13.5	22.1	8.8	7.8
总计	7.2	12.2	6.6	7.3③

---

① 这里 24 个典型户同全县各类农户比较的方法,同舍尔比纳先生用 24 户平均数同按份地面积分类的农户比较的方法是一样的。

② 这里从贫苦户内划出了 2 户雇农(即舍尔比纳的第 14 号和第 15 号家庭收支表),所以贫苦户只剩下 5 户。

③ 讲到这个统计表时也不能不指出,这里也可同样看到,一个农户越富裕,则租地数量也越大,虽然他的份地数量也在增加。可见这一个县的资料也证明份地有根本意义的意见是不正确的。实际情况恰恰相反,我们看到,某类农户越富裕,则份地面积在该类农户占有的全部土地中所占的比重也越小。如把份地和租地加在一起,求出份地在总数中所占的百分比,则各类的数字如下：(I)96.8％；(II)85％；(III)79.3％；(IV)63.3％。这种现象是完全可以理解的。我们知道,自解放改革时起,土地在俄国就成为商品了。谁有钱,谁就随时可以买到土地：份地也是要拿钱去买的。不言而喻,富裕农民是在把土地

　　毫无疑义,按总平均数来说,这 24 个典型户要比该县一般农户高些。但如果我们抛弃这种虚假的平均数而采用经济分类,那我们就有可能作比较了。

　　我们看到,典型户中的雇农比没有役畜的农户要低些,但同他们很相近。贫苦户同有一头役畜的农户很相近(役畜虽然少 0.2,即贫苦户为 2.8,有一匹马的农户为 3,但份地和租地加在一起的土地总数却要多些,即 12.6 俄亩:10.7 俄亩)。中等户比有 2—3 头役畜的农户高得很有限(他们的役畜稍微多些,但土地稍微少些),而富裕户则同有 4 头以上役畜的农户相近,只比他们稍低一点。因此,我们完全可以作出结论说,这个县至少有 $\frac{1}{10}$ 的农户从事正常的有收益的农业,而不需要找外水。(有一点必须指出:这种收益表现为货币,因而是以农业的商业性质为前提的。)他们大

集中到自己手里,同时这种集中因份地的转让受到中世纪的限制而更多地表现在租地上。赞成这种限制的"人民之友",不懂得这种荒谬的反动措施只能使贫苦农民的状况更加恶化:丧失了农具的破产农民非出租土地不可,而禁止出租(或出卖)土地就会使这些贫苦农民或者暗中出租,因而对出租者的条件更加苛刻,或者把土地白白交给"村团",也就是交给那班富农。

　　这里,我不能不引证古尔维奇对这种臭名远扬的"禁止转让"所发的十分正确的议论:

　　"要弄清楚这个问题,我们应当看看谁是农民土地的买主。前面我们已经说过,只有一小部分切特维尔梯土地是由商人购买的。一般说来,贵族出卖的小块地完全是由农民购买的。可见这个问题只涉及农民,并不触犯贵族利益,也不触犯资本家阶级利益。在这类场合,俄国政府很可能甘愿给民粹派一点小恩小惠。这样把东方宗法监护制度(oriental paternalism)同某种畸形的国家社会主义的禁止买卖的政策奇怪地结合起来(mésalliance),也许会引起正是他们想为之造福的那些人的反对。既然农村分化过程明明是从内部而不是从外部发生的,那么禁止农民转让土地简直就等于让村社的富裕社员无代价地剥夺贫苦农民。

　　我们发现,有权转让自己土地的切特维尔梯农民56的移民百分比,要比土地由村社占有的前国家农民中的移民百分比大得多,如拉年堡县(梁赞

多靠雇佣工人种地：至少有$\frac{1}{4}$的农户雇有长工，临时还雇日工的有多少，不知道。其次，这个县半数以上是贫苦户（将近$\frac{6}{10}$，即无马者占26%，有1匹马者占31.3%，总共占57.3%），他们简直是亏本经营，因而日趋破产，经常不断地遭受剥夺。他们不得不出卖自己的劳动力，而且约有$\frac{1}{4}$的农民，已经主要靠从事雇佣劳动而不是靠种地过活了。其余的农民即中等户，都是勉勉强强种地，经常入不敷出，靠外水贴补，因而经济上一点点稳定性也没有了。

我有意把这些资料分析得这样详细，为的是表明克里文柯先生把现实歪曲成什么样子。他随便取一些总平均数来摆弄，很明显，其结果不仅是虚构，而且简直是欺骗。例如，我们看到，一个富裕农民（典型收支表中的）的纯收入（+197.34）可以弥补**9个**贫苦户的亏空（-21.38×9＝-192.42），所以这个县10%的富裕农民

省）的移民在前者之中占17%，在后者之中占9%；丹科夫县的移民在前者之中占12%，在后者之中占5%。为什么有这种差别呢？用一个具体例子就可以说明：

'1881年，有一由从前是格里戈罗夫的农奴的5户农民组成的小村社，从丹科夫县比吉尔季诺村迁走了。这个小村社把自己的30俄亩土地，以1500卢布卖给了一个富裕农民。这些移民在家里完全无法生活，多数当了年工。'（《统计资料汇编》第2部分第115，247页）根据格里戈里耶夫先生的资料（**《梁赞省农民的迁移》**），一个农户只要有300个卢布，即6俄亩中等土地的价钱，就能在西伯利亚南部经营农业。因此，一个完全破产的农民只要卖掉自己那块村社土地，就能在新地方成为耕作者。敬重祖先神习俗的心理，如果没有大慈大悲的官僚们的干涉阻挠，未必能够抵挡得住这种诱惑。

当然，有人会责备我悲观，正像不久前责备我对农民迁移的看法一样（1892年《北方通报》杂志第5期波格丹诺夫斯基的文章）。人们通常大约是这样推论：就算讲的完全合乎实际生活，但有害的后果〈迁移的恶果〉的出现，还是由于农民所处的条件不正常，一旦有了正常条件，那些反对的意见〈反对迁移的意见〉'就会失去效力'。不幸这些确实'不正常的'条件在自发地发展，而要造成'正常的'条件，又是那些同情农民的人所无能为力的。"（同上，第137页）**57**

的纯收入不仅可以弥补 57％的贫苦农民的亏空,而且略有剩余。当克里文柯先生从 24 户的平均收支表中得出 44.14 卢布的余额(除去贷款和欠税 15.97 卢布)时,就简单说成是中等户和中等以下农户的"衰落"。其实,只有中等农民才勉强说得上衰落①,而贫苦农民大众则直接遭受**剥夺**,与此同时,生产资料则日益集中在占有规模较大、基础稳固的农庄的少数人手里。

作者既然忽视这后一种情况,也就看不出这些家庭收支表如下一个很值得注意的特征:这些家庭收支表同样证明,**农民的分化正在造成国内市场**。一方面,农户类别越低,则靠副业获得的收入比重就越大(在富裕户、中等户、贫苦户各自的收入总额中分别占 6.5％,18.8％,23.6％),而所谓副业主要是出卖劳动力。另一方面,农户类别越高,则农业的商品性质(正如我们所看到的,甚至是**资产阶级**性质)就越强,出卖粮食的百分数就越大。各类农户的农业收入是:(**甲类**)$\frac{3\,861.7}{1\,774.4}$,(**乙类**)$\frac{3\,163.8}{899.9}$,(**丙类**)$\frac{689.9}{175.25}$。分母代表收入的货币部分②,在从高到低的各类农户中分别为 45.9％,28.3％,25.4％。

这里我们又很清楚地看到,被剥夺的农民丧失的生产资料怎

---

① 这也未必正确,因为所谓衰落,只是意味着暂时和偶然丧失稳定性,而中等农民,正如我们所看到的,始终处于不稳定状态,处于破产边缘。

② 要算出农业的货币收入(舍尔比纳没有算出这种收入),必须采用一种相当复杂的算法。必须从出卖谷物所得的全部收入中,减去出卖禾秸和谷壳所得的收入,因为据作者说,禾秸和谷壳是用来饲养牲畜的。作者本人在第 18 章里去掉了这些东西,但只是为了得出全县的总数,而不是为了得出这 24 户的数据。我根据他的总结数字得出了出卖谷子所得的收入的百分数(和出卖全部谷物——包括谷子、禾秸和谷壳在内——所得的收入相比较),并按照这个百分数减去禾秸和谷壳的价值。这种百分数,在黑麦是 78.98,在小麦是 72.67,在燕麦和大麦是 73.32,在糜子和荞麦是 77.78。然后减去农户自用的数量,就得出了出卖谷子的数量。

样变成**资本**。

克里文柯先生从这样被利用的，或正确些说，这样被歪曲的材料中，当然不能得出正确的结论。他根据一个和他同乘火车的诺夫哥罗德农民的谈话，描述了该地农民经济的货币性质，不得不作出一个公正的结论：正是这种环境，商品经济环境，"养成""特殊的能力"，使人想方设法"割〈割草〉得贱"、"卖得贵"（第156页）①。这种环境成了"激发〈对呀！〉和磨炼经商才能"的"学校"。"有才能的人出现了，从中产生了科卢帕耶夫们、杰隆诺夫们[58]和其他名称的吸血鬼②，而老实纯朴的人则日益落伍，每况愈下，遭到破产，变成雇农。"（第156页）

根据一个条件完全不同的农业省份（沃罗涅日省）的资料，也可得出同样的结论。看来，事情是够明显的了，商品经济体系作为我国包括"村社""农民"经济在内的整个经济的主要背景，已经清晰地显示出来，同时还显示出这样一个**事实**：这个商品经济**而且正是这个商品经济**把"人民"和"农民"分裂为无产阶级（破产而变成雇农）和资产阶级（吸血鬼），就是说，正是这个商品经济在变为资本主义经济。可是"人民之友"总是不肯正视**现实**，不肯直言不讳（这太"严酷"了）！克里文柯先生议论说：

"某些人认为这种状况是十分自然的〈应该补充一句：是生产关系的资本主义性质的十分自然的结果。这才是确切地转述了"某些人"的意见，这样就无法用空话来搪塞这些意见，而不得不从

---

①　"雇人要贱，还要从他身上得到好处"，——克里文柯先生在同一页上又很公正地说。

②　尤沙柯夫先生！这是怎么回事：您的同志说"有才能的人"成为"吸血鬼"，而您却说人们变成吸血鬼只是因为具有"非批判的头脑"？先生们，这未免不大像话：在同一本杂志上互相撕打起来了！

实质上来分析问题。当作者不是立意要同"某些人"作斗争时,他自己也不得不承认货币经济正是造就"有才能的"吸血鬼和"老实的"雇农的"学校"〉,并且把它看做是资本主义的不可抗拒的使命。〈唔,当然咯!谁认为要同"学校"作斗争,同操纵"学校"的吸血鬼及其在行政机关和知识界的奴仆作斗争,那就是认为资本主义是不可抗拒的。谁要毫不侵犯资本主义"学校"及其吸血鬼,并想用自由派的治标办法来消除其资本主义产物,那就是真正的"人民之友"!〉我们对这点的看法却有些不同。资本主义在这里无疑起很大作用,这点我们在前面已经指出〈这就是上面说到吸血鬼和雇农的学校那段话〉,可是不能说资本主义的作用就是这样包罗万象和有决定性的,以至在现时国民经济的变动中竟没有别的因素,而且将来也不会有任何别的出路。"(第160页)

请看!克里文柯先生不是确切地和直截了当地说明现代制度,不是明确地回答为什么**农民**分化为吸血鬼和雇农的问题,却用一些毫无内容的词句来支吾搪塞。"不能说资本主义的作用是有决定性的。"——其实全部问题正在于能不能这样说。

你要维护自己的意见,就应当指出是什么别的原因在**决定**问题,除了社会民主党人所指出的无产阶级反对吸血鬼的阶级斗争①外,还有什么别的**出路**。可是什么也没有指出来。不过,作者也许把下述一点当做他的说明吧?虽然这很可笑,但"人民之友"是什么也做得出来的。

――――――――――――

① 如果说,目前能接受无产阶级反资产阶级的阶级斗争思想的,还只有城市的工厂工人,而不是农村"老实纯朴的"雇农,也就是说,只是那些失去了同"历代基石"、同"村社精神"密切联系的可爱品质的人们,那么,这只是证明社会民主党人关于俄国资本主义具有革命的进步作用的理论是正确的。

"我们已经看到，日趋衰落的首先是土地少的弱小农户"，即份地不满5俄亩的农户。"而有份地15.7俄亩的国家农民的典型户则是很稳固的……　固然，为了获得这样的收入（80卢布纯收入），他们每户还要租进5俄亩土地，但这不过说明他们所需要的是什么。"

把所谓的"土地少"同资本主义联系起来的这一"更正"究竟是什么意思呢？意思是，土地少的人失去土地，土地多的人（每户有15.7俄亩者）则获得更多的土地①。这不过是把一些人破产而另一些人发财的论点换个说法而已！！已经到了抛弃这种土地少的空谈的时候了，空谈丝毫不能说明问题（因为份地并不是白白送给农民而是卖给农民的），只是描述过程，而且描述得又不确切，因为要说的不单单是土地，而是整个生产资料，而且不是农民的生产资料"少"，而是农民在**失去**生产资料，遭到日益发展的资本主义的**剥夺**。克里文柯先生在结束他的高论时说："我们决不是想说，农业在任何情况下都应该而且可能保持其'自然的'和离开加工工业而独立的性质〈又是空话！您不是刚才还不得不承认目前已经有了以交换为前提的，因而也是以农业离开加工工业而独立为前提的货币经济的学校吗？干吗还要胡说什么可能和应该呢？〉，我们只是说：人为地造成独立的工业是不合理的〈不妨问问，基姆雷人和巴甫洛夫镇人的工业是不是"独立的"呢？又是什么人、什么时候和怎样"人为地造成"的呢？〉；劳动者同土地和生产工具分离，不仅是由于资本主义的影响，还由于先于资本主义和促进资本主义的其他因素的影响。"

---

①　认为占有等量份地的农民就彼此一样而没有"吸血鬼"和"雇农"之分的看法，其荒谬性就更不用说了。

这里大概又在提示一种深奥的思想：如果劳动者同土地分离，土地转归吸血鬼所有，那是因为前者的土地"少"，而后者的土地"多"。

这类高论倒责备社会民主党人"眼界狭隘"，说他们不该把资本主义看做决定性的原因！…… 我所以再次这样详细地谈到农民和手工业者的分化，是因为必须说清楚社会民主党人是怎样看问题和怎样说明问题的。必须指明，同样一些事实，在主观社会学家看来，只是表明农民"变穷了"，而"猎财者"和"吸血鬼""乘机牟利"；从唯物主义者的观点来看，却是表明商品生产者的资本主义分化，是商品经济本身的力量所必然引起的分化。必须指明，根据什么事实得出下述论点（这一论点已在第一编表述过了①）：在俄国，不仅在工厂，而且在最偏僻的乡村，到处都有有产者和无产者的斗争，而且这种斗争到处都是在商品经济基础上形成的资产阶级和无产阶级的斗争。由于有地方自治局统计这样出色的材料而可以确切地描绘出来的我国农民和手工业者的分化，非农民化，**实际**证明了恰好是社会民主党人对俄国现实的理解是正确的，根据这种理解，农民和手工业者是"绝对"意义上的**小生产者**即**小资产者**。这一论点可说是**工人社会主义**理论不同于旧时农民社会主义的主要之点，旧时农民社会主义既不了解这种小生产者所处的商品经济环境，也不了解小生产者在商品经济基础上发生的资本主义分化。因此，谁要认真批评社会民主主义，谁就应该把自己的论据集中在这点上，应该证明俄国在政治经济方面不是商品经济制度，证明农民的分化不是在这个基础上发生的，证明大量居民的被

① 见本卷第 160—161 页。——编者注

剥夺和劳动者的被剥削是由于其他什么原因，而不是由于我国包括农民经济在内的社会经济组织是资产阶级的即资本主义的组织。

先生们，试证明一下吧！

其次，我所以比较喜欢用农民经济和手工业经济的资料来说明社会民主主义的理论，还有一个理由。如果我在批评"人民之友"的观点时，只是把他们的思想和马克思主义思想加以对照，那就背离了唯物主义的方法。所以还必须把"民粹主义"思想说清楚，指明这种思想在我国现代社会经济关系中的**物质**基础。我国农民和手工业者的经济状况和实例表明了这种"农民"（"人民之友"就是想充当他们的思想家）究竟是什么。它们证明我国农村经济的资产阶级性，因而也就证实把"人民之友"算做小市民思想家是正确的。此外，它们还表明我国激进派的思想和纲领同小资产阶级的利益之间存在着极密切的联系。这种联系（在详细分析了他们的纲领之后会更加清楚）向我们说明为什么这些激进派思想在我国"社会"中得到如此广泛的传播，也清楚地说明为什么"人民之友"在政治上卑躬屈膝并甘愿妥协。

最后，我们这样详细分析我国社会生活中资本主义最不发达、而民粹派通常从中吸取材料来论证其理论的那些部门的经济，还有一个理由。因为研究和说明这种经济，最容易从实质上回答我国公众中最流行的一种反对社会民主主义的意见。我们的激进派从资本主义同"人民制度"相矛盾这种通常想法出发，看到社会民主党人把大资本主义当做进步现象，看到他们正是要立足于大资本主义来进行反对现代掠夺制度的斗争，便轻易地指摘社会民主党人忽视大多数农民人口的利益，说他们想"让每个农夫到工厂的锅炉里去受熬煎"等等。

所有这些议论都是建立在一种极端不合逻辑的和奇怪的方法上的:说到资本主义时,根据资本主义实际上是什么来判断;说到农村时,则根据农村"可能是"什么来判断。显然,对这一点的最好回答,就是让他们看看**现实的**农村、**现实的**农村经济。

凡是不怀偏见而科学地观察这种经济的人都一定会承认,俄国农村是由分散的小市场(或中央市场的小分支)组成的体系,这些市场支配着各个不大的地区的社会经济生活。在每一个这样的地区里,我们可以看到受市场调节的社会经济组织所具有的种种现象:可以看到那些曾经是平等的宗法式的直接生产者在分化为富人和穷人,可以看到**资本**特别是商业**资本**的产生,它给劳动者布下天罗地网,吸吮他们的全部脂膏。你们只要把我国激进派对农民经济的记述同有关农村经济生活的第一手确切资料加以比较,那你们就会感到惊奇,因为在被批评的观点体系中,完全不提麇集在每个这样市场上的大量的小商贩,不提所有那些叫做施巴依、伊瓦施[59]和其他还被本地农民取了外号的人,不提操纵市场并残酷地压迫劳动者的大量小剥削者。人们通常把他们撇开了事,说"他们已经不是农民而是商人了"。是的,你们说得完全对:这"已经不是农民"了。可是,你们试把所有这些"商人",用确切的政治经济学的语言来说,也就是把那些经商并至少是部分地占有他人劳动的人划为单独的一类,试用精确的数字把这一类的经济力量和他们在本区整个经济中的作用表示出来;然后试把所有那些拿自己的劳动力到市场上出卖,不是为自己而是为别人做工,因而也"已经不是农民"的人划为相反的一类,——你们试来履行这种公正而认真地研究问题的起码要求,那你们就会看出资本主义分化的情况是如此明显,"人民制度"的神话就不攻自破了。这样大量的农村小剥削者是一种可怕的势力,其所以可怕,特别是因为他们对劳动者实行各个击破,把劳动者牢牢地束缚住,使他们毫无挣脱的希望;其所以可怕,是因为这种剥削,在农村的愚昧状态(这是由该体系固有的劳动生产率低下和缺乏交往的现象造成的)下,不仅是对劳动的掠夺,而且是农村中常有的亚洲式的人身侮辱。如果你们把**这种现实的**农村和我国资本主义比较一下,你们就会懂得,为什么社会民主党人把我国资本主义的作用看做是进步的,因为资本主义把这些分散的小市场连成一个全国性的市场,它造就少数巨大的"祖国栋梁"来替代无数善意的小吸血鬼,使劳动社会化并提高劳动生产率,使劳动者挣脱本地吸血鬼的支配而使他们受大**资本**的支配。后一种支配尽管引起种种惨状,使劳动者受压迫、死亡、粗野,使妇女儿童身心受到摧残等等,但它比前一种支配却是进步的,因为它**启迪工人的思想**,把隐约的和模糊的不满变成自觉的反抗,把零星的无意义的小骚动变成争取全体劳动者解放的有组织的阶级斗争,这一斗争从这个大资本主义存在的条件本身中吸取力量,因而绝对有希望获得**可靠的成功**。

对于所谓忽视广大农民的责备,社会民主党人完全可以用卡尔·马克思的一段话来回答:

> "**批判撕碎锁链上那些虚幻的花朵,不是要人依旧戴上没有幻想没有慰藉的锁链,而是要人扔掉它,采摘新鲜的花朵。**"①

俄国社会民主党人正在撕碎装饰我国农村的虚幻的花朵,抨击理想化和幻想,进行招致"人民之友"切齿痛恨的破坏工作,并不

---

① 见《马克思恩格斯文集》第1卷第4页。——编者注

是要农民大众仍然处于现在这种受压迫、受奴役和面临死亡的地位，而是要无产阶级懂得什么是到处束缚着劳动者的锁链，懂得这些锁链是怎样打成的，并善于奋起反抗，以便挣脱这些锁链并采摘真正的花朵。

当他们把这种思想带给那些按其地位来说是唯一能够掌握阶级自觉并发动阶级斗争的劳动阶级代表时，竟有人责备他们想让农夫到锅炉里去受熬煎。

究竟是谁在这样责备呢？

是那些把劳动者解放的希望寄托在"政府"和"社会"身上，也就是寄托在处处把劳动者束缚起来的资产阶级的机关身上的人。

这班软骨头竟神气活现地说社会民主党人没有理想！

————

"人民之友"的理论观点，我们已经谈得似乎太多了，现在我们来谈谈他们的政治纲领。他们想用什么办法来"扑灭火灾"呢？他们说社会民主党人指明的出路是不正确的，那他们认为出路在哪里呢？

尤沙柯夫先生在《农业部》一文（《俄国财富》杂志第10期）中说："改组农民银行，成立垦殖管理署，整顿官地租佃以利于人民经济……研究和解决租佃问题，这就是复兴人民经济并使其不受新兴富豪的经济暴力〈原文如此！〉侵害的纲领。"在《经济发展问题》一文中，对这个"复兴人民经济"的纲领补充了如下一些"初步而必要的步骤"："扫除目前束缚村社的一切障碍，取消对村社的监护，过渡到共耕制（农业社会化），发展地里出产的原料的村社加工业"。而克里文柯和卡雷舍夫两先生又作了补充："发放低利贷款，组织劳动组合式的经营，保障销路，使企业主无利可得〈这点下文要专门说到〉，发明更便宜的发动机和实行其他技术改良"，最后是办"博览馆、货栈、代理店"。

你们仔细看看这个纲领，就会看出这班先生是完完全全站在现代社会的基地上（也就是说，站在资本主义制度基地上，不过他们没有意识到这一点），只想对这个社会修修补补、敷衍了事，而不懂得他们的这些进步办法，如低利贷款、技术改良、银行等等，只能加强和发展资产阶级。

尼古·—逊当然说得完全对（这也是他最有价值的论点之一，"人民之友"不能不加以反对），在现代制度基础上的任何改良都无济于事，无论是信贷，是移民，是赋税改革，是全部土地归农民所有，都不能在实质上改变什么，反而会使现在被多余的"监护"、农奴制贡赋的残余和农民的依附于土地等等所束缚的资本主义经济加强和发展起来。他说，那些希望广泛发展信贷的经济学家，如瓦西里契柯夫公爵（按他的思想来说，无疑是"人民之友"）一类人，也同"自由派的"即资产阶级的经济学家一样，"力图发展和巩固资本主义关系"。他们不懂得我国生产关系的对抗性（在**农民**中也同在其他等级中一样），他们不是努力使这一对抗充分展开，不是直接同那些由于这种对抗而受奴役的人站在一起，设法帮助他们起来斗争，反而梦想指靠一切人，指靠调解和联合，用这样的办法来停止斗争。这些办法会导致什么样的结果是不言而喻的：只要想一想上述分化的例子就会确信，能享受信贷①、技术改良、银行之类"进步"的，只是那些在正常和稳固的经营条件下有相当"储金"的

---

① 想在资本主义关系存在的情况下（我们已经看到，"人民之友"已不能否认这种关系的存在），利用信贷来维持"人民经济"即小生产者经济，这种显然不懂得理论政治经济学常识的荒谬主张，十分清楚地表明这些企图脚踏两只船的先生们的理论是庸俗不堪的。

人，就是说，只是那些区区少数即小资产阶级的代表人物。所以无论你们怎样改组农民银行和类似的机关，丝毫也不会触动这一主要的根本的事实，即广大居民已经遭到剥夺并继续遭受剥夺，他们甚至无钱养活自己，更不用说进行正常的经营了。

"劳动组合"和"共耕制"也是如此。尤沙柯夫先生把后者叫做"农业社会化"。这当然只是一种笑话，因为实现社会化，并不是只在某个村子范围内组织生产，因为要实现社会化，就必须剥夺那些垄断生产资料并操纵现时俄国社会经济的"吸血鬼"。要做到这一步，就需要斗争，斗争，再斗争，而不是无聊的小市民说教。

因此，他们的这类措施不过是些自由派温和的治标办法，全靠慈善的资产者的施舍来勉强维持。这些办法引诱被剥削者放弃斗争，其害处比可能改善个别人的状况这种好处大得多，这种改善在资本主义关系的一般基础上不能不是微小的和靠不住的。这班先生抹杀俄国生活中的对抗到了何等荒谬的地步（当然，他们这样做是怀有停止现时斗争的极其善良的愿望的，也就是怀有那种铺成地狱的愿望的），这从克里文柯先生的下述论断中可以看出：

"知识分子能领导厂主的企业，也能领导人民的工业。"

他们的全部哲学不外乎长吁短叹地说，斗争和剥削是有的，但也"可能"是没有的，假如……假如没有剥削者的话。试问，作者讲这种废话究竟要说明什么呢？难道可以否认俄国的大学和其他学校每年都在制造一些谁能养活就去投靠谁的"知识分子"（??）吗？难道可以否认现在俄国只有资产阶级少数才有钱来养活这种"知识分子"吗？难道俄国的资产阶级知识分子，会因"人民之友"说他们"可能"不替资产阶级服务就消失了吗？是的，"可能"的，**假如**他们不是资产阶级知识分子的话。他们"可能"不是资产阶级知识分子，"假如"俄国没有资产阶级和资本主义的话！有些人一辈子就满足于这种"假如"！这些先生不仅拒绝承认资本主义有决定的意义，而且根本不愿看见资本主义中的任何坏东西。只要去掉某些"缺陷"，他们也许在资本主义制度下就会过得很不坏。请看克里文柯先生的这样一段话吧：

"资本主义生产和手工业的资本主义化决不是这样的大门，加工工业通过它就只能离开人民。当然，加工工业可能离开人民生活，但也可能进入人民生活，更加接近农业和采掘工业。为此可能采用几种办法，上述大门也像别的大门一样能够促成此举。"（第161页）克里文柯先生比起米海洛夫斯基先生来，是有一些很好的品质的。例如他坦白直爽。凡是米海洛夫斯基先生会写出整页整页的花言巧语、专在问题周围打圈子而不涉及问题本身的地方，求实的克里文柯先生总是不假思索地和毫无愧疚地把他的一切荒谬见解都向读者端出来。请看："资本主义可能进入人民生活。"就是说，劳动者不同生产资料分离，资本主义也是可能的！这真是妙不可言；现在我们至少完全明白"人民之友"想要的是什么了。他们要的是没有资本主义的商品经济，要的是没有剥夺也没有剥削，只有在仁慈的地主和自由派的行政官庇护下勉强维持生活的小市民的资本主义。于是，他们俨然像一个立意给俄国造福的部吏那样着手拟制计划，以建立一个既要狼吃饱，又要羊完好的制度。为了弄清这种计划的性质，我们应当来看看同一作者在该杂志第12期发表的文章（《论文化孤士》）："工业的劳动组合形式和国家经营形式〈克里文柯先生发表议论时，大概以为他已"被召去""解决实际经济问题"了〉，决不是在目前情况下所能设想的一切。例如，也可能有这样一种计划。"接着，他就讲起一件事，说有一位技师带着一份由小股(每股不超过 100 卢布)股份企业对顿河州进行技术开发的草案,去访问《俄国财富》杂志编辑部。编辑部建议草案起草人作些修改,修改意见大致如下:"股票不应属于私人而应属于村团,同时,将来在企业中做工的那部分村团居民应该领取通常的工资,而村团则应保证他们同土地的联系。"

这可真是了不起的行政天才!用多么简单、多么容易的手段就使资本主义进入了人民生活而又消除了它的各种弊病!只是必须设法使农村的富人能通过村团购买股票①并从有"部分居民"参加劳动的那个企业方面获得收入,而"部分居民"则应得到同土地联系的保证,——这种"联系"使一个人不可能靠这块土地过活(否则,谁愿去为挣"通常的工资"而做工呢?),但足以把他束缚在一个地方,使他遭受本地资本主义企业的奴役而无法更换老板。我说老板,即资本家,是有充分理由的,因为对于付**工资**给劳动者的人不能有别的称呼。

读者也许已经抱怨我把这种看来不屑一顾的胡言乱语谈得这样多。可是,对不起。虽然这是胡言乱语,但是值得研究,需要研究,因为它反映着俄国现实的社会经济关系,因而它是我国最流行的一种社会思想,还需要社会民主党人长时间加以重视。问题在

---

① 我说富人购买股票(尽管作者附带说明股票应属于村团),是因为作者毕竟是说拿钱购买股票,而钱是只有富人才有的。因此,不管是不是通过村团,反正拿得出钱来的只有富人,正如通过村团购买或租种土地丝毫也不会取消富人对这块土地的垄断一样。其次,得到收入(红利)的还是那些出了钱的人,否则股票就不成其为股票了。所以据我的理解,作者建议的意思是提出一部分利润来"保证工人和土地的联系"。如果作者说的不是这个意思(尽管从他的话中必然得出这种结论),而是说要富人出钱买股票而不领取红利,那么,他的草案就不过是要有产者同无产者共分罢了。这同笑话中讲的灭蝇药相似,这种药要求把苍蝇捉住放到药瓶里,苍蝇就会立刻死掉。

于俄国由农奴制的、封建的生产方式向资本主义生产方式的过渡，已经造成而且现时在某种程度上还在造成劳动者的这样一种情况：农民既然不能靠土地养活自己，也不能**靠土地向地主缴纳贡赋（他们直到现在还缴纳这种贡赋）**，就不得不去挣"外水"；起初，在从前的好时光，或者是独立的副业劳动（如拉脚），或者是虽不独立但因副业发展极差而报酬还算不错的劳动。这种情形曾使农民能够过着比现在稍好一点的生活，能够在十万个高贵的警察局长和新兴的俄国土地的收集者即资产者的福荫下勉强维持农奴的生活。

于是"人民之友"就把这种制度理想化，干脆抛开它的黑暗面，梦想着这种制度，——所以说是"梦想"，因为这种制度在现实中早就不存在了，早就被资本主义破坏了，资本主义已使广大种地的农民遭受剥夺，已把从前的挣"外水"变成对过剩"人手"的肆无忌惮的剥削了。

我们的小市民骑士恰恰想要保存农民同土地的"联系"，但又不要农奴制，其实只有农奴制才保障过这种联系，而农奴制又被商品经济和资本主义摧毁了，已使这种联系无法存在了。他们想要这样一种外水，这种外水不会使农民离开土地，在为市场干活时不会产生竞争，不会造成**资本**，不会使广大居民受资本奴役。他们忠于社会学中的主观方法，想从这里和那里"采纳"长处，其实这种幼稚愿望自然只会造成忽视现实的反动梦想，使人无法理解并利用新制度真正进步的革命的方面，而去同情那种把半农奴制半自由的劳动的旧时美好制度（这种制度具有剥削和压迫的一切惨状而不可能给人以任何出路）永恒化的措施。

为了证明把"人民之友"当做反动分子是正确的，我且举两个例子。

在莫斯科地方自治局的统计中,我们可以读到有关某位克·太太农庄(在波多利斯克县)的记载,这个农庄不仅曾使莫斯科统计学家感到佩服,如果我没有记错的话,也曾使瓦·沃·先生感到佩服(我记得他在一篇杂志文章里写到这点)。

在瓦·奥尔洛夫先生看来,克·太太这个有名的农庄是这样一个事实,"这个事实在实践上令人信服地证实了"他所喜欢的论点:"哪里农民的农业情况好,哪里私人土地占有者的农庄就经营得好些。"从奥尔洛夫先生对这位太太的农庄的叙述中可以看出:她的农庄是用本地农民的劳动来经营的,农民为了偿还冬季从她那里借来的面粉等等而替她种地;并且女主人非常关心农民,帮助他们,所以现在他们是该乡最宽裕的农民,他们的粮食"几乎能吃到新谷登场(从前还不够吃到冬天的尼古拉节[60])"。

试问,"这种安排",是不是就会像尼·卡布鲁柯夫先生(第5卷第175页)和瓦·奥尔洛夫先生(第2卷第55—59页及其他各页)所想的那样,排除"农民和土地占有者的利益的对立"呢? 显然不会,因为克·太太是靠她的农民劳动过活的。可见剥削一点也没有消除。看不见对被剥削者的慈善态度后面隐藏着剥削,这对克·太太是可以原谅的,但对一个经济学家-统计学家就绝对不能原谅了。一个经济学家-统计学家居然对这种事情表示赞赏,也就同西欧那些赞赏资本家对工人仁慈,兴高采烈地传播厂主关心工人、为工人开办消费品商店、建筑住房等等的慈善家完全相似了。根据这类"事实"的存在(也就是"可能"存在)就得出没有利益对立的结论,那就是只见树木不见森林。这是第一。

第二,我们从奥尔洛夫先生的叙述中可以看出,克·太太的农民"因为收成极好(女地主给了他们好种子)已养有牲畜",经济"宽裕"。假定这些"宽裕农户"不是"几乎"宽裕而是十分宽裕,也就是说他们的粮食不是"几乎"够吃到新谷登场,也不是"多数人"如此,而是大家都有充足的粮食,假定这些农民都有了足够的土地,也有了现时所没有的(多么宽裕啊!)而是靠干活向克·太太租来的"牧场和牧道"。难道奥尔洛夫先生以为,那时,也就是假定农民经济已经真正宽裕时,这些农民还会像现在这样"在克·太太的农庄里细心地、及时地、迅速地干活"吗? 或许,农民对这位如此无孔不入地榨取宽裕农民血汗的仁慈太太的感激心情,会像现在非有牧场和牧道不可的农民的绝望处境一样,具有强烈的刺激作用吗?

显然,"人民之友"的思想实质上就是这样的:作为真正的小市民思想家,他们所要的不是消灭剥削而是缓和剥削,不是斗争而是调和。他们据以拼命攻击狭隘的社会民主党人的那种远大理想,不过是要一些"宽裕"农民照旧向地主和资本家缴纳"贡赋",只要地主和资本家公平对待他们就够了。

另一个例子。尤沙柯夫先生在一篇颇为著名的文章《俄国人民土地占有标准》(1885年《俄国思想》杂志第9期)中,说明了他对"人民"应占有多大面积土地的看法,也就是说,照我国自由派的说法,占有多大面积可以排除资本主义和剥削。现在,经克里文柯先生这番绝妙的说明后,我们知道,他也是以"资本主义进入人民生活"的观点来看问题的。他把能满足"粮食需要和支付税款"[①]

---

① 为了指明农民家庭收支表中这项支出和其余支出的比例,我再引用奥斯特罗戈日斯克县的24个农户的家庭收支表。每户平均支出为495卢布39戈比(实物和货币都在内)。其中109卢布10戈比用于饲养牲畜,135卢布80戈比用于植物类食品和赋税,其余250卢布49戈比用于其他支出,如非植物类食品、衣服、农具、地租等等。尤沙柯夫先生把饲养牲畜的费用算在割草场和辅助农业用地项内。

的份地当做"人民"占有土地的最低限度,其余的,他说可用"外水"来弥补…… 换句话说,他简直是容忍了这样一种制度:农民由于保持同土地的联系而遭受双重剥削,既在"份地"方面受地主剥削,又在"外水"方面受资本家剥削。小生产者遭受双重剥削,而且生活条件又必然造成他们战战兢兢、备受压抑,不但毫无希望获得胜利,而且根本无法进行被压迫者阶级的斗争,——这种半中世纪状况却是"人民之友"的视野和理想的极限。当资本主义在俄国改革后的整个历史时期内飞速地发展起来,开始连根挖出旧俄罗斯的这一基石,即宗法式的半农奴式的农民,使他们脱离中世纪的半封建的环境而转入现代纯粹资本主义的环境,迫使他们离乡背井,流浪到俄国各地去寻找工作,摆脱本地"雇主"的奴役,并表明剥削(阶级的剥削,而不是某个狠心人的掠夺)的基础究竟是什么的时候,当资本主义已开始把其余那些战战兢兢的和被迫过牛马生活的农民大批地卷入日益复杂的社会政治生活漩涡的时候,我们的骑士们却哀号和嗟叹基石的崩陷和毁坏。他们现在还在哀号和嗟叹这一美好的旧时代,虽然现在大概只有瞎子才看不见这种新的生活方式的革命方面,看不见资本主义在怎样造成一种和旧剥削制度毫无联系而又有可能和旧剥削制度作斗争的新的社会力量。

可是"人民之友"丝毫不想使现存制度有任何根本改变。他们完全满足于在现有基础上实行一些自由派的措施,而克里文柯先生在发明这种措施方面,表现了我国彭帕杜尔[61]的真正行政才能。

他论述必须"详细研究和根本改组""我国人民工业"时说:"一般说来,这个问题需要作专门的考察并把各生产部门分成几类:有的是可以运用于人民生活〈原文如此!!〉的,有的是在运用时会遇到某些严重困难的。"

　　同一位克里文柯先生还向我们提供了一个这种分类的例子,他把手工业分成三类:一类是不会资本主义化的,一类是已经资本主义化的,一类是能"和大工业争生存"的。

　　这位行政官断言:"在第一类手工业中,小生产能够自由生存",——是不受使小生产者分化为资产阶级和无产阶级的市场波动影响的自由吗? 是不受地方市场扩大并集中为一个大市场的影响的自由吗? 是不受技术进步影响的自由吗? 或者这种技术进步,在商品经济条件下,也可能不是资本主义的吗? 在第三类手工业中,作者要求"也组织大规模的生产"。他说:"显然,这里也需要组织大规模的生产,需要固定资本、流动资本、机器等等,或者这些条件由别的什么条件来抵补,如低利贷款,取消多余的中介,劳动组合式的经营,设法使企业主不能获利,保障销路,发明更便宜的发动机和实行其他技术改良,最后是稍许降低工资,如果这种降低将由其他好处来补偿的话。"

　　这番议论非常突出地说明"人民之友"口头上是远大理想,行动上是老一套自由主义。你看,我们的这位哲学家恰好是从设法使企业主不能获利并组织大经济开始的。好极了:这正是社会民主党人**想要做**的。但"人民之友"想怎样做到这一步呢? 要知道,要组织没有企业主的大生产,首先必须消灭商品的社会经济组织,代之以公社的即共产主义的社会经济组织,那时调节生产的就不像现在这样是市场,而是生产者自己,是工人社会本身;那时生产资料就不属于私人而属于全社会。这样用公社占有形式来替代私**人占有形式**,显然需要**预先**改造**生产形式**,需要把小生产者分散的细小的独立的生产过程融合成**一个社会生产**过程,总而言之,需要的正是资本主义所创造的物质条件。可是"人民之友"根本不打算立足于资本主义。他们打算怎样行动呢？谁也不知道。他们甚至没有提到要消灭商品经济：显然，他们的远大理想决不会超出这个社会生产体系的框子。其次，要消灭企业主的获利，就得剥夺企业主，因为他们的"获利"正是由于他们垄断了生产资料。要剥夺我们祖国的这些栋梁，就需要有反对资产阶级制度的人民革命运动，而有能力进行这一运动的只有和这个制度没有丝毫联系的工人无产阶级。可是"人民之友"根本没有想到什么斗争，根本没有想到除了这些企业主自己的行政机关外，还可能有而且必然有别的社会活动家。显然，他们一点也不想认真反对"企业主的获利"：克里文柯先生不过是偶尔失言罢了。所以他立刻更正说：要知道，"设法使企业主不能获利"这样的事，可以用"别的什么条件"，即用信贷、安排销路、改良技术等来"抵补"。这样就万事大吉了：消灭企业主"获利"的神圣权利这种使企业主先生们感到委屈的事不会有了，而出现的是自由派的温和措施。这些措施只会使资本主义获得更好的斗争武器，只会加强、巩固和发展我国小的"人民的"资产阶级。为了使人毫不怀疑"人民之友"维护的只是这个小资产阶级的利益，克里文柯先生还作了如下一个极妙的解释。原来消灭企业主获利是可以用……"降低工资"来"抵补"的！！！骤然看来，会觉得这简直是胡说八道。实则不然。这是在始终如一地贯彻小市民思想。作者看见大资本同小资本斗争的事实，作为真正的"人民之友"，当然要站到小……**资本**方面。他同时听说降低工资是小资本家的一种最有力的斗争手段，——降低工资，也和延长工作日一样，确实是俄国许多生产部门中常有的现象。于是，他为了无论如何要拯救小……**资本家**，便主张"稍许降低工资，如果这种降低将由其他好处来补偿的话"！企业主先生们完全可以放心，尽管起初对企业主的"获利"似乎发过一些怪论。我想,他们甚至会乐意让这位计划用降低工资来**反对**企业主的天才行政官当财政大臣的。

还可举一个例子来证明:只要一涉及某些实际问题,《俄国财富》杂志那些讲人道的自由派行政官就显出是十足的资产者。在《俄国财富》杂志第12期《国内生活纪事》中谈到了垄断的问题。

作者说:"垄断和辛迪加是发达的工业的理想。"接着他很惊奇:虽然我国并没有"资本的激烈竞争",可是这些机构也在我国出现了。"无论制糖工业或石油工业都还不特别发达。在我国,不论白糖或煤油的消费几乎都处于萌芽状态,如果注意到我国每个消费者平均的白糖和煤油的消费量同其他国家相比是微不足道的话。看来,供这些工业部门发展的地盘还很大,还能吸收大量资本。"

值得注意的是,作者恰巧在这里,在实际问题上忘记了《俄国财富》杂志心爱的那个所谓国内市场缩小的思想。他不得不承认这个市场还有很大的发展前途,而不会缩小。他把我国同消费较多的西欧作了比较之后得出了这个结论。为什么西欧的消费较多呢? 因为那里的文化高些。可是这种文化的物质基础,如果不是资本主义技术的发达,不是商品经济和交换的增长使人们彼此更多地接触并打破各个地方中世纪式的孤立状态,又是什么呢? 例如,法国在大革命前,当半中世纪式的农民还没有完全分裂为农村资产阶级和无产阶级的时候,它的文化不是并不比我国的文化高吗? 如果作者更仔细地考察俄国生活,那他就不能不看出例如这样一个事实,就是资本主义发达地区的农民人口的消费,要比纯农业地区的农民人口的消费多得多。凡是考察过我国的手工业、看到这些手工业的发展已给当地居民的全部生活打上手工业烙印的人都不约而同地指出了这一点①。

"人民之友"丝毫不注意这类"小事情",因为在他们看来,这"不过是"由于文化或由于整个生活日益复杂的缘故,他们甚至也不想想这种文化和这种复杂化的物质基础的问题。他们只要考察一下我国的农村经济,就一定会承认正是农民分化为资产阶级和无产阶级才造成国内市场。

他们大概以为市场的扩大还并不意味着资产阶级的成长。上述那位国内生活栏编者继续说:"在我国整个生产还不大发展的条件下,在缺乏进取心和首创性的情形下,垄断将是**国力**发展的新障碍。"作者说到烟草垄断时,认为"这种垄断将从**人民的**流通中夺去15 400万卢布"。这里完全忽略了一个事实,即我国经济制度的基础是商品经济,而商品经济的领导者,在我国也同别的任何地方一样,是资产阶级。作者不说资产阶级受到垄断的限制,而说"国家"受到垄断的限制,不说商品的资产阶级的流通,而说"人民的"流通②。资产者始终不能理解这两个概念之间的差别,不管这种差别有多大。为了表明这种差别该是多么明显,我引证一下"人民之友"心目中的权威性杂志《祖国纪事》。在1872年第2期的文章《富豪制和它的基础》中,我们可以看到下面一段话:

"照马尔洛的评论看来,富豪制的最重要的特征是爱好自由主义的国家形式,或至少是爱好自由获取这一原则。如果我们考察一下这个特征,设想一下8—10年以前的情形,那我们就会看出,

---

① 即使拿巴甫洛沃的手工业者同近郊各村农民相比,也可以作为一个例子。见格里戈里耶夫和安年斯基两人的著作。——我有意又拿存在着所谓特殊的"人民制度"的乡村作例子。

② 其所以必须更加责备作者不该乱用这个字眼,是因为《俄国财富》杂志爱用"人民的"一词来与"资产阶级的"一词相对立。

我们在推行自由主义方面已取得巨大的成就……　无论拿哪一种报纸或杂志来说,显然都或多或少地代表着民主的原则,都在为人民的利益而努力。可是,在发表民主观点的同时,甚至在民主观点的掩盖下〈**请注意**这点〉,往往有意无意地实现着富豪的意图。"

作者举圣彼得堡和莫斯科商人给财政大臣的呈文为例,这件呈文表示了俄国资产阶级中这个最可敬的等级对财政大臣的感谢,感谢"他把俄国财政状况确立在尽量扩大唯一富有成果的私人活动上面"。于是作者作出结论说:"富豪分子和富豪趋势在我国社会里无疑是存在的,而且是够多的。"

请看,在很久以前,伟大解放改革(根据尤沙柯夫先生的发现,这个改革本应给"人民"生产开辟一条平稳正常的发展道路,而事实上却只给富豪制开辟了发展道路)印象犹新的时候,你们的前辈自己也不能不承认俄国的个人进取心的富豪性质,即资产阶级性质。

为什么您忘记了这一点呢?为什么您在谈论"人民的"流通和借发展"进取心和首创性"来发展"国力"时,不提这一发展的对抗性呢?不提这种进取心和这种首创性的剥削性质呢?当然,可以而且应该反对垄断之类的机构,因为这类机构无疑地使劳动者的状况恶化,可是不应忘记,除了这一切中世纪的桎梏外,束缚劳动者的还有更厉害的现代的资产阶级的桎梏。无疑地,废除垄断对全体"人民"都有益处,因为当资产阶级经济已经成为全国经济的基础时,这些中世纪制度残余只是在资本主义灾难上再加上一些更痛苦的灾难,即中世纪的灾难。无疑地,垄断必须消灭,而且消灭得越快越好,越彻底越好,以便通过清除资产阶级社会继承下来的半农奴制桎梏,使工人阶级能够自由行动,易于进行反对资产阶级的斗争。

所以应该直言不讳地这样说:为了使工人阶级易于进行反对资产阶级制度的斗争,废除垄断和其他一切中世纪的束缚(这种束缚在俄国数不胜数),对工人阶级来说是绝对需要的。不过如此而已。只有资产者才会忘记,在全体"人民"反对中世纪农奴制度的利益一致的背后,存在着"人民"内部的资产阶级和无产阶级的深刻的不可调和的对抗。

不过,要想使"人民之友"因此感到羞愧,那就荒谬了。例如,他们谈到农村需要什么的时候,竟说出这样的话来:

克里文柯先生叙述道:"几年前,有些报纸讨论农村需要什么样的职业和哪几种知识分子,结果开了一个很长的五花八门的单子,几乎包括了全部生活领域:男女医生,医助,律师,教员,图书馆和书店的创办人,农艺师,林学家以及从事农业的各种人员,有各种专长的技师(这是一个很广泛的而且几乎还没有涉及的领域),信贷机关与货栈的创办人和领导者,以及其他等等。"

我们就拿工作直接属于经济领域的"知识分子"(??),拿林学家、农艺师、技师等等来说吧。农村确实是多么需要这些人啊!但问题是**什么样的**农村呢? 当然是土地占有者的农村,是善于经营的农夫的农村,因为这些人有"储金",能付给克里文柯先生称之为"知识分子"的那些手艺人以报酬。**这种**农村确实早就渴望有技师,有信贷,有货栈,——所有的经济著作都证明了这点。可是另外还有一种人口多得多而"人民之友"不妨更要经常想到的农村,——这就是破产的、衣衫褴褛的、被刮得一丝不剩的农民的农村,他们不仅没有"储金"来支付"知识分子"的劳动报酬,甚至没有足够的粮食使自己不致饿死。你们还想用**货栈**来帮助**这种**农村！！我们那些有一匹马的和无马的农民拿什么放到这些货栈里去呢？拿自己的衣服吗？可是，他们早在1891年就已经把自己的衣服典当给乡村和城市里的盘剥者了，那时这班盘剥者为了实行你们那种人道的自由派的办法，已在自己的家里、酒馆里和店铺里设立了真正的"货栈"。剩下的只有一双做工的"手"了。可是对于这种商品，甚至俄国官吏直到现在也还没有想出一种"货栈"来存放……

　　为"农民"中的技术进步所感动而又闭眼不看这些"农民"大批遭受剥夺，这再明显不过地证明这班"民主主义者"鄙陋到了极点。例如，卡雷舍夫先生在《俄国财富》杂志第2期上（《概述》第12节），居然以自由派白痴的狂喜心情叙述农民经济中的"改进和改良"的情形，"在农民经济中推广良种"，如美国燕麦、瓦萨黑麦、克莱德斯达尔燕麦等等。"有些地方，农民专门划出一小块地来培育种子，在精耕之后，用手种下精选的谷种。""在改良的农具和机器方面"有"名目繁多的新东西"①，如培土器、轻型犁、脱粒机、风车、选种机。"肥料的种类越来越多"，有磷钙粉、骨粉肥、鸽子粪等等。"记者们坚决主张必须在各乡设立出售磷钙粉的本地地方自治局货栈"；卡雷舍夫先生在引证瓦·沃·先生的《农民经济中的进步潮流》一书（克里文柯先生也引证这本书）而谈到这些令人感动的进步时，简直是热情奔放地说：

　　"我们只能扼要叙述的这些消息，令人振奋又令人忧郁……所以令人振奋，是因为这些穷苦的、负债的、多半失去耕马的人，刻

---

① 请读者注意这些改良农具在新乌津斯克县的分配情形：占农户总数37％的（贫苦）农民，即28 000户中的10 000农户，在5 724件农具中只占有7件农具，即只占有农具总数0.125％！而占农户总数¼的富户，却独占⅕的农具。

苦劳作，毫不灰心，也不改行，仍然忠于土地，懂得他们的未来、他们的力量、他们的财富全靠土地，全靠土地使用得当。〈那当然咯！购买磷钙粉、选种机、脱粒机和克莱德斯达尔燕麦种子的，不用说，就是这些穷苦的失去耕马的农夫啊！啊，多么纯朴的天真啊！但是要知道，写出这种话来的并不是一个贵族女学生，而是一位大学教授，一位政治经济学博士！！不，不管怎样，决不能说这只是由于天真的缘故。〉他们狂热地寻找土地使用得当的方法，寻找新的耕作方法、种子、工具、肥料，寻找一切能使养活他们的土地变得肥沃的手段，而这土地迟早会因此给他们百倍的报酬①……　这些消息所以令人忧郁，是因为〈也许读者以为，"人民之友"至少在这里会提到农民大批遭受剥夺吧？因为正是这种剥夺带来和造成土地集中在善于经营的农夫手里，使土地变为**资本**，变为**经过改良**的经济的基础，正是这种剥夺把"空闲的""便宜的""人手"抛向市场，以保证祖国的"进取心"在所有这些脱粒机、选种机、风车方面获得成功。——丝毫也没有提到〉……需要唤醒的正是我们自己。我们对农夫这种振兴自己经济的愿望有什么帮助呢？对我们来说，有科学、图书、博览馆、货栈和代理店。〈真的，先生们，就是这样并列的："科学"和"代理店"……　要研究"人民之友"，不要在他们攻击社会民主党人的时候，因为在这种场合他们总是穿

---

① 尊敬的大学教授先生，您说得十分对，经过改良的经济定会给这"毫不灰心"和"仍然忠于土地"的"人民"以**百倍**的报酬。但"农夫"为了取得磷钙粉等等，就应该不同于挨饿的赤贫大众而有**闲置的**货币，可是货币是落入私人手中的**社会**劳动产品；——占有这种改良的经济的"报酬"就是占有**他人**劳动；只有资产阶级的最可鄙的走卒，才会认为这种丰厚的报酬是"刻苦劳作"、"使养活他们的土地变得肥沃"的户主个人努力的结果。啊，伟大的政治经济学博士，您察觉到这些没有？

上用"父辈理想"的破布缀成的制服，而要在他们穿着便服，详细讨论日常生活问题的时候。那时你们就能观察到这班小市民思想家的全部色彩和气味。〉对农夫来说，有没有这类东西呢？胚胎当然是有的，却不知为什么发育得很慢。农夫要看实例，但我们的试验田和示范农场在哪里呢？农夫寻找书本知识，但我们的通俗农学书籍在哪里呢？……　农夫寻找肥料、工具、种子，但我们存放这些东西的地方自治局货栈，大批的收购，以及购买和推销的方便在哪里呢？……　你们这些活动家，私人活动家和地方自治机关活动家在哪里呢？时机早已成熟了，请出来干吧。

> 俄国人民一定会
> 向你们深致谢意！[①]"
>
> 尼·卡雷舍夫(《俄国财富》杂志第 2 期第 19 页)

请看，他们这些小的"人民"资产者之友，就是这样自我陶醉于他们的小市民的进步的！

看来，甚至不必分析我国的农村经济，只要看看我国近代经济史中这一惹人注目的事实，即农民经济中有目共睹的进步和**农民**的大批遭受剥夺同时并存的事实，就会确信把**农民**看成某种内部一致的单一的整体是荒谬的，就会确信所有这些进步都具有资产阶级的性质！可是"人民之友"对这一切都充耳不闻。他们丧失了俄国旧时社会革命民粹派的优点，死抱着他们的一个大错误(不了解农民内部的阶级对抗)不放。

古尔维奇说得很中肯："70 年代的民粹派丝毫不了解农民内

---

　　① 见尼·阿·涅克拉索夫《致播种者》一诗。——编者注

部的阶级对抗,认为这种对抗仅限于'剥削者'(盘剥者或豪绅)同他们的牺牲品即富有共产主义精神的农民之间的关系①。只有格列勃·乌斯宾斯基一人持怀疑态度,他嘲笑了这种普遍的错觉。他非常熟悉农民,而且具有洞悉事物本质的大艺术家的才能,所以不能不看到,个人主义已成为不仅是高利贷者和债务人之间、而且是一般农民之间的经济关系的基础。见他的《混为一谈》一文,载于1882年《俄国思想》杂志第1期。"(同上,第106页)

然而,如果说在60年代和70年代,由于当时有关农村经济的比较确实的资料还很少,当时农村的分化还没有这样明显地暴露出来,因而有这种错觉还情有可原,甚至是自然的事情,那么,现在只有故意闭上眼睛,才会看不见这种分化。非常值得注意的,正是在目前,当农民的破产看来已经达到顶点的时候,到处都可听到关于农民经济中进步潮流的谈论。瓦·沃·先生(也是一位毫无疑义的"人民之友")写了一整本书来谈这个问题。而且你们不能责备他的话不符合事实。相反,事实是不容置疑的,在农民中间确实有技术上农艺上的进步,但农民大批遭受剥夺的事实也是不容置疑的。"人民之友"只注意"农夫"怎样狂热地寻找新的耕作方法,使养活他的土地变得肥沃起来,却忽视了事情的反面,即"农夫"又在狂热地离开土地。他们像鸵鸟一样把脑袋藏起来,不愿正视现实,不愿看见他们眼前发生的正是农民失去的土地转化为资本的过程,国内市场形成的过程②。请试试来驳倒我国村社农民中间

---

① "村社内部已产生了对抗的社会阶级",——古尔维奇在另一处说。(第104页)我引证古尔维奇的话只是为了补充上述实际资料。

② 寻找"新的耕作方法"所以变得"狂热"起来,正是因为善于经营的农夫要经营更大的经济,对这种经济用旧的方法是应付不了的,——正是因为农业日益具有商品的资产阶级的性质,竞争才迫使他们去寻找新的方法。

存在着这两个完全相反的过程的事实吧,请试试不用我国社会的资产阶级性而用其他原因来**说明**这两个过程吧!这是做不到的!一味唱哈利路亚,满口仁义道德,这就是他们的全部"学问",他们的全部政治"活动"。

他们甚至把温和自由派对现代制度的这种补缀推崇为一套完整的哲学。克里文柯先生用深思的神情说:"生动的小事业远胜于不做的大事业。"——说得多么新颖而聪明。他接着说:"小事业决不是小目标的同义语。"为了证明这种"活动的扩大",即小事业往往变成"正确的和良好的事业",他举出一位太太创办学校的活动,然后举出律师在农民中间排斥讼棍的活动,并说律师们打算随同地方法院巡回法庭到外省去替被告辩护,最后举出我们已经熟悉的设立手工业货栈的办法:在这里活动的扩大(扩大到具有大目标的规模),就是要"用各地方自治机关的联合力量在最热闹的地点"设立货栈。

所有这些当然都是很高尚的、人道的和自由主义的事业,其所以是"自由主义的",是因为这种事业将为资产阶级经济体系清除一切中世纪的束缚,从而便于工人同这个体系进行斗争。这类办法当然不仅不会触犯反而会加强这个体系,——这一切我们早已在俄国自由派的一切出版物上读到过了。如果不是《俄国财富》杂志的先生们迫使我们进行反驳的话,这本来是不值得进行反驳的:这班先生竟提出这些"温和的自由主义幼芽"来**攻击**社会民主党人,并且教训他们,责备他们背弃"父辈理想"。所以我们也就不能不说,他们建议并举出这种温和谨慎的**自由主义的**(即为资产阶级服务的)活动来反驳社会民主党人,至少是可笑的。至于说到父辈和他们的理想,那我们应该指出,不管俄国民粹派的旧理论如何错误,如何空想,但它们对这类"温和的自由主义幼芽"还是采取**无条件的**否定态度的。引号内的说法是我从尼·康·米海洛夫斯基先生的《关于马克思的一本书的俄文版》(1872年《祖国纪事》杂志第4期)这篇短评中抄来的,这篇短评写得很生动、有力而新颖(同他现在写的东西相比),并且激烈地反对不要得罪我国年轻自由派的建议。

但这是很久以前的事了,久得连"人民之友"早已把这一切忘得干干净净了,并且他们的策略也清楚地表明:要是对政治机构缺乏唯物主义的批判,要是不理解现代国家的阶级性质,从政治上的激进主义到政治上的机会主义就只有一步之差。

下面是这种机会主义的几个实例:

尤沙柯夫先生宣称:"把国家产业部改组为农业部,可能对我国经济发展进程有深远的影响,但也可能只是更换一些官吏而已。"(《俄国财富》杂志第10期)

也就是说,一切都取决于"被召去"的是什么人,是人民之友还是地主资本家利益的代表。利益本身是可以不触动的。

"保护经济上的弱者不受经济上的强者欺凌,是国家干预的首要的天然任务",——同一位尤沙柯夫先生在同一地方这样继续说,而《俄国财富》杂志第2期的国内生活栏编者又用同样的话重复说。为了使人毫不怀疑他也同他的值得尊敬的同伙,即西欧自由派和激进派的小市民思想家一样懂得这种慈善主义的谬论[①],他接着补充说:

"格莱斯顿土地法案[62],俾斯麦工人保险法[63],工厂视察制,

---

① 这所以是谬论,是因为"经济上的强者"的力量也在于他们握有政权。没有这种政权,他们也就不能保持自己的经济统治。

在我国设立农民银行的主张，组织移民事宜，以及反对盘剥者的措施，这都是运用这种国家干预原则以保护经济上的弱者的尝试。"

这些话好就好在说得很坦白。作者在这里直截了当地说，他像格莱斯顿先生之流和俾斯麦先生之流一样，想要站在现存社会关系的基础上，——也就是想要修补现代社会（即资产阶级社会，——不过他不理解这点，也像西欧那班拥护格莱斯顿之流和俾斯麦之流的人不理解这点一样），而不是想要反对现代社会。同他们这种基本理论观点完全一致的，还有下述一点：他们把在现代社会基础上成长起来的并保护现代社会统治阶级利益的机关即国家，看做是实行改革的工具。他们简直认为国家是万能的，是凌驾于一切阶级之上的，他们不仅期待它来"支持"劳动者，而且期待它来创立真正的正常秩序（像克里文柯先生所说的那样）。不过，他们既是十足的小市民思想家，当然也不能期待他们有别的什么看法。要知道，小市民的基本特征之一（这个特征也使他们成为反动的阶级），就在于小生产者为生产条件本身所分散和隔绝，被束缚于一定的地方和一定的剥削者，因此，不能了解使他受到的痛苦有时并不亚于无产者的那种剥削和压迫的阶级性质，不能了解资产阶级社会里的国家也不能不是阶级的国家①。

---

① "人民之友"所以是最恶毒的反动分子，是因为他们说国家的天然任务是保护经济上的弱者（照他们那种庸俗的老太婆式的说教来看，事情应当如此），然而俄国的全部历史和对内政策都证明，我们国家的任务仅仅是保护地主-农奴主和大资产阶级，并用最残忍手段对付**"经济上的弱者"**的任何自卫企图。这当然是它的**天然**任务，因为专制制度和官僚制度是浸透了农奴主-资产阶级的精神的，因为资产阶级在经济领域统治一切，支配一切，把工人控制得"静如止水，低如草芥"。

可是,最可敬的"人民之友"先生们,为什么我国政府一直努力(从这个解放改革时期起特别努力)"支持、保护和创立"的,只是资产阶级和资本主义呢?为什么这个仿佛凌驾于一切阶级之上的专制政府的这种不好的活动,恰巧同国内生活中以商品经济、商业和工业的发展为特色的历史时期相吻合呢?为什么你们认为近来国内生活中的这些变化是后果,而政府的政策是前因呢?——尽管初期变化是在深处发生的,以致政府没有觉察出来,并且多方加以阻挠,尽管这个"专制"政府在国内生活的另一种条件下曾"支持"、"保护"和"创立"过另一个阶级。

噢,"人民之友"是从来不向自己提出这类问题的!据说这一切都是唯物主义和辩证法,"黑格尔主义","神秘主义和形而上学"。他们简直以为只要向这个政府客客气气温顺地请求一下,它就会把一切都安顿得妥妥帖帖。至于说到客气一层,那么应当为《俄国财富》杂志说句公道话,的确,就是在俄国自由派报刊中间,它也是以毫无独立性而超群出众的。你们自己判断吧:

"废除盐税、废除人头税和减低赎金"被尤沙柯夫先生称为"纾缓人民经济的重大办法"。唔,当然咯!可是废除盐税时,不是规定了一大堆新的间接税而且提高了原有的间接税吗?废除人头税时,不是在改税金为赎金的借口下增加了前国家农民的纳款数额吗?在臭名远扬的减低赎金办法(国家并没有因为实行这一办法而把它办理赎地手续赚得的钱归还农民)实行以后,纳款数额同土地收入不相称的情形,即农奴制代役租的直接残余不是至今仍旧存在吗?——这算得了什么!这里重要的只是"第一步",只是"原则",至于其他的东西……将来还可请求一下嘛!

但这一切都不过是花朵。现在请看看果实吧:

"80年代减轻了人民负担（正是用的上述办法），因而拯救了人民免于彻底破产。"

又是无耻奴才的典型词句，只有上面引证的那段米海洛夫斯基先生关于我国还要创造无产阶级的言论才可与之媲美。说到这里，不禁使人想起谢德林描绘得惟妙惟肖的一位俄国自由主义者的演变经过[64]。这位自由主义者始而请求长官"尽可能地"实行改良，继而央求"哪怕一点儿也行"，最后则采取了永远不变的"同流合污"的立场。当千百万人遭受饥荒，政府对之始而采取小商小贩的吝啬态度，继而采取小商小贩的畏缩态度的印象还很新鲜的时候，"人民之友"竟在报刊上说政府拯救了人民免于彻底破产，这怎能不叫人说他们采取的也是这种永远不变的立场呢！！ 对农民再加紧剥夺几年以后，政府除成立农业部外，还会废除一两种直接税而颁布几种新的间接税；然后又会使4 000万人遭受饥荒，那时这班先生又会照样写道：你看，现在遭受饥荒的是4 000万人，而不是5 000万人，这是因为政府减轻了人民的负担，拯救了人民免于彻底破产，这是因为政府听从了"人民之友"的意见，成立了农业部！

另一个例子：

《俄国财富》杂志第2期国内生活栏编者在谈论俄国"幸而"（原文如此！）是一个落后国家，"还保存着可供按一致原则①论证俄国经济制度的因素"时说：因此，俄国能够充当"国际关系中经济一致的传播者"，俄国的不容争辩的"政治威力"更使俄国有机会这

---

① 谁和谁一致呢？ 地主和农民吗？ 善于经营的农夫和游民吗？ 厂主和工人吗？要领悟这种经典式的"一致原则"，就应记住企业主和工人的一致是靠"减低工资"达到的。

样去做!!

这个欧洲宪兵,这个一切反动势力的经常的和最可靠的支柱,把俄罗斯人民弄到如此可耻的地步,使他们既在本国受压制,又充当压制西欧各国人民的工具,——这个宪兵现在居然被说成是经济一致原则的传播者!

这未免太过分了!"人民之友"先生们大大超过了一切自由主义者。他们不仅是请求政府,不仅是赞美政府,他们简直是向这个政府祷告,磕头祷告,祷告得这么起劲,使人听见他们虔诚的额头碰地的响声就不禁毛骨悚然。

你们记得德国人给庸人下的定义吗?

什么是庸人?

一根空肠子,

充满恐惧和希望,

乞求上帝发慈悲。

这个定义用在这里稍微有点不合适。上帝……上帝在我国完全处于第二位。长官可就是另一回事了。如果我们把这个定义中的"上帝"换成"长官",那么,俄国人道的自由主义的"人民之友"的思想行囊、道德水平和正义感就都最确切地表达出来了。

"人民之友"除了对政府有这种极端荒谬的看法外,对所谓"知识分子"也抱着同样的态度。克里文柯先生写道:"著作界"……应该"根据现象的社会意义评价现象和鼓励每一个行善的积极尝试。著作界老是说教员、医生、技师不够,老是说人民生病、贫穷〈技术人员少!〉、不识字等等,所以当一些人在赌桌跟前坐厌了,票友干厌了,贵族代表的鱼馅烤饼吃腻了,不顾重重障碍,以罕有的自我牺牲精神〈真了不起:居然把赌桌、戏剧和馅饼都舍弃了!〉出来工作的时候，著作界就应该表示欢迎"。

往下两页，他又以一个老练的官吏郑重其事地申斥一些人"犹豫不决，不知道应不应当按照新条例去当地方官、市长、地方自治局主席和委员。对公民的要求和义务有高度认识的社会人士〈先生们，请注意，这确实可以和俄国著名的彭帕杜尔们，即巴拉诺夫之流或科西奇之流的言论媲美！〉，既不会这样犹豫不决，也不会这样对待事情，因为他们对任何一种重要改良，都会按照自己的方式加以同化，也就是说，会把它的切合时宜的方面加以利用和发展，而把它无用的方面变成空文；如果改良中没有任何重要的东西，那它就会完全成为一种赘物了"。

鬼知道说的是什么！分明是一钱不值的机会主义，却这样自吹自擂！原来著作界的任务，就是搜集沙龙中对凶恶的马克思主义者的流言蜚语，磕头感谢政府拯救人民免于彻底破产，欢迎那些在赌桌跟前坐厌了的人，教导"公众"甚至不要推辞地方官一类的职位……　我看的是什么呀？是《星期周报》[65]还是《新时报》呢？不是，是在看《俄国财富》杂志，俄国先进的民主派的刊物……

这班先生还高谈"父辈理想"，大言不惭地说，他们，正是他们，保护着法国向全欧洲传播社会主义思想那个时代的传统，——因为那时俄国接受了这种思想，才有了赫尔岑和车尔尼雪夫斯基的理论和学说。这简直不像话，要不是《俄国财富》杂志显得太滑稽可笑，要不是这种杂志上的类似言论总是引人发笑，那真会令人十分愤慨和不平。是的，是你们在糟蹋这些理想！考茨基说过："当时每个社会主义者都是诗人，每个诗人都是社会主义者"。俄国第一批社会主义者，即考茨基如此中肯地评价过的那个时代的社会主义者，他们的这些理想究竟是什么呢？

相信俄国生活的特殊方式，相信俄国生活的村社制度，由此相信农民社会主义革命的可能性，——这就是鼓舞他们、唤起成十成百的人去同政府作英勇斗争的东西。你们不能责备社会民主党人，说他们不善于看重当时这些优秀人物的巨大历史功绩，不善于敬仰这些人物。可是我要问问你们：现在这种信仰究竟在哪里呢？它没有了，根本没有了，所以当去年瓦·沃·先生想说村社能培养人民从事一致的活动，村社是利他主义情感的泉源等等的时候，甚至米海洛夫斯基先生也感到惭愧，羞答答地责备瓦·沃·先生说："没有一项**研究**能证明我国村社同利他主义是有联系的。"的确，没有这种研究。可是说也奇怪，有一个时候，人们没有作任何研究也相信了这一点，并且是真心实意地相信了这一点。

怎么？为什么？根据什么？……

——"当时每个社会主义者都是诗人，每个诗人都是社会主义者。"

同一位米海洛夫斯基先生又补充说，一切诚实的研究家还一致认为农村在分裂，一方面分化出无产阶级大众，一方面分化出一小群把其余居民踩在自己脚下的"盘剥者"。他又说对了，农村确实在分裂。不仅如此，农村早已完全分裂了。同时俄国旧的农民社会主义也随着分裂了，一方面让位给工人社会主义，一方面堕落为庸俗的小市民激进主义。这种变化不能叫做别的，只能叫做堕落。关于农民生活的特殊方式、关于我国十分独特的发展道路的学说，已经变成软弱无力的折中主义了，这种折中主义已经不能否认商品经济成了经济发展的基础，已经不能否认商品经济变成了资本主义，可是又不愿看见一切生产关系的资产阶级性质，不愿看见在这个制度下的阶级斗争的必然性。以**发动农民**进行**反对现代**

社会基础的社会主义革命为目标的政治纲领①，已经变成以**在保存现代社会基础的条件下**去补缀和"改善"农民状况为目标的纲领了。

老实说，从上述一切已经可以看出，当《俄国财富》杂志这些先生们要"猛击"社会民主党人的时候，他们会提出什么样的"批评"。他们并不打算直率诚恳地叙述社会民主党人对俄国现实的看法（就防备书报检查来说，这本来是完全可以做到的，只要偏重于经济方面，只要始终采用他们的全部"论战"所采用的那种笼统的、带点伊索式的表达方式就行了）并从实质上反驳这种看法，反驳从这种看法得出的实际结论的正确性。他们不这样做，宁愿用一些毫无内容的词句支吾搪塞，谈论抽象公式和对这些公式的信念，以及深信每个国家必须经过某某阶段……等等之类的鬼话，这种鬼话我们在米海洛夫斯基先生那里已经听够了。同时还出现公然的歪曲。例如，克里文柯先生说马克思"承认我们只要愿意〈?!! 这么说，**在马克思看来**，社会经济关系的演进是以人们的意志和意识为转移的了?? 这究竟是什么，是十足的愚昧无知，还是无比的厚颜无耻?!〉并措置得当，就能避免资本主义的波折而走上另一条较为适当的道路〈原文如此!!!〉"。

我们的骑士只有靠公然的歪曲捏造才能说出这种胡话。克里文柯先生从有名的《马克思的一封信》（1888年《法学通报》杂志第10期）中，摘引了马克思谈到他很尊敬车尔尼雪夫斯基（他认为俄国有可能"不经受资本主义制度的痛苦"）的一段话，加上引号，即

---

① 其实，我国一切旧的革命纲领归结起来都是这样，例如巴枯宁派和骚乱派66、民粹派以至民意党都是这样，他们都相信农民会把占压倒多数的社会主义者派去参加未来的国民代表会议67，这种信念在他们那里所占的位置远非末位。

确切地转述了马克思的话(最后一句是:"他〈车尔尼雪夫斯基〉主
张后一种解决法"),然后补充说:"马克思说,我也**赞同**〈黑体是克
里文柯先生原有的〉这种观点。"(第12期第186页)

　　其实马克思是这样说的:"我的可敬的批评家既然可以根据我
同那位俄国'文学家'和泛斯拉夫主义者**68**的争论得出我不同意他
关于这个问题的观点的结论,那么,他至少也同样有理由根据我对
这位'俄国的伟大学者和批评家'的尊重断定我同意他关于这个问
题的观点。"①(1888年《法学通报》杂志第10期第271页)

　　总之,马克思是说,米海洛夫斯基先生没有理由把他看做是俄
国特殊发展观的反对者,因为马克思对赞成这种观点的人也很尊
敬,而克里文柯先生却曲解成似乎马克思"承认"这种特殊发展。
简直是撒谎。马克思的这个声明十分清楚地表明,他不愿从实质
上回答问题:"米海洛夫斯基先生可以随便把两种互相矛盾的意见
中的一种拿来作根据,也就是说,他既不能根据这种意见也不能根
据另一种意见来断定我对俄国事情的看法。"为了使这些意见不致
成为曲解的借口,马克思又在这封《信》里直截了当地回答了他的
理论怎样应用于俄国的问题。这一回答特别清楚地表明,马克思
当时不愿从实质上回答问题,不愿分析那些唯一能够解决问题的
俄国资料。他回答说:"假如俄国想要遵照西欧各国的先例成为一
个资本主义国家——它最近几年已经在这方面费了很大的精
力——,它不先把很大一部分农民变成无产者就达不到这个
目的。"②

　　看来,这已经十分清楚了:当时问题正是在于俄国是不是力求

----

　　①　见《马克思恩格斯文集》第3卷第464页。——编者注
　　②　同上书,第466页。——编者注

成为一个资本主义国家,俄国农民的破产是不是资本主义制度和资本主义无产阶级的形成过程;而马克思说,"假如"俄国力求成为这样的国家,就必须把相当大的一部分农民变成无产者。换句话说,马克思的理论是在研究和说明某些国家的经济制度的演进;至于把这种理论"应用"到俄国来,只能是**利用**已经创造出来的**唯物主义**方法和**理论**政治经济学方法,来**研究**俄国生产关系及其演进情形。①

新的方法论和新的政治经济学理论的创立,是社会科学的极大进步,是社会主义的巨大进展,所以《资本论》一出现,"俄国资本主义的命运"问题就成了俄国社会主义者的主要理论问题,最热烈的争论都集中在这个问题上,最重要的纲领性原理的解决都以这个问题为转移。值得注意的是,当时(10年以前)出现了一个单独的社会主义者团体,它对俄国资本主义演进问题作了肯定的回答,而这种回答是以俄国经济现实的资料为依据的,那时它并没有遇到直接的和确定的实质性批评,没有遇到接受共同的方法论原理和理论原理而对有关资料作出不同解释的批评。

"人民之友"虽然向马克思主义者大举进攻,可是同样没有通过分析实际资料提出论证。我们在第一篇文章里看到,他们总是用空话支吾搪塞。同时,米海洛夫斯基先生不放过机会来卖弄自己的机智,说马克思主义者没有一致的意见,说他们彼此之间没有商妥。于是"我国著名的"尼·康·米海洛夫斯基一想到他说的"真正的"马克思主义者和"非真正的"马克思主义者的俏皮话,就乐得不可开交。马克思主义者意见不完全一致,这是事实。可是,

---

① 再说一遍,这个结论对每一个读过《共产党宣言》、《哲学的贫困》和《资本论》的人不会不清楚,只有对米海洛夫斯基先生一个人才需要专门作解释。

第一,这个事实被米海洛夫斯基先生歪曲了;第二,这个事实不是证明俄国社会民主党软弱无力,而恰恰是证明他们有力量有生气。近来特别突出的现象是,社会主义者循着各种不同的道路达到社会民主主义观点,因此,他们在基本的和主要的论点上,是绝对一致的,都认为俄国是从农奴制度成长起来的资产阶级社会,这个社会的政治形式是阶级国家,结束对劳动者剥削的唯一途径是无产阶级的阶级斗争;但在许多局部问题上,他们的论证方法或对俄国生活某些现象的详细解释是有不同的。因此,我可以用下面的话先叫米海洛夫斯基先生高兴高兴:例如,在这篇简评提到的那些问题上,即在农民改革、农民的农业和手工业经济、租佃等等问题上,在刚才说过的所有社会民主党人公认的基本论点的范围内,是存在着不同意见的。从前人们意见一致,是因为当时都满足于一致承认这样一些"崇高真理",如农民改革**会**给俄国开辟正常发展的平稳道路,国家**会**召请"人民之友"而不召请资本主义利益的代表,村社**会**使农业和加工工业一同社会化,而手工业者**会**把加工工业变成大生产,**人民**租佃支持**人民**经济等;现在这种引人入胜的和令人感动的意见一致,已为人们的意见分歧所代替了,因为现在人们正在探索如何说明俄国**现实的、已有的**经济组织是一定生产关系的体系,如何说明这一体系的**现实**经济的演进、这一体系的政治上层建筑和其他一切上层建筑。

　　这种工作一方面使人们从不同的观点出发承认一个总的原理(这一原理无疑决定着一致的政治活动,因而使一切接受这一原理的人都有权利和义务认为自己是并且自称是"**社会民主党人**"),一方面又使大家在许多按不同观点解决的局部问题上有发生意见分歧的余地,这当然只是证明俄国社会民主党有力量有生气。①

　　同时,进行这一工作的条件又坏得简直难以想象:没有也不可能有一个把分散的工作统一起来的机关,在我国警察统治的条件下,私人交往极其困难。显然,社会民主党人在细节上不可能充分商讨和取得一致,他们会互相矛盾……

　　你看,这不是确实可笑吗?

　　在克里文柯先生同社会民主党人的"论战"中,有一点可能令人莫名其妙,就是他谈到什么"新马克思主义者"。有些读者会以为社会民主党人中间发生了什么分裂,从旧社会民主党人中间分化出了"新马克思主义者"。根本没有这么一回事。没有任何人在任何地方和任何时候,为了马克思主义来公开批评俄国社会民主党人的理论和纲领,而拥护另一种马克思主义。原来,克里文柯先生和米海洛夫斯基先生听到好多交际场中对马克思主义者的种种流言蜚语,看到好多自由派用马克思主义来掩饰自己那种自由派的内心空虚,于是以他们两人特有的机智和圆滑,拿出这样一套货色来"批评"马克思主义者。无怪乎这种"批评"是一连串的大笑话和卑鄙的攻击。

　　克里文柯先生说:"要首尾一贯,就必须对此作出肯定的答复"(答复"该不该努力发展资本主义工业"的问题),"既不怕收买农民土地,也不怕开设店铺和酒馆",要"欢迎许多酒馆老板在杜马中获得成功,帮助为数更多的包买主收买农民粮食"。

---

①　原因很简单,因为这些问题直到今天还**根本没有解决**。断言"人民租佃支持人民经济",或把用农民农具耕种地主土地的制度描绘为"农民胜过地主"、地主"牺牲自己的独立性以利于独立的农民"、"农民已从地主手里夺去大生产"、"人民在为农业形式而斗争中成了胜利者",实际上这决不能算是解决了租佃问题。这只是"我国著名的"瓦·沃·先生的《资本主义的命运》一文中的自由主义空谈。

这真是可笑极了。你试向这样一位"人民之友"说,俄国各地劳动者所受的剥削实质上都是资本主义的剥削,根据某些证明农民分化的资产阶级性质的政治经济标志,农村善于经营的农夫和包买主应当被算做资本主义的代表,那他一定会嚷叫起来,把这叫做不可思议的邪说,高喊这是盲目抄袭西欧公式和抽象图式(同时小心翼翼地回避"邪说"论据的实际内容)。可是当需要大肆渲染凶恶的马克思主义者带来的"惨象"时,却可以把高尚的科学和纯洁的理想都丢在一边,可以承认收买农民粮食和农民土地的包买主确实是资本主义的代表,而不只是别人成果的"猎取者"。

你试向这位"人民之友"证明说,现在俄国资产阶级由于把生产资料集中在自己手中,不仅已在各地控制着人民劳动,而且对政府施加压力,造成、迫使和决定政府的政策具有资产阶级的性质,那他一定会大发雷霆,高喊我国政府是万能的,它只是由于可悲的误会和偶然的不幸,才总是"召请"资本主义利益的代表,而不"召请""人民之友",它是在人为地培植资本主义……而在暗地里自己又不得不承认杜马(即仿佛凌驾于一切阶级之上的政府的成分之一)中的酒馆老板是资本主义的代表。可是,诸位先生,难道我们俄国资本主义的利益只是由"杜马"代表,只是由"酒馆老板"代表吗?……

至于卑鄙的攻击,我们在米海洛夫斯基先生那里已经看得够多了,现在我们又在克里文柯先生这里碰到了。例如,克里文柯先生一心想消灭可恨的社会民主主义,说"有些人去工厂(当然是在能取得技师和办事员的好位置的时候),动机完全是为了加速资本主义过程"。当然,对这种很不体面的说法,根本用不着回答。只能到此为止。

先生们，请你们以同样精神大胆地说下去吧！帝国政府，也就是你们刚才说的已采取种种办法（虽然也有缺点）来拯救人民免于彻底破产的那个政府，一定会采取再没有任何缺点的办法来拯救你们，使你们的鄙陋无知不致被揭露出来。"文化界"照旧会在吃鱼馅烤饼和赌博的间隙兴致勃勃地谈论小兄弟，编制"改善"小兄弟境遇的人道方案；他们的代表人物听到你们说，他们充任地方官或其他盯住农民腰包的监视者，是他们充分意识到公民要求和公民义务的表现，一定会感到满意。说下去吧！保证你们不但平安无事，而且会得到……出自布勒宁这类先生之口的赞赏和夸奖。

————

在结束本文时，看来，不妨回答一下大概已有不少读者想到的问题。是不是值得同这班先生这样长谈呢？是不是值得认真回答这一大堆美其名为论战实则受到书报检查机关保护的自由主义的肮脏言论呢？

我觉得是值得的，当然，这不是为了他们，也不是为了"文化界的"公众，而是为了俄国社会主义者能够而且应该从这次进攻中取得有益的教训。这次进攻最明显最确凿地证明，民主主义和社会主义融合为一个不可分割的整体的俄国社会发展时代（例如车尔尼雪夫斯基时代就是如此）已一去不复返了。那种认为俄国民主主义者思想和社会主义者思想似乎没有深刻的质的区别的看法（这种看法到现在还多少存在于俄国社会主义者中间，使他们的理论和实践都受到极坏的影响），现在已根本没有存在的基础了。

完全相反，这两种思想之间横着一条鸿沟，俄国社会主义者早就应该懂得这点了，早就应该懂得同民主主义者的思想**完全**和**彻底决裂的必然性**和**绝对的必要性**了。

现在我们来看看,这个俄国民主主义者在产生上述看法的那个时代究竟是什么人,后来又变成了什么人。"人民之友"给我们提供了作这种对照的充分材料。

在这方面非常值得注意的是克里文柯先生对司徒卢威先生的攻击,后者曾在一个德文刊物上反对尼古·—逊先生的空想主义(司徒卢威先生的短评《论俄国资本主义发展问题》,发表在 1893 年 10 月 2 日出版的《社会政治中央导报》[69]第 3 卷第 1 期上)。克里文柯先生大肆攻击司徒卢威先生,说他把"拥护村社和份地"的人的思想当做"民族社会主义"(照他的说法,民族社会主义是"纯粹空想性质的")。这一仿佛是社会主义的可怕罪名,使最可敬的作者大发雷霆。

他高喊道:"难道再没有人〈除赫尔岑、车尔尼雪夫斯基和民粹派外〉拥护村社和份地了吗?那些起草农民条例、把村社和农民的经济独立性当做改革基础的人呢,那些研究我国历史和现代生活、拥护这些原则的人呢,同样拥护这些原则的我国几乎全部严肃正派的报刊呢?——难道这一切都是所谓'民族社会主义'这一错误思想的牺牲品吗?"

安静点吧,最可敬的"人民之友"先生!您竟被这一社会主义的可怕罪名吓成这个样子,甚至不愿花点工夫把司徒卢威先生的"小文章"细读一遍。真的,把社会主义罪名加在"拥护村社和份地"的人头上,是多么不公平啊!得了吧,这里有什么社会主义呀?要知道,反对剥削劳动者的抗议和斗争,目的在于完全消灭这种剥削的斗争,才叫做社会主义,而"拥护份地"则是主张农民赎买以前由他们支配的全部土地。即使不是主张赎买,而是主张无代价地把农民在改革前所占有的全部土地留归农民,那也还是没有半点社会主义，因为这种农民土地所有制（在封建时期形成的），在西欧各地也和在我们俄国一样①，都是资产阶级社会的基础。当谁都知道在村社内部安然存在着和不断产生着对劳动者的剥削的时候，"拥护村社"，也就是说，反对用警察手段干涉通常的土地分配方法，究竟有什么社会主义呢？这未免把"社会主义"一词用得太滥了，也许要把波别多诺斯采夫先生也列为社会主义者吧！

司徒卢威先生根本没有说过这种骇人听闻的不公道的话。他说的是**民粹派**的"民族社会主义的空想性"，至于他把什么人算做民粹派，那可以从他把普列汉诺夫的《我们的意见分歧》一书叫做同民粹派的论战这一点上看出来。普列汉诺夫无疑是同社会主义者，同那些与俄国"严肃正派的"报刊毫不相干的人进行论战的。因此，克里文柯先生没有任何权利把属于民粹派的东西归到自己名下。如果他一定要想知道司徒卢威先生对于自己所属的那个派别的意见，那我就奇怪他为什么没有注意到、**没有替**《俄国财富》**杂志翻译**出司徒卢威先生文章里的下面一段话：

"随着资本主义的向前发展，我们刚才叙述过的世界观〈民粹主义的世界观〉就要失去基础。它或者是堕落为一种只会妥协并且力求妥协的十分虚弱的改良派②（这种可望得到发展的势头早已有了）；或者是承认现实的发展是不可避免的，并作出由此必然产生的理论的和实践的结论，换句话说，就不再是空想主义的了。"

如果克里文柯先生猜不出我国这种只会妥协的派别的苗头在哪里，那我就劝他瞧一瞧《俄国财富》杂志，瞧一瞧这个杂志可怜地

---

① 农民的分化就是证明。

② Ziemlich blasse kompromißfähige und kompromißsüchtige Reformrichtung——用俄文来说，这似乎也可译成文化派的机会主义。

企图把民粹主义学说的片言只语和对俄国资本主义发展的承认凑在一起的理论观点，瞧一瞧这个杂志指望在现有资本主义制度基础上改善和恢复小生产者经济的政治纲领①。

民粹主义堕落为小市民机会主义，这是近来我国社会生活中最突出最重大的现象之一。

的确，如果我们看看《俄国财富》杂志的纲领内容，看看所有这些调整移民和租佃、所有这些低利贷款、博览馆、货栈、技术改良、劳动组合和共耕制，那我们就会看出，这个纲领在所有"严肃正派的报刊"上，就是说，在不算是农奴主报刊或御用报刊的自由派报刊上，确实流传很广。关于这一切办法的必要性、有益性、迫切性和"无害性"的观念，在整个知识界中已根深蒂固，并得到了非常广泛的传播：无论在外地各大小报纸上，或在地方自治局的一切调查材料、汇编、记述等等中，都会碰见这种观念。如果把**这**当做民粹

---

① 克里文柯先生想对司徒卢威先生进行攻击的企图，只会令人觉得可怜。这简直像小孩子一样没有能力认真提出什么反驳意见，而又像小孩子一样恼怒起来。例如，司徒卢威先生说尼古·一逊先生是"空想主义者"。他同时十分明白地指出他为什么这样称呼他，(1)因为他忽略了"俄国现实的发展"；(2)因为他不理解我们国家的阶级性质，而向"社会"和"国家"呼吁。克里文柯先生能用什么来反驳这一点呢？他是不是否认我国的发展确实是资本主义的呢？他是不是说我国的发展是别的什么发展呢？他是不是说我们的国家不是阶级国家呢？不，他宁肯完全避开这些问题，用可笑的愤怒来攻击他自己臆造出来的"死板公式"。再举一个例子。司徒卢威先生除责备尼古·一逊先生不理解阶级斗争外，还责备他在理论方面犯了一些有关"纯粹经济事实"的大错误。例如他指出，尼古·一逊先生说我国非农业人口数量不大，却"没有看出，俄国资本主义的发展恰巧会把这 80％（俄国农村人口）和 44％（美国农村人口）的差别拉平，可以说这就是它的历史使命"。第一，克里文柯先生歪曲了这句话，说"我们的"(？)使命是使农民丧失土地，其实这里讲的只是资本主义有缩减农村人口的趋势；第二，他对问题实质(是不是可能有一种不会使农村人口减少的资本主义呢？)只字未提，就信口胡说什么"书呆子"之类的昏话。见附录二(本卷第 272 页。——编者注)。

主义,那么,得到的成功当然是巨大而不容争辩的。

不过这根本不是民粹主义(就这个词旧有的惯用的意义来说),并且这种成功和这种广为流传,是以民粹主义的庸俗化为代价的,是以同我国自由主义针锋相对的社会革命的民粹主义转变为同这种自由主义同流合污的、仅仅代表小资产阶级利益的文化派的机会主义为代价的。

只要看看上述农民和手工业者分化的情景,就会确信后面这一点。这种情景并不是在描绘什么个别的或新的事实,不过是试图用政治经济学的语言来表达"吸血鬼"和"雇农"的"学校"这个意思,而这种"学校"在我国农村的存在,是连论敌们也不否认的。不言而喻,"民粹主义的"措施只能加强小资产阶级,或者(劳动组合和共耕制)必然是一种微不足道的治标办法,是一种无聊的试验;自由派资产阶级在欧洲各地那样温和地推行这种试验,原因很简单,因为这种试验丝毫也不触犯这个"学校"本身。由于这同一原因,甚至叶尔莫洛夫先生和维特先生之流也丝毫不会反对这种进步。恰恰相反。先生们,请干下去吧!他们甚至会发给你们"试验"费,——只要能诱使"知识分子"脱离革命工作(即强调对抗,向无产阶级解释这种对抗,设法把这种对抗引上直接政治斗争的大道),而去干弥缝对抗、调和及联合之类的事情。请干下去吧!

现在我们稍微谈谈民粹主义堕落到这种地步的过程。这一理论在它产生时,在它的原始形态中,是颇为严整的,它从人民生活的特殊方式这一观念出发,相信"村社"农民具有共产主义的本能,因此认为农民是直接为社会主义奋斗的战士。可是,一方面,它缺乏理论上的研究,缺乏俄国生活事实的印证;另一方面,它在运用这种以农民上述假想品质为基础的政治纲领方面又缺乏经验。

于是这一理论朝着理论和实践两方面发展下去了。理论工作主要是研究他们想看做共产主义萌芽的那种土地**占有**形式；这一工作提供了多方面的极其丰富的实际材料。可是这种多半涉及土地**占有**形式的材料，使得研究者完全忽略了农村的**经济**。发生这种情形是自然的，尤其是因为：第一，研究者没有一种坚定的社会科学的方法论，即没有一种说明必须把生产关系划分出来单独加以研究的理论；第二，所收集的实际材料都是直接提到农民的迫切需要，提到使农民经济受到压制的眼前灾难。于是研究者便一心一意来研究这些灾难，如农民缺少土地、税款过重、毫无权利、备受欺压的情形。这一切都叙述、研究和解释得这样详细，用的材料这样丰富，假如我们的国家不是阶级国家，假如它的政策不是以统治阶级的利益为转移，而是以公正地讨论"人民需要"为转移，那么，它一定万分相信消除这些灾难是必要的。天真的研究者们相信社会和国家是可以"感化"的，完全沉溺在他们所收集的那些事实的细节中，唯独忽略了农村的政治经济结构，忽略了那种真正苦于这些眼前直接灾难的经济的主要背景。结果自然是：本来要维护苦于缺少土地等等现象的经济的利益，现在却是维护那个把持这种经济的阶级的利益，因为只有这个阶级才能**在村社内部**现存社会经济关系下，在国内现存经济制度下维持和发展起来。

理论工作本来是要研究出一种制度，这种制度应当成为铲除剥削的基础和支柱，结果却制定了一个代表小资产阶级（即正是支撑这种剥削制度的阶级）利益的纲领！

同时，实际革命工作也是完全朝着意外的方向发展的。社会主义者既然相信农夫具有共产主义本能，自然就要把政治置诸脑后而"到民间去"。于是一大批最有毅力最有才能的工作者就来着手实现这个纲领,但他们在实践中不得不承认农夫具有共产主义本能的想法是幼稚的。这时他们认为问题不在于农夫而在于政府,因此把全部工作转到同政府作斗争,而进行斗争的只是一些知识分子和间或追随他们的**工人**。这个斗争起初是为了社会主义,它所依据的理论是:人民已决心实现社会主义,只要夺得政权,不仅能完成政治革命,而且能完成社会革命。近来这个理论显然已经威信扫地,于是民意党反对政府的斗争,也就变成激进派争取政治自由的斗争。

因而,从另一方面说,工作导致了与其出发点恰巧相反的结果;从另一方面说,得出了一个只代表激进资产阶级民主派利益的纲领。其实,这一过程还没有完结,但看来已经完全明确了。民粹派的这种发展是十分自然的和不可避免的,因为他们的学说是以农民经济有其特殊结构(村社)这一纯神话式的观念为基础的:神话一接触现实就烟消云散了,于是农民社会主义就变成了一种代表小资产阶级农民利益的激进民主主义。

我举几个例子来说明民主主义者的演变:

克里文柯先生议论道:"不要没有成为完人倒成了全俄国的懦夫,满脑子是模糊的美好感情,但既不能真正献身也不能做出什么切实的事情。"说教是很好的,让我们来看看它是怎么用的吧。克里文柯先生继续说,"关于后面这一点,我知道这样一件令人难受的事实":在俄国南方有一些青年,"他们对小兄弟怀着最善良的愿望和热爱;对农夫多方表示关注和尊敬,几乎待之如上宾,用一个匙子吃饭,拿果子酱和饼干款待他们,买他们的东西时总是比旁人付的钱多,给他们钱用(或是借,或是作为"茶钱",或是干脆就送给他们),向他们讲欧洲制度和工人团体等等。当时一个年轻的德国人施米特也住在那里,他管一点事,确切些说,不过是一个园丁,他没有任何人道主义观念,是一个十足狭隘的形式主义的德国汉子〈原文如此??!!〉"等等。他们在这个地方住了3—4年后分手了。又过了大约20年,作者来到这个地方时听说,"施米特先生"(人家因他做过好事,已把施米特园丁改称施米特先生了)教会了农民种葡萄,使每个农民一年获得75—100卢布的"一笔收入",因此,大家"深深地怀念"他,"对于那些只对农夫怀有美好感情而没有为他做半点切实〈!〉事情的先生们,却连一点记忆也没有留下"。

我们计算一下,就知道这件事发生在1869—1870年,恰好是俄国民粹派社会主义者试图把"欧洲制度"的一个最先进的和最大的特点——国际搬到俄国来的时候。[70]

显然,克里文柯先生的叙述给人的印象太强烈了,于是他赶紧加以说明。

他解释道:"当然我并不是说施米特比这些先生好些,而是说为什么他虽有种种缺点但终究在该地区和居民中留下了更为经久不灭的痕迹。〈不是说更好些,而是说留下了更为经久不灭的痕迹,——这难道不是胡说八道?!〉我也不是说他做了什么重要的事情,恰恰相反,我举出他做的事情,只是当做一个例子,说明这事情虽然极小,是顺便做的,对他本人根本算不得什么,但无疑是切实的。"

你们看,这个说明是很模棱两可的,但问题的实质不在于它的模棱两可,而在于作者把一种活动的有成效和另一种活动的无结果相比较时,显然没有觉察到这两种活动方向的根本区别。这段叙述能如此突出地说明现代民主主义者的面貌,关键就在这里。

这些青年向农夫讲述"欧洲制度和工人团体",显然是想发动农夫去改造社会生活形式（说不定我这个结论在这里也是错误的，但是我想，谁都会同意这个结论是合理的，因为是从克里文柯先生上面那段话中必然得出来的），想发动他们去进行社会革命，反对这个使劳动者遭受不可言状的剥削和压迫的现代社会，与此同时人们普遍对各种自由主义的进步办法表示欢迎。至于"施米特先生"这位十足的业主，不过是想帮助其他业主安排好自己的家业，如此而已。试问，怎能把这两种目标完全相反的活动加以比较对照呢？这无异于把一个人力图破坏某个建筑物的活动的失败，同另一个人想要加固这个建筑物的活动的成功拿来比较！要进行有点意义的比较，就要看看为什么这些到民间去的青年想发动农民起来革命的尝试毫无成效，——是不是因为他们从错误观念出发，以为"农民"正是被剥削劳动居民的代表，而实际上农民并不是一个单独的阶级（所以有这种错觉，显然是由于农奴制崩溃时代的影响，当时农民确实作为一个**阶级**行动过，不过是作为农奴制社会的一个阶级），因为农民内部正在形成资产阶级和无产阶级，——总之，必须分析旧的社会主义理论和社会民主党人对这些理论的批判。可是，克里文柯先生不这样做，却拼命证明"施米特先生"所做的"事情无疑是切实的"。得了吧，最可敬的"人民之友"先生，您干吗要去敲敲开的大门呢？谁怀疑这一点呢？经营一个葡萄园并由此得到75—100卢布的收入，难道还能有比这更切实的事情吗？①

于是作者解释说，如果一个业主自己经营葡萄园，那会是零星的活动，如果几个业主都这么做，那就是一种普遍推广的活动，把

---

① 试向**那些**对农夫讲欧洲团体的青年建议，要他们干这种"切实的"事情吧！看看他们会怎样对待您，会给您怎样出色的申斥！您会对他们的思想怕得要死，正如您现在怕唯物主义和辩证法一样！

小事变成真正的正确的事业,**举例来说,就像**亚·尼·恩格尔哈特
那样不但自己使用磷钙粉,而且还向别人推广磷钙粉生产。

请看,这个民主主义者多么了不起啊!

我们再从关于农民改革的议论中举一个例子来看。上述民主
主义与社会主义不可分割的时代的民主主义者车尔尼雪夫斯基,
是怎样看待农民改革的呢?他不能公开发表自己的意见,只好**缄
默不语,**只好用隐晦的说法对准备实行的改革作如下的评论:

"假定说,我愿意设法保存您用来做饭的粮食。不言而喻,如
果我是出于对您的好感才这样做,那么我的这番热心是由于料到
粮食是属于您的,并且用粮食做成的饭对您身体有好处,对您有益
处。可是,我一旦知道粮食根本不属于您,用粮食做成的每一餐饭
都要您拿钱去买,这笔钱不仅超过一餐饭本身的价值〈这是在改革
以前写的,而尤沙柯夫先生们现在却说这次改革的基本原则是保
证农民的生活!!〉,**而且您不受尽千辛万苦就根本拿不出来,**这时
您可以想象我的感情会是怎样的呢?当我知道这样奇怪的发现时
我会怎样想呢?⋯⋯ 我这个人真蠢,居然为一件并没有条件来
保证其好处的事情操心!除了蠢汉而外,谁会在事先还不能确信
某人会得到一笔财产并且会按有利条件得到这笔财产以前,就为
了使这笔财产保留在这人手里而操心呢?⋯⋯ 倒不如让这些只
会使我亲爱的人受到害处的粮食完全丧失吧!倒不如让这种只会
使您破产的事情完全失败吧!"

我所强调的那些地方,格外突出地表明车尔尼雪夫斯基深刻而
透彻地了解他那个时代的现实,了解农民的赎金是怎么回事,了解
俄国社会各阶级的对抗性。同时,还要指出他善于在受检查的刊物
上叙述这种纯粹的革命思想。他在他那些秘密出版的著作中也是

写的这些东西，不过不是用隐晦的说法罢了。在《序幕的序幕》中，沃尔根（车尔尼雪夫斯基借沃尔根之口来表达自己的思想）说：

"**让解放农民的事情由地主党去办吧。区别是不大的。**"①交谈者反驳说，区别大得很，因为地主党反对把土地分给农民。沃尔根坚定地回答说：

"**不对，不是大得很，而是小得很。如果农民不付赎金而获得土地，那区别就大得很。拿走某人的东西或是把东西留给他，这是有区别的；但是要他花钱来买这个东西，那就是一样了。地主党的计划不同于进步派的计划的地方，只在于它简单些。因此，它甚至好些。手续简便些，农民的负担也一定轻些。农民中谁有钱，谁就买土地。谁没有钱，也就用不着强迫他买土地。这只会使他们破产。赎也就是买。**"

正是要有车尔尼雪夫斯基的天才，才能在当时，在农民改革刚进行的时候（那时它甚至在西欧还没有得到充分的说明）这样清楚地懂得这个改革的基本的资产阶级性质，才能懂得在当时俄国的"社会"和"国家"中已经是那些顽固地敌视劳动者、无疑注定要使农民破产和遭受剥夺的社会阶级占统治和支配地位了。同时，车尔尼雪夫斯基也懂得，一个掩盖我国对抗性社会关系的政府的存在，是使劳动者的状况特别恶化的大祸害。

沃尔根继续说："**说句老实话，倒不如让农民不要土地而得到解放吧。**"（就是说，既然农奴主-地主在我国这样有势力，最好让他们公开地、直截了当地说到底，而不要把这些农奴主的利益掩藏在伪善的专制政府的妥协办法下面。）

① 引自普列汉诺夫在《社会民主党人》上发表的《尼·加·车尔尼雪夫斯基》一文。71

"问题就这样摆着,我甚至找不出原因去为农民是不是会被解放而焦急,更不会去为谁解放他们,是自由派还是地主解放他们而焦急。在我看来都一样。地主甚至还要好些。"

在《没有地址的信》中写道:"都在说解放农民…… 干这件事情的力量在哪里呢?这样的力量还没有。既然没有力量,就不可着手进行。你看结果会怎样吧:会有人来解放的。结果怎么样,请你们自己判断吧,干一件干不成的事情,会有什么样的结果。把事情弄坏,结果就会闹出一场丑事。"

车尔尼雪夫斯基懂得,俄罗斯农奴制的官僚主义国家没有能力解放农民,就是说,没有能力推翻农奴主,它只能闹出一场"丑事",使自由派的利益(赎也就是买)和地主的利益达到一种可怜的妥协,这种妥协以温饱和自由的幻影愚弄农民,事实上却使他们破产并受地主的宰割。所以他反对这种改革,咒骂这种改革,希望这种改革不能成功,希望政府纠缠在它那向自由派和地主两面讨好的把戏中而一败涂地,从而把俄国引上公开的阶级斗争大道。

可是,我国现代的"民主主义者"到了**今天**,到了车尔尼雪夫斯基的天才预见已成为事实的时候,到了30年的历史无情地打破了一切经济上和政治上的幻想的时候,还在颂扬改革,认为改革是对"人民"生产的肯定,设法用它来证明可能有一条道路来**避开**敌视劳动者的社会阶级。再说一遍,我国民主主义者对农民改革所持的态度,最明显地证明他们已经深深地资产阶级化了。这些先生什么也没有学会,可是忘掉的东西倒是很多很多。

不妨拿1872年的《祖国纪事》杂志来对照一下。上面我已从《富豪制和它的基础》一文中引证过几段话,谈的是俄国社会在"伟大的解放"改革后的头十年内在推行自由主义(掩盖富豪利益的自由主义）方面所获得的成功。

　　同一作者在同一篇文章中写道：如果从前往往有人抱怨改革而怀念往昔，那么现在已经没有这样的人了。"大家都喜欢新秩序，大家都心满意足"；接着作者指出，著作界"本身也在变成富豪的喉舌"，"在民主主义掩盖下"实现着富豪的利益和贪欲。你们仔细看看这番议论吧。作者所不满的是"大家"都满意改革所造成的新秩序，"大家"（当然是"社会人士"和"知识界"的代表，而不是劳动者）都心满意足，而不顾这种新秩序具有很明显的对抗性的资产阶级的特征：公众没有觉察到自由主义所掩盖的只是"获取的自由"，而且这种获取当然是取偿于劳动大众和有损于劳动大众的。于是他提出抗议。这种表明社会主义者的特色的抗议，也正是他的议论中可贵的地方。请你们注意，这种对假冒民主主义的富豪主义提出的抗议，是同该杂志总的理论相矛盾的，因为他们否定农民改革中有任何资产阶级的因素、成分和利益，否定俄国知识界和俄罗斯国家的阶级性质，否定俄国存在资本主义的基础，可是他们终究不能不感觉到、不能不感触到资本主义和资产阶级性。《祖国纪事》杂志感觉到俄国社会的对抗，攻击资产阶级的自由主义和民主主义，也就是做了一件与我国第一批社会主义者相同的事情（虽然第一批社会主义者也不能理解这种对抗，但意识到了这种对抗，并且愿意同产生这种对抗的社会组织作斗争），就这一点来说，《祖国纪事》杂志曾经是进步的（当然是从无产阶级观点来看）。"人民之友"忘记了这种对抗，丧失了任何敏感，不知道在我们这个神圣的俄罗斯，十足的资产者也是"在民主主义掩盖下"隐藏着的，所以他们现在是反动的（对无产阶级说来），因为他们抹杀对抗，不谈论斗争，而谈论调和的文化主义的活动。

可是，先生们，难道俄国高头大额的自由主义者，在 60 年代是富豪的民主主义的代表，而到 90 年代只因脸上微带忧世愁容，就不再是资产阶级的思想家了吗？

难道大规模"获取的自由"，即获取大量贷款、大量资本、大量技术改良的自由，在现存社会经济关系不变的条件下，只因它为获取少量贷款、少量资本、少量技术改良的自由所替代，就不再是自由主义的即资产阶级的自由了吗？

再说一遍，他们不是受观点根本改变或我国制度根本变革的影响而改变了意见的。不是的，他们只是忘记了。

"人民之友"失去了这种曾使他们的前辈（尽管这些人的理论完全站不住脚，尽管他们对现实的看法是幼稚的空想的）成为进步人物的唯一特征，他们在这整个期间连什么东西也没有学会。其实，甚至撇开对俄国现实的政治经济分析，单是这 30 年来的俄国政治史，也该教会他们许多东西了。

当时，在 **60 年代**，农奴主的势力已经衰退，他们遭到了虽然不是最后的但终究是决定性的失败，不得不从舞台上销声匿迹了。反之，自由派抬起了头。进步、科学、善良、反对虚伪、人民利益、人民良心、人民力量等等自由主义词句风靡一时，现在，在这特别灰心失望的时刻，我国激进主义的无病呻吟家在他们的沙龙里，我国自由主义的清谈家在他们的纪念宴会上和他们的报章杂志上所呕吐出来的也是这些词句。自由主义者原来很有势力，他们按照自己的方式改造了"新秩序"，——当然还不是完全改造，但终究是在相当程度上改造了"新秩序"。虽然当时俄罗斯也还没有"公开的阶级斗争的亮光"，但终究比现在亮一些，所以连那些不知阶级斗争为何物、宁愿梦想美好的未来而不愿**说明**丑恶的现在的劳动阶级思想家，也不能不看到自由主义的后面隐藏着富豪，不能不看到这种新秩序就是资产阶级的秩序。农奴主被逐出舞台，他们没有转移大家对当前更紧迫的问题的注意，没有妨碍大家按新秩序的纯粹（比较起来说）形态来观察新秩序，所以大家才有可能考察这一点。我国当时的民主主义者虽然善于指摘富豪的自由主义，可是不善于了解它和科学地说明它，不善于了解它在我国社会经济的资本主义组织下的必然性，不善于了解这个新的生活方式比旧的农奴制的生活方式进步，不善于了解这个生活方式所产生的无产阶级的革命作用，他们只是"唾弃"这种"自由"和"人道"的秩序，认为资产阶级性是一种偶然现象，期望"人民制度"中间还会出现另一种社会关系。

历史果然向他们昭示了另一种社会关系。没有完全被改革（被农奴主的利益弄得残缺不全的改革）打垮的农奴主已经（暂时）复活起来，清楚地表明了资产阶级关系以外的另一种社会关系是什么东西，并且用一种肆无忌惮、毫无理性和残暴至极的反动行为表明了这种关系，以致我国民主主义者胆怯了，屈膝了，不仅不向前进，把他们那种只善于感觉而不善于了解资产阶级性的幼稚的民主主义改造为社会民主主义，反而倒退到自由派那里去，现在他们竟自夸起来，说"所有严肃正派的报刊"都赞同他们的诉苦声……即我想说的他们的理论和纲领。看来教训是非常发人深思的：旧时社会主义者关于人民生活的特殊方式、人民的社会主义本能、资本主义和资产阶级的偶然性等幻想，已经暴露得十分明显了；看来现在已经可以正视现实并公开承认：俄国除开资产阶级的和过时的农奴制的社会经济关系以外，过去和现在都没有任何其他的社会经济关系，因此，除了经过工人运动，是不能有别的道路通向社会主义的。可是,这些民主主义者什么也没有学会,于是小市民社会主义的幼稚幻想就让位于小市民进步办法的实际清醒主张了。

现在,这些冒充劳动者利益代表的小市民思想家的理论简直是反动的了。他们抹杀现代俄国社会经济关系的对抗,硬说可以用一般的、照顾到一切人的"振兴"、"改良"等等措施来办妥一切,硬说可以调解和统一。他们所以是反动的,因为他们把我们的国家描绘成一种凌驾于各阶级之上从而适宜于并且能够给被剥削群众以某种重大真诚帮助的东西。

最后,他们所以是反动的,因为他们根本不了解劳动者为了本身的解放必须自己进行斗争,必须进行殊死的斗争。例如,在"人民之友"看来,仿佛他们能独自把一切安排妥帖。工人可以放心。你看,甚至有一个技师也到《俄国财富》杂志编辑部来了,他们几乎完全拟好了一个"把资本主义推行到人民生活中去"的"计划"。社会主义者应该**坚决彻底地**同一切小市民的思想和理论决裂,——**这就是**应该从这次进攻中得出来的**主要的有益的教训**。

请注意,我是说同小市民思想决裂,而不是同"人民之友"及其思想决裂,因为同从未有过联系的东西是说不上决裂的。"人民之友"只是这类小市民社会主义思想流派中的一个流派的代表。我所以在这里作出必须同**整个**小市民社会主义思想、同**整个**旧时俄国农民社会主义思想决裂的结论,这是因为被马克思主义的发展吓坏了的旧思想代表人物对马克思主义者展开的这次进攻,推动他们特别充分而突出地把小市民思想描绘了出来。我们把这种思想同现代社会主义、同有关俄国现实的现代资料加以对照,就非常清楚地看到,这种思想已经衰竭到什么程度,它已经丧失了任何完整的理论基础,堕落成了可怜的折中主义,堕落成了最平庸的文化派机会主义的纲领。有人会说，这不能怪整个旧社会主义思想，而只能怪这些从未被任何人算做社会主义者的先生们；但我觉得这种异议是毫无根据的。我到处竭力指明旧理论的这种堕落的必然性，到处竭力少用一些篇幅来专门批判这些先生，而尽量多用一些篇幅去批判俄国旧社会主义的一般基本原理。如果社会主义者认为我把这些原理叙述得不正确，或不确切，不透彻，那我只好恭请诸位先生，请你们自己把这些原理叙述出来，把这些原理好好地说透彻吧！

老实说，再没有人比社会民主党人更乐于有机会同社会主义者进行论战了。

难道你们以为，我们乐意回答这些先生们的"论战"吗？难道你们以为不是他们公开、坚决而激烈地挑战，我们会来干这种事情吗？

难道你们以为我们不尽力克制自己就能阅读、反复阅读和仔细阅读这种用官场自由主义辞藻和小市民说教拼凑而成的令人作呕的东西吗？

要知道，现在只有这班先生在论证和叙述这种思想，那总不能怪我们吧。同时还请注意，我是说必须同小市民的**社会主义**思想决裂。我们分析过的这种小资产阶级理论**无条件**是反动的，**因为**它是作为社会主义理论而出现的。

其实这里丝毫没有社会主义气味，就是说，所有这些理论根本没有说明劳动者受剥削的原因，因而绝对不能有助于劳动者的解放，其实所有这些理论都是反映和拥护小资产阶级利益的；如果我们懂得这一点，那我们就一定会用另一种态度对待它们，就一定会提出这样的问题：**工人阶级应该怎样对待小资产阶级及其纲领呢**？

不注意到小资产阶级的两重性(这种两重性在我们俄国表现得特别厉害,因为这里小资产阶级和大资产阶级之间的对抗发展程度较低),就无法回答这个问题。它是进步的,因为它提出一般民主主义的要求,就是说,它反对中世纪时代和农奴制度的一切残余;它是反动的,因为它极力保存自己的小资产阶级地位,力图阻止和扭转国家朝着资本主义方向的发展。例如,所谓禁止转让份地一类的反动要求,也和其他许多监护农民的办法一样,通常都是用保护劳动者的漂亮借口作掩护的;而事实上这些要求显然只能使劳动者的状况恶化,同时阻挠他们的解放斗争。必须把小资产阶级纲领的这两个方面严格区别开,所以在否定这些理论具有任何社会主义性质时,在反对它们的反动方面时,不应当忘记这些理论的民主主义部分。现在我用实例说明,为什么马克思主义者对小市民理论的完全否定,不仅不排斥它们纲领中的民主主义,反而要求更加坚持民主主义。前面已经指出小市民社会主义的代表人物在他们的理论中总是利用的三个基本论点:缺少土地,税款过重,受行政机关压迫。

要求铲除这些祸害,根本不是什么社会主义,因为这些祸害丝毫不能说明剥夺和剥削,铲除这些祸害丝毫不会触动资本对劳动的压迫。可是铲除这些祸害,就会清除加重这种压迫的中世纪破烂,使工人易于直接同资本进行斗争,因此,这种举动,作为民主主义的要求,定会得到工人最坚决的支持。一般说来,税款和赋税是只有小资产者才能特别重视的问题,但在我们这里,农民税款在许多方面不过是农奴制的残余:例如,应当立即无条件地废除的赎金就是如此;那些只落到农民和小市民身上而与"贵人"无关的赋税就是如此。社会民主党人始终会支持这种要求:铲除这些造成经济政治停滞的中世纪关系的残余。缺少土地的问题也是如此。我已在前面详细地证明了关于这个问题的叫喊的资产阶级性质。例如，农民改革用割地的办法直接替地主抢劫了农民，直接(夺去农民土地)和间接(巧妙地隔开份地)地为这一巨大反动势力效了劳，这一点是没有疑问的。所以社会民主党人将最坚决地要求把夺自农民手中的土地立即归还农民，把地主的地产(这个农奴制度和农奴制传统的支柱)剥夺干净。后一种要求与土地国有化相吻合，其中并不含有任何社会主义的东西，因为已在我国形成的农场主关系，在这种情况下只会更迅速更蓬勃地发展起来，但这一要求在民主主义意义上说来是极其重要的，因为它是唯一能够彻底打垮高贵地主的办法。最后，当然只有尤沙柯夫先生和瓦·沃·先生之流才会把农民的无权说成是农民被剥夺和被剥削的原因，但行政机关对农民的压迫不仅是明显的事实，并且不是简单的压迫，而是公然把农民看做"贱民"，认为他们命该受高贵地主的支配，让他们享受一般公民权利(例如迁徙权①)只是一种特别的恩惠，任何一个彭帕杜尔都可以把他们当做关在贫民习艺所里的人来摆布。所以社会民主党人无条件地赞同这种要求：完全恢复农民的公民权利，完全废除一切贵族特权，取消官僚对农民的监护，给予农民自治权。

一般说来，俄国共产主义者，马克思主义信徒，比其他任何人都更应该把自己称为**社会民主党人**，并在自己的活动中始终不应

---

① 说到这里，不能不想起现任农业大臣叶尔莫洛夫先生在《歉收和人民的灾难》一书中反对移民时所表现的纯粹俄罗斯式的农奴主的厚颜无耻。他说，从国家观点看来，不能认为移民是合理的，因为欧俄地主还很需要空闲人手。——真的，农民生在世上，不是为了用自己的劳动来养活寄生的地主及其"显贵的"走卒，又是为了什么呢？

忘记**民主主义**的巨大重要性。①

　　俄国中世纪的半农奴制度的残余还异常强而有力(比西欧)，它像一副沉重的枷锁套在无产阶级和全体人民身上，阻碍着一切等级和一切阶级的政治思想的发展，所以我们不能不主张反对一切农奴制度即反对专制制度、等级制度、官僚制度的斗争对于工人有巨大的重要性。必须向工人十分详细地指明：这些制度是多么可怕的反动力量，它们在怎样加强资本对劳动的压迫，怎样欺压劳动者，怎样把资本阻滞在它的中世纪形式中，这种形式对劳动的剥削并不亚于现代工业形式，而且给解放斗争增添了极大的困难。工人应当知道，他们不推倒这些反动支柱②，就根本无法同资产阶级进行有成效的斗争，因为只要这些支柱存在，俄国农村无产阶级(这个阶级的支持是工人阶级取得胜利的必要条件)就永远摆脱不了闭塞无知、担惊受怕的状况，只能作绝望的挣扎，而不能进行明智顽强的抗议和斗争。因此，同激进民主派一道去反对专制制度，反对反动的等级和机构，是工人阶级的直接责任，社会民主党人必

---

　① 这是很重要的一点。普列汉诺夫说得很对：我国革命家有"两种敌人，一种是还没有完全根除的陈腐偏见，一种是对新纲领的狭隘理解"。见附录三(本卷第290页。——编者注)。

　② 事实上在治理俄罗斯国家的我国**官僚**是特别厉害的反动机构，它还不大为我国革命者所注意。这种主要靠平民知识分子补充的官僚，按其出身及其活动的使命和性质来说，都带有浓厚的资产阶级性质，但专制制度和高贵地主的巨大政治特权，却赋予他们特别有害的品质。他们是见风使舵的人，把兼顾地主和资产者的利益看做自己的最高任务。他们是犹杜什卡**72**，利用自己同农奴主的感情和联系来欺骗工农，借口"保护经济上的弱者"和对他们实行"监护"以免受富农和高利贷者的压迫，而采取各种办法把劳动者压低到"贱民"的地位，使他们受农奴主-地主的宰割，从而更加无法抵御资产阶级的进攻。他们是最危险的伪君子，很有西欧反动专家的经验，巧于用爱人民的辞藻来掩饰他们阿拉克切耶夫式的贪欲**73**。

须使工人阶级明了这种责任，同时又要时时刻刻使工人阶级记住：反对这一切制度的斗争，只是作为促进反资产阶级斗争的手段才是必要的；工人需要实现一般民主主义要求，只是为了扫清道路，以便战胜劳动者的主要敌人即**资本**，资本按其本性来说是一种纯粹民主主义的制度，但它在我们俄国却特别倾向于牺牲自己的民主主义，而同反动派勾结起来压迫工人，更加厉害地阻止工人运动的出现。

以上所述，看来足以说明社会民主党人如何对待专制制度和政治自由，以及他们如何对待近来特别加强起来的、力求把一切革命者的派别"统一"和"联合"起来争取政治自由的思潮了[74]。

这是一个颇为新奇而独特的思潮。

它所以新奇，是因为"联合"的建议不是来自某个集团或某几个纲领明确而且有某些相似的集团。如果是这样，联合问题就会是每一个别场合的问题了，就会是准备统一的各个集团的代表能够解决的具体问题了。那也就不会有特别的"统一"思潮了，但这个思潮是有的，而掀起这个思潮的无非是这样一些人，他们离开了旧立场而没有走上任何新立场，这就是说反专制制度的战士直到现在所依靠的理论显然已在崩溃，因而也使斗争所需要的团结条件和组织条件遭到破坏。这些"统一派"和"联合派"的先生们想必以为创立这样一种理论是最容易的事情，只要把它全部归结为反对专制制度和要求政治自由，至于其余一切社会主义问题和非社会主义问题，可以避开不谈。显然，这种幼稚的错误观点，在一开始进行这类统一的尝试时，就一定会不攻自破。

这种"统一"思潮所以独特，是因为它反映着战斗的革命的民粹主义转变为政治激进民主主义这一过程的最后阶段之一，这个转变（过程）我在上面已经尽力描述过了。一切非社会民主主义的革命集团，只有在制定一个抛弃旧时俄国独特发展论的偏见的、提出**民主主义**要求的坚定纲领时，才能在上述旗帜下巩固地统一起来。社会民主党人认为创立这样一个民主主义政党当然是有益的前进步骤，而且他们为反对民粹主义所进行的工作会促成这种进步，有助于根除一切偏见和神话，使社会主义者在马克思主义旗帜下聚集起来，由其余的集团组成一个民主主义政党。

社会民主党人当然不能同这个政党"统一"，因为他们认为工人必须独立地组织成一个单独的工人政党，但是工人对民主主义者反对反动机构的一切斗争，都会极力给以支持。

民粹主义已经堕落为最平庸的小资产阶级激进主义的理论，"人民之友"就是这种堕落的非常明显的例证。我们由此可以看出某些人犯了多么重大的错误，他们只向工人传播同专制制度作斗争的思想，却不同时向工人说明我国社会关系的对抗性（由于这种对抗性，资产阶级思想家也主张政治自由），不同时向工人说明俄国工人的历史使命是为全体劳动人民的解放而斗争。

有些人喜欢责备社会民主党人，说他们似乎要独享马克思的理论，可是又说马克思的经济理论是一切社会主义者都接受的。试问，既然我们俄国劳动者遭受剥削根本不是由于资产阶级的社会经济组织，而是由于缺少土地、税款过重和受行政机关压迫，那么，向工人解释价值形式、资产阶级制度的实质和无产阶级的革命作用，又有什么意思呢？

既然阶级斗争理论甚至不能说明工人对厂主的关系（我国资本主义是由政府人为地培植起来的），那么，向工人（更不必说向那不属于已经形成的工厂工人阶级的"人民"大众了）解释阶级斗争理论，又有什么意思呢？

既然想在我国寻找一条避开资本主义、避开资本主义所造成的无产阶级而通向共产主义的道路，那么，又怎能接受马克思的经济理论及其关于无产阶级具有通过资本主义来组织共产主义的革命作用的结论呢？

显然，在这种情况下号召工人争取政治自由，就等于号召工人替先进资产阶级火中取栗，因为不能否认（值得注意的是连民粹派和民意党也不否认），政治自由首先是为资产阶级利益服务的，它不能改善工人的状况，它只能……只能改善**同这个资产阶级作**……斗争的条件。我说这些话是反对这样一些社会主义者的，他们不接受社会民主党人的理论，却在工人中间进行鼓动，因为他们根据经验确信只有在工人中间才可以找到革命分子。这些社会主义者使自己的理论同实践相抵触，犯了极严重的错误：诱使工人抛弃自己的直接任务，即**组织社会主义工人政党**的任务①。

当资产阶级社会的阶级对抗因受农奴制度的压制而完全没有发展起来的时候，当农奴制度激起了全体知识分子一致的抗议和斗争，从而造成一种错觉，似乎我国知识分子具有特别的民主主义，以为自由主义者的思想和社会主义者的思想之间没有深刻分歧的时候，产生上述错误是很自然的。现在，当经济发展已有长足

---

① 必须发动工人同专制制度作斗争的结论可以从两方面得出：**或者**把工人看做争取社会主义制度的唯一战士，那就得把政治自由看做便利工人斗争的条件之一。社会民主党人就是这样看的。**或者**把工人单单看做是在现代制度下受苦最深、已经没有什么东西可以丧失并能最坚决地反对专制制度的人。但这也就等于要工人做资产阶级激进派的尾巴，而资产阶级激进派是不愿看见在全体"人民"一致反对专制制度的后面，还存在着资产阶级和无产阶级的对抗的。

的进步,甚至从前否认俄国有资本主义发展基础的人也承认我国恰恰是走上资本主义发展道路的时候,对这一点已经不可能有任何错觉了。"知识分子"的成分,也和从事物质财富生产的社会成分一样,表现得十分明显:如果说,在后者中间起统治和支配作用的是资本家,那么,在前者中间起主导作用的则是人数日益迅速增加的一帮野心家和资产阶级的奴仆,也就是那些心满意足、毫无梦想、深知本身要求的"知识分子"。我们的激进派和自由派不仅不否认这一事实,反而极力强调它,煞费苦心地证明它不道德,斥责它,极力想粉碎、耻笑……和消灭它。这种想使资产阶级知识分子因自己的资产阶级性而**感到羞惭**的天真妄想,正像小市民经济学家想用资产阶级使人民破产,使大众贫困、失业和饥饿(援引"哥哥"的经验)来恐吓我国资产阶级的意图一样,是很可笑的;这样审判资产阶级和他们的思想家,就跟判决把狗鱼投到河里[75]一样。除此而外,还有这样一种自由派和激进派"知识分子",他们滔滔不绝地大谈其进步、科学、真理、人民等等,他们喜欢怀念 60 年代,说当时没有争执、消沉、灰心和冷淡,大家的心都热衷于民主主义。

这些先生由于他们固有的天真,怎么也不愿意了解当时的一致是由当时的物质条件造成的,而这样的条件不会回来了。当时大家都同样受到农奴制度的束缚,其中有积了一点钱而想过快活日子的农奴主的管家,也有仇恨地主老爷勒索、干涉和打断他的经营的善于经营的农夫,也有地主家中的无产仆人,以及被卖给商人去盘剥的破产农夫;当时受到农奴制度压迫的还有商人兼厂主,有工人,有手工业者,有工匠。当时在所有这些人之间只有一种联系,就是他们都敌视农奴制度,而超出这种一致就是最剧烈的经济对抗了。只有完全沉醉于甜蜜梦想的人才会至今还看不见这种已经有了这么大发展的对抗，才会在现实生活要求斗争，要求每个不愿替资产阶级当**自愿的**或**非自愿的**走卒的人都站到无产阶级方面来的时候，还在泣求这个一致的时代重新到来。

如果你们不轻信关于"人民利益"的花言巧语，而去深究一下，那就会看出在你们面前的是一些地地道道的小资产阶级思想家，他们梦想用各种天真的进步办法来改善、维持和恢复自己的（他们说是"人民的"）经济，他们绝对不能了解，在现存的生产关系基础上，所有这些进步办法只会日益加深大众的无产阶级化。我们不能不感谢"人民之友"，因为他们大大帮助了我们认清我国知识分子的阶级性质，从而更证实了马克思主义者关于我国小生产者的小资产阶级性的理论，因为他们必然使那些把俄国社会主义者迷惑了这么久的旧幻想和神话加速破灭。"人民之友"已把这些理论用得又脏又破又烂，使俄国信奉这些理论的社会主义者非要二者择一不可：或者重新审查这些理论，或者将它们完全抛弃，让那些扬扬得意地向全世界宣告富裕农民购置改良农具的先生（他们煞有介事地要你们相信必须欢迎那些在赌桌跟前坐腻了的人）去独自享用。他们不仅这样煞有介事地谈论"人民制度"和"知识分子"，并且还大言不惭地谈论远大的理想和对生活问题的理想提法！……

社会主义的知识分子只有抛弃幻想，在俄国现实的而不是合乎心愿的发展中，在现实的而不是臆想的社会经济关系中去寻找立脚点，才能指望工作获得成效。同时，他们的**理论**工作的方向应当是**具体地研究俄国经济对抗的一切形式，研究它们的联系和一贯发展，凡是这种对抗被政治史、法制特点和传统理论偏见所掩盖的地方，都应把它揭示出来。**理论工作应当把我国现实作为一定

1894 年列宁《什么是"人民之友"以及他们如何攻击
社会民主党人?》一书胶印本第 3 编最末一页
（按原版缩小）

生产关系的体系给以完备的说明，应当指明劳动者在这个体系下
遭受剥削和剥夺的必然性，指明经济发展所昭示的摆脱这个制度
的出路。

这种以详细研究俄国历史和现实为基础的理论，应当解答无
产阶级急需解答的问题，——如果这种理论合乎科学要求，那么，
无产阶级反抗思想的任何觉醒都必然会把这种思想引上社会民主
主义的轨道。制定这种理论的工作越有进展，社会民主主义就成
长得越快，因为最机灵的现代制度的保护者也没有力量来阻止无
产阶级思想的觉醒，其所以没有力量，是因为这个制度本身必然地
和不可避免地把生产者剥夺得越来越厉害，使无产阶级和它的后
备军越来越壮大，同时社会财富也在不断增大，生产力大大发展，
资本主义造成劳动社会化。虽然制定这种理论还要做很多工作，
但社会主义者完成这个工作是有把握的，因为唯物主义，即要求任
何纲领都是对现实过程的确切表述的唯一科学方法，已在他们中
间传播；因为接受这种思想的社会民主党人已经获得很大的成功，
连我国自由派和民主派都大为震惊，于是他们那些厚本的杂志——
照一位马克思主义者的说法——也办得不再是枯燥无味的了。

我这样强调社会民主党人理论工作的必要性、重要性和艰巨
性，决不是想说，这个工作比**实际**工作更重要①，更不是想把后一
工作推延到前一工作完成以后。只有"社会学中的主观方法"的崇
拜者或空想社会主义的信徒，才会得出这样的结论。当然，如果认

---

① 恰恰相反。实际的宣传鼓动工作始终应放在第一位，因为第一，理论工作只
是解答实际宣传鼓动工作提出的急需解答的问题；第二，社会民主党人往往
由于客观情势所迫，不得不只做理论工作，所以他们非常重视每一可以进行
实际工作的机会。

为社会主义者的任务是在给国家寻找"另外〈除现实道路而外〉的发展道路",那么,实际工作也只有在天才的哲学家发现和指明了这"另外的道路"时才有可能进行;反过来说,这种道路一旦被发现和指出来,理论工作就结束了,而那些应当把"祖国"引上"新发现的""另外的道路"的人的工作也就开始了。可是,如果社会主义者的任务是要做无产阶级的思想领导者,领导无产阶级进行现实斗争,去反对横在一定社会经济发展的**现实**道路上的现实的真正敌人,那么情形就完全不同了。在这种条件下,理论工作和实际工作就会融合在一起,融合为一个工作,德国社会民主党的老战士李卜克内西把这个工作说得极为中肯,这就是:

研究,宣传,组织。

不做上述理论工作,便不能当思想领导者;不根据事业的需要进行这项工作,不在工人中间宣传这个理论的成果并帮助他们组织起来,也不能当思想领导者。

这样提出任务,就能保障社会民主党人避免各种社会主义者团体所常犯的毛病,即避免教条主义和宗派主义。

只要以是否符合社会经济发展的现实过程作为学说的最高的和唯一的标准,那就不会有教条主义;只要把任务归结为协助无产阶级组织起来,因而"知识分子"的作用就是使特殊的知识分子的领导者成为不需要的人物,那就不会有宗派主义。

因此,在马克思主义者中间,尽管对各种理论问题存在着意见分歧,但他们的政治活动方法,自从这一派产生以来,就始终没有改变过,并且一直到现在也没有改变。

社会民主党人的政治活动是要协助俄国工人运动发展和组织起来,把工人运动从目前这种分散的、缺乏指导思想的抗议、"骚动"和罢工的状态,改造成**整个**俄国工人**阶级**的有组织的斗争,其目的在于推翻资产阶级制度,剥夺剥夺者,消灭以压迫劳动者为基础的社会制度。作为这种活动的基础的,是马克思主义者的共同信念:俄国工人是俄国全体被剥削劳动群众唯一的和天然的代表①。

其所以是天然的代表,是因为俄国劳动者所受的剥削,如果把正在灭绝的农奴制经济残余撇开不谈,**实质上到处都是资本主义的剥削**;不过生产者大众所受的剥削是小规模的、零散的、不发达的,而工厂无产阶级所受的剥削则是大规模的、社会化的、集中的。在前一场合,这种剥削还被各种中世纪形式,各种政治上、法律上和习俗上的附加成分,各种狡猾手段所蒙蔽,妨碍劳动者和他们的思想家看出压在劳动者身上的制度的实质,妨碍他们看出哪里是出路和怎样才能摆脱这个制度。反之,在后一场合,剥削已经十分发达,并且以赤裸裸的形式表现出来,没有任何扰乱真相的枝节成分。工人们已经不能不看出:是**资本**在压迫他们,必须同资产阶级**这个阶级**进行斗争。他们这种目的在于满足最迫切的经济需要以改善本身物质状况的斗争,必然要求他们组织起来,必然会成为不是反对个人而是反对**阶级**的战争,即反对不仅在工厂里而且到处都在压榨和压迫劳动者的那个阶级的战争。所以工厂工人不过是全体被剥削群众的先进代表;为了使他们在有组织的坚韧不拔的斗争中实现自己的代表作用,根本不必用什么"远景"来引诱他们,只要求简单地**向他们说明他们的地位**,说明压迫他们的那个体系的政治经济制度,说明阶级对抗在这个体系下的必然性和不可避

① 代表俄国未来的人是农夫,——农民社会主义的代表,最广义的民粹主义者曾经是这样想的。代表俄国未来的人是工人,——社会民主党人现在是这样想的。在一篇手稿里曾这样表述过马克思主义者的观点。

免性。工厂工人在整个资本主义关系体系中所处的这种地位，使他们成为争取工人阶级解放的唯一战士，因为只有资本主义发展的高级阶段，即大机器工业，才能造成进行这场斗争所必需的物质条件和社会力量。在其余一切地方，在资本主义发展的较低级的形式下，这种物质条件是没有的，因为这里的生产分散为成千上万极小的经济单位（它们在最平均的村社土地**占有制**形式下仍然是分散的**经济单位**），被剥削者多半还有一点点产业，因而被束缚在他们所应当反对的资产阶级体系上。这就使得那些能够推翻资本主义的社会力量的发展受到阻碍，遇到困难。分散的单独的小规模的剥削把劳动者束缚在一个地点上，使他们彼此隔绝，使他们无法理解自己的阶级一致性，使他们无法联合起来，因为他们无法了解压迫的原因不在于哪个个人而在于整个经济体系。反之，大资本主义必然割断工人同旧社会、同一定地点、同一定剥削者的任何联系，使他们联合起来，使他们不得不思考，使他们处在有可能开始进行有组织的斗争的地位。所以，社会民主党人把自己的全部注意力和自己的全部活动都集中在工人阶级身上。当工人阶级的先进代表领会了科学社会主义思想，领会了关于俄国工人的历史使命的思想时，当这些思想得到广泛的传播并在工人中间成立坚固的组织，把他们现时分散的经济战变成自觉的阶级斗争时，俄国**工人就会起来率领一切民主分子去推翻专制制度，并引导俄国无产阶级**（和**全世界**无产阶级并肩地）**循着公开政治斗争的大道走向胜利的**

　　　共产主义革命。

完

写于 1894 年

附 录 一

现在我把正文里谈到的 24 户家庭收支表的统计资料列表附在这里。

奥斯特罗戈日斯克县 24 个典型农户的成分和家庭收支的综合统计表。

本 表 说 明

(1)前 21 栏完全照汇编摘出。第 22 栏包括汇编中下列各项收入:黑麦,小麦,燕麦和大麦,糜子和荞麦,其余各种谷物,马铃薯,蔬菜和干草(共 8 栏)。谷物收入(第 23 栏)的计算法(谷壳和禾秸除外)在正文中已经说明。第 24 栏包括汇编中下列各项收入:马,牛,羊,猪,家禽,皮和毛,脂油和肉类,乳制品,黄油(共 9 栏)。第 25—29 栏完全照汇编摘出。第 30—34 栏包括汇编中下列各项费用:黑麦,小麦,小米和荞麦,马铃薯,蔬菜,盐,黄油,脂油和肉类,鱼,乳制品,伏特加酒,茶叶(共 12 栏)。第 35 栏包括汇编中下列各项费用:肥皂,煤油,蜡烛,衣服和器皿(共 4 栏)。其余各栏是很明显的。

(2)第 8 栏是把租地亩数和份地的耕地亩数加在一起得出的(汇编中有这样一栏)。

(3)"收入和支出"各栏下面的数字代表**收支方面的货币部分**。第 25—28 栏和第 37—42 栏的全部收入(和支出)都是货币。货币部分(作者没有把它划分出来)是从总收入中减去本户消费数得出的。

农 户 类 别 及 其 数 目		男 女 人 口	男 劳 动 力	雇 农	
				有雇农 的农户	男 女 雇 农
		1	2	3	4
富裕户 6	总数 ……………	47	11	6	8
	每户平均数 …………	7.83	1.8	—	—
中等户 11	总数 ……………	92	26	2	2
	每户平均数 …………	8.36	2.4	—	—
贫苦户 7	总数 ……………	37	10	2	2
	每户平均数 …………	5.28	1.4	—	—
总　计 24 户	总数 ……………	176	47	10	12
	每户平均数 …………	7.33	1.9	—	—
雇农 2 户（被 列入贫 苦户）	总数 ……………	9	2	—	—
	每户平均数 …………	4.5	1	—	—

份地面积（单位俄亩）	租佃		耕地总面积（单位俄亩）	建筑物	工业作坊	农具	牲畜（头数）	
	租地户	租地面积（单位俄亩）					役畜	总计（折成大牲畜）
5	6	7	8	9	10	11	12	13
132.6	6	52.8	123.4	52	4	224	35	81
22.1	—	8.8	20.6	8.6	—	37.3	5.8	13.5
101.2	10	85.5	140.2	70	—	338	40	89.1
9.2	—	7.7	12.7	6.4	—	30.7	3.6	8.1
57.8	4	19.8	49.8	31	—	108	7	15.3
8.5	—	2.8	7.1	4.4	—	15.4	1	2.2
291.6	20	158.1	313.4	153	4	670	82	185.4
12.1	—	6.6	13	6.4	—	27.9	3.4	7.7
14.4	—	—	6.8	6	—	11	—	1.1
7.2	—	—	3.4	3	—	5.5	—	0.5

农 户 类 别 及 其 数 目		价　值　（单　位　卢　布）						
		建筑物	其他不动产	农 具	家 具	衣 服	牲畜和蜜蜂	总 计
		14	15	16	17	18	19	20
富裕户 6	总数……	2 696	2 237	670.8	453	1 294.2	3 076.5	10 427.5
	每户平均数……	449.33	372.83	111.80	75.5	215.7	512.75	1 737.91
中等户 11	总数……	2 362	318	532.9	435.9	2 094.2	2 907.7	8 650.7
	每户平均数……	214.73	28.91	48.44	39.63	190.38	264.33	786.42
贫苦户 7	总数……	835	90	112.3	254	647.1	605.3	2 543.7
	每户平均数……	119.28	12.85	16.04	36.29	92.45	86.47	363.38
总 计 24 户	总数……	5 893	2 645	1 316	1 142.9	4 035.5	6 589.5	21 621.9
	每户平均数……	245.55	110.21	54.83	47.62	168.14	274.56	900.91
雇农2户（被列入贫苦户）	总数……	155	25	6.4	76.8	129.3	9.1	401.6
	每户平均数……	77.5	12.5	3.2	38.4	64.65	4.55	200.8

欠债总数（单位卢布）	收入							
	耕作业的收入		畜牧业的收入	养蜂和果园的收入	手工副业的收入	作坊的收入	其他各种收入	总计（单位卢布）
	总计	其中粮食的收入						
21	22	23	24	25	26	27	28	29
80	61.2% 3 861.7 1 774.4	2 598.2 1 774.4	15.4% 972.6 396.5	4.3% 271	6.5% 412	5% 320	7.6% 482.2	100% 6 319.5 3 656.1
13.3	643.6	—	162.1	45.2	68.6	53.3	80.4	1 053.2 609.3
357	60.7% 3 163.8 899.9	2 203.8 899.9	16.1% 837.5 423.2	0.7% 36.1	18.8% 979.3	—	3.7% 195.5	100% 5 212.2 2 534
32.4	287.7	—	76.1	3.2	89	—	17.8	473.8 230
233.6	48.7% 689.9 175.25	502.08 175.24	22.9% 324.2 216.6	1.9% 27	23.8% 336.8	—	2.7% 39	100% 1 416.9 794.64
33.4	98.5	—	46.3	3.9	48.1	—	5.5	202.4 113.5
670.6	59.6% 7 715.4 2 849.54	5 304.8 2 849.54	16.5% 2 134.3 1 036.3	2.6% 334.1	13.3% 1 728.1	2.5% 320	5.5% 716.7	100% 12 948.6 6 984.74
27.9	321.5	—	88.9	13.9	72	13.3	29.9	539.5 291.03
50	59.5 3	—	5.7 4.8	—	128.8	—	4	198 140.6
25	29.75	—	2.85	—	64.4	—	2	99 70.3

农 户 类 别 及 其 数 目		支						
		饮 食 用 费			其 中		衣 服 和 家 庭 用 品	饲 养 牲畜的 费 用
		总 计	植物类 食 品	其 余 食 品	牛乳和 肉 类 等 等	盐、伏 特加酒、 茶 叶		
		30	31	32	33	34	35	36
富裕户 6	总数……	29.2% 1 500.6 218.7	823.8	676.8	561.3 103.2	115.5	8.2% 423.8 58.6	24.9% 1 276.6
	每户平 均数……	250.1	—	—	—		70.63	212.76
中等户 11	总数……	37.6% 1 951.9 257.7	1 337.3 33.4	614.6	534.3 144	80.3	10.6% 548.1 49.5	21.2% 1 098.2
	每户平 均数……	177.45	—	—	—		49.83	99.84
贫苦户 7	总数……	42.1% 660.8 253.46	487.7 160.96	173.1	134.4 53.8	38.7	14.6% 229.6 26.8	15.6% 243.7
	每户平 均数……	94.4	—	—	—		32.8	34.81
总　计 24 户	总数……	34.6% 4 113.3 729.86	2 648.8	1 464.5	1 230	234.5	10.1% 1 201.5 134.9	22.2% 2 618.5
	每户平 均数……	171.39	110.37	61.02	51.25	9.77	50.06	109.1
雇农 2 户（被 列 入 贫 苦 户）	总数……	81.7 50.7	72.1 42.5	9.6	6.1 4.7	3.5	14.9 4.6	8
	每户平 均数……	40.85	—	—	—		7.45	4

			出				纯收入（＋）亏空（－）
农具和役畜购置费	雇工和牧人的雇佣费	地 租	赋 税	给神父的奉献	杂 费	总 计（单位卢布）	
37	38	39	40	41	42	43	44
9.4％ 484.5	13.5％ 691.7	6.5％ 332	4.9％ 253.5	1.1％ 56	2.3％ 116.5	100％ 5 135.2 2 211.5	＋1 184.3
80.75	115.29	55.33	42.25	9.33	19.42	855.86 368.6	＋ 197.34
5％ 256	0.9％ 47.6	6.8％ 351.7	4.9％ 254.9	1.3％ 69.9	11.7％ 609.4	100％ 5 187.7 1 896.7	＋ 24.5
23.27	4.33	31.97	23.17	6.35	55.4	471.6 172.5	＋ 2.19
7.1％ 110.6	1.6％ 24.3	6％ 94.5	6.5％ 101.8	1.8％ 28	4.7％ 73.2	100％ 1 566.5 712.66	－ 149.6
15.8	3.47	13.5	14.54	4	10.46	223.78 101.8	－ 21.38
7.1％ 851.1	6.4％ 763.6	6.5％ 778.2	5.1％ 610.2	1.3％ 153.9	6.7％ 799.1	100％ 11 889.4 4 820.86	＋1 059.2
35.46	31.82	32.43	25.43	6.41	33.29	495.39 200.87	＋ 44.11
53.2	0.4	—	22.6	2.8	3.3	186.9 137.6	＋ 11.1
26.6	0.2	—	11.3	1.4	1.65	93.45 68.8	＋ 5.55

附　录　二

　　司徒卢威先生批评尼古·—逊先生时,重点是批评"这位俄国政治经济学家完全不懂马克思关于阶级斗争和国家的学说",这是十分正确的。我没有克里文柯先生那样的胆量,只根据司徒卢威先生这篇短评(共4栏)就来评判他的观点体系(他的其他文章我不知道);我也不能不指出,我所赞同的不是他所说的一切论点,因此我不能为他的全篇文章辩护,而只能为他的某些基本论点辩护。但无论如何,他对上述情况的估计是很正确的:不了解资本主义社会所固有的阶级斗争,确实是尼古·—逊先生的**根本错误**。只要把这一错误纠正,甚至从他的理论见解和研究中也必然得出社会民主主义的结论。忽略阶级斗争确实证明对马克思主义一窍不通,这对尼古·—逊先生尤其不应宽恕,因为他总想把自己装成马克思原则的严格的崇拜者。一个即使稍微熟悉马克思的人,能够否认阶级斗争学说是马克思全部观点体系的重心吗?

　　尼古·—逊先生当然可以把这条排除在外来接受马克思理论,例如,他可以借口这条不符合俄国的历史和现实,但要知道,那样一来,就首先谈不上马克思的理论能说明我国制度,甚至无法谈这个理论和资本主义,因为那就得改造这个理论,另外创造一个没有对抗关系和阶级斗争的资本主义的概念。不管怎么样,本来应当十分详细地说明这一点,应当解释清楚为什么作者谈到马克思主义的**这一方面**而不愿谈到马克思主义的**另一方面**。可是,尼古·—逊先生根本没有打算这样做。

所以,司徒卢威先生十分公正地得出结论说,尼古·—逊先生由于不懂阶级斗争而成了**空想主义者**,因为忽视资本主义社会的阶级斗争,从而就会忽视这个社会的社会政治生活的全部实际内容,就会为了实现自己的愿望而不可避免地沉溺在天真的幻想之中。他由于不懂阶级斗争而成了**反动分子**,因为向"社会"和"国家"呼吁,也就是说,向资产阶级的思想家和政治家呼吁,只能使社会主义者走入迷途,把无产阶级最凶恶的敌人当做同盟者,只能阻碍工人的解放斗争,而不会促使这个斗争更加有力,更为明朗,更有组织。

―――

既然这里已经谈起司徒卢威先生的文章,也就不能不说到尼古·—逊先生发表在《俄国财富》杂志第 6 期上的答复①。

尼古·—逊先生引用工厂工人数目增长缓慢,落后于人口增长的资料时说:"原来我国的资本主义不仅不执行它的'历史使命',反而使本身的发展受到限制。由此也可以看出,那些'为祖国'寻找'一条不同于西欧过去和现在的发展道路'的人们是万分正确的。"(这还是一个承认俄国走的是同一条资本主义道路的人写的!)尼古·—逊先生认为不执行这一"历史使命"的证明是:"敌视村社的经济潮流(即资本主义)破坏着村社生存的基础,却没有产生像在西欧那样突出的和在北美已开始特别有力地表现出来的

―――――――

① 看来,尼古·—逊先生极力用他在《俄国财富》杂志上的文章来证明他同小市民激进主义的距离根本不像人们所想象的那样远,他也能看出农民资产阶级的增长(第 6 期第 118 页——改良农具、磷钙粉等等在"农民"中间的推广)标志着"**农民**自己〈即大批被剥夺的农民吗?〉懂得必须摆脱他们现在的处境"。

联合作用。"

换句话说，我们在这里遇见的是著名的瓦·沃·先生所发明的反对社会民主党人的官场论据，他是用一个部吏处理"把资本主义推行到人民生活中去"这一国务问题时的观点，来看待资本主义的：如果它执行"使命"就准，它不执行"使命"就"不准"。且不去说这种机智的议论的其他一切妙处，就拿资本主义"使命"来说，瓦·沃·先生也了解（看来，尼古·—逊先生的了解也一样）得极不正确，极其狭隘，不成样子；当然，这些先生又毫不客气地把自己这种狭隘的了解加在社会民主党人的身上：可以像诽谤死人一样诽谤他们，反正不准他们在合法的报刊上讲话！

马克思认为资本主义的进步的革命的作用在于它使劳动社会化，同时通过这一过程本身的机制"把工人阶级训练、联合和组织起来"，训练他们去进行斗争，组织他们"反抗"，把他们联合起来去"剥夺剥夺者"，夺取政权，并把生产资料从"少数掠夺者"手中夺来交给全社会。（《资本论》第650页）①

这就是马克思的说法。

这里当然没有谈到"工厂工人数目"，这里说的是生产资料的集中和劳动的社会化。显然，这些标准同"工厂工人数目"毫无共同之点。

可是，我国那些独特地解释马克思学说的人却把这点曲解成这样：仿佛资本主义制度下的劳动社会化不过是使工厂工人在一个场所做工，因而资本主义的进步作用的大小是以……工厂工人数目来衡量的！！！工厂工人数目增加，就是资本主义在真正起进

---

① 参看《马克思恩格斯文集》第5卷第874页。——编者注

步作用;工厂工人数目减少,就是它"执行自己的历史使命很差"(尼古·—逊先生论文第 103 页),而"知识分子"就应该"为自己祖国寻找另外的道路"。

于是俄罗斯的知识分子就着手寻找"另外的道路"。他们找来找去已经找了几十年,找到了另外的道路,他们拼命证明①资本主义是"不正常的"发展,因为它引起失业和危机。我们在 1880 年果然遇到了危机,在 1893 年又遇到一次:是离开这条道路的时候了,因为我们的情况显然不妙。

而俄国资产阶级却"边听边吃"76:的确情况"不妙",已不能得到骇人听闻的利润了;于是他们随声附和自由派和激进派,极力利用闲置的和更便宜的资本去修筑新的铁路。"我们"的情况不妙,因为"我们"在老地方已把人民抢得精光,只好转向不能像商业资本那样发财致富的产业资本:"我们"要到欧俄东部和北部边疆地区去,那里还可能进行"原始积累",提供百分之数百的利润,那里农民的资本主义分化还远未完成。知识分子看到这一切,于是不断地威胁说,"我们"又会遭到破产。新的破产果然来了。大量小资本家被大资本家打垮,大量农民从日益为资产阶级所掌握的农业中被排挤出去;贫困、失业、饥饿的苦海扩大到无边无际,——于是"知识分子"心安理得地援引自己的预言,又来埋怨道路不正确,

① 这些证据所以毫无作用,并不是因为它们不符合事实(人民破产、贫困和饥饿确实是资本主义不可避免的伴侣),而是因为这些证据用得不当。"社会"么,——它甚至在民主主义的掩盖下维护富豪的利益,而富豪当然是不会反对资本主义的。"政府"么……——我可以引证一位论敌即尼·康·米海洛夫斯基先生的一段评语。他有一次写道,尽管我们对我国政府的纲领知道得很少,可是我们终究知道一些,我们深信"劳动社会化"是不包括在他们的纲领中的。

证明我国资本主义由于缺乏国外市场而不稳固。

而俄国资产阶级却"边听边吃"。当"知识分子"在寻找新道路时,他们已在大规模地修筑通往自己殖民地的铁路,在那里给自己开辟市场,把资产阶级制度的妙处带到新地区去,在那里特别迅速地培植工农业资产阶级,把大批生产者抛到经常挨饿的失业者队伍中去。

难道社会主义者还总是只埋怨道路不正确,总是用工厂工人数目增加缓慢……来证明资本主义的不稳固吗!!?

在谈到这种幼稚思想①以前,不能不提到尼古·—逊先生对司徒卢威先生文章中受批评的那一段话转述得极不确切。司徒卢威先生文章的原话如下:

"作者〈即尼古·—逊先生〉指出俄国人口成分和美国人口成分在职业上有差别——俄国从事农业的人口假定占从事经济活动(erwerbsthätigen)的人口的80%,而合众国只占44%——但是他没有注意到,俄国资本主义的发展正是要缩小这80—44之间的差别。可以说,这就是资本主义的历史使命。"

尽可认为"使命"一词在这里用得很不恰当,但是司徒卢威先生的意思是明白的:尼古·—逊先生没有注意到,俄国资本主义的发展(他自己也承认这种发展确实是资本主义的)将使农村人口日益减少,而这正是资本主义的一般规律。所以,尼古·—逊先生要驳倒这种反对意见,就得证明**或者是**他没有忽略资本主义的这种

---

① 不是拿劳动社会化的程度,而是仅仅拿一个国民劳动部门的发展这样经常波动的指数来断定资本主义的进步作用,怎能令人不把这种思想叫做幼稚的呢? 谁都知道,工人数目在资本主义生产方式下只能是极不固定的,工人数目取决于许多次要因素,如危机、后备军多少、劳动剥削程度、劳动强度等等。

趋势**,或者是**资本主义没有这种趋势。

尼古·—逊先生没有这样做,而是着手分析我国工厂工人数目的资料(根据他的计算占全国人口 1%)。难道司徒卢威先生说的是工厂工人吗?难道俄国 20% 的人口和美国 56% 的人口都是工厂工人吗?难道"工厂工人"和"非农业人口"是等同的概念吗?能不能否认俄国农业人口的比重也在缩小呢?

作了这种更正以后(我认为作这一更正所以尤其必要,是因为克里文柯先生在同一个杂志上已把这一段话歪曲过一次了),我们就来谈谈尼古·—逊先生的"我国资本主义执行使命很差"这个意见。

第一,把工厂工人数目和从事资本主义生产的工人数目等量齐观,像《论文集》的作者那样,是荒谬的。这就是重犯(**甚至加重**)那些认为资本主义是直接从大机器工业开始的俄罗斯小市民经济学家的错误。难道千百万俄国手工业者用商人的原料替商人做工,领取普通工资,就不是从事资本主义生产吗?难道农业中的雇农和日工,从业主那里领取的不是工资、交给业主的不是额外价值吗?难道从事建筑业(在我国农民改革后已迅速发展起来的部门)的工人,不遭受资本主义剥削吗?如此等等①。

---

① 这里我只批评尼古·—逊先生按工厂工人数目来判断"资本主义的联合作用"的**方法**。我不能去分析数字,因为我手头没有尼古·—逊先生所使用的那些资料。然而不能不指出,这些资料尼古·—逊先生未必选得恰当。他先是用《军事统计汇编》中的资料说明 1865 年的情形,用 1894 年的《工厂一览表》中的资料说明 1890 年的情形。结果得出工人数目(矿业工人除外)为 829 573 和 875 764 人。增加了 5.5%,比人口的增加小得多(9 100 万和 6 142 万,增加 48.1%)。在**下一页**上他又引了另外的资料:他用 1893 年《一览表》的资料来表示 1865 年和 1890 年的情形。根据这些资料,工人数目是 392 718

第二，把工厂工人数目（140万人）同全部人口相比，并用百分数来表示这个比例，这是荒谬的。这简直是把不可比的值加以比较：把有劳动能力的人口同没有劳动能力的人口加以比较，把从事物质财富生产的人口同"意识形态的阶层"加以比较等等。难道工厂工人不是每人都要养活一定数目的不做工的家庭成员吗？难道工厂工人除养活老板和成群的商人外，不是还养活一大群你们认为不同于工厂人口就硬算做农业人口的士兵以及官吏等老爷吗？其次，难道俄国就没有像渔业之类的行业吗？认为这类行业不同于工厂工业，就把它们同农业并在一起，也是荒谬的。如果你们想查明俄国人口的职业成分，那就应该第一，把从事物质财富生产的人口单独划出来（即一方面把不做工的人口除外，另一方面把士兵、官吏、神父等等除外），第二，把他们按国民劳动各部门分类整理出来。如果没有这方面的资料，就不该

和716 792人；增加82％。可是这里不包括缴纳消费税的工业，其中工人数目（第104页）是：1865年为186 053人，1890年为144 332人。把后两种数字和前两种数字加在一起得出的工人总数（采矿工人除外）是：1865年为578 771人，1890年为861 124人，增加了48.7％，而人口的增加则是48.1％。总之，在五页内，作者既引用了表明增加5％的资料，又引用了表明增加48％的资料！他根据这样一些互相矛盾的资料就断定我国资本主义是不稳固的！！

其次，为什么作者不用他自己在《论文集》中（第11表和第12表）引用过的那些资料呢？按那些资料，工人数目在**三年**内（1886—1889年）增加12％—13％，也就是说，迅速超过人口的增殖。作者也许会说时间的间隔太短。但这些资料是同属一类的，是可比的，而且可靠程度较大；这是第一。第二，虽然时间的间隔短，但作者自己不是也运用了这些资料来判定工厂工业的增长吗？

显然，如果拿工人数目这样一个经常波动的指数来表示一个国民劳动部门的状况，这样的资料就只能是不可靠的。你们想想，该是一个多么天真的梦想家，才会根据这类资料来指望我国资本主义不经过顽强的殊死的斗争，就会自行瓦解、崩溃，才会用这类资料来否定资本主义在一切国民劳动部门中毫无疑问的统治和发展！

作这种计算①,而不要去胡说什么只有百分之一(??!!)的人口在
工厂工业中就业。

---

① 尼古·—逊先生试图在《论文集》中这样计算,可是根本失败了。该书第 302
　页写道:
　　　"近来有人试图确定欧俄 50 个省份的全部自由工人数目(**谢·亚·柯罗
　**连科的《自由雇佣劳动》1892 年圣彼得堡版)。据农业司调查,欧俄 50 个省份
　有劳动能力的农村人口共计 35 712 000 人,而农业、加工工业、采掘工业、运
　输业等等所需的工人总数不过是 30 124 000 人。可见完全多余的过剩工人
　是一个达 5 588 000 人的巨大数目,连同家属(按通常的标准算)合计,当不少
　于 1 500 万人。"(该书第 341 页又重复了一遍)
　　　要是我们看看这个"调查",那就会看出这里只是"调查过"地主使用自由
　雇佣劳动的情形,而谢·柯罗连科先生在这个调查后面附了一个欧俄《农业
　和工业一览表》。这个一览表试图(不是根据什么"调查",而是按旧有的资
　料)按职业分类来计算欧俄劳动人口。结果谢·亚·柯罗连科先生得出下列
　数字:欧俄 50 个省共有 35 712 000 工人。其中:
　　　务农的 ·············· 27 435 400 ⎫
　　　种植特种植物的 ·············· 1 466 400 ⎬30 124 000
　　　从事工厂工业和矿业的 ·············· 1 222 700 ⎭
　　　犹太人 ·············· 1 400 400
　　　从事木材业的·············· 约 2 000 000
　　　从事畜牧业的·············· 约 1 000 000
　　　从事铁路运输业的 ·············· 约 200 000
　　　从事渔业的 ·············· 约 200 000
　　　在本地和外地从事副业的,
　　　　打猎的,捕兽的等等 ············· 787 200
　　　　　　　　　　总计 35 712 100
　　可见柯罗连科先生是把**所有**工人按职业分类计算的(不管算得是好是坏),
　而尼古·—逊先生却随意拿出前三项,硬说有 5 588 000"完全多余的"(??)
　工人!
　　　除了这个不妥之处而外,不能不指出柯罗连科先生的计算是极其粗率而
　不确切的:他按一个全俄通用的一般标准来确定农业工人数目,没有把非生
　产的人口划出来(柯罗连科先生因屈服从上司的反犹太思想,而把……**犹太人**
　归入该项去了! 非生产的劳动者即商人、乞丐、游民、罪犯等等一定多于 140
　万),手工业者的数目少得不像话(最后一项是外地和本地的手工业者)等等。
　这样的计算最好是根本不引用。

第三,这是对马克思关于资本主义的进步革命作用理论的最主要的和最不成话的曲解。您从哪里听说资本主义的"联合作用"表现在只是使工厂工人联合起来呢？您对马克思主义的看法不是从《祖国纪事》杂志有关劳动社会化的文章中剽窃来的吗？您不是也把劳动社会化归结为在一个场所做工吗？

可是不然。看来这一点是不能责备尼古·—逊的,因为他在《俄国财富》杂志第6期发表的他的文章的第2页上,就确切地说明了资本主义使劳动社会化的事实,正确地指出了这种社会化的两个特征:(1)为全社会劳动;(2)把单个劳动者联合起来以取得共同劳动的产品。不过,既然如此,为什么又要根据工厂工人数目来判断资本主义的"使命",其实这一"使命"是由资本主义和整个劳动社会化的发展,整个无产阶级的形成来执行的,工厂工人对无产阶级来说,只是起着先进队伍即先锋队的作用。诚然,无产阶级的革命运动既以这些工人的数目为转移,也以他们的集中、他们的发展程度等等为转移,然而这一切不能使人有丝毫理由**把资本主义的"联合作用"归结为工厂工人的数目**。如果这样做,就是把马克思的思想缩小到不堪设想的地步。

举一个例子。弗里德里希·恩格斯在他的小册子《论住宅问题》中谈到德国工业时指出,除德国而外,其他任何一个国家(他说的只是西欧)都没有这样多的占有菜园或一小块田地的雇佣工人。他说:"**同园艺业或小农经济相结合的农村家庭工业,就构成德国新兴大工业的广大基础。**"这种手工业随着德国小农贫困程度的增长而日益强大起来(也同在俄国一样,——我们可以这样补充一句),但在这里工业同农业的**结合**不是使手工业者**享受福利**,反而使他们更**受压迫**。他们被束缚于一个地方,不得不同意随便什么价格,因此,他们不仅把额外价值,而且把很大一部分工资送给资本家(也好像在家庭手工制大生产特别发达的俄国一样)。恩格斯继续说:"这是问题的一个方面;可是它还有相反的一面。…… 随着家庭工业的发展,一个个农民地区就相继卷入了现代的工业运动。这种由家庭工业造成的农业地区的革命化,就使德国境内工业革命波及的地区要比英国和法国境内工业革命波及的地区广阔得多……这就说明,为什么德国同英国和法国相反,革命的工人运动在全国大部分地区有了这样强劲的发展,而不只是局限于中心城市。同时这又说明,为什么这个运动的进展是平静的、稳健的和不可阻挡的。很清楚,在德国只有当多数小城市和大部分农村地区也成熟到实行变革的时候,首都和其他大城市中的胜利起义才有可能。"[1]

请看,不仅"资本主义的联合作用",而且工人运动的成功,原来都不仅以工厂工人数目为转移,而且以……**手工业者**的数目为转移!可是我国独特论者却忽视俄国绝大多数手工业的纯粹资本主义组织,把它们当做什么"人民"工业而同资本主义对立起来,并根据工厂工人数目来断定"直接受资本主义支配的人口百分数"!这很像克里文柯先生的议论:马克思主义者想把全部注意力放在工厂工人身上,但工厂工人在1亿人口中只占100万,这不过是生活中的一个小角落,所以献身于这个小角落,就等于只做等级机关或慈善机关的工作(《俄国财富》杂志第12期)。工厂居然像等级机关和慈善机关那样,是生活中的小角落!! 啊,天才的克里文柯先生! 大概正是等级机关才为全社会制造产品吧? 大概正是等级机关的秩序才说明劳动者被剥削被剥夺的原因吧? 大概正是应该在

---

[1] 见《马克思恩格斯文集》第3卷第247—248页。——编者注

等级机关中寻找能够举起工人解放旗帜的无产阶级的先进代表吧？

这种话出自浅薄的资产阶级哲学家之口倒不奇怪，可是从尼古·—逊先生那里听到这类话，就令人有点难受了。

马克思在《资本论》第 393 页[①]上引用了关于英国人口构成的资料。1861 年，英格兰和威尔士共有 2 000 万人。在工厂工业主要部门中做工的工人为 1 605 440 人。[②] 同时仆役为 1 208 648 人。并且马克思在第 2 版注释中指出这后一阶级增长得特别迅速。现在假定英国有这样一些"马克思主义者"，他们为了判断"资本主义的联合作用"，拿 2 000 万去除 160 万!! 结果得到的是 8％，即**不到¹/₁₂**!!! 既然资本主义连¹/₁₂的人口都没有联合起来，怎能谈得上资本主义的"使命"呢! 并且增长得更快的是"家庭奴隶"阶级，即"国民劳动"的无益损耗，这种损耗证明"我们"英国人走的是"不正确的道路"! "我们"应该"为祖国寻找另外的"、非资本主义的"发展道路"，这难道还不明显吗?!

在尼古·—逊先生的论据中还有一点：他在谈到我国资本主义并不产生"像在西欧那样突出的和**在北美已开始特别有力地表现出来的**"联合作用时，大概指的是工人运动。总之，我们应该寻找另外的道路，因为我国资本主义并不产生工人运动。这一理由似乎米海洛夫斯基先生已经先想到了。马克思所依靠的是现成的无产阶级，——米海洛夫斯基先生曾这样教训过马克思主义者。

---

① 参看《马克思恩格斯文集》第 5 卷第 513—514 页。——编者注

② 有 642 607 人在纺织业、织袜业和花边业中做工（在我国有数万从事织袜业和花边业的妇女，遭受她们的雇主——"女商人"的极其厉害的剥削。工资有时低到一天三个（就是如此！）戈比！请问尼古·—逊先生，难道她们不是"直接受资本主义支配"吗?）；其次有 565 835 人在煤矿和金属矿里做工，有 396 998 人在各种冶金厂和金属手工工场里做工。

为了回答一位马克思主义者对他的批评,说他认为贫困不过是贫困,他曾这样反驳说:这种意见照例全是从马克思那里搬来的。他认为如果我们看看《哲学的贫困》的这个地方,就会看出这点不适合我国国情,我国的贫困不过是贫困罢了。其实我们从《哲学的贫困》中还什么也看不出来。马克思在那里讲的是旧派共产主义者,说他们认为贫困不过是贫困,他们看不出它能够推翻旧社会的革命的破坏的一面。[①] 显然,米海洛夫斯基先生断言这点不适合我国国情的理由,就是我国没有工人运动的"表现"。我们对这种议论应该指出:第一,只有对事实了解得极为肤浅,才会认为马克思依靠的是现成的无产阶级。马克思的共产主义纲领早在1848年以前就由他制定出来了。当时德国的工人运动究竟怎么样呢?[②] 当时甚至没有政治自由,共产主义者的活动只限于秘密小组(和目前我国一样)。把资本主义的革命的和联合的作用具体展示在大家面前的社会民主主义工人运动,是过了20年才开始的,那时科学社会主义学说已经最后形成,大工业已散布得更广,在工人中间传播这一学说的许多有才华有毅力的人物已经出现。我们的哲学家们不仅歪曲历史事实,忘记社会主义者为了使工人运动具有觉悟性和组织性而付出的大量劳动,并且把极其荒唐的宿命论见解加在马克思头上。在他们看来,仿佛工人的组织和社会化是自然而然地进行的,所以如果我们看见资本主义而看不见工人运动,那是因为资本主义未执行使命,而不是因为我们在工人中间进行的

---

① 参看《马克思恩格斯文集》第1卷第616页。——编者注

② 当时工人阶级的人数是多么少,可从下列事实看出:**27 年以后**,在1875年,马克思写道:"德国的劳动人民大多数是农民而不是无产者。"(参看《马克思恩格斯文集》第3卷第443页。——编者注)这就是所谓"依靠〈??〉现成的无产阶级"!

组织和宣传工作还很薄弱。我国独特论哲学家们的这种小市民的怯懦遁词，也是不值一驳的，因为世界各国社会民主党人的全部活动都在驳斥它，任何一个马克思主义者的每次公开演说都在驳斥它。考茨基说得十分正确：社会民主党是工人运动和社会主义的结合。要使资本主义的进步作用在我国也"表现出来"，我国社会主义者就应该用全部精力进行自己的工作；他们应该更详细地探讨对俄国历史和现实的马克思主义观点，应该更具体地考察在俄国特别模糊而隐蔽的一切阶级斗争形式和剥削形式。他们应该进而把这个理论通俗化，把它灌输给工人，应该帮助工人领会它并制定一个最**适合我国条件的组织形式，以便传播社会民主主义并把工人团结为一支政治力量**。俄国社会民主党人不仅从未说过他们已经结束了和完成了工人阶级思想家的这项工作（这项工作是没有止境的），相反地，他们始终强调他们刚刚开始进行这项工作，还需要许许多多的人做许多的努力，才能创造一点牢靠的东西。

　　除了对马克思理论的理解不能令人满意和极端狭隘外，这种关于我国资本主义没有进步作用的流行说法，看来还是以关于神话式的"人民制度"的荒谬思想为根据的。

　　闻名的"村社"中的"农民"明明在分裂为穷光蛋和富人，分裂为无产者和资本家（特别是商业资本家），有人却不愿看到这里存在着萌芽状态的中世纪的资本主义，避开农村的政治经济结构，想要"为祖国"寻找"另外的道路"，大谈其农民土地**占有**形式的变更，不可原谅地把土地占有形式和经济组织形式混为一谈，仿佛在我国最"平均的村社"内部农民的纯资本主义的分化还没有充分表现出来。后来，这个资本主义渐渐发展起来，超过中世纪农村资本主义的狭隘形式，打破农奴制的土地权力，迫使那些早被剥得精光的饥饿农民把土地扔给村团,让得胜的富农平均分配,自己却离乡背井,在全国流浪,大部分时间没有工作可做,今天被地主雇去干活,明天被承包人雇去修筑铁路,以后又到城市去当小工,或被富裕农民雇去做工等等;这些"农民"在全俄各地更换老板,亲眼看见他们无论走到什么地方都受到最无耻的掠夺,看见同他们一起受到掠夺的还有像他们一样的穷光蛋,看见掠夺他们的不一定是"老爷",也有"自己的农夫兄弟"(只要他有钱购买劳动力),看见政府到处都为他们的老板服务,侵害工人的权利,借口骚乱而镇压工人想保护本身最起码权利的一切企图,看见俄国工人的劳动强度越来越大,财富和奢侈增加得越来越快,而工人的状况却越来越恶化,剥夺越来越加剧,失业已成为惯例,——在这样的时候,我们那些批评马克思主义的人却要为祖国寻找另外的道路,他们却要解决一个深奥的问题:既然我们看到工厂工人数目增长缓慢,还能不能承认资本主义有进步作用;因为我国资本主义"执行自己的历史使命很差很差",是不是应该抛弃它并且认为它是不正确的道路。

这岂不是很崇高很人道的事吗?

这些凶恶的马克思主义者是多么狭隘的学理主义者,他们竟说在俄国到处存在着劳动者遭受资本主义剥削的情况下,为祖国寻找另外的道路就是逃避现实而流于空想,他们竟认为执行自己使命很差的不是我国资本主义而是俄国社会主义者,因为这些社会主义者不愿了解,梦想平息俄国社会各对抗阶级的历年的经济斗争,就等于染上马尼洛夫精神[77];他们不愿了解,应该极力使这个斗争具有组织性和觉悟性,并为此而着手进行社会民主主义的工作。

————

最后,不能不指出尼古·—逊先生在《俄国财富》杂志同一期即第 6 期上对司徒卢威先生的另一攻击。

尼古·—逊先生说："不能不注意司徒卢威先生论战的某种特点。他是在一个严肃的德文杂志上为德国公众写的，可是他使用的手法看来完全不适当。应该认为不仅德国公众，甚至俄国公众也已长到'成年人的程度'，他们不会被掺杂在他文章中的种种'吓人的字眼'所欺骗。在这篇文章的每一段话里都可碰到'空想'、'反动纲领'等等一类的字眼。但是可惜得很，这些'可怕的字眼'已决不会发生像司徒卢威先生所指望的那种作用了。"（第 128 页）

现在我们试来分析一下，在尼古·—逊先生和司徒卢威先生的这一论战中，有没有"不适当的手法"，如果有，又是谁在使用。

司徒卢威先生被责备使用"不适当的手法"，根据是他在严肃的文章中用"吓人的字眼"和"可怕的字眼"来笼络公众。

所谓使用"吓人的字眼"和"可怕的字眼"，就是给论战对方作出一种表示不赞同的激烈评语，同时又不明确地说明理由，这种评语也不是根据作者的观点（明确叙述过的观点）必然得出来的，不过是表示想要痛骂一顿罢了。

显然，只有这后一点才会把表示不赞同的激烈的形容词变成"吓人的字眼"。例如斯洛尼姆斯基先生曾激烈地评论过尼古·—逊先生，但因为他同时明确地表述了他那种绝对不能了解现代制度的资产阶级性的普通自由主义者的观点，完全明确地说明了他的奇异的论据，所以随便怎样责备他都可以，但不能责备他使用了"不适当的手法"。尼古·—逊先生也曾激烈地批评过斯洛尼姆斯基先生，并且为了告诫和教训他，还给他引证了马克思的"在我国也证明是正确的"（这是尼古·—逊先生自己承认的）言论，认为斯洛尼姆斯基想为小手工业生产和小农土地占有制作辩护是**反动的**

和**空想的**,并责备斯洛尼姆斯基"狭隘"、"**幼稚**"等等。你们看,尼古·—逊先生的文章也同司徒卢威先生的文章一样,"掺杂着"这样的形容词(用了黑体的几个词),但我们不能说他使用了"不适当的手法",因为这都是说明了理由的,这都是从作者的一定观点和观点体系中得出来的,这些观点也许是不正确的,但既然采用了这些观点,就不能把对方看做幼稚的狭隘的反动的空想家了。

我们来看看司徒卢威先生的文章是怎样的。他责备尼古·—逊先生的空想主义(由此必然产生反动纲领)和幼稚,同时十分明白地指出他得出这种意见的根据。第一,尼古·—逊先生既希望"生产社会化",又"向社会〈原文如此!〉和国家呼吁"。这"证明这位俄国政治经济学家完全不懂马克思关于阶级斗争和国家的学说"。我们的国家是"统治阶级的代表"。第二,"如果把只是由于**我们希望**就**应当**出现的**臆造的**经济制度和**现实的**资本主义对立起来,换句话说,如果想避开资本主义而使生产社会化,那只证明这是一种不合乎历史的幼稚见解"。随着资本主义的发展、自然经济的被排挤和农村人口的减少,"现代国家就会走出它目前还在我们这个宗法时期所处的黑暗状态(我们说的是俄国),而出现在公开的阶级斗争的亮光之下,那时为了使生产社会化,就得寻找另外的力量和因素"。

怎么,这难道不是把理由说得够明确了吗?可以否认司徒卢威先生用以驳斥作者意见的那些事实的正确性吗?难道尼古·—逊先生真的注意了资本主义社会所固有的阶级斗争吗?没有。他谈论社会和国家时,忘记了这一斗争,抛开了这一斗争。例如,他说国家扶持资本主义,而没有通过村社等等使劳动社会化。显然,他认为国家既可这样办也可那样办,因而国家是站**在阶级之外**的。

责备司徒卢威先生使用"吓人的字眼"是**极**不公允的，这难道还不明显吗？认为我们国家是阶级国家的人，不能不把请求这个国家实行劳动社会化即取消统治阶级的人当做幼稚的反动的空想家，这难道还不明显吗？不仅如此。责备对方使用"吓人的字眼"，而又**隐瞒**对方的批评所根据的观点（尽管对方已明白表述了这种观点），况且这种责备又是在对方观点无法渗入的受检查的杂志上提出的，——难道不应该认为这是"完全不适当的手法"吗？

我们再往下说。司徒卢威先生的第二个理由也表述得同样明白。避开资本主义而通过村社实现劳动社会化，这无疑是一种臆造的制度，因为它在现实中是不存在的。尼古·—逊先生自己曾对这一现实作过这样的描绘：在1861年以前，"家庭"和"村社"是生产单位。（《论文集》第106—107页）这种"小的分散的自给自足的生产未能大大发展起来，因此，它的特点是极端守旧，生产率很低"。以后的变化在于"社会分工经常不断地加深"。可见资本主义打破了先前那些生产单位的狭隘界限，使劳动在全社会范围里社会化了。**这种由我国资本主义造成的劳动社会化，尼古·—逊先生也是承认的**。为了使劳动社会化，他想依靠的不是**已使劳动社会化了**的资本主义，而是**正因遭到破坏才第一次在全社会范围内使劳动社会化**的村社，所以他是一个反动的空想家。司徒卢威先生的意见就是如此。可以认为这个意见正确或不正确，但是不能否认，从这个意见中在逻辑上必然会产生对尼古·—逊先生的激烈批评，因此也就谈不上什么"吓人的字眼"。

不仅如此，尼古·—逊先生在结束他同司徒卢威先生的论战时，硬说对方想使农民丧失土地（"如果所谓进步纲领就是使农民丧失土地……那么《论文集》的作者就是保守主义者了"），尽管司徒卢威先生曾直接声明过：他想使劳动社会化，想通过资本主义使劳动社会化，想为此而依靠那些将在"公开的阶级斗争的亮光"下显露出来的力量。这不能不说是一种同原意截然相反的转述。如果还注意到司徒卢威先生不能在受检查的刊物上谈论那些在阶级斗争的亮光下出现的力量，就是说，尼古·—逊先生的对方是被禁止开口的，那么，说尼古·—逊先生的手法完全是"不适当的手法"，恐怕是无可非议的。

附　录　三

　　我所说的对马克思主义的狭隘理解，是指马克思主义者本身来说的。说到这一点，不能不指出，我国自由派和激进派在合法报刊上叙述马克思主义的时候，简直把马克思主义缩小和曲解得不成样子。这是什么叙述！真难以设想，要怎样糟蹋这个革命学说，才能使它躺到俄国书报检查机关的普罗克拉斯提斯床上[78]！我国的政论家却掉以轻心，正在做这类手术：经他们叙述的马克思主义大概就成了这样一种学说，它说明在资本主义制度下，以私有者的劳动为基础的个人所有制，怎样经历着辩证的发展，怎样变为自己的否定，然后又怎样社会化。他们郑重其事地把马克思主义的全部内容纳入这一"公式"，不谈它的社会学方法的一切特点，不谈阶级斗争学说，不谈研究的直接目的——揭露一切对抗和剥削形式，以帮助无产阶级来推翻这些形式。毫不奇怪，得出的必然是一种这样暗淡和狭隘的东西，以致我们的激进派也要为贫乏的俄国马克思主义者表示惋惜。当然啊！如果在俄国专制制度和俄国反动势力的横行时代，可以完整地、确切地和充分地叙述马克思主义，把马克思主义的结论彻底说出来，那么，俄国的专制制度和反动势力就不成其为专制制度和反动势力了！如果我国的自由派和激进派真的懂得马克思主义（即使是根据德文书刊），他们也许会羞于在受检查的报刊上这样糟蹋马克思主义。既然无法叙述这个理论,你们就免开尊口,或者交代一下,说你们远没有道出全部内容,说你们把最重要的东西都略去了。但为什么只叙述一些片断,却大喊大叫狭隘性呢?

要知道,这样只会闹出只有俄国才能有的笑话来,把一些根本不懂阶级斗争,不懂资本主义社会所固有的必然对抗,不懂这种对抗的发展,不懂无产阶级的革命作用的人算做马克思主义者;甚至把一些直接提出资产阶级方案的人,也算做马克思主义者,只要他们有时也说过"货币经济"及其"必然性"等等一类字眼就行,而承认这些字眼是马克思主义者专用的字眼,是需要有米海洛夫斯基先生那样的机智的。

马克思认为他的理论的全部价值在于这个理论"按其本质来说,它是批判的①和革命的"②。后一性质的确完全地和无条件地是**马克思主义**所固有的,因为这个理论公开认为自己的任务就是**揭露**现代社会的一切对抗和剥削形式,考察它们的演变,证明它们的暂时性和转变为另一种形式的必然性,**因而也就帮助无产阶级尽可能迅速地、尽可能容易地消灭任何剥削**。这一理论对世界各国社会主义者所具有的不可遏止的吸引力,就在于它把严格的和高度的科学性(它是社会科学的最新成就)同革命性结合起来,并且不仅仅是因为学说的创始人兼有学者和革命家的品质而偶然地结合起来,而是把二者内在地和不可分割地结合在这个理论本身

---

① 请注意,马克思在这里说的是唯物主义的批判,他认为只有这种批判才是科学的批判,这种批判就是把政治、法律、社会和习俗等等方面的事实拿来同经济、生产关系体系,以及在一切对抗性社会关系基础上必然形成的各个阶级的利益加以对照。俄国的社会关系是对抗性的关系,这几乎是谁也不能怀疑的。可是还没有人试把这些关系当做根据来进行**这种**批判。

② 见《马克思恩格斯文集》第 5 卷第 22 页。——编者注

中。实际上，这里直接地提出理论的任务、科学的目的就是帮助被压迫阶级去进行他们已在实际进行的经济斗争。

  "我们并不向世界说：停止你那些斗争吧，它们都是愚蠢之举；我们要向世界喊出真正的斗争口号。"①

  因而在马克思看来，科学的直接任务就是提出真正的斗争口号，也就是说，善于客观地说明这个斗争是一定生产关系体系的产物，善于**了解**这一斗争的必然性、它的内容、它的发展进程和条件。要提出"斗争口号"，就必须十分详细地研究这一斗争的每种形式，考察它由一种形式转为另一种形式时的每一步骤，以便善于随时判定局势，不忽略斗争的总性质和总目的——完全地和彻底地消灭任何剥削和任何压迫。

  试把"我国著名的"尼·康·米海洛夫斯基在他的"批评"中叙述过和攻击过的那套平庸的胡说，同马克思的"批判的和革命的"理论比较一下，你们就会感到惊异，怎么竟会有人认为自己是"劳动阶级的思想家"，却又只限于……摆弄"磨光了的金币"，——我国政论家抹去马克思理论的全部精华，就把它变成了这样的金币。

  试把那些最初也想做劳动者思想家的我国民粹派的著作，即论述我国整个经济制度的历史和现状，包括农民的历史和现状的著作，同这个理论的要求比较一下，你们就会感到惊异，社会主义者怎么能满足于只是研究和描写灾难并就这种灾难进行说教的理论。农奴制度不是被看做产生了某种剥削、某些对抗阶级、某些政治和法律等等制度的一定经济组织形式，而只是被看做地主的横行霸道和对待农民的不公平。农民改革不是被看做某些经济形式

---

  ① 见《马克思恩格斯文集》第10卷第9页。——编者注

和某些经济阶级的冲突,而是被看做尽管愿望极其善良但错误地"选择了""不正确道路"的长官的措施。改革后的俄国被说成是偏离正道因而给劳动者带来灾难,而不是有了某种发展的一定的对抗性生产关系体系。

不过,现在这个理论已经信誉扫地,这是不容置疑的,而俄国社会主义者越是迅速了解在现代知识水平上,不可能有马克思主义之外的革命理论,越是迅速集中他们的全部力量来把这个理论在理论上和实践上运用于俄国,革命工作的成功就会越可靠越迅速。

————

为了清楚地说明"人民之友"先生们号召知识分子从文化上影响"人民"来"创立"正常的真正的工业等等,是怎样败坏着现代"俄国贫乏的思想界",我们且引证那些与我们的思想方式根本不同的人们,即民意党嫡系后裔的"民权党人"所作的评论。请看1894年"民权党"出版的小册子《迫切的问题》。

有一类民粹主义者说:"不管怎样,即使在广泛自由的条件下,俄国也不应该放弃它的足以保证〈!〉劳动者在生产中的独立地位的经济组织。"他们还说:"我们需要的不是政治改革,而是有步骤地、有计划地进行的经济改革。"民权党人给了这类民粹主义者有力的驳斥之后接着说:

"我们不是资产阶级的辩护人,更不是资产阶级理想的崇拜者,但是假如厄运要人民有所抉择:或者是在地方官热心保护下,实行'有计划的经济改革',不受资产阶级的侵犯;或者是在政治自由基础上,也就是说,在**保证**人民能有组织地保护自己利益的条件下,使资产阶级存在,那么,我们认为人民选择后者是绝对有利的。

现在我国并没有进行要取消人民的貌似独立的经济组织的'政治改革'，可是存在着到处都照例认为是资产阶级政策的东西，这种政策表现为极粗暴地剥削人民的劳动。现在我国既没有广泛的自由，也没有狭隘的自由，可是存在着各立宪国家的大地主和资本家已不再梦想追求的对等级利益的袒护。现在我国没有'资产阶级议会制度'，社会人士绝对不准参与国家管理，可是存在着要求政府用万里长城来防护自己利益的纳伊杰诺夫、莫罗佐夫、卡兹、别洛夫一流的先生，以及居然要求1俄亩可以得到100卢布无息贷款的'我国忠诚贵族'。他们应邀参加各种委员会，他们讲什么，人们都洗耳恭听，他们的意见在国家经济生活的最重要的问题上起着决定性作用。可是，有谁在什么地方替人民说话呢？不就是那些地方官吗？不是正在为人民筹划成立农业劳动队吗？现在不是有人公然无耻地说，给人民份地只是为了要他们纳税和服役吗？沃洛格达省省长在他的通令中不就是这样说的吗？这位省长不过是表述和大声地说出了专制制度（或者正确些说，官僚专制制度）在自己的政策中必然实行的办法罢了。"

　　不管民权党人对"人民"（他们想要维护他们的利益）的看法，对"社会"（他们继续认为它是保护劳动利益的值得信任的机关）的看法是怎样的模糊，无论如何不能不承认"民权党"的成立是前进了一步，而前进的方向，是要彻底抛弃"为祖国"寻找"另外的道路"的错觉和幻想，是要大胆承认现实的道路，并在这种道路的基础上寻找进行革命斗争的成分。这里明白地显露了要成立民主主义政党的意向。我只说"意向"，是因为可惜民权党人并没有始终不渝地贯彻他们的基本观点。他们仍在谈论要同社会主义者联合和结盟，而不愿了解：把工人卷入单纯的政治激进主义运动，不过是使工人知识分子脱离工人群众,使工人运动软弱无力,因为工人运动只有在各方面充分代表工人阶级利益的基础上,在同反资本仆役的政治斗争融合为一体的反资本的经济斗争的基础上,才能是强有力的。他们不愿了解:要达到一切革命分子"联合"的目的,最好是使各种利益的代表人物①分别组织起来,并由这个和那个政党在一定的场合采取共同行动。他们现在还把自己的党叫做"社会革命党"(见"民权党"1894年2月19日宣言),虽然他们以纯粹政治改革为限,小心翼翼地回避我国"可恶的"社会主义问题。一个这样热烈号召人们丢掉错觉的党,本来不应该在自己的"宣言"上一开头就给人造成错觉,本来不应该在只有**立宪主义**的地方谈论**社会主义**。可是,再说一遍,不注意民权党人是由民意党人而来的,就不能评价民权党人。因此不能不承认,他们用纯粹政治纲领来论证同社会主义无关的纯粹政治斗争,是前进了一步。社会民主党人竭诚希望民权党人获得成功,希望他们的党成长和发展起来,希望他们同那些站在现存经济制度的基地上②,其**日常**利益真正和**民主主义**有着极密切联系的社会分子更加密切地接近起来。

"人民之友"的调和主义的、畏首畏尾的、感伤幻想的民粹主义,将因遭到两面夹攻而无法长久支持下去:一方面是政治激进派

---

① 他们自己也反对相信知识分子的神通广大,他们自己也说必须使人民自己参加斗争。但为此必须把这个斗争同一定的日常利益联系起来,因而必须把各种利益区别开来并将它们分别引入斗争…… 如果拿一些只有知识分子才了解的赤裸裸的政治要求来遮掩这些不同的利益,那岂不是又向后倒退,又只限于仅仅是知识分子的斗争吗?而这种斗争的软弱无力是刚才承认过了的。

② (即资本主义制度的基地上),而不是站在必须否定这个制度和无情反对这个制度的基地上。

攻击他们,因为他们居然对官僚表示信任,不了解政治斗争的绝对必要性;另一方面是社会民主党人攻击他们,因为他们虽然同社会主义毫不相干,根本不懂劳动者受压迫的原因和正在进行的阶级斗争的性质,却企图以几乎是社会主义者的名义出来说话。

1894 年胶印出版　　　　　　　译自《列宁全集》俄文第 5 版
　　　　　　　　　　　　　　　第 1 卷第 125—346 页

民粹主义的经济内容及其
在司徒卢威先生的书中受到的批评

（马克思主义在资产阶级著作中的反映）
评彼·司徒卢威《俄国经济发展问题的评述》一书
1894 年圣彼得堡版[79]

（1894 年底—1895 年初）

　　这里提到的司徒卢威先生的书,对民粹主义作了系统的批判,并从广义上了解民粹主义一词,认为它是对极重要的社会学问题和经济学问题提出了一定解决办法的学说,是"一套经济政策的教条"(第 VII 页)。单是提出这样的任务,已足使该书具有很大的吸引力,但在这方面更重要的是进行批评时所持的观点。对于这种观点,作者在序言中作了如下的说明:

　　"他〈作者〉虽然在若干基本问题上赞同著作界中已成定论的观点,但认为自己丝毫没有受某种学说的词句和条规的约束。他没有染上正统思想。"(第 IX 页)

　　从该书的全部内容可以看出,这些所谓"著作界中已成定论的观点"就是马克思主义的观点。试问,作者接受的马克思主义的"若干基本"原理究竟是哪些,拒绝的又是哪些,为什么,到了怎样的程度? 作者没有直接回答这个问题。因此,为了弄清楚这本书中究竟哪些东西可以算做马克思主义的,究竟作者接受了学说中的哪些原理,在多大程度上始终如一地遵循了这些原理;究竟拒绝了哪些原理,在这种种情况下结果又是怎样,——为了弄清楚这一切,必须对这本书作一番详尽的分析。

该书的内容异常庞杂。作者首先叙述了我国民粹派采用的"社会学中的主观方法",对它作了批判,把它和"历史经济唯物主义的"方法作了对比。接着,他首先根据"全人类的经验"(第 IX 页),然后根据俄国经济史资料和现实资料,从经济上批判了民粹主义。顺便他也批判了民粹主义经济政策的教条。这样庞杂的内容(这在批判我国一个巨大的社会思潮时是完全不可避免的),决定了我们分析的形式:必须逐步探究作者的叙述,考查作者的每一类论据。

————

但在着手分析该书之前,我觉得需要较详细地预先说明几点。本文的任务,是从一个在**一切**(不仅在"若干")"基本问题上赞同著作界中已成定论的观点"的人的角度来批判司徒卢威先生的书。

自由主义民粹派的报刊为了批评的目的不止一次地叙述过这些观点,使这些观点模糊得不成样子,甚至加以歪曲,把与这些观点毫无关系的黑格尔主义、"对每个国家必须经过资本主义阶段的信仰"以及其他许多纯粹是《新时报》的胡说也牵扯进来。

特别是学说的实践方面,即在俄国的实际运用方面,遭到了歪曲。我国自由派和民粹派不愿意了解,俄国马克思主义学说的出发点是对俄国现实有完全不同的看法,而把这种学说同自己对俄国现实的旧观点相比较,结果得出的结论不仅荒诞之至,而且给马克思主义者加上了极其荒唐的罪名。

因此在我看来,若不确定自己对民粹主义的态度,也就不能着

МАТЕРІАЛЫ

КЪ ХАРАКТЕРИСТИКѢ

НАШЕГО ХОЗЯЙСТВЕННАГО РАЗВИТІЯ.

—

СБОРНИКЪ СТАТЕЙ.

⬥⬥⬥⬥⬥

С.-ПЕТЕРБУРГЪ
Типографія П. П. Сойкина, Стремянная ул., № 12
1895

1895 年载有列宁《民粹主义的经济内容及其在司徒卢威
先生的书中受到的批评》一文的文集的扉页

手分析司徒卢威先生的书。此外,为了说明这部只分析学说的客观方面而把实际结论几乎完全抛在一边的著作的许多地方,预先把民粹主义观点和马克思主义观点作一对比是必要的。

这种对比会使我们看到,民粹主义和马克思主义共同的出发点是什么,它们的根本区别又在哪里。同时,较方便的办法是把俄国旧民粹主义拿来对比,因为它,第一,比现在的(以《俄国财富》杂志这类刊物为代表的)民粹主义彻底得多和直爽得多;第二,较完整地表明了民粹主义的长处,这种长处在某些方面马克思主义也是赞同的。

现在我们就拿一篇俄国旧民粹主义的信条录来逐步分析其作者的观点。

第 一 章
对民粹主义信条录的逐段评述

《祖国纪事》杂志总第 242 卷①刊载了一篇没有署名的文章：《人民园地上的新苗》。该文明显地表现了民粹主义比俄国自由主义进步的方面。

作者从这样的话开始："今天"，谁若反对"来自民间而晋身社会上层的人"，谁就要被看成"几乎是叛逆"。

"不久以前，文坛的一头驴子踢了《祖国纪事》杂志一脚，责备它在评论兹拉托弗拉茨基那本书的短文中**对人民表示悲观**，其实这篇短文除对高利贷行为和金钱的腐蚀作用表示悲观外，并没有什么悲观的东西；而后来，当格列·乌斯宾斯基为自己最近几篇特写作了解释（1878 年《祖国纪事》杂志第 11 期）时，自由派泥潭就完全像童话中说的那样激荡起来……突然出现了那么多人民卫士，真叫我们惊异，我国人民竟有这样多的朋友……　我不能不同情……提出农村这个美人和文坛少年（或者确切些说，不是少年，而是贵族老爷及其奴仆中间的老色鬼和年轻的商人）对她的态度问题……　对农村唱小夜曲，'对她流连顾盼'，完全不等于爱她和尊敬她，正如指出她的缺陷，完全不等于敌视她。如果去问问乌斯宾斯基本人……他倾心于什么，他认为未来的寄托是什么，是农村，还是旧贵族阶层和新小市民阶层？那么毫无疑问他会回答：'是农村'。"

这段话非常典型。第一，它清楚地表明，民粹主义的实质就是**从农民、从小生产者的角度**来反对俄国的农奴制度（旧贵族阶层）

---

①　1879 年第 2 期"时评"栏第 125—152 页。

和资产阶级性(新小市民阶层);第二,它同时表明这种反对是充满幻想的,是回避事实的。

难道"农村"存在于"旧贵族"制度或"新小市民"制度**以外**的什么地方吗? 难道这二者的代表过去和现在按自己方式建设的不正是"农村"吗? 农村正是由"旧贵族""阶层"和"新小市民""阶层"这两个部分组成的。无论你怎样反复观察农村,只要你不从可能出发,而只肯定现实(我们谈的就是这一点),你就决不会从农村中找出什么第三个"阶层"。如果说民粹派**找到了**,那仅仅是因为他们只见树木不见森林,只看到各个农民村社的土地**占有**形式,而看不到整个俄国社会经济的经济组织。这种经济组织把农民变为商品生产者,使他们成为小资产者,即为市场而生产的单独的小业主;因此,这种经济组织使人不可能**到后面**去找"未来的寄托",而一定要**到前面**去找;就是说,不能到"农村"中去找,在那里,"旧贵族"阶层和"新小市民"阶层的结合使劳动状况极度恶化,使劳动无法对"新小市民"制度的主宰进行斗争,因为这些主宰的利益和劳动的利益的对立本身还没有充分发展;就是说,要到充分发展的、彻底的"新小市民"阶层中去找,因为这个阶层把"旧贵族"的美妙东西已从自己身上清除净尽,使劳动社会化,使农村中尚处于萌芽状态和受抑制的社会对立得到充分的发展而完全显露出来。

现在应当指出**导致**民粹主义和马克思主义的两种学说之间、对俄国的现实和历史的两种**理解**之间所存在的理论上的区别。

我们随着作者来分析吧。

作者向那些"愤愤不平的先生们"担保说,对于人民的贫困和

人民的道德的相互关系,乌斯宾斯基理解得

"比许多农村崇拜者更为透彻,在这些崇拜者眼里……农村不过是……一切有见识讲实际的资产者在类似今天这种时代总要备有的一种自由主义身份证"。

民粹派先生,请您想一想,为什么会发生这种使一个愿意代表劳动利益的人感到伤心和委屈的事情呢?为什么被他看做"未来的寄托"的东西竟变成了"自由主义身份证"呢?这个未来是要排斥资产阶级的,而您想借以达到这个未来的东西,不仅没有遭到"讲实际有见识的资产者"的敌视,反而为他们欣然接受,被他们当做"身份证"。

假如您指出,"未来的寄托"不是在以"讲实际有见识的资产者"为主宰的那一制度所特有的社会对立尚处于不发展的萌芽状态的地方,而是在这种对立已发展到顶点、发展到极限,因而已不能局限于敷衍了事的办法、已不能利用劳动者的愿望来满足私利的地方,即在问题已直截了当提出的地方,那您想一想,这种令人难堪的事情还会发生吗?

您自己不是这样说过:

"人民的消极朋友不愿了解一个简单的道理:社会上一切起作用的力量总是形成两种势均力敌、相互对立的力量,而表面上好像没有参加斗争的消极力量,只是为当时的优势力量服务的。"(第132页)

难道这种分析不适用于农村吗?难道农村是一个没有这些"相互对立的力量"和斗争的什么特殊世界,可以笼统地谈论农村,而不怕做"优势力量"的帮手吗?既然已经谈到斗争,却又从这一斗争的内容被一大堆无关的情况(这些情况妨碍人们坚决彻底地把这些相互对立的力量分开,妨碍人们看清主要敌人)掩埋住的地方谈起，难道是有根据的吗？作者在文章末尾提出的纲领——提倡教育，扩大农民占有的土地，减轻赋税——动不了占优势的人们的一根毫毛，而纲领的最后一条——"组织人民工业"，又是以斗争不仅有过甚至已经胜利结束为前提的，这难道还不明显吗？对抗的存在是您自己所不能不承认的，而您的纲领却避而不谈这种对抗。因此，您的纲领对属于"新小市民阶层"的业主并不可怕。您的纲领是小资产阶级的幻想。正因为如此，它只能当"自由主义身份证"使用。

"那些把农村当做抽象的概念、把农夫当做抽象的纳尔苏修斯[80]的人，甚至没有好好想一想，就说只须颂扬农村和肯定农村，就说农村在出色地抵抗一切破坏性的影响。既然农村竟每天要为一个戈比而拼命，既然它受到高利贷者的盘剥、富农的欺骗、地主的压榨，既然它时常在乡公所受到鞭挞，难道这一切对农村的道德方面不会发生影响吗？……　既然卢布，这个资本主义的月亮，浮现在农村风景画的近景上，既然人们的目光、意向和心力都贯注在它上面，既然它成为生活的目的和衡量个人才能的尺度，难道可以掩盖这种事实而说农夫是根本不需要金钱的不重利的科斯马[81]吗？既然农村中显然存在着不和的趋向，既然富农如花盛开，而且力图奴役最弱的农民使他们变成雇农，力图破坏村社等等，试问，难道可以掩盖所有这些事实吗？！我们可以希望对这些事实作更详尽更周密的研究，我们可以用穷苦不堪的生活条件（人们因饥饿而盗窃，杀人，万不得已时甚至吃人）来解释这些事实，但要掩盖这些事实是根本不可能的。掩盖这些事实就等于维护现状，就等于维护臭名远扬的自由放任，而让可忧的现象发展到骇人听闻的地步。粉饰真相总是多余的。"

又是这样：对农村的描写多么精彩，而得出的结论多么浅薄！对事实的观察多么正确，而对它们的说明和理解多么肤浅！这里我们又看到在保护劳动的愿望和实现它们的方法之间横着一条鸿沟。农村中的资本主义在作者看来不过是"可忧的现象"。尽管他也看到同样的资本主义在城市中规模很大，看到资本主义不仅支配了国民劳动的各个部门,甚至支配了代表人民和为了人民贡献出资产阶级措施的"进步"著作界,但是,他不愿承认问题在于我国社会经济的特殊组织,而用幻想来安慰自己,说这不过是"穷苦不堪的生活条件"所引起的可忧的现象。据说,如果不奉行不干涉论,那就可以消除这些条件了。是的,那真是美哉妙哉! 可是,俄罗斯还从未有过不干涉政策;向来实行的都是干涉……有利于资产阶级的干涉,只有"午睡般的宁静"的甜梦才能产生一种希望:不经过像司徒卢威先生所说的"在各个阶级间重新配置社会力量"而改变这种状况。

"我们忘记了,我们的社会需要理想——政治理想、公民理想等等——主要是为了有了它们就可以不再去想别的东西;它寻求理想时不是像年轻人那样战战兢兢,而是怀着午睡般的宁静心情;它对理想失望时不感到精神痛苦,而是像幸福乡王子那样轻松。至少我们社会中的大多数人是这样的。他们本来不需要什么理想,因为他们脑满肠肥,对饱食终日十分满足。"

这是对我国自由主义民粹派社会的出色描写。

现在有两种人,一种是"民粹派",他们继续照拂体贴这个"社会",以描绘"未来的"资本主义或如该文作者所说的"逼近的灾祸"①的种种惨象来款待它,号召它的代表离开"我们"已经误入的歧途等等,另一种是马克思主义者,他们十分"狭隘",把自己同社会截然分开,认为只须依靠那些不"满足"于也**不能满足**于"饱食终日"的人,他们认为理想是需要的,是一个日常生活问题。试问,在这两种人中,今天究竟是谁更彻底呢?

————————

① 它威逼谁呢? 饱食终日的人吗? 资本主义不仅不"威逼"他们,反而许以美味佳肴。

作者继续说，这是贵族女学生的态度，这

"证明思想和感情已彻底堕落……从来还没有过这样举止端庄、金玉其外、这样纯真无邪而同时又是极端的堕落。这种堕落完全是我们现代历史的产物，是在乡绅习气、贵族的温情、无知和懒惰的基础上发展起来的小市民文化〈确切些说，就是资产阶级的、资本主义的制度。——克·土·〉的产物。小市民把自己的科学、自己的道德准则和自己的诡辩带到生活中来了"。

看来，作者对现实估计得如此正确，他一定明白唯一可能的出路是什么了。既然整个问题在于我国的资产阶级文化，那就是说，除这个资产阶级的"对立者"外，不可能有另外的"未来的寄托"了，因为只有它才和这种"小市民文化"彻底"分开"，才跟它势不两立，才不会作任何易于被人用来制造"自由主义身份证"的妥协。

不然。还可以幻想一下。"文化"，这的确只是"小市民的"玩意儿，只是一种堕落。但要知道，这完全是旧乡绅习气（作者自己刚才也承认文化是现代历史创造的，是消灭了旧乡绅习气的历史创造的）和懒惰的产物，就是说，这种东西是偶然的，是没有牢固的根基的，如此等等。接着作者又说了一些话，这些话毫无意义，回避事实，只是一种故意漠视"相互对立的力量"的**存在**的感伤主义幻想。请听听：

"他们（小市民）需要在讲台、文坛、法庭和其他生活场所把它们（科学、道德准则）确立起来。〈我们从前面看到，他们**已经把它们**在农村这样深邃的"**生活场所**"**确立起来了**。——克·土·〉他们首先是找不到进行这项工作的十分合适的人才，因而不得不求助于具有其他传统的人〈是俄国资产阶级"找不到人才"吗?! 这是不值一驳的，而且作者在下面就会自己驳倒自己的。——克·土·〉。这些人都不是内行〈俄国资本家吗?! ——克·土·〉，他们的步伐不老练、动作不敏捷〈他们十分"内行"，足能取得百分之几十到百分之几百的利润；他们十分"老练"，足能把实物工资制**82**推行于各地；他们十分机敏，足能获得保护关税。只有不**直接**感受到他们压迫的人，即只有小资产者，才能产生这样的幻想。——克·土·〉；他们竭力模仿西欧资产阶级，订购书籍，埋头学习〈请看作者自己已不得不承认他刚才虚构出来的幻想是多么虚无缥缈，说我国的"小市民文化"是在**愚昧无知**的基础上发展起来的。这是不对的。要知道，正是**它**给改革后的俄国带来了文明、"学识"。"粉饰真相"，把敌人形容得软弱无力，没有根基，"总是多余的"。——克·土·〉；他们时而惋惜过去，时而忧虑将来，因为他们不知从哪里听到一种喊声，说小市民不过是厚颜无耻的权贵，说他们的科学经不起批评，他们的道德准则毫无可取之处。"

俄国资产阶级常犯"惋惜过去"、"忧虑将来"的毛病？！真是信口雌黄！有人就是喜欢自己欺骗自己，如此恣意诽谤可怜的俄国资产阶级，说它听到"小市民毫无可取之处"的喊声就惶惑不安！实际上岂不正好相反，因别人虚声恫吓而"惶惑不安"的岂不正是发出这些"喊声"的人吗？"忧虑将来"的岂不正是他们吗？……

而这类先生听到人家称他们为浪漫主义者，还惊讶万状，装出不懂的样子！

"然而，总得找条生路。小市民并不是请求人去做工，而是以饿死的威胁命令人去做工①。不去嘛，就会没有饭吃，就会在街头呼叫'布施布施我这个退伍的上尉吧！'，否则就会活活饿死。于是工作开始了，吱吱声、轧轧声、叮当声不绝于耳，一片混乱嘈杂。工作紧急，刻不容缓。机器终于开动了。各种吱吱声、尖叫声似已减少，各种零件似乎还凑合可用，只听见一个笨重东西在隆隆作响。然而这却令人更加胆寒，平板愈来愈弯，螺栓在松动，眼前一切，转瞬即将灰飞烟灭。"

---

① 读者请注意这一点。当民粹派说我们俄国是"**小市民命令人去做工**"时，那就是真理。而当马克思主义者说在我国占统治地位的是资本主义生产方式时，那瓦·沃·先生就要高叫，说马克思主义者想"以资本主义制度代替民主〈原文如此!!〉制度了"。

这一段话非常典型，因为它以鲜明、简练、美丽的形式表达了俄国民粹派的一套议论，这一套议论俄国民粹派喜欢给它披上科学的外衣。他们根据资本主义制度存在着矛盾、存在着压迫、死亡、失业等等这些不可辩驳和毋庸置疑的事实，竭力证明资本主义是一种极其不好的东西，是一个"转瞬"即将灰飞烟灭的"笨重东西"。〔参看瓦·沃·的著作、**卡布鲁柯夫**的著作（《农业工人问题》）和尼古拉·—逊先生的**部分**著作〕

我们从观察中而且是从多年的观察中看到，这个命令俄国人民去做工的力量在日益成长壮大，在向全欧夸耀**它**所创立的俄国的威力，只"听到"必须把希望寄托在"螺栓松动"上面的"喊声"，它当然表示很高兴。

"胆小的人吓得屏息静气。不顾一切的人说：'那就更好'。资产阶级也说：'那就更好'，'我们要快些向国外订购新机器，快些准备好用国产材料做的机座、平板和其他粗笨部件，快些聘请高明技师'。同时，社会道德在这一时期败坏不堪。有些人开始爱好新的活动，不量力而行，有些人则日益落伍，悲观失望。"

可怜的俄国资产阶级！它是在"不量力地"极力攫取额外价值！它感到了自己的道德败坏！（请不要忘记上一页是把这全部道德概括为饱食终日和堕落的。）当然，这里毫无必要与它作斗争，更不用说什么阶级斗争了，只要好好地斥责一顿，它就不会再勉强自己了。

"这个时候几乎没有一个人想到人民；可是，按资产阶级的惯例，又事事都是为了人民，替人民着想；同时，每一个社会活动家和每一种书刊都认为谈论如何造福人民是自己的天职…… 这种以自由主义取媚人民的倾向压倒了一切，取得了优势。在我们这个**民主世纪**，不仅苏沃林先生公开承认自己爱人民，说'我生平所爱的并至死不渝地爱着的就是人民，我自己就是来自民间的'(这什么也不能证明);甚至连《莫斯科新闻》不知怎的也另眼看待人民了……不知怎的也关心——自然是按自己的方式关心——人民的福利事业了。现在,像业已停刊的《信息报》那样公开对人民不友好的报刊,连一个也找不到了。其实抱公开不友好的态度倒好些,因为这时敌人的原形毕露:可以看出他在哪方面是个笨蛋,在哪方面是个骗子。现在人人都是朋友,同时人人都是敌人,一切都乱糟糟地混在一起了。正如乌斯宾斯基所说,人民完全堕入使初涉旅途的人迷失方向的大雾中。从前他们看到社会上根本没有天理国法。现在别人却告诉他们说,他们已像地主一样自由,他们在自己管理自己的事情,人们在抬举他们,扶持他们。其实,在这一切由一条结实的细线包缠起来的关怀之中,贯穿着无尽的虚情假意。"

对的总是对的!

"当时,远不是所有的人都在建立奖励富农而使真正的贫苦农民得不到贷款的信贷社。"

乍看起来,也许以为作者既然了解信贷的资产阶级性,一定会完全摒弃诸如此类的资产阶级措施了。然而,小资产者突出的和基本的特点,正是以资产阶级社会的手段反对资产阶级性。因此,作者也像一切民粹派那样去**改正**资产阶级的活动,要求扩大信贷范围,要求贷款给真正的贫苦农民!

"……人们不谈必须实行为土地重分制和村社(?)所妨碍的集约经营;人们不说人头税重,绝口不谈间接税,不谈所得税在实行中通常变成依然是向贫苦农民征税的事实;不说必须发放农贷,以便使农民能按高得出奇的价格向地主购买土地,如此等等…… 社会上也是这样,那里也有多得令人吃惊的人民的朋友…… 大概当铺掌柜和酒店老板很快也要讲爱人民了。"

对资产阶级性的抗议很出色,而得出的结论却很浅薄:资产阶级既在生活中也在社会上占着统治地位。看来应当毅然舍弃这个社会而去找资产阶级的对立者了。

不,应当宣传给"真正的贫苦农民"发放贷款!

"情况如此混乱,谁的过错更大呢,是著作界还是社会?——这个问题很难断定,即使断定了也毫无益处。据说,鱼从头部腐烂起,但我认为这种纯粹厨师式的观察是没有什么意义的。"

资产阶级社会在腐烂,——这就是作者的思想。值得着重指出的是:马克思主义者的出发点正是这样。

"当我们向农村献媚,对她流连顾盼的时候,历史车轮却在滚滚前进,自发势力也在发生作用;说得简单明白些,各种各样的奸诈之徒在不断混进生活之中,并按自己的方式改造生活。只要著作界还在争论农村问题,争论农夫是否心地善良,争论农夫有无知识,只要政论家还在连篇累牍地谈论村社问题和土地占有形式问题,只要税务委员会还在继续讨论税制改革,农村是会永世沉沦的。"

原来如此!"当我们谈论的时候,历史车轮却在滚滚前进,自发势力也在发生作用!"

朋友,假如是我说了这样的话,你们会叫喊成什么样子啊!83

当马克思主义者谈到"历史车轮和自发势力"并确切说明这些"自发势力"就是发展着的资产阶级的势力的时候,民粹派先生们宁肯绝口不谈这些"自发势力"日益增长的事实是否确凿无疑以及对这种事实的估计是否正确的问题,宁肯毫无根据地胡诌一通,说这是一些"神秘主义者和形而上学者",这些人只会说"历史车轮"和"自发势力"。

这位民粹主义者的上述自白和马克思主义者通常的论点的唯一区别——而且是极本质的区别——在于民粹主义者认为这些"自发势力"是"不断混进生活之中"的"奸诈之徒";马克思主义者则认为,自发势力不是偶然地或从外面什么地方"不断混进生活之中"的东西,而是体现为资产**阶级**,这个阶级是代表着资本主义社会形态的社会"生活"的产物和表现。这位民粹主义者只是在各种各样的信贷、赋税、土地占有形式、土地重分制、技术改良等等表面现象上兜圈子,不能看到资产阶级的根已深深扎在俄国的生产关系中,因而用幼稚的幻想来安慰自己,说这不过是一些"奸诈之徒"。自然,抱着**这样的**观点,的确无从理解这跟阶级斗争有什么关系,因为问题的关键只在于清除"奸诈之徒"。马克思主义者曾多次着重指出这一斗争,民粹派先生们既看不见阶级而只看见"奸诈之徒",自然只能瞠目结舌报以沉默了。

能够同一个阶级进行斗争的只有**另一个阶级**,同时一定是一个与自己的敌人已完全"分开"、完全对立的阶级,而对付"奸诈之徒"显然只要警察就够了,顶多再惊动惊动"社会"和"国家"。

不过我们很快就会看见,这些"奸诈之徒"被这位民粹主义者描写成什么样的人物,他们的根有多么深,他们的社会职能是怎样的无所不包。

其次,在上面摘引的关于"人民的消极朋友"那段话之后,作者紧接着又说:

"这比在政治上保持武装中立还要坏,其所以坏,是因为这总是给强者以积极的帮助。无论消极朋友在感情上多么真挚,无论他在生活舞台上怎样尽量保持不显眼的地位,他仍然会使朋友受到损害……"

"……对于那些比较纯正和真心爱人民的人①,这种情况终究是讨厌得

---

① "消极朋友"的特征是什么,规定得太不明确了!要知道他们也是"纯正的"人,他们无疑也是"真心""爱人民"的。从前面的对比中显然可以得出结论:必须把参加"相互对立的"两种**社会力量**之间的斗争的人,拿来同消极者作对比。问题的关键就在这里。

不能忍受的。他们听到这种絮絮不休令人厌烦的爱的表白，觉得可耻和厌恶。这种表白年年重复，天天重复，在衙门里，在上流人的沙龙里，在小饭馆喝香槟酒的时候一再重复，但永远也不见诸行动。正因为如此，他们终于对这一切杂拌采取一概否定的态度。"

这段描写从前的俄国民粹派对自由派的态度的文字，用来说明马克思主义者对现在的民粹派的态度，几乎是完全适合的。马克思主义者对于信贷、买地、技术改良、劳动组合、共耕制①等等帮助"人民"的办法也已听得"不能忍受"了。他们也要求不愿意站在……"人民"一边而愿意站在被资产阶级命令去做工的人一边的那些人，"一概否定"自由主义民粹派的这一切杂拌。他们认为空谈为俄国选择道路，空谈"逼近的"资本主义的灾难和"人民工业的需要"，是一种"不能忍受的"伪善态度，因为现时在这种人民工业的一切部门中，资本都占统治地位，各种利益间的不明显的斗争在进行着，对这一斗争不应抹杀而应揭露，不应幻想"最好没有斗争"②，而应**发展**这一斗争，使其具有持久性、继承性、一贯性，尤其重要的是思想性。

"正因为如此，终于出现了一定的公民信条，对正直性的一定的断然的要求，这些要求是严格的，有时甚至是狭隘的，因此，喜欢黑暗中的广阔天地而忘记黑暗的逻辑渊源的博爱的自由派，对它们就特别讨厌。"

绝妙的愿望！无疑正是需要"严格的"和"狭隘的"要求。

但不幸的是民粹派的一切绝妙的志向始终都是一些"天真的愿望"。虽然他们意识到这些要求的必要性，虽然他们有极充裕的

① 尤沙柯夫先生语，1894年《俄国财富》杂志第7期。
② 这是克里文柯先生回答司徒卢威先生所说的"各社会阶级间的严酷斗争"时的用语（1894年《俄国财富》杂志第10期）。

时间来实现这些要求,但他们至今还没有拟出这些要求,他们经常通过一系列的渐变而与俄国自由主义社会融合起来,并且至今仍旧与它融合在一起①。

因此,如果说现在马克思主义者**和他们相反**,提出真是很"严格"很"狭隘的"要求,要求**专门只为一个阶级**(即"与生活分开"的阶级)服务,为它的独立发展和独立思考服务,要求与"正直的"俄国资产者那种"公民的""正直性"完全决裂,那就让他们埋怨自己吧。

"不管这些信条在分别来看时实际上是多么狭隘,但对总的要求至少是无法反对的:'二者必居其一:或者成为真正的朋友,或者变成公开的敌人!'

目前我们经历着一个异常重要的历史过程,即第三等级形成的过程。在我们眼前,代表人物正被挑选出来,准备管理生活的新的社会力量正在组织起来。"

还仅仅是"准备"吗? 那么,现在是谁在"管理"呢? 是哪一种别的"社会力量"呢?

莫非是《信息报》[85]这一类机关报所代表的那种力量吗? 不可能。我们不是在1894年,而是在1879年,在实行"感化专政"[86]的前夕,照该文作者的说法,是在"极端保守派到处被人鄙视"、"被人

---

① 某些天真的民粹主义者头脑简单到不了解他们是在写文章反对自己,甚至以此夸耀于人:

"我国知识界,特别是著作界,——瓦·沃·先生在**反对**司徒卢威先生时写道,——甚至最富有资产阶级性的流派的代表人物,都具有一种可以说是民粹主义的特色。"(1894年《星期周报》第47期第1506页)

正如在生活中小生产者总是通过一系列不知不觉的转变而与资产阶级融合起来一样,在著作界中民粹主义的天真愿望也常常变成饱食终日和吸人血汗的人们[84]的"自由主义身份证"。

耻笑"的时代。

莫非是"人民",是劳动者吗？ 作者的全篇文章作了否定的答复。

既然如此,怎么还说"准备管理"呢?! 不对,这个力量老早就"准备好了",老早就在"管理"了；正在"准备"的只有民粹派,他们"准备"为俄国选择更好的道路,的确是这样,大概他们还要继续准备下去,直到阶级矛盾的彻底发展把所有躲避矛盾的人都挤出和推出历史舞台为止。

"这一过程在欧洲开始得远比我国为早,它在许多国家内已告结束[1]；在另一些国家中,这一过程则因封建主义残余和工人阶级反抗而受到阻碍,然而就在这里,历史车轮也在年复一年地把这些残余碾碎而为新的制度铺平道路。"

请看我国民粹派是何等不了解西欧的工人运动！ 原来工人运动在"阻碍"资本主义的发展,工人运动竟被当做"残余"而与封建主义相提并论！

这清楚地证明,不仅就俄国说,而且就西欧说,我国民粹派都无法理解,同资本主义作斗争,怎么可以不"阻碍"它的发展,而是加速它的发展,不是拖它后退,而是推它前进,不是起反动作用,而是起进步作用。

"这一过程大体上是这样的:在贵族和平民之间日益形成一个由两种元素组成的新社会阶层,一种元素从上面沉下来,一种元素从下面升上去,二者好像有——如果可以这样说的话——同样比重似的；这两种元素紧密地在一

---

[1] "已告结束"是什么意思呢？ 是说已经看见了过程的尽头,"新的力量"已在聚积汇合？ 那它在我国也正趋于结束。 或者是说那已不再产生第三等级了吗？ 这样说是不对的,因为那里还有小生产者,他们还在产生出极少数资产者和大批无产者。

起混合着、化合着，经受着深刻的内部变化，并开始改变上层和下层，使之适合自己的需要。这一过程本身极有意思，而对我们来说，它有特别重大的意义。对于我们，这里产生一连串的问题：第三等级的统治是否是每个民族文明化命定的必然要经历的阶段呢？……"

这是什么话?！"命定的必然性"从何而来，这里跟它有什么关系？作者自己不是描述过并在后面还更详细地描述了70年代第三等级在**我们神圣的俄罗斯**的统治吗？

作者所搬用的，显然是我国资产阶级代表人物用以掩盖自己的那些理论根据。

把这种臆想当做真事看待，不了解这些"理论"推断所维护的**利益**，正是刚才给予正确评价的那一社会的利益，即资产阶级的利益，——这怎能不是带有幻想色彩的肤浅看法呢？

只有浪漫主义者才会认为可以用三段论法和这种利益作斗争。

"……不进行那些过分小心的庸人处处都觉得是冒险的活动，不听信那些把历史只是看做命定的顺序、因而认为第三等级的统治对一个国家就如生老病死对一个人一样的不可避免的宿命论者的话，国家就不能由一个阶段直接进到另一个阶段吗？……"

请看民粹派对我国现实的了解是多么深刻啊！如果国家促进资本主义发展，那这决不是因为资产阶级掌握着一种物质力量，能"驱使"人民"做工"，使政治服从自己。决不是这样。问题完全在于维尔纳茨基辈、契切林辈、门捷列夫辈教授们信奉错误的"命定"顺序论，而国家却"听信"他们的话。

"……最后，难道不能减轻一下即将来到的制度的弊病，设法使它有所改变或缩短它的统治时间吗？难道国家真是一种呆板的、身不由己的、软弱无力的东西而不能影响和改变自己的命运吗？难道它真是一种天帝放出的陀螺，只按一定的路线转动，只转一定的时间，转一定的转数，或者是一种意志力非常有限的机体吗？难道操纵它的真是一个巨大的铁轮，任何敢于探寻使人类走向幸福的最简捷的途径的勇士都要被它压成齑粉吗?!"

　　这一段话非常典型，它特别清楚地表明俄国民粹派过去和现在代表直接生产者的利益时所具有的**反动性**和**小资产阶级性**。小生产者虽然敌视资本主义，但他们是与资产阶级紧相结合的过渡阶级，因此，他们不能理解，他们所厌恶的大资本主义并不是一种偶然现象，而是在相互对立的社会力量的斗争中逐步形成的整个现代经济（以及社会、政治、法律）制度的直接产物。只有不懂这一点的人才能做出向"国家"求援这样荒谬绝伦的事情，好像政治制度不是根源于经济制度，不是它的表现，不是为它服务的。

　　小生产者看到国家对待**他的**利益的确非常呆板，不禁失望地问道：难道国家是一个呆板的东西吗？

　　我们可以回答他说：不，国家绝不是一个呆板的东西，它永远在活动，并且活动得很起劲，它永远积极，从不消极。作者自己在前一页中也描述过这种积极的活动、它的资产阶级性质和它的自然结果。糟糕的只是他不愿看见它的这种性质与俄国社会经济的资本主义组织之间的联系，所以他的看法也就十分肤浅。

　　小资产者看到"车轮"的旋转与他的愿望背道而驰，便问道：难道国家是一个陀螺，是一个铁轮吗？

　　我们可以回答他说：不，这不是陀螺，不是车轮，不是天命的规律，不是天帝的旨意；它是由"活的个人"，即属于优势社会力量方面的那些"活的个人","突破重重障碍"①（诸如直接生产者或旧贵族阶层代表的反抗）来推动的。因此，要使车轮朝另一方向转动，在反对"活的个人"（即不属于任何意识形态阶层而直接代表切身经济利益的社会分子）时必须依靠"活的个人"，在反对阶级时必须依靠阶级。要做到这一点，单有探寻"捷径"的善良天真的愿望是很不够的，要做到这一点，需要在"各个阶级间重新配置社会力量"，需要成为这样一个思想家，他不是代表置身于斗争之外的直接生产者，而是代表那些投身于火热的斗争并完全与资产阶级社会的"生活分开"的人们。这是**唯一**的因而也是最简捷的"使人类走向幸福的途径"，通过这一途径不仅能减轻现存社会的弊病，不仅能靠加速这个社会的发展来缩短其寿命，而且能最后消灭它，使"车轮"（已不是国家力量的"车轮"，而是社会力量的"车轮"）完全朝另一方向转动。

"……我们注意的仅仅是第三等级的组成过程，甚至仅仅是来自民间而晋身第三等级的人。这些人很重要，他们执行着异常重要的社会职能，资产阶级制度的强度直接以他们为转移。任何一个国家只要确立了这种制度就离不了他们。如果一个国家没有这种人，或者这种人人数不足，那就必须设法从人民中造就他们，必须在人民生活中创造条件以促进他们的形成和分出，最后，必须保护他们，帮助他们成长，直到他们壮大为止。这里我们遇到最有毅力的、能利用一切情况和时机为自己谋利益的人对历史命运的直接干涉。这些情况主要有两种：一种是工业进步（以工场手工业生产代替手工业生产，以工厂生产代替工场手工业生产，以更合理的耕作制代替旧的耕作制）的必然性，有一定人口密度和一定国际交往的国家没有工业进步确实是不行的；一种是经济因素和思想发展所造成的政治上和道德上的分歧。机敏的人

---

① 这是尼·米海洛夫斯基先生的话，见司徒卢威先生的书第 8 页："具有自己的一切思想和感情的活的个人，冒着风险成为历史活动家。是他，而不是什么神秘力量，提出历史的目标，并且突破自然界和历史条件的自发力量所造成的重重障碍而推动事变向目标前进。"

通常把国家生活中的这些绝对必需的变化，与自己、与一定的制度联系起来，但毫无疑义，这些人会被别人代替，而且随时都会被别人代替，只要别人比他们现在更聪明，更有毅力。"

总之，作者不能不承认资产阶级执行着"重要的社会职能"，这些职能一般说来就是支配国民劳动，领导它并提高它的生产率。作者不能不看到经济"进步"确实是和这些分子"联系着"的，就是说，我国资产阶级确实带来了经济进步，确切些说，带来了技术进步。

但是，这里也表现了小生产者的思想家和马克思主义者的根本区别。民粹主义者用"机敏的人""能利用一切情况和时机为自己谋利益"来解释这一**事实**（资产阶级和进步之间的联系），换句话说，他认为这种现象是偶然的，因而以天真的胆量断言："毫无疑义，这些人随时〈！〉都会被别人代替"，因为别人也会带来进步，不过不是资产阶级的进步罢了。

马克思主义者则用人们在物质财富生产中的社会关系来解释这一事实，指出这种关系在商品经济中形成，它使劳动成为商品，使劳动从属于资本并提高劳动的生产率。他认为这不是偶然现象，而是我国社会经济的资本主义结构的必然产物。因此，他认为出路不在于胡说什么代替资产者的人们"无疑地能"做出什么来（要知道，首先需要的还是"代替"，但要做到这一点，只是空谈或向社会和国家呼吁是不够的），而在于发展该经济制度中的阶级矛盾。

谁都明白，这两种解释是完全相反的，从中产生出来的两种行动方式是互相排斥的。民粹主义者认为资产阶级是偶然现象，看不见它和国家的联系，因而带着"老实农夫"的轻信态度，向那些正好是保护资产阶级利益的人求援。民粹主义者的活动是一种温和谨慎、官场自由主义的活动，一种与慈善事业毫无二致的活动，因为它没有真正触犯"利益"，对"利益"毫不可怕。马克思主义者则摒弃这种杂拌，认为除了"各经济阶级间的严酷斗争"外，不能有别的"未来的寄托"。

同样很明显，既然这种行动方式上的不同，是直接地和必然地由于对我国资产阶级占统治地位这个事实**解释**的不同而产生的，所以，马克思主义者在进行**理论争辩**时，只限于证明这个资产阶级（在目前的社会经济组织之下）产生的必然性和不可避免性（司徒卢威先生那本书正是这样做的）；既然民粹主义者避而不谈这种解释方法的不同，而一味谈论黑格尔主义和"对个人的残忍"①，那么，这只是清楚地表明他软弱无能而已。

"在西欧，第三等级的历史是异常悠久的……　不管宿命论者的学说怎样，我们当然不会把这历史全部重演；我国第三等级的开明代表也当然不会全部套用以往用过的那些手段来达到自己的目的，而一定会因时因地从中选择最合适最适当的手段。他们为了剥夺农民土地和造成工厂无产阶级，当然不会采用粗暴的武力或同样粗暴的清洗领地的手段……"

"不会采用……"?!!　只有抱着自我陶醉的乐观主义的理论家才会故意忘却过去和现在业已表明"就是如此"的那些**事实**，才会想入非非，希望将来会"不是如此"。这当然是欺人之谈。

"……而会去消灭村社土地占有制，去造成农场主这一人数不多的富裕农民阶级②，总之是会采用那些使经济上的弱者自行灭亡的手段。他们今天不会成立行会，但将建立信贷社、原料供应社、消费社和生产合作社，这些社

---

①　米海洛夫斯基先生语，1894年《俄国财富》杂志第10期。

②　即使不消灭村社，那也能顺利实现，因为根据地方自治局统计的证明，村社丝毫不消除农民的分裂。

说是要为全体谋幸福,实则只会使强者更强,弱者更弱。他们不会为组织财产继承法院而操心,但将为制定鼓励勤劳、戒酒、上学的法令而奔命,在这些方面活跃的只有年轻的资产阶级,因为群众仍将照旧酗酒,愚昧无知,并为他人劳动。"

请看,这里对这些信贷社、原料供应社和其他各种的社,对这些促进勤劳、戒酒、上学的措施,对我国今天的自由主义民粹派书刊(包括《俄国财富》杂志在内)所如此关心的这一切,作了多么出色的描写。马克思主义者只能把上面所说的话强调一番,只能完全同意:的确**这一切不外是代表第三等级的东西**,因而,关心这一切的人不外是**小资产者**。

上面那段引文给了现代民粹派一个应有的回答,因为现代民粹派看到马克思主义者鄙视这类措施,于是得出结论说:马克思主义者想当"旁观者",想袖手不管。是的,对于资产阶级的活动马克思主义者当然永远不会插手,永远会采取"旁观者"的态度。

"这个阶级(即来自民间的小资产阶级)是资产阶级大军的前哨、散兵线和先锋队,可惜它的作用很少为历史学家和经济学家所注意。其实它的作用,我们再说一遍,是非常重要的。村社被破坏,农民被剥夺土地,造成这种情况的,决不只是贵族和骑士,而且还有自己的兄弟,即也是来自民间的人,他们有行动机灵和阿谀逢迎的本领,深蒙贵族惠爱,以浑水摸鱼或明火抢劫的方式掠得了若干资本,上层等级和立法机关都伸手援助他们。他们被称为人民中最勤劳、最能干、最清醒的分子……"

这种观察从事实方面看是很正确的。的确,剥夺土地的主要是"自己的兄弟",即小资产者。但民粹主义者对这一事实的理解是不能令人满意的。第一,他们不区别两个对抗的阶级,即封建主阶级和资产阶级、"旧贵族"制度和"新小市民"制度的代表,不区别两种不同的经济组织制度,看不见后一阶级同前一阶级相比具有进步作用。第二,他们认为资产阶级的发展是靠抢劫、机灵、阿谀等等,其实,商品生产基础上的小经济必然把最清醒、最勤劳的业主变为小资产者,因为他们有"储金",这些"储金"借助周围的关系逐渐变成**资本**。请看看我国民粹派作家在描述手工业和农民经济时对这一点是怎样说的吧。

"……这甚至不是散兵线和先锋队,而是资产阶级的主力军,是编成队伍的作战士兵,指挥他们的,是校官、尉官、各部队长官以及由政论家、演说家和学者组成的总参谋部①。没有这支军队,资产阶级就不能有所作为。难道为数不足三万的英国大地主,没有农场主的帮助而能管得住几千万的饥民吗?! 农场主,从政治意义上说是名副其实的战士,从经济意义上说是实行剥夺的细胞…… 在工厂中,起农场主作用的是领班和帮工,他们得到很高的薪金,这不仅因为他们的技术较为高超,还因为要他们监督工人,要他们最后下工,要他们不让工人提出增加工资或减少工时的要求,要使厂主能指着他们说:'看,我们对好好干活并给我们带来好处的人,付给多么优厚的报酬';在工厂中起同样作用的,还有与厂主和厂方关系最密切的小店主、办事员、各种各样的监工以及诸如此类血管中还流着工人的血而灵魂已整个为资本所盘踞的小吸血虫。〈完全正确! ——克·土·〉当然,我们在英国看到的,在法国、德国和其他国家中也可以看到。〈完全正确! 在俄国也一样可以看到。——克·土·〉在某种场合下,在局部方面可能有所不同,但就是这些方面多半也是一样的。法国资产阶级在上个世纪末叶战胜了贵族,或者不如说是利用了人民的胜利,从人民中挑出小资产阶级,这个阶级帮助掠夺而且自己也掠夺人民,把人民交给冒险分子支配…… 当著作界向法国人民高唱颂歌的时候,当他们赞美人民伟大、宽宏和热爱自由的时候,当这些崇敬人民的袅袅香烟弥漫于法国全境的时候,资产阶级这只猫却在一旁吃小鸡,而且把它几乎吃完了,给人民只剩下些骨头。大受赞美的民有土地实际上少得微不足道,甚至往往不足以缴纳捐税……"

---

① 应该加上行政官、官僚。否则,"总参谋部"的成员就列举得不完全,而这种缺陷是不应有的,特别是从俄国情况来说是不应有的。

我们来看看这一段话。

第一，我们很想问问这位民粹主义者：在我国是谁"利用了对农奴制"、对"旧贵族阶层的胜利"呢？大概不是资产阶级。当我国"著作界高唱颂歌"（即作者刚才说的颂歌）赞美人民，赞美对人民的爱，赞美人民的宽宏，赞美村社的特点和好处，赞美村社内"各社会阶层的相互迁就和同心协力的活动"，赞美整个俄国是一个大劳动组合而村社是"农民的思想和行动所环绕的中心"等等，等等，等等（自由主义民粹派书刊至今还在——虽然是用悲调——歌颂这一切）的时候，我国"人民"中间发生了什么事情呢？农民的土地果真没有被剥夺吗？资产阶级这只猫没有吃小鸡，没有把它几乎吃完吗？"大受赞美的民有土地""实际上"不是"微不足道"，其所缴纳的税款没有超过收入吗？① 没有，只有"神秘主义者和形而上学者"才会这样断定，认为这是事实，拿这一事实作为出发点来判断我国的事情，来开展自己的活动，而这种活动的目的并不是"为祖国"探寻"另外的道路"，而是在目前这条已经完全确定的资本主义道路上努力奋斗。

第二，把作者的**方法**与马克思主义者的**方法**比较一下是有意思的。用具体的论断比用抽象的设想可以更为清楚地阐明二者的区别。为什么作者要说法国"资产阶级"在上个世纪末叶战胜了贵族呢？为什么把多半是而且几乎纯粹是知识分子的活动叫做资产阶级的活动呢？其次，当时出台活动的，即剥夺农民土地、横征暴敛的，难道不就是政府吗？最后，当时像俄国自由派与民粹派过去和现在那样谈论热爱人民、人人平等、大家幸福的，难道不就是这

---

① 不仅像法国那样是"往往"如此，而且已成通例，不仅超过百分之几十，甚至超过百分之几百。

些活动家吗？既然如此，能不能把这一切都归到"资产阶级"身上呢？把政治运动和思想运动都归结为赚钱，这种看法是否太"狭隘"呢？请看，在俄国马克思主义者就我国农民改革（他们认为改革的差别只是在"局部方面"），就整个改革后的俄国发表了同样的意见时，人们向他们提出的一大堆问题也就是这些问题。再说一遍，我这里说的不是我们的观点实际正确不正确，而是这位民粹主义者在这里所用的**方法**。他是拿结果（"实际上"民有土地微不足道，猫"吃"小鸡，并且"吃完了"小鸡），而且纯粹是经济的**结果**作为衡量**标准**的。

试问，为什么作者只把这种**方法**运用于法国，而不愿将它运用于俄国呢？须知方法在任何地方都应该是一样的。既然在法国您追寻**政府**和**知识分子**的活动所代表的**利益**，为什么在神圣的俄罗斯您**不追寻**它们呢？既然**在那里**您的标准是民有土地"**实际上**"如何如何，为什么**在这里**您的标准却是民有土地"**可能**"会如何如何呢？既然在那里，当有人明明看到"吃小鸡"的事实而还赞美人民及其宽宏大量的时候，您能公正地表示反感，为什么**在这里**，当有人明明看见连您也承认确属无疑的"吃小鸡"的事实，而还说"各社会阶层的相互迁就"、"人民的合群精神"、"**人民工业的需要**"等等的时候，您却不能像对资产阶级哲学家那样，对他们表示厌弃呢？

答案只有一个：因为您是小资产阶级思想家，因为您的思想，也就是一般民粹主义的思想，而不是甲某、乙某、丙某的思想，是小生产者的利益和观点的反映的结果，而决不是"纯粹"①

---

① 瓦·沃·先生语，见《我们的方针》以及1894年《星期周报》第47—49期。

思想的结果。

"但在这方面对我们特别有教益的还是德国,它也和我国一样较晚实行资产阶级改革,因而它不是在肯定的意义上而当然是在否定的意义上运用了别国的经验。"作者转述瓦西里契柯夫的话说:德国农民成分复杂,农民按权利、财产和份地面积分成不同的类别。整个过程使得"农民贵族"即"非贵族出身的小地产所有者等级"形成起来,使群众由"业主变为小工"。"最后,1849 年颁布的半贵族、半小市民的宪法,把选举权只给了贵族和有产的小市民,这样就大功告成,而且切断了改善工人生活的一切合法道路。"

独特的见解。宪法"**切断了**"合法道路?! 这还是俄国民粹派好心的旧理论的反映,按照这一理论"知识分子"应牺牲"自由",因为这种自由只为知识分子服务而把人民交给"有产的小市民"去支配。我们不准备反驳这一荒谬反动的理论,因为现代民粹派,特别是直接反对我们的《俄国财富》杂志的政论家先生们已经放弃了这一理论。但我们不能不指出,这些民粹主义者放弃这种思想,向前迈进一步,公开承认俄国**目前所走的**道路,不再空谈另外的道路的可能性,从而也就最终地肯定了自己的小资产阶级性,因为对阶级斗争一窍不通而坚持实行小市民式的微小改良,必然使他们投靠自由派,而反对那些站在"对立者"方面、认为对立者是这里所说的幸福的唯一创造者的人们。

"德国当时有许多人都在为解放纵情狂欢,10 年、20 年、30 年以至更长时间地纵情狂欢,他们认为对改革的任何怀疑和不满都有利于反动势力而予以诅咒。他们当中老实的人认为人民好像是脱缰之马,仍然可以关进马厩,重新负起邮政运输的任务(这决不是任何时候都能做到的)。但这里也有一些骗子,他们对人民阿谀奉承,而在暗地里进行相反的活动,他们对痴心热爱人民的呆子表示亲近,为的是这些人可以欺骗和利用。哎哟,这些痴心的呆子啊! 一旦内争兴起,他们决不是每个人都有准备的,决不是每个人都能应付的。"

这几句话讲得很妙,很好地概括了俄国旧民粹主义的优良传统,我们可以借用它们来说明俄国马克思主义者对待俄国**现代**民粹主义的态度。在这样借用的时候,并不需要作多大的修改,因为两国的资本主义发展过程都是**一类**的,反映这一过程的社会政治思想也是**一类**的。

统治着和支配着我国"先进"著作界的一些人,也是大谈"我国农民改革与西欧的改革根本不同"、"人民〈原文如此!〉生产已被批准"、伟大的"分地"(这是赎买呀!!)等等,因此,等待着长官恩赐所谓"劳动社会化"的奇迹,"10年、20年、30年以至更长时间地"等待着,而我们刚才说过的那只猫却吃着小鸡,它同时带着腹饱心安的兽性的温存望着那些"痴心的呆子",听他们谈论必须为祖国选择另外的道路,谈论"逼近的"资本主义的害处,谈论以信贷、劳动组合、共耕制和诸如此类天真的缀补办法来帮助人民。"哎哟,这些痴心的呆子啊!"

"我们,主要是我国农民,现时也经历着这种第三等级的形成过程。俄国在这方面落后于整个欧洲,甚至落后于贵族女校的同学,确切些说,落后于女校毕业的实习生——德国。在欧洲各处,城市是繁殖第三等级的主要温床和酵母。在我国则相反",城市居民少得不可比拟…… "其所以不同,主要原因是我国人民土地占有制使居民固守在农村中。在欧洲,城市人口的增长是与剥夺人民的土地和工厂工业的发展紧密联系着的,因为在资本主义生产条件下,工业的发展需要廉价的劳动和充分的劳动供应。当欧洲农民被迫离乡背井到城市谋生的时候,我国农民只要还有力量就固守着土地。人民土地占有制是农民阵地上的主要战略据点和主要制高点,小市民的首领们深知它的重要意义,所以才使出全副本领和全部力量来对付它。因此,也就产生了对村社的种种攻击,也就出现了为数众多的使耕作者与土地脱离关系的方案,以便合理经营农业,繁荣工业,争取民族的进步和光荣!"

　　这里已清楚地反映出民粹主义理论的肤浅：它因幻想"另外的道路"而对现实作了不正确的估计，把农民土地**占有**形式（不管是村社占有还是个体农户占有）这种不起根本作用的法律制度看做"主要的据点"，认为我国小农经济是一种特殊的东西，好像它按其政治经济组织类型来说，不是与西欧手工业者和农民的经济完全相同的一般的小生产者的经济，而是某种"人民的"（！？）土地占有制。按照我国自由主义民粹派书刊的习惯用语，所谓"人民的"就是说没有对劳动者的剥削，这样，作者在自己的评述中就抹杀了在我国农民经济中也像在"村社"之外一样存在着占有额外价值、为他人劳动这种确切无疑的事实，从而为温情的和甜蜜的欺人之谈大开方便之门。

　　"我国现在的村社，土地少，赋税负担重，村社并不是什么了不起的保障。农民的土地本来不多，现在由于人口的增长和地力的衰减而显得更少了；赋税的负担不是减轻而是加重；手工业寥寥无几；在本地找外水的机会更少；农村中的生活如此困苦，以至整乡整乡的农民不得不抛下妻室儿女，远出谋生。这样，许多县份都荒凉起来……　在这些艰难的生活条件的影响下，一方面，从农民中分出一个特殊的阶级，即年轻的资产阶级，他们力图从别人手中独力购买土地，力图从事其他的营生，如经商，放高利贷，组织由自己领导的工人劳动组合，接受各种包工合同和进行诸如此类的勾当。"

　　这一段话值得很详细地加以研究。

　　这里我们看到：第一，肯定了某些事实，这些事实简言之就是农民纷纷逃亡；第二，对这些事实作了评价（否定的）；第三，对这些事实作了解释，而直接由这种解释产生的整套纲领虽然这里没有陈述，但大家都非常清楚（增加土地，减轻赋税，"振兴"和"发展"手工业）。

　　必须强调指出，从马克思主义者的观点看来，**一二两点**是完全正确和绝对正确的（不过，我们马上就会看到，这两点表达得极其不能令人满意）。**第三点则毫无可取之处**①。

现在来解释一下。第一点是正确的。事实的确如此：我国的村社并不是一种保障，农民是在抛弃家乡，离开土地——这里应该说农民被剥夺，因为他们（根据私有权）原来握有一定的生产资料（包括土地，按一项专门的法律规定，由村社**赎买**的土地也交给农民各自经营），而现在却失去这些生产资料了。的确，手工业"日益衰落"，**就是说**，农民在这方面也被剥夺，失去生产资料和生产工具，抛弃家庭织布业去当修铁路的工人，当泥水匠，当小工等等。农民失去的生产资料落入一小撮人手中，成为剥削劳动力的泉源——**资本**。因此，作者说得对，这些生产资料的占有者成了"资产阶级"，即成了在资本主义的社会经济组织下支配"人民"劳动的阶级。作者对这一切事实都正确地肯定了，并对它们的剥削意义作了正确的估计。

当然，从上面的叙述中读者已经可以看出，马克思主义者对这些事实的**解释**是完全不同的。民粹主义者认为这些现象的产生，是由于"土地少"、赋税负担重、"外水"减少，就是说，是由于**政策方面**——土地政策、赋税政策、工业政策方面的特点，而不是由于必然产生**这种政策**的**社会生产组织**方面的特点。

这位民粹主义者说：土地少，而且愈来愈少。（我甚至不必拿该文作者的话作根据，而拿民粹主义学说的一般原理作根据也可以。）这句话十分正确，但您为什么只说土地**少**，而不添上一句，说**卖得少**呢？我国农民向地主**赎买**自己的份地，这是您知道的。为

---

① 正因为如此，马克思主义理论家在与民粹派论战时，总是注重解释、理解，注重客观方面。

什么您把主要的注意力放在**少**上，而不放在**卖**上呢？

单是这种出卖和赎买的事实，就已说明用钱来买生产资料的原则是占统治地位的，在这种原则下，劳动者反正要失去生产资料，不管生产资料是卖得多还是卖得少。您抹杀这一事实，就等于抹杀资本主义生产方式，因为只有在资本主义生产方式的基础上才能产生这种出卖。您抹杀这一事实，您就是拥护这个资产阶级社会，您不过是变成一个议论土地卖得多还是卖得少的政客。您看不见：单是赎买这一事实就已证明，以自己的利益推动社会实现了"伟大的"改革并亲自进行了这种改革的人，他们的"灵魂已整个为**资本**所盘踞"；自由主义民粹派的"社会"既然依靠着改革后建立起来的制度，主张以各种方法改善这种制度，也就只看见"资本主义的月亮"的光华了。正因为如此，这位民粹主义者才怀着这样的仇恨反对那些坚决站在完全不同立场上的人们。他大叫起来，说他们不关心人民，说他们想剥夺农民的土地！！

他，这位民粹主义者，是关心人民的，他不想剥夺农民的土地，他希望农民有（**卖给农民**）更多的土地。他是一个诚实的小店主。固然，他没有提到土地不是白送而是出卖的，但难道在店铺中还用说买东西要付钱吗？这种道理是谁也知道的。

很明显，他是仇恨马克思主义者的，因为马克思主义者说：只能依靠已与这个小店主社会"分开"的、已同这个社会"隔离"（如果可以使用米海洛夫斯基和尤沙柯夫先生之流的这些典型小资产阶级用语的话）的人们①。

①　民粹派先生们除对赎买的资本主义性质只字不提和毫不了解外，还小心地避开这一事实：一方面，农民"土地少"，另一方面，最好的土地都在"旧贵族"阶层的代表手里。

我们继续看下去吧。"手工业寥寥无几",——这就是这位民粹主义者对手工业的看法。而这种手工业是怎样组织的,他又是只字不提。一切手工业,不论是"日益衰落"或"日益发展"的,都是按资本主义方式组织起来的,都是使劳动者完全受包买主、商人等等的资本奴役的,对这一切,这位民粹主义者泰然地置之不理,他只忙于提出进步办法、技术改良、劳动组合等等小市民要求,似乎这类措施多少能触动资本统治一切的**事实**。无论在农业或加工工业方面他都拥护现有的组织,不攻击这种组织本身,而只攻击它的种种缺陷。至于说到赋税,那么在这方面,这位民粹主义者已自己驳斥了自己,突出地表现了民粹主义的基本特点——善于妥协。在前面他自己断言,只要占有额外价值的制度存在,任何捐税(甚至所得税)都是由工人负担,但同时他又不拒绝和自由派社会谈论税额的高低,并本着"公民的正直精神"向税务司提出适当的建议。

总而言之,在马克思主义者看来,原因不在于政策,不在于国家,也不在于"社会",而在于俄国目前的经济组织制度;问题不在于"机敏的人"或"奸诈之徒"浑水摸鱼,而在于"人民"是两个互相对立、互相排斥的阶级:"社会上一切起作用的力量形成两种势均力敌、相互对立的力量"。

"那些从利益上关心确立资产阶级制度的人,看见自己的计划破产①并

————————

① 这么说来,消灭村社计划的破产就等于战胜了"确立资产阶级制度"的人的利益!!

这位民粹主义者用"村社"编出一套小市民的空想,陷进想入非非而忽视现实的境地,竟认为反对村社的计划就是要完全确立资产阶级制度,实际上这不过是在业已完全"确立"的资产阶级制度的基础上所施展的政客手腕而已。

在他看来,反对马克思主义者最有力的论据,就是他以扬扬得意的神情

不甘休：他们时时刻刻向农民唠叨说，一切要怪村社、连环保、土地重分制和纵容懒汉和酒鬼的村社制度；他们为富足的农民举办信贷社，为占有整片土地的人筹集小额农贷；他们在城市中开办技术学校、技工学校和其他各种学校，上这些学校的依然只是有钱人家的子弟，而大批儿童仍无处求学；他们用展览会、奖金和配种站出租的纯种公畜等等帮助富裕农民改良牲畜品种。这一切微小的努力聚积成一个可观的力量，对农村起着瓦解的影响，使农民日益分裂为两部分。"

对"微小的努力"描写得很好。作者认为这一切微小努力（即《俄国财富》杂志和我国全部自由主义民粹派刊物目前那么热心拥护的微小努力）意味着、反映着、实现着"新小市民"阶层、资本主义制度，这种看法是完全正确的。

这个事实恰好就是马克思主义者对这种努力持否定态度的原因。而这些"努力"无疑是小生产者的切身愿望，在马克思主义者看来，这一事实证明了他们的一个基本原理的正确性：不可把农民看做劳动思想的代表，因为他们在资本主义经济组织下是小资产者，所以他们拥护这个制度，在自己生活（和自己思想）的若干方面接近于资产阶级。

我们也不妨用这段话来强调下面一点。马克思主义者对"微小的努力"的否定态度特别引起民粹派先生们的非难。我们只要向他们提起他们的前辈，就可表明曾经有过一个时候，民粹派对这一点是有另外看法的：那时，他们并不这样乐意地和热心地进行妥

提出的一个问题：不，您说说看，您想不想消灭村社？想还是不想？在他看来，这就是全部问题，全部"确立"。他根本不想了解，从马克思主义者的观点看来，"确立"是早已实现和无可挽回的事实，无论消灭村社或巩固村社都不能触动它，因为现在资本既统治着村社的农村，也同样统治着个体农户的农村。

这位民粹主义者极力把更彻底的反对"确立"说成是为确立而辩护。快要淹死的人连一根稻草也想抓住。

协[虽然正如该文所证明的,终于还是妥协了];那时,我不说他们懂得,但他们至少已感觉到这一切努力的资产阶级性;那时,只有最幼稚的自由主义者才谴责对微小的努力的否定是"对人民表示悲观"。

民粹派先生们与这些代表"社会"的自由主义者的愉快交往,看来已产生了良好的效果。

不能满足于资产阶级进步的"微小的努力",决不等于完全否定局部的改良。马克思主义者决不否定这些措施的某些(虽然是微不足道的)好处,这就是它们能使劳动者的生活得到某些(虽然是微不足道的)改善,会加速高利贷、盘剥等等特别落后的资本形式的死亡,使它们更快地转化为更现代化的和人道的欧洲资本主义形式。因此,如果有人问马克思主义者应不应该采纳这种措施,那他们当然会回答说应该,但同时也会说明自己对这种措施所要改善的资本主义制度的根本态度,也会说明自己所以同意,是因为希望加速这个制度的发展,从而加速其末日的到来。①

"我国农民和德国农民一样,按权利和财产分为不同的类别(国家农民、皇族农民[87]、前地主农民——其中又分为得到全份份地的农民、得到半份份地的农民和得到四分之一份地的农民——和家奴);村社生活方式不是我国普遍的生活方式;在西南边疆区,我们可以看到个人占有土地的情形,也就是说,看到有畜力的、无马的②、种菜蔬的、当雇农的和当世袭租地户的农民,其中一部分人有地100俄亩以上,而另一部分人则没有一寸土地;波罗的海沿岸各省的土地制度与德国的土地制度完全相同,如此等等。如果我们注意到了这些情况,那就可以看到资产阶级在我国也是有基础的。"

---

① 这不仅指开办"技术学校和其他学校",改进农民和手工业者的技术,而且指"扩大农民占有的土地",发放"贷款"等等。

② 见本卷第30页。——编者注

　　这里不能不指出作者因耽于幻想而夸大了村社的作用,犯了民粹派的老毛病。照作者说来,似乎"村社生活方式"与资产阶级不相容,与农民的分化不相容! 这根本不符合事实!

　　谁都知道,村社农民也按权利和份地分为不同的类别;在任何一个最村社化的村庄里,农民也"按权利"分为无土地的农民、有份地的农民、以前当家奴的农民、以特种纳费赎买了份地的农民、注册农民[88]等等;也"按财产"分为出租份地的农民、因欠缴税款、因不从事耕种以至荒废土地而份地被剥夺的农民、承租他人份地的农民、有"永久"地或有几亩"买上几年的"土地的农民、无住房的农民、无牲畜的农民、无马的农民和多马的农民。谁都知道,在每一个最村社化的村庄里,正是在这种经济分化和商品经济的基础上,蓬勃地发展着高利贷资本和各种形式的盘剥。而民粹派还在侈谈什么"村社生活方式"这种令人厌烦的神话呢!

　　"我国年轻资产阶级的增长,的确不是以日计,而是以时计,它不仅在各犹太边疆地区增长着,而且在俄国腹地增长着。要用数字来表示它的人数,目前还很困难,但只要注意到土地占有者人数不断增长,商业执照数量日益增加,乡村中控告寄生虫和盘剥者的案件愈来愈多等等迹象①,就可想见资产阶级的人数已经相当可观了。"

　　完全正确! 正是这个事实,这个在1879年说来是正确的,在1895年说来更是不容置辩的大大向前发展了的事实,成为马克思主义者对俄国现实的看法的基石之一。

────────────────

　　①　这里还应加上:依靠农民银行购买土地,"农民经济中的进步潮流"(改良技术和耕作法,采用改良农具,种植牧草等),小额信贷的发展,为手工业者组织销售等等。

我们对这个事实同样抱着否定的态度；我们双方都同意这个事实所反映的现象与直接生产者的利益相抵触，但我们对这些事实的**理解**各不相同。这种不同理解的理论方面，我在前面已经说明过了，现在我要谈谈它的实际方面。

这位民粹主义者说，我国资产阶级特别是农村资产阶级**还**很软弱，还只是刚刚诞生。因此，**还**可以和它作斗争。资产阶级潮流还不很强大，因此，**还**可以扭转，时间还不算晚。

只有形而上学的社会学家（在实践中变成怯懦的反动的浪漫主义者）才能作出这样的论断。说什么农村资产阶级"软弱"是因为它的强有力的分子、它的上层分子已涌进城市，说什么把守农村的仅仅是"小兵"，而坐镇城市的已是"总参谋部"，——我不准备谈民粹派所有这些显然歪曲事实的谬论。这个论断中还有一个错误，也使这个论断成了形而上学的论断。

摆在我们面前的是一定的社会关系，农村小资产者（富裕农民、商人、盘剥者、寄生虫等）和"劳动"（自然是"为他人"劳动）农民之间的关系。

这种关系是存在的，这位民粹主义者也不能否认它是普遍存在的。但是，他说这种关系是薄弱的，因此**还**能加以纠正。

以原物回敬原主，我们要对这位民粹主义者说，创造历史的是"活的个人"。纠正和改变社会关系当然是可能的，但只能由**这种要被纠正或要被改变的社会关系的成员本身**来进行。这种道理一目了然，朗若晴天。试问，"劳动"农民能不能改变这种关系呢？这种关系表现在哪里呢？表现在商品生产制度下有两种小生产者在进行经营，商品经济把他们分为"两部分"，使一部分获得**资本**，迫使另一部分"为他人"做工。

　　既然我们的劳动农民一只脚还站在正是应予改变的那个基础上,他们怎么能改变这种关系呢? 既然他们自己单干,冒着风险经营,为市场经营;既然这些生活条件使他们具有单独为市场而生产的人所特有的"思想和感情";既然他们为自己经济的物质条件、规模和性质所分散,因此,他们与资本的对立还远不发展,他们还不能理解这正是**资本**,而不仅是"奸诈之徒"和机敏的人,——既然如此,他们怎么能了解单干和商品经济的不好呢?

　　应当面向**这种**(请注意)社会关系已发展**到顶点**、作为这种社会关系成员的直接生产者已与资产阶级制度完全"分开"和"隔离"的地方,即对立已经充分发展,显然已经不能凭幻想折中地提出问题的地方,这难道还不明显吗? 等到居于这种先进地位的直接生产者不但**在事实上**而且**在自己的意识上**与资产阶级社会的"生活分开"的时候,陷于落后和恶劣地位的劳动农民就将看到"这是怎么一回事",就会靠近与自己一样"为他人"做工的同伴。

　　"我们有些人谈到农民购买土地的事实,并说明农民购买土地有的是作为个人财产,有的是作为村社财产,但几乎从不补充说,个人购买的是通例,而村社购买则是罕见的微不足道的例外。"

　　接着作者引了一些资料,证明 1861 年私人土地占有者达103 158 人,而根据 60 年代的资料已为 313 529 人,并说这是因为在第二种资料中,已列入了小私有农民,而在农奴制时代没有将小私有农民计算在内。作者接着说:

　　"这就是我国与小地产贵族紧相靠拢紧相结合的年轻农村资产阶级。"

　　我们回答说:对,完全对,特别是说它"靠拢"和"结合"! 正因为如此,我们才把那些认为"扩大农民占有的土地"有重大意义(从直接生产者的利益方面说)的人,都列为小资产阶级思想家,包括该文作者在内,因为他在第152页上也是这么说的。

也正因为这样,我们认为凡是把个人购买和村社购买问题当做一个同资产阶级制度的"确立"至少有点关系的问题来研究的人,都不过是一些政客。我们认为这两种购买都是资产阶级性的,因为不论在哪种场合下,购买终究是购买,货币终究是货币,就是说,终究是只会落入小资产者手里的商品①,不管这些小资产者是村社"为了各社会阶层的相互迁就和同心协力的活动"而把他们组织起来的,还是因各自占有一片土地而彼此分开的。

"不过它(年轻的农村资产阶级)还远不是全部。'寄生虫'在俄国当然不是一个新名词,但它从未有过今天这样的含义,也从来没有像今天这样压迫过同村人。过去的寄生虫与现在的相比,简直是宗法社会的人,这种人向来服从村社,而有时简直是懒汉,特别是不去追逐钱财。现在,寄生虫一词有了另外的含义,在多数省份,它已成了总括性的概念,用得比较少,而常为别的词所代替,如富农、寄食者、商人、酒店老板、猫皮商、承包人、当铺掌柜等等。这里从一个词分出了几个词,其中一部分也不是新的,而另一部分则是全新的,甚至是农民生活中从来没有听说过的。这首先表明对人民的剥削有了分工,其次表明掠夺已经大大扩展和专门化。几乎每村每乡都有一个或几个这样的剥削者。"

毫无疑义,对掠夺的扩展这个事实的观察是正确的。没有道理的只是作者和所有的民粹主义者一样,不顾这一切事实,不顾了解这种系统的、普遍的、合乎常态(甚至还有分工)的盘剥行为,是资本主义在农业中的表现,是原始形态的资本的统治,这种资本一方面经常受在民粹派看来是从别处搬来的城市的、银

---

①　显然,这里指的不是专门用来换取生活必需品的货币,而是能够积蓄起来购买生产资料的**闲置**的货币。

行的、一般欧洲式的资本主义欺骗掠夺，另一方面也从后者得到滋补和营养，总而言之，这是俄国国民经济的资本主义组织的一个方面。

此外，对寄生虫"进化"的描述，还使我们有可能更进一步地揭露这位民粹主义者。

这位民粹主义者认为1861年的改革是批准人民生产，认为它根本不同于西欧的改革。

他现在所渴望的措施，同样是这类"批准"的措施（批准村社等等），这类"保证有份地"和一般生产资料的措施。

民粹主义者先生，为什么"批准了人民（而不是资本主义）生产的"改革只是使"宗法社会的懒汉"变成了比较果断、机敏和披着文明外衣的掠夺者呢？为什么它像西欧相应的伟大改革一样只是改变了掠夺的**形式**呢？

为什么您认为以后的"批准"步骤（很可能就是扩大农民占有的土地，实行移民，调整地租，实行其他无疑是进步的、但只是资产阶级性质的进步的措施）不会造成**形式**的进一步改变，**资本**的进一步欧化，而会造成商业资本向生产资本、中世纪资本向现代资本的另一种转变呢？

另一种转变是**不会有**的，原因很简单，因为这类措施丝毫不会触犯**资本**，就是说，不会触犯这样一种人与人之间的关系，在这种关系之下，一些人手中积累起了货币——商品经济组织起来的**社会**劳动的产品，而另一些人却一无所有，只有一双空"手"①，一双

---

① **"群众仍将照旧……为他人劳动"**（该文第135页）；如果群众不是"空"手（事实上是空手，虽然在法律上也许他们是"保证有份地"的），那当然就不可能有这样的事了。

失去了现在集中在前一类人手中的产品的空手。

　　"……在他们中间(在这些富农之类的人中间),没有资本的小喽啰们通常依附于贷款给他们或委托他们代购货物的大商人;资本较雄厚的则独立经营,直接与大的商业城市和港口城市发生联系,包几节车皮发往那里,并亲自去采购本地需要的商品。无论您坐哪一线的火车,您一定会在三等车厢(偶尔在二等车厢)里遇到几十个这类为生意而奔波的人。这些人您一定认得出来,他们的装束特别,对人粗鲁无礼,看见哪一位太太请他们不要抽烟就发出刺耳的狂笑,或者是笑那些出外谋生的乡下佬〈"乡下佬",原文如此。——克·土·〉,笑他们一点不懂生意经,笑他们穿草鞋,认为这是'没有教养'。这些人您从谈话中也能认出来。他们谈的总是'羊羔皮'、'植物油'、皮革、'香鱼'、糜子之类的东西。同时,您还可以听到他们厚颜无耻地叙述他们怎样骗人,怎样制造假货:怎样把'臭得难闻'的卤牛肉'卖给了工厂','给茶叶上色一看就会';'每包白糖掺水可以增重3磅,而顾客一点看不出来'等等。这一切谈得如此露骨、如此放肆,使您一看就明白这些人只是因为怕进监狱,才不偷小饭馆的汤匙,不扭走车站的瓦斯灯。这些人连最起码的道德都没有,他们的道德完全建筑在卢布上,用谚语来概括就是:商人是钓者;大鱼活着就是为了吃小鱼;有空子就钻;瞅准照管不严的东西;抓住可乘之机;不要怜恤弱者;得巴结时就巴结。"接着作者举了一篇报纸上的通讯:一个名叫沃尔柯夫的酒店老板兼高利贷者,纵火焚毁了自己保了高额火险的房子。这位先生还被"一位教师和一位当地的神父认做自己最敬重的朋友",一位"教师为了贪酒随便替他写了诬告状子"。"一个乡文书答应他陷害莫尔多瓦人。""一个地方自治局保险员兼地方自治局委员替他的旧房子保了1 000卢布的火险"等等。"沃尔柯夫决不是个别现象,而是一种典型。哪个地方都有自己的沃尔柯夫,哪个地方不仅都可以听到这类掠夺和奴役农民的事情,而且还可以听到这类纵火的事情……"

　　"……然而农民怎样对待这种人呢? 如果这种人像沃尔柯夫那样愚蠢、粗暴和小气,农民就不会喜欢他们,而会怕他们,怕他们陷害自己,而自己对他们毫无办法,因为他们的房子都保了险,他们厩有骏马,门闩牢固,家有恶犬,与地方当局还有来往。但如果这些人比沃尔柯夫聪明、刁滑,如果他们给掠夺和奴役农民的行为披上漂亮的外衣,如果他们赚了一个卢布,同时却大叫大嚷地说少要一个戈比,如果他们对遭了火灾的村子不惜送点伏特加酒或小米,那他们就能博得农民的敬仰、拥护和尊重,成了穷人的活命恩人,好像没有他们,穷人就活不下去。农民把他们看做聪明人,甚至把子弟送到他们那里当学徒,认为孩子坐柜台是体面事,深信孩子将来定有出息。"

我特意把作者的叙述较详细地摘录下来,好让大家看看俄国社会经济组织是资产阶级组织这一论点的**反对者**是怎样描述我国年轻资产阶级的。把这段描述分析一下,就能充分认清俄国马克思主义的理论,认清**现代**民粹派对马克思主义的攻击的性质。

根据这段描述的开头部分可以看出,作者似乎已经懂得这个资产阶级有着深固的根底,懂得它与小资产阶级所"依附"的大资产阶级有联系,它与把"子弟"送到它那里"当学徒"的农民有联系,但从作者所引的例子看来,他对这一现象的力量和持久性估计得非常不足。

他的例子谈的都是刑事犯罪,如欺诈、纵火等等,给人的印象是,农民遭到"掠夺和奴役"是出于偶然,是由于(如作者前面所说)生活条件艰难、"道德观念粗鄙"、"著作界接近人民"受限制(第152页)等等,——总而言之,这一切决不是我国现代社会经济组织的必然产物。

马克思主义者的看法正好相反;他肯定这决不是偶然性,而是必然性,是在俄国占统治地位的资本主义生产方式所决定的必然性。既然农民在变成商品生产者(其实所有农民已经成了商品生产者),他们的"道德"必然会"建筑在卢布上",我们不必为这一点责备他们,因为生活条件本身迫使他们用商业上的种种狡猾手段①猎取卢布。在这种情形下,即使不犯刑事罪,不卑躬屈膝,不

————————

①　参看乌斯宾斯基的著作**89**。

制造假货,"农民"也会分化为富人和穷人的。旧日的均等经不起市场的波动。这不是推断,这是事实。另外一点也是事实,就是少数人的"财富"在这种情况下变成**资本**,而大众因为"贫穷"不得不出卖双手,为他人做工。因此,在马克思主义者看来,资本主义不仅在工厂工业中,而且在农村中,总之在俄国各地,都已经稳稳地盘踞下来,已经完全定型了。

你们现在可以想见民粹派先生们是何等的机智。马克思主义者论证说,农村中这些"可悲现象"的产生不是由于政策,不是由于土地少,不是由于税款多,不是由于"个人"坏,而是由于资本主义;在资本主义生产方式存在时,在资产阶级居于统治地位时,这一切是**必然的**和不可避免的。民粹主义者听到马克思主义者这样论证就叫嚷起来,说马克思主义者想剥夺农民的土地,说他们认为无产者比"独立"农民"好",说他们表现了——用活像外省小姐的米海洛夫斯基先生回答司徒卢威先生时的话来说——对"个人"的"鄙视和残忍"!

从这一幅由敌人绘制因而引人注意的农村图画中,我们可以清楚地看到反驳马克思主义者的流行论调是荒诞无稽的,是凭空臆造的(回避事实,忘记自己说过的话),完全是为了拼命挽救那些充满幻想和妥协的理论;这些理论,谢天谢地,现在是任何力量都已不能挽救的了。

马克思主义者说明俄国的资本主义时是套用现成的公式,把从别处照样抄来的原理当做教条背诵。他们说,把极不发达和无足轻重的俄国资本主义生产(在我国工厂中就业的总共只有140万人)说成已普及于尚握有土地的农民群众。这就是自由主义民粹派营垒所爱用的指摘之一。

但是我们从这幅农村图画中看到，民粹主义者在描写"村社"农民和"独立"农民的状况时，也不能不用从抽象的公式和别人的教条中借用来的资产阶级这个范畴，不能不确认资产阶级是农村的典型而不是个别现象，他们和城市中的大资产阶级有极紧密的联系，他们和农民也有联系，因为农民"把子弟送到他们那里当学徒"，换句话说，正是从农民中产生着这个年轻的资产阶级。因此，我们看到，这个年轻的资产阶级是在我们的"村社"内而不是在"村社"外成长着，他们是从已成为商品生产者的农民之间的社会关系中产生的；我们看到不仅"140 万人"，而且俄国全体农民群众都在**为资本做工**，受它"支配"。那么，从这些不是由什么"神秘主义者和形而上学者"（即崇奉"三段式"的马克思主义者）而是由这位善于估计俄国生活方式特点的独特的民粹主义者所确认的事实中，究竟是谁作了更正确的结论呢？是民粹主义者，还是马克思主义者呢？民粹主义者大谈要选择更好的道路（似乎资本还没有作出自己的选择），大谈盼望"社会"和"国家"（即那些完全是在这种选择的基础上并**为了这种选择**而成长起来的分子）来实行向另一种制度的转变；而马克思主义者则指出，幻想走其他道路就是一个天真的浪漫主义者，因为现实十分明白地告诉我们，"道路"已经选定，资本的统治已成事实，这种事实决不是靠责骂申斥所能回避的，能够正视这种事实的只有直接生产者。

还有一种流行的指摘。马克思主义者承认大资本主义在俄国是进步现象。因此，他们认为无产者比"独立"农民好，赞成剥夺人民的土地，他们从生产资料应归工人所有这一理论出发，赞成使工人和生产资料分离，就是说，他们陷入了不可调和的矛盾中。

是的，马克思主义者认为大资本主义是进步现象，但这当然不是因为它以不独立代替"独立",而是因为它为消灭不独立创造条件。至于俄国农民的"独立",那不过是民粹派自我陶醉的奇谈,实际上并不存在。以上的描述(以及所有关于农民经济状况的著作和调查)也承认这个事实(即独立实际上并不存在),说农民也像工人一样"为他人"做工。这一点俄国旧民粹派是承认的。但他们不了解这种**不**独立的原因和性质,不了解这也是**资本主义**式的不独立,它和城市中的不独立不同的地方,在于发展程度较低,中世纪的半农奴制的资本形式的残余较多,如此而已。就拿这位民粹主义者为我们描绘的农村来同工厂比较吧。不同的地方(就独立来说)仅仅在于:那里我们看到的是小吸血虫,这里是大吸血虫;那里是对单个人的剥削,用的是半农奴制的方法;这里是对群众的剥削,而且已是纯资本主义的剥削。显然,第二种是进步的:在农村中还不发达因而掺杂着高利贷等等的资本主义在这里是发达的;农村中存在着的对立在这里已完全表露出来了;在这里,分裂已彻底完成,没有可能以折中方式提出问题,满足于这样提出问题的只有小生产者(及其思想家),因为他们能申斥、叱责和咒骂资本主义,而不能离开这个资本主义的基础①,不能放弃对资本主义的奴仆的信任,不能抛掉像杰出的克里文柯先生所说的"最好没有斗争"的美妙幻想。**这里**已不可能产生幻想,单这

---

① 为避免误会起见,我要说明一下,所谓资本主义"基础",是指通过种种形式支配着资本主义社会的社会关系。马克思曾把这种社会关系表述为一个公式:货币——商品——增殖了的货币。

民粹派的措施**不能触动**这种关系,就是说,既不能动摇把货币即社会劳动产品交到私人手中的商品生产,也不能动摇"人民"分裂为货币持有者和穷人的事实。

马克思主义者探讨这种关系的最高发展形式,即其余各种形式的集中表现,并向生产者指出了任务和目标:消灭这种关系,而代之以另一种关系。

一点已是一个大进步；这里已可明显看出力量在哪一方面，再不能空谈什么选择道路，因为事情很清楚，首先应当"重新配置"这种力量。

"自我陶醉的乐观主义"，——司徒卢威先生对民粹主义作了这样的评价，这是非常正确的。忽视和抹杀资本在农村的完全统治并把它说成是偶然现象，提出有关各种信贷、劳动组合、共耕制的建议，以为所有这些"富农、寄食者、商人、酒店老板、承包人、当铺掌柜"等等，所有这些"年轻的资产阶级"还没有把"每个乡"掌握"在手里"，——这怎能不是乐观主义呢？分明斗争已在进行，只不过是不明显，不自觉，还没有为思想所指导，而人们却"10年、20年、30年以至更长时间地"说"最好没有斗争"，——这怎能不是自我陶醉呢？

> "读者，你们现在到城市看看。这里你们会碰到人数更多、种类更庞杂的年轻资产阶级。凡是有了文化并认为自己宜于从事更高尚的活动的人，凡是认为自己应当比苦命的普通农民有更好的命运的人，最后，凡是在这种情况下已不能在农村安身的人，现在都渴望到城里来……"

虽然如此，民粹派先生们还是自我陶醉地说城市资本主义是"人为的"，说这是"温室植物"，若不加以保护，就会自行夭折等等。只要稍微看看**事实**就可以明白：这"人为的"资产阶级其实就是迁入城市的农村寄生虫，他们是在迫使每个普通农民贱买贵卖的、为"资本主义的月亮"所照耀的土壤上完全自发地生长着的。

> "……这里你们会遇到店员、办事员、小商人、小贩、各种承包人（灰泥匠的、木匠的、泥水匠的等等）、售票员、清道夫头、巡警、交易所经纪人、渡口把头、小饭铺和客栈的掌柜、各种作坊的老板、工厂的领班等等。所有这些人都是有明显特征的真正的年轻资产阶级。他们的道德准则在这里同样极其狭

隘:一切活动建筑在剥削劳动的基础上①,而毕生志向是取得资本或小额资本以愚蠢地度过一生……" "……我知道许多人看到他们而心中高兴,把他们看做智慧、毅力和进取心的化身,认为他们是人民中最进步的分子,从他们身上看到祖国文明直接的和自然的进步,而文明的不平衡将逐渐泯灭。哦!我早就知道,我国已经造成了高等资产阶级,他们都出身于有教养的人,出身于商人,出身于那些经不住1861年的危机而没落或顺应时代精神的贵族;这一资产阶级构成第三等级的骨干,现在它所缺少的只是来自民间的分子,没有这些分子它就不能有所作为,因而它是喜欢他们的……"

这里又给"自我陶醉的乐观主义"留下了一条后路:大资产阶级"缺少的只是"人民中间的资产阶级分子!! 大资产阶级不是来自民间又是来自什么地方呢? 作者是不是也要否认我国"商人"与农民的联系呢?

这里看得出来是想把年轻资产阶级的成长说成是偶然的事情,是政策的结果等等。看不到这种现象的根源在于社会经济结构本身;只能十分详尽地罗列小资产阶级的各个代表人物,而不能理解农民和手工业者的独立小经济本身在目前的经济制度下完全不是什么"人民"经济而是**小资产阶级**经济,——这种肤浅的了解正是民粹主义者极其突出的特点。

"……我知道,许多古老世族的后代已从事酿酒业和卖酒业、铁路的承租和勘察,担任股份银行的董事,甚至已在著作界安下身来,并唱着新的歌曲。

---

① 不对。小资产者不同于大资产者的地方,在于他自己也从事劳动,正如作者列举的各类小资产者也从事劳动一样。对劳动的剥削当然是有的,但不只是剥削而已。

　　还须指出一点。民粹主义者(在头脑清醒的时候)说,不以普通农民的命运为满足的人的毕生志向是取得资本。马克思主义者说,俄国农民的趋向不是村社制度而是小资产阶级制度。

　　这两种说法有什么区别呢? 岂不是一个提供了经验性的生活观察,而另一个则把观察的事实(这些事实反映了现实"个人"的现实"思想和感情")概括成为政治经济规律吗?

我知道,著作界的歌曲有许多非常委婉动人,它们倾诉着人民的疾苦和愿望;但我同样知道,正派的著作界的职责是暴露那种不是送给人民面包而是送给人民石头的企图。"

真是一种阿尔卡迪亚的田园生活![90]还仅仅是"**企图**"送给?!

既然"知道"资产阶级"早就"形成,还认为自己的任务是"**暴露**"造成资产阶级的"企图",这怎能协调一致呢!

明明看到军队已经动员起来,看到"小兵"已被"早就"形成的"总参谋部"组织起来,排成队伍,人们还谈"暴露企图",而不说已经充分暴露出来的各种利益之间的斗争,这就叫做"痴心妄想"。

"……法国资产阶级也把自己和人民混同起来,总是以人民名义提出自己的要求,但总是欺骗人民。我们认为,近几年来我国社会所接受的资产阶级潮流对人民的道德与福利是有害的和危险的。"

这一句话也许是最清楚地表明了作者的小资产阶级性。他宣称资产阶级潮流对人民的道德与福利是"有害的和危险的"!可敬的道德家先生,这究竟是什么样的"人民"呢?是在确保"家园"、"定居生活"和"神圣劳动义务"[①]的农奴制度下为地主做工的人民呢,还是后来去寻求赎金的人民?您清楚地知道,缴纳赎金是获得"解放"的基本和主要条件,而农民除向库庞先生[91]寻求外,无处获得这笔款项。您自己就曾描写过:这位先生主宰一切,"小市民把自己的科学、自己的道德准则和自己的诡辩带进生活中来",歌颂资产阶级的"智慧、进取心和毅力"的著作界已经形成。显然,整个问题在于两种社会组织形式的更替:占有被束缚在土地上的农奴的剩余劳动的制度,树立了农奴主的道德;"为别人"、为货币持有

---

① 尤沙柯夫先生语。

者做工的"自由劳动"的制度，则树立了资产阶级的道德，以取代前一种道德。

但小资产者不敢正视真理，不敢直言不讳，他回避这些不容置辩的事实而开始幻想起来。他认为只有独立小经济（**为市场生产**这点却谨慎地避而不谈）才是"道德的"，而雇佣劳动是"不道德的"。他不了解前者与后者的联系（而且是不可分割的联系），认为资产阶级的道德是一种偶然的病症，而不是从商品经济（其实他一点也不反对商品经济）中产生出来的资产阶级制度的直接产物。

于是他开始了他那老太婆式的说教："有害的和危险的"。

他不拿新的剥削形式同以往的农奴制的剥削形式来对照，他不看一看这种剥削使生产者和生产资料所有者的关系起了什么样的变化，却把它和荒诞无稽的小市民的空想即所谓的"独立小经济"相比较，好像这种经济虽是商品经济，但不会造成它现在正在造成的结果（参看前面："富农如花盛开，而且力图奴役最弱的农民使他们变成雇农"等等）。因此，他对资本主义的抗议（这种抗议本身完全是正当的有理的）成为反动的抱怨。

他不了解，"资产阶级潮流"扫除了使劳动者被束缚于一地的剥削形式，代之以使劳动者离乡背井漂泊全国的剥削形式，这是做了一件好事；他不了解，前一种剥削形式使占有剩余产品的行为被剥削者与生产者的个人关系、相互的公民政治义务和"份地保证"等等包裹起来，后一种剥削形式则是用"冷酷无情的现金交易"代替这一切，把劳动力同所有其他商品，其他物件相提并论，"资产阶级潮流"以后者代替前者，就是清除遮盖剥削的一切掩护和幻想，使剥削赤裸裸地暴露出来，而使剥削赤裸裸地暴露出来，这就是一个巨大的功绩。

　　其次,还要请注意一下所谓我国社会"近几年来"接受了资产阶级潮流的说法。难道仅仅是"近几年来"吗? 难道它在 60 年代还没有充分显露出来吗? 难道它在整个 70 年代还没有取得统治地位吗?

　　小资产者在这个问题上也想轻描淡写,把自改革以来即成为我国"社会"特点的资产阶级性说成是一种暂时的迷恋,是一种时髦。只见树木不见森林,——这就是小资产阶级学说的基本特点。他(小资产阶级思想家)只看见对农奴制的抗议和猛烈攻击,而看不见资产阶级性,因为他不敢正视在这些疯狂喊叫中建立起来的那种制度的经济基础。从整个先进的("以自由主义取媚人民的",第 129 页)著作界所主张的发放贷款、组织信贷社、减轻赋税、扩大民有土地以及诸如此类帮助"人民"的措施中,他只是看见"近几年来"的资产阶级性。最后,他只看见对"反动"的埋怨,对"60 年代"的哭泣,而根本看不见这一切的基础是资产阶级性,因而愈益和这个"社会"融合起来。

　　其实,在改革以来的这三个时期中,我们的农民思想家始终是与"社会"靠近,与它站在一起的,他不了解,这个"社会"的资产阶级性使他对资产阶级性的抗议完全失去效力,而且必然使他不是想入非非,就是实行可怜的小资产阶级的妥协。

　　我国民粹主义(它是"在原则上"敌视自由主义的)亲近自由主义社会,曾使许多人受到感动,甚至现在还使瓦·沃·先生受到感动(参看 1894 年《星期周报》第 47—49 期上他的一篇文章)。于是,有人就说我国资产阶级知识分子软弱无力,甚至根本就不存在,并说这和俄国资本主义没有根基是有联系的。实际上正好相反，这种亲近是反对民粹主义极有力的论据，它直接证实了民粹主义的小资产阶级性。在实际生活中，小生产者由于单独地为市场生产商品，由于有机会发迹和发展成为大业主，在日益同资产阶级融合起来；同样，小生产者的思想家在与自由派共同讨论有关各种信贷、劳动组合等等问题的过程中，也在逐渐与他们融合起来。小生产者无力和资产阶级作斗争，指望减轻赋税、扩大土地等等帮助方式；同样，民粹主义者也是信赖自由主义"社会"及其用"无尽的虚情假意"遮蔽着的关于"人民"的空谈。他有时也责骂"社会"，但立即要加上一句：它只是"近几年来"变坏了，而一般说来它是很不错的。

"不久以前，《当代新闻》在考察改革以后在我国形成的新的经济阶级时，对它作了淋漓尽致的描写：'谦逊有礼，留着胡须、穿着擦了油的皮靴、对小警官卑躬屈膝的旧日富翁，摇身一变而成了像欧洲人一样放荡不羁、甚至傲慢无礼、有时还挂上头等勋章和高级官衔的大老板。仔细看看这些平步青云的人物，你就会大吃一惊地发觉，今天的这些显赫人士大多是昨天的酒店老板、承包人、店员等等。这些新人物活跃了城市生活，但没有改善城市生活。他们给城市生活带来了忙碌，使各种概念混乱不堪。周转的加速，对资本的需要，掀起了创办企业的热潮，这种热潮简直变成了狂热的赌博。出乎意外地造成的无数财富，使发财的欲望达到了急不可待的地步'等等……

无疑地，这种人对人民的道德起了极有害的影响〈原来不幸在于风气的败坏，而完全不在于资本主义的生产关系！——克·土·〉，如果不怀疑城市工人比农村劳动者更堕落，那自然不能怀疑这是因为城市工人更受这种人包围，呼吸着他们的空气，过着他们建立的生活。"

这清楚地证实了司徒卢威先生关于民粹主义的反动性的意见。城市工人的"堕落"吓坏了小资产者，这些小资产者喜爱"家园"（翁媳通奸和家法森严）和"定居生活"（闭塞和野蛮），不了解在资本主义条件下，特别是在俄国的资本主义条件下，当"老马"**92** 觉醒到自己是人的时候，——这种觉醒有极大的世界历史意义，为了它一切牺牲都是正当的——这种觉醒不能不表现为狂暴的形式。

"俄国地主以野蛮著称，只要稍微把他刮一下就能认出他是鞑靼人，而俄国资产者是连刮也不需要刮的。俄国旧时的商人曾创立一个黑暗王国，现在他们和新资产阶级一起，定将创造一个魔鬼世界，使一切思想、一切感情归于毁灭。"

作者是大错特错了。这里应当用过去时，而不是将来时，在70年代就应该用过去时。

"一群一群的新掠夺者走向四方，在各处都没有遇到任何抵抗。地主庇护他们，看见他们就笑容满面，地方自治局人员发给他们巨额保险金，国民教师替他们写诬告状子，僧侣亲自造访，乡文书则帮助他们陷害莫尔多瓦人。"

描写得完全正确！"不仅没有遇到任何抵抗"，而且得到"社会"和"国家"全体代表（作者刚才已列举其大概）的协助。因此（独特的逻辑！），要改变现状，就应建议而且正是向"社会"和"国家"建议选择另外的道路。

"然而应当怎样来反对这种人呢？"
"……无论从正义方面考虑，或从道德和政治方面考虑（国家应当从后两方面考虑），都不能寄希望于剥削者智力的发展和社会舆论的改善。"

请看，国家应当从"道德和政治方面考虑"！这纯粹是讲空话。难道上述那些"国家"的代表和代理人（从乡文书起往上数）还没有从"政治方面"〔参看前面："许多人心中高兴……认为他们是人民中最进步的分子，从他们身上看到祖国文明直接的和自然的进步"〕和"道德方面"〔同上："智慧、进取心和毅力"〕考虑吗？两种道德观念和政治观念是背道而驰的，就和生活中的"新苗"与被"资产阶级命令去做工"的人是势不两立的一样,这一事实您为什么绝口不谈呢? 这两种观念的斗争(它只是社会阶级斗争的上层建筑)您为什么要一笔抹杀呢?

这一切都是以小资产阶级观点看问题的必然结果。小生产者在现代制度下备受痛苦,但他避开业已暴露无遗的直接矛盾,害怕这些矛盾,以幼稚反动的空想安慰自己,说什么"国家应从道德方面考虑",就是说,应从适合小生产者心意的道德方面考虑。

不,您弄错了。您向之呼吁的国家,即现在这个国家,**应当**从适合高等资产阶级心意的道德方面考虑,其所以**应当**,是因为现存社会阶级间的社会力量就是这样配置的。

您很愤慨。您叫喊起来,说马克思主义者承认这样做是"应当的",必然的,就是在维护资产阶级。

这话不对。您感到事实在反对您,于是就变起戏法来:谁根据资产阶级统治的**事实**来驳斥您那选择一条不要资产阶级的道路的小市民幻想,谁根据资产阶级在社会的经济结构中有深厚的根底,根据阶级间的经济斗争是"社会"和"国家"的基础,来证实您那套反对资产阶级的渺小可怜的措施的毫不中用,谁要求劳动阶级的思想家完全与这些分子决裂,而只为那些与资产阶级社会的"生活分开"的人服务,您就硬说他们是有意维护资产者。

"当然,我们并不认为著作界的影响毫无作用,但它为此必须:第一,更好地了解自己的使命,不要仅限于〈原文如此!!!〉培养富农,还要唤起社会舆论。"

真是十足的小资产者! 如果著作界在培养富农,那是因为它没有很好地了解自己的使命!! 而这班先生听人说他们幼稚,听人说他们是浪漫主义者,他们还感到惊讶呢!

恰恰相反,可敬的民粹派先生,是"富农"①在培养著作界,是他们供给它各种观念(智慧、进取心和毅力,祖国文明自然的进步),供给它金钱。您向著作界呼吁乃是一种可笑的举动,就好像在两军对垒的时候,有人俯首请求敌方元帅的副官"要更加协同一致地行动"一样。二者情况是完全相同的。

"唤起社会舆论"——这种愿望也是一样。是唤起"怀着午睡般的宁静心情寻求理想"的社会的舆论吗? 这是民粹派先生们习惯了的活动,他们"10年、20年、30年以至更长时间地"致力于这一活动,而且有了辉煌的成绩。

再努一把力,先生们! 陶醉于午睡的美梦的社会有时发出几声喃喃的呓语,大概是说,它已准备好协同一致地反对富农。再和它谈谈吧。继续努力吧!

"……第二,著作界应享有更多的言论自由和更多的接近人民的机会。"

愿望是好的。"社会"同情这种"理想"。但既然它是怀着午睡般的宁静心情来"寻求"这种理想,既然它最怕扰乱这种宁静,所以……所以它总是慢慢地赶,而且前进得如此聪明,以致一年比一年落后得更远了。民粹派先生们认为这是偶然现象,认为午睡的美梦就要结束,真正的前进即将开始。你们就等着那一天吧!

"同样,我们也不认为培养和教育的影响毫无作用,但我们首先认为:(1)应当让人人都有受教育的机会,而不应当仅仅让某些个人有这个机会,使他们与众不同,变成富农……"

"让人人都有……"——这正是马克思主义者的主张。但他们认为在现存社会经济关系的基础上不可能做到这一点,因为即使

_____
①　这个词的含义太窄。本来应当明确些说:资产阶级。

实行免费义务教育，受"教育"也需要钱，而钱是那些"来自民间的人"才有的。因此，马克思主义者认为，就在这里，也是除"各社会阶级间的严酷斗争"外，别无出路。

> "……(2)国民学校不仅应为退职的教堂下级职员、官吏和各种酒徒打开大门，而且应为真正正派的和真诚地爱人民的人打开大门。"

多么动听！但是要知道有些人虽把"来自民间的人"看做"智慧、进取心和毅力"的化身，而他们也是肯定地（而且往往也不是不真诚地）说他们是"爱人民"的，他们中间有许多无疑是"真正正派的"人。这里究竟让谁来判断呢？让有批判头脑和道德修养的人吗？但作者自己不是说过，对这些来自民间的人采取鄙视态度并不发生作用吗？[①]

我们在快要结束述评的时候又看到我们一开始就指出的民粹主义的基本特点——回避事实。

每当民粹主义者描述事实的时候，他们自己总不得不承认，现实是属于资本的，我国现实的演进是资本主义的演进，力量是在资产阶级手中。譬如我们所评论的这篇文章的作者就承认了这一点，他确认我国造成了"小市民文化"，资产阶级在命令人民去做工，资产阶级社会只知道饱食终日，做那午睡的美梦，"小市民"甚至创立了资产阶级的科学、资产阶级的道德、资产阶级的政治诡辩、资产阶级的著作界。

虽然如此，民粹派的**全部**推论**始终**是根据相反的假设：力量不在资产阶级方面，而在"人民"方面。民粹主义者总是谈论选择道

---

① 第151页："……他们不是早先已经〈请特别注意"早先已经"这几个字〉对那些可能鄙视他们的人采取了鄙视态度吗？"

路(同时承认现实道路的资本主义性质),谈论劳动(在资产阶级"支配"下的劳动)社会化,谈论国家应从道德、政治方面考虑,人民正是应当由民粹派教导等等,就好像力量已在劳动者或劳动者的思想家方面,剩下要做的,只是指出运用这一力量的"最简便"、"适当"以及诸如此类的方法。

这一切都是令人厌烦的十足的谎话。半世纪以前,当一位普鲁士参政官[93]在俄国发现"村社"的时候,还能为这种空想找到存在的理由;但在"自由"劳动已有30余年历史的今天,再这样说,不是嘲弄,就是伪善,就是叫人腻味的假仁假义。

马克思主义的基本理论任务就是要打破这种好心善意的谎话。想探寻"使人类走向幸福的途径"的人,他的首要职责就是不要欺骗自己,要有坦白承认事实的勇气。

当劳动阶级的思想家理解到并深深地体会到这一点的时候,他们就会承认:所谓"理想"不应当去开辟最好的和最简捷的途径,而应当为我国资本主义社会中眼前进行着的"各社会阶级间的严酷斗争"规定任务和目标;衡量自己的意图是否取得成效,不是看为"社会"和"国家"拟定的建议,而是看这些理想在一定社会阶级中传播的程度;如果你不善于把理想与经济斗争参加者的利益密切结合起来,与该阶级的"公平的劳动报酬"这类"狭隘"琐碎的生活问题,即自命不凡的民粹主义者不屑理睬的问题结合起来,那么,最崇高的理想也是一文不值的。

"……但这还不够,智力的发展,可惜如我们所看到的,往往还不能保证一个人摆脱兽性的贪欲和本能。因此,应当立即采取防护农村免受掠夺的措施,首先应当采取措施保护我们的村社,保护这种有助于克服人的本性的道德缺陷的共同生活方式。应当使村社获得永久的保障。但就是这样也还不够。村社在其目前经济条件下和沉重的赋税负担下是无法生存的,因此,必须采取措施以扩大农民占有的土地,减轻赋税,组织人民工业。

　　这就是整个正派的著作界应当同意并拥护的反对富农的办法。这些办法当然不是新的;但问题在于这是唯一有效的办法,而这一点还远不是每个人都信服的。"(完)

　　这就是这位自命不凡的民粹主义者的纲领! 从事实的描述中,我们看到处处显露出经济利益完全相矛盾。所谓"处处",不仅指城市和农村,村社内和村社外,工厂工业和"人民"工业,而且指经济现象范围以外的地方,即著作界和"社会",以及道德观念、政治观念、法律观念等等的领域。而我们的小资产者骑士却哭哭啼啼地向人恳求:"立即采取防护农村的措施。"小市民的肤浅了解和妥协意图,在这里是一目了然的。我们看到,农村本身就是分裂和斗争,就是利益对立的制度。但民粹主义者认为祸根不在于这个制度本身,而在于这个制度的个别缺点,他制定自己的纲领,不是要去赋予正在进行的斗争以思想性,而是为了"防护"农村不受偶然的、不合法的、外来的"掠夺者"的侵害! 最可敬的浪漫主义者先生,究竟是要谁采取防护的措施呢? 是要那个依靠应被防护的人而能饱食终日的"社会"吗? 是要那些靠分得的剩余价值过活,因而如我们刚才所见不但不表示反对而且出力协助的地方自治局、乡公所和所有其他机关的代理人吗?

　　民粹主义者认为这不过是一种可忧的偶然现象,是不"了解自己的使命"的结果;只要发出呼吁,要大家"走到一起,协同一致地行动",所有这类分子就会"离开歧途"。他不想了解,既然在经济关系中已经形成了赚钱的制度,在这种制度下,有金钱和时间受教育的,只是"来自民间的人",而"群众"势必"愚昧无知和为他人劳动",那么由此产生的必然结果就是:只有前者的代表人物才能进入"社会"；只有从这个"社会"和"来自民间的人"当中，才能招募到乡文书、地方自治局代理人等等人物，而民粹主义者却天真地认为这些人物**高于**经济关系和阶级，**凌驾于**经济关系和阶级之上。

因此，他那乞求"防护"的呼吁也就根本找错了对象。

他或者是满足于小市民的治标办法（同富农作斗争——见前面所说的信贷社、信贷，鼓励戒酒、勤劳和上学的法令；扩大农民占有的土地——见前面所说的发放农贷和购买土地；减轻赋税——见前面所说的所得税），或者是满足于"组织人民工业"这种稚气十足的美妙幻想。

难道它还没有组织起来吗？难道上述整个年轻资产阶级还没有按自己的方式，按资产阶级的方式把这种"人民工业"组织起来吗？要不然，它怎么能"把每个村庄都掌握在自己手里"呢？它怎么能"命令人民去做工"，怎么能占有额外价值呢？

民粹主义者义愤填膺。他叫喊说，既然资本主义赖以建立的基础，是生产无政府状态和危机，是群众经常不断和日益加剧的失业以及劳动者生活的极度恶化，那么承认资本主义是一个"组织"就是不道德。

恰恰相反，故意粉饰真相，把构成改革后整个俄国特点的制度描绘成某种没有料到的偶然东西才是不道德。任何资本主义国家都是以摧残生产者为代价来造成技术进步和劳动社会化的，这是早已探明的事实。但如果把这**一事实**当做同"社会"谈论道德的资料，而闭眼不看正在进行的斗争，怀着午睡般的宁静心情喃喃地说："要防护"，"要保障"，"要组织"——那就是浪漫主义者，是幼稚的反动的浪漫主义者。

———

读者或许会觉得这篇评述与分析司徒卢威先生的书毫无联系。在我看来,所缺的只是表面上的联系。

司徒卢威先生的书根本不是开创了俄国马克思主义。它只不过最先把早已形成和早已阐述过的理论①搬到我国的书刊上。在这以前,如我们所指出的,自由主义民粹派的书刊曾对马克思主义进行了猛烈的批评,这是一种搅乱和歪曲事实真相的批评。

不回答这一批评,第一就无法估计问题的现状,第二就无法了解司徒卢威先生的这本书和它的性质与使命。

为了回答这一批评,我们选了旧民粹派的文章,这是因为需要一篇带原则性的文章,而且这篇文章应多少保存着马克思主义所珍视的俄国旧民粹主义的遗训。

我们极力通过这篇评述来说明自由主义民粹派惯用的论战方法的荒诞无稽。他们断言,马克思主义与黑格尔主义有联系②,与信仰三段式、信仰不需要事实检验的抽象教条和公式、信仰每个国家必须经过资本主义阶段的说法等等有联系,这些推断都是胡言乱语。

马克思主义认为自己的任务在于**表述**并从理论上**说明**在我们眼前进行着的各社会阶级的斗争和经济利益的斗争。

马克思主义所根据的不是别的,而是俄国的历史事实和现实情况;它也是劳动阶级的意识形态,不过它对人所共知的俄国资本主义成长和胜利的事实作了完全不同的解释,对我国现实向直接生产者的思想家提出的任务有完全不同的理解。因此,当马克思主义者谈到俄国资本主义的必然性、不可避免性和进步性的时候,

---

① 参看瓦·沃·的《理论经济学概论》1895年圣彼得堡版第257—258页。**94**
② 我指的当然不是马克思主义的历史起源,而是它现在的内容。

他们是从大家公认的事实出发的(正由于这些事实为大家所公认，毫无新奇之处，所以并不被人经常引用)；他们对民粹派著作界所叙述和反复叙述的事实作了不同的说明，如果民粹主义者对此叫嚷说，马克思主义者不愿知道事实，那么只要引证一下 70 年代民粹派任何一篇带原则性的文章，就足以把他们戳穿了。

现在我们来分析司徒卢威先生的书。

第 二 章
对民粹主义社会学的批判

作者认为"俄国经济独特发展论"是民粹主义的"实质"和"基本思想"。用他的话说，这种理论有"两个主要来源：(1)关于个人在历史过程中的作用的一定学说，(2)关于俄国人民具有特殊的民族性格和民族精神以及特别的历史命运这样一种直觉的信念"(第 2 页)。作者在解释这句话的附注中指出，"民粹主义的特点就是它有十分确定的社会理想"①，并说他在后面要叙述民粹派的经济世界观。

这种对民粹主义实质的评语，我觉得需要作些修改。这种评语过于抽象，过于唯心，它虽然指出了民粹主义中的主导的理论思想，但既没有指出民粹主义的"实质"，也没有指出民粹主义的"来

_____

① "十分确定的理想"一语当然不能从字面上来理解，就是说，不能理解为民粹派已经"十分确定地"知道他们希望的是什么。如果这样理解，那就完全不对了。"十分确定的理想"只应了解为直接生产者的思想，虽然这种思想是极其模糊的。

源"。因此,为什么上述理想能够同对独特发展的信仰、同关于个人作用的特殊学说结合起来,为什么这些理论成了我国"影响最大的"社会思潮,仍然是十分不清楚的。既然作者在谈"民粹主义的社会学思想"(第1章标题)时,未能限于谈纯粹社会学问题(社会学中的方法),还涉及了民粹派对俄国经济现实的看法,那么,他就应该指出这些看法的实质。可是,作者在上述附注中只做了一半。民粹主义的实质就是从小生产者、小资产者的角度代表生产者的利益。司徒卢威先生在他用德文写的评论尼·—逊先生著作的那篇文章(1893年《社会政治中央导报》第1期)中,称民粹主义为"民族社会主义"(1893年《俄国财富》杂志第12期第185页)。"民族"二字,如果是对俄国旧民粹主义来说,则应改为"农民",如果是对现代民粹主义来说,应改为"小市民"。民粹主义的"来源"是小生产者阶级在改革后的资本主义俄国占了优势。

这个评语必须解释一下。我用"小市民"一词不是指它通常的含义,而是指它在政治经济方面的含义。在商品经济体系中从事经营的小生产者,——这就是构成"小资产者"、Kleinbürger或是其同义语小市民这一概念的两个特征。因此,这一概念既适用于农民,也适用于手工业者,民粹派一向把他们同等看待,是十分有道理的,因为二者都是为市场而工作的生产者,所不同的只是商品经济的发展程度而已。其次,我是根据下面一点来把旧民粹主义[1]和现代民粹主义区别开来的:旧民粹主义是一个相当严整的学说,它形成于这样一个时代,那时俄国资本主义的发展还很薄弱,农民经济的小资产阶级性质还根本没有显露出来,学说的实践

---

[1]　所谓旧民粹派,我不是指推动《祖国纪事》杂志的那些人,而是指"到民间去"的那些人。

方面还是纯粹的空想,那时民粹派坚决地离开了自由派"社会"而"到民间去"。现在就不同了,俄国的资本主义发展道路已无人否认,农村的分化已是无可争辩的事实。民粹派那种幼稚地信赖"村社"的严整学说只剩下残缺不全的片段了。在实践方面,空想已为提出小资产阶级"进步办法"的决非空想的纲领所代替,只有冠冕堂皇的词句,还使人想到这些可怜的妥协办法和那些希望祖国走更好的独特道路的幻想有着历史上的联系。我们看到,现在不是同自由派社会疏远,而是十分令人感动地同它亲近。正是这一变化使我们不得不把农民思想和小资产阶级思想区别开来。

对民粹主义实际内容的看法所以必须作这种修正,更重要的原因是司徒卢威先生的叙述存在着一个主要缺点,即上面所说的过于抽象,这是第一。第二,司徒卢威先生没有受到约束的那个学说的"若干基本"原理,正是要求把社会思想归结为社会经济关系。

我们现在就来尽力证明:要是不这样归结,即使民粹派的纯理论的思想,如社会学中的方法问题,也是弄不清楚的。

司徒卢威先生指出,米尔托夫和米海洛夫斯基两位先生对民粹派关于社会学中的特殊方法的学说阐述得最为透彻,他给这个学说下了一个评语,说它是"主观唯心主义",并从上述两人的著作中摘引了许多话来证实这一点,而这些话是值得研究一下的。

两位作者都把历史是由"进行斗争的单独的个人"创造的这一原理放在第一位。"个人创造历史"(米尔托夫)。米海洛夫斯基先生说得更明白:"具有自己的一切思想和感情的活的个人,冒着风险成为历史活动家。是他,而不是什么神秘力量提出历史的目标,并且突破自然界和历史条件的自发力量所造成的重重障碍而推动事变向目标前进。"(第8页)历史是由个人创造的这一原理在理论上毫无意义。全部历史本来由个人活动构成，而社会科学的任务在于解释这些活动，因此指出"干涉事变进程的权利"（司徒卢威先生摘引的米海洛夫斯基先生的话，第8页）不过是毫无意思的同义反复。这在米海洛夫斯基先生上述那段话里表露得特别明显。他说，活的个人突破历史条件的自发力量所造成的重重障碍而推动事变前进。这些"历史条件"是什么呢？按作者的逻辑，又是另一些"个人"的活动。活的个人突破另一些活的个人所造成的重重障碍而推动事变前进，这是多么深奥的历史哲学啊！为什么把一部分活的个人的活动称做自发的，而对另一部分活的个人又说他们"推动事变"向着预定目标前进呢？显然，在这里要找出什么理论内容来，那几乎是徒劳无益的举动。全部问题在于给我们的主观主义者提供"理论"材料的那些历史条件，向来就是（现在也是）对抗关系，它们造成了对生产者的剥夺。主观主义者不能理解这些对抗关系，不能从中找出"单独的个人"可以依附的社会成分，因此只得编造一些理论来安慰"单独的"个人，说历史是"活的个人"创造的。有名的"社会学中的主观方法"除了表现好的愿望和坏的理解外，根本不表现别的什么东西。作者摘引的米海洛夫斯基先生的进一步推论，鲜明地证实了这一点。

米海洛夫斯基先生说，欧洲的生活"是无意义、无道德地形成起来的，就和自然界中河水的流动和树木的生长一样。河水顺着阻力最小的方向流动，能够冲掉的，即使是钻石矿，它都会冲掉，不能冲掉的，即使是一堆粪，它也要绕过。水闸、堤坝、侧路渠和排水渠是在人的理智和感情的倡导下建造起来的。这种理智和这种感情，在欧洲现代经济制度产生时可以说并没有在场（？——彼·司·）。它们当时还处在萌芽状态，因此，它们对事物的自然的、自发的进程的影响微不足道"(第9页)。

司徒卢威先生打了一个问号,但我们不懂他为什么把问号只打在一个词的后面,而不打在整句话的后面,要知道这一整句都是空洞到极点的废话! 理智和感情在资本主义产生时没有在场,——这是什么胡说? 资本主义不是人与人之间的一定关系又是什么呢? 而没有理智和感情的人我们还没有见过。那时"活的个人"的理智和感情对"事物的进程"的影响"微不足道",——这是什么谎言? 完全相反。人们正是在头脑健全、神志清醒的时候建造起十分巧妙的水闸和堤坝,把不肯屈服的农民赶入资本主义剥削的河道;他们修建起十分奥妙的政治措施和财政措施的侧路渠,使那些并不以经济规律的作用为满足的资本主义积累和资本主义剥夺顺着这些水渠奔流下去。总之,米海洛夫斯基先生的这一切说法是荒谬绝伦的,不能只用理论错误来解释。这一切说法完全是由于这位作家所持的小市民观点。资本主义已经十分清楚地显露出自己的发展趋势,它把自己固有的对抗发展到了极点;利益的矛盾已开始具有一定的形式,甚至已反映到俄国的立法中,——虽然如此,但小生产者却置身于这一斗争之外。他由于自己的一点点产业而对旧的资产阶级社会恋恋不舍,因此,他虽然受到资本主义制度的压迫,却不能理解自己受压迫的真正原因,还在以幻想安慰自己,说一切不幸都是由于人们的理智和感情还处于"萌芽状态"。

这位小资产者思想家接着往下说:"当然,人们时刻都在竭力设法影响事物的进程。"

"事物的进程"就是人们的活动和"影响",并没有更多的东西,因此这又是一句废话。

"但他们这样做时,以最贫乏的经验为指南,受了最低级的利

益的促使；所以很明显，这些领导者只能在极罕有的情形下偶然地把人们推上现代科学和现代道德观念所指示的道路。"（第9页）

这是由于不能使自己的"理想"接近任何迫切的利益而申斥"利益低级"的小市民道德，这是对已经发生的、明显地影响了现代科学和现代道德观念的分裂置之不理的小市民态度。

米海洛夫斯基先生论断中的这一切特点，在他谈到俄国问题时，显然是原封未动的。他"衷心欢迎"某位雅柯夫列夫先生的异常古怪的谬论：俄国是一块白板[95]，它可以从头开始，可以避免其他国家的错误等等。说这些话的人完全意识到，在这块白板上，拥有大地产和巨大政治特权的"旧贵族"制度代表人物还有很牢固的地位，而带来各种"进步"的资本主义也在迅速成长。小资产者怯懦地闭眼不看这些**事实**而飞到天真幻想的境界，认为"我们现在开始在一个科学已掌握某些真理和赢得某些威信的时代里生活"。

总之，司徒卢威先生所摘引的米海洛夫斯基先生的这些论断，已显露出民粹主义的社会学思想的阶级根源。

我们对司徒卢威先生给米海洛夫斯基先生的一项批评不能不表示异议。作者说："在他看来，不可克服的历史趋势，即一方面应当成为个人和社会集团合理活动的出发点，另一方面应当成为这种活动所必须遵守的界限的那种历史趋势是不存在的。"（第11页）

这是客观主义者的语言，而不是马克思主义者（唯物主义者）的语言。这两种概念（观点体系）是有差别的，我们应当加以说明，因为司徒卢威先生这本书的主要缺点就是没有完全弄清这一差别，这表现在他的大部分论断中。

客观主义者谈论现有历史过程的必然性；唯物主义者则是确

切地肯定现有社会经济形态和它所产生的对抗关系。客观主义者证明现有一系列事实的必然性时，总是有站到为这些事实辩护的立场上去的危险；唯物主义者则是揭露阶级矛盾，从而确定自己的立场。客观主义者谈论"不可克服的历史趋势"；唯物主义者则是谈论那个"支配"当前经济制度、促使其他阶级进行种种反抗的阶级。可见一方面，唯物主义者贯彻自己的客观主义，比客观主义者更彻底、更深刻、更全面。他不仅指出过程的必然性，并且阐明究竟是什么样的社会经济形态提供这一过程的内容，**究竟是什么样的阶级**决定这种必然性。例如，在目前这种场合，唯物主义者不会满足于肯定"不可克服的历史趋势"，而会指出存在着一定的阶级，这些阶级决定着当前制度的内容，而且使生产者除了自己起来斗争就不可能有别的出路。另一方面，唯物主义本身包含有所谓党性，要求在对事变作任何评价时都必须直率而公开地站到一定社会集团的立场上。①

　　作者批评了米海洛夫斯基先生之后，接着就批评并不是什么独立的和值得注意的人物尤沙柯夫先生。司徒卢威先生十分恰当地批评了他在社会学方面的论断，指出这些论断是"毫无内容的""冠冕堂皇的词句"。但是尤沙柯夫先生和米海洛夫斯基先生间的非常突出的（对一般民粹主义来说）差别，还是值得谈谈的。司徒卢威先生指出了这个差别，称尤沙柯夫先生为"民族主义者"，而米海洛夫斯基先生呢，则"从来与任何民族主义格格不入"，用他自己的话来说，他认为"人民真理的问题不仅包括俄国人民，而且包括整个文明世界的劳动者"。我觉得透过这一差别还可以看出小生

---

①　说明司徒卢威先生没有完全贯彻唯物主义、没有把阶级斗争理论坚持到底的具体例子，将在下面随时指出。

产者双重地位的反映:一方面他是进步分子,因为照尤沙柯夫先生无意流露出来的恰当的说法,他开始"与社会分离";另一方面他是反动分子,因为他在尽力维持自己小业主的地位并竭力阻碍经济的发展。因此,俄国民粹主义也能够把学说的进步的民主的方面和博得《莫斯科新闻》[96]同情的反动方面结合起来。至于后一方面,我想很难再比司徒卢威先生引用的尤沙柯夫先生的下面一段话描述得更明显的了。

"在任何时候和任何地方只有农民才是纯粹劳动思想的体现者。看来,这一思想已被所谓第四等级即城市无产阶级搬上了现代历史舞台,但它的实质已经起了很大的变化,甚至农民也未必能认出它是自己日常生活的一般基础。是劳动**权利**,而不是神圣的**劳动义务**,不是汗流满面地谋得自己粮食的义务〈掩藏在"纯粹劳动思想"后面的原来就是这个东西!这是农民……为了服劳役而有谋得粮食的义务这种纯粹农奴制的思想吗?关于这种"神圣"义务的话是说给那些受这种义务压制和迫害的老马听的!![①]〉;其次是劳动的分立和劳动报酬,是关于公平的劳动报酬的大力宣传,似乎这种报酬不是劳动本身在其成果中创造的〈"这是什么?"——司徒卢威先生问道——"是纯朴的天真还是什么别的东西?"其实更坏。这是对被束缚在土地上而习惯于几乎白白为别人做工的雇农的唯命是从精神的称颂〉;劳动与生活分离而成为一种抽象的(?!——彼·司·)范畴,其表现是在工厂里待上若干钟点而与工人的日常利益没有任何其他(?!——彼·司·)关系,没有任何联

---

① 作者大概也和小资产者一样,不知道西欧的劳动者早已跨过要求"劳动权利"的发展阶段,他们现在要求的是"**懒惰权利**",即摆脱那种摧残和压抑他们的过度劳累的工作而得到休息的权利。

系〈这是小生产者的纯粹小市民式的胆怯心理。他有时从现代资本主义组织中遭受极大的痛苦，但他在世界上最怕的，却是与这个组织彻底"分离"的分子所进行的反对这个组织的重大运动〉；最后，没有定居生活，没有劳动创造的家园，劳动场所经常变动，——所有这一切都是与农民劳动思想格格不入的。先辈传下来的劳动家园，把自己利益跟全部生活融合一起并树立了生活道德（对浸透先辈血汗的土地的热爱）的劳动，——所有构成农民生活方式不可缺少的特点的这一切，都是工人无产阶级完全不熟悉的，因此，后者的生活虽然也是劳动生活，但它是建立在资产阶级的（个人主义的和以既得权利的原则为依据的）、至多不过是抽象哲学的道德上面的，而农民的道德基础却是劳动、劳动的逻辑和要求。"（第18页）这里赤裸裸地表现了小生产者的反动性，他闭塞无知，因而不得不相信自己负有永世做老马的"神圣义务"；他具有"先辈传下来的"奴才性；他对自己那一点点产业恋恋不舍，生怕丧失这点小产业的心理迫使他甚至拒绝任何关于"公平报酬"的思想并反对一切"宣传"；由于劳动生产率很低，由于劳动者被束缚在一个地方，这点小产业使小生产者变成了野人，而且由于经济条件的关系必然造成他的闭塞无知和奴才性。对这些反动性的破坏，应无条件地归功于我们的资产阶级；它的进步作用正在于它割断了劳动者与农奴制、与农奴制传统的一切联系。中世纪的剥削形式，是被主人对奴仆、当地富农和包买主对当地农民和手工业者、宗法式的"谦逊有礼、留着胡须的富翁"对自己的"伙计"等等个人关系掩盖着的，因此造成了极端反动的思想；而资产阶级则用"像欧洲人一样放荡不羁的大老板"的剥削，即非个人性的、赤裸裸的、毫无掩饰的、因而打破一切荒唐幻想和空想的剥削，代替了和继续代替着这种中世纪的剥削形式。资产阶级破坏了除自己一小块土地什么也不愿知道、**也不可能**知道的农民以往的孤独生活("定居生活"),使劳动社会化,大大提高了劳动生产率,并开始用强力把生产者推上社会生活舞台。

司徒卢威先生在谈到尤沙柯夫先生的这段议论时说:"可见尤沙柯夫先生十分清楚地指明了民粹主义的斯拉夫主义根源"(第18页),随后他在总结自己对民粹主义社会学思想的叙述时又补充说,对"俄国的独特发展"的信仰构成"斯拉夫主义和民粹主义间的历史联系",因此,马克思主义者同民粹主义者的争论是"斯拉夫主义和西方主义间的意见分歧的自然继续"(第29页)。我觉得这后一论点应该有一定的限制。毋庸争辩,民粹主义者所犯的最低级的克瓦斯爱国主义[97]的错误是非常严重的(如尤沙柯夫先生)。同样毋庸争辩,忽视马克思的社会学方法和他对有关直接生产者问题的提法,对于想代表这些直接生产者利益的俄国人来说,就等于完全摒弃西方"文明"。但是民粹主义的实质在更深的地方:不在独特发展的学说,也不在斯拉夫主义,而在代表俄国小生产者的利益和思想。所以民粹派中间也有过一些作家(而且是民粹派中间的优秀人物),正如司徒卢威先生也承认的,他们跟斯拉夫派没有丝毫共同的地方,他们甚至承认俄国已走上了和西欧同样的道路。用斯拉夫主义和西方主义两个范畴是根本不能说明俄国民粹主义的问题的。民粹主义反映了在斯拉夫主义和西方主义形成时代俄国实际生活中几乎还不存在的一件事实,即劳动利益和**资本**利益的对立。它是通过小生产者的生活条件和利益的三棱镜来反映这个**事实**的,因此反映得不真实,不大胆;它所创造的理论没有提出社会利益的矛盾,而是枉然地指望另外的发展道路,因此,我们的任务就是纠正民粹主义的这个错误,说明哪一个社会集团能够成为直接生产者的利益的真正代表。

————

现在我们来看看司徒卢威先生那本书的第 2 章。

作者的布局如下：他先提出使人不得不认为唯物主义是社会科学唯一正确的方法的一般性见解，然后叙述马克思和恩格斯的观点，最后则把得出的结论用来解释俄国生活中的一些现象。由于这一章的主题特别重要，我们打算比较详细地分析它的内容，并把引起异议的地方一一指出。

作者一开头就完全正确地指出，把社会过程归结为"给自己提出目标"并"推动事变前进"的"活的个人"的活动的那个理论是一种误解的产物。当然，谁也从来没有想说"社会集团是与组成它的个人无关而独立存在的"（第 31 页），但问题在于"个人，作为具体的个人，是所有过去的和当代的个人即社会集团的派生物"（第 31 页）。现在把作者的意思解释一下。米海洛夫斯基先生断言，历史是由"具有自己的一切思想和感情的活的个人"创造的。完全正确。可是，这些"思想和感情"是由什么决定的呢？有一种意见认为它们是偶然出现的，而不是从一定社会环境（它是个人精神生活的材料、客体，它从正面或反面反映在个人的"思想和感情"上面，反映在代表这一或那一社会阶级的利益上面）中必然产生的，能不能认真地维护这种意见呢？其次，我们应该按哪些标志来判断**真实的**个人的真实"思想和感情"呢？显然，这样的标志只能有一个，就是这些个人的**活动**，——既然这里谈的只是社会的"思想和感情"，那么应该加上几个字：个人的**社会活动**，即**社会事实**。司徒卢威先生说："我们把社会集团和个人分开，我们把前者看做在社会生活基础上产生的并体现在习惯和法律、风俗和道德以及宗教观念上面的人与人间的形形色色的相互关系。"(第32页)换句话说，唯物主义的社会学者把人与人间一定的社会关系当做自己研究的对象，从而也就是研究真实的**个人**，因为这些关系是由个人的活动组成的。主观主义的社会学者的议论似乎从"活的个人"开始，其实是从下面这点开始的，就是把他认为合理的（因为他把自己的"个人"同具体社会环境隔离开来，从而他就没有可能研究清楚他们的**现实的**思想和感情）"思想和感情"安在这些个人身上，换句话说，"是从空想开始的"，这一点米海洛夫斯基先生也不得不承认①。其次，因为这位社会学者对于合理不合理的看法本身就反映着（他自己是无意识的）一定的社会环境，所以他从推论中得出的最后结论，虽然在他看来"纯粹"是"现代科学和现代道德观念"的产物，实际上代表的只是……小市民的观点和利益。

最后这一点——即关于个人作用或主观方法的特殊社会学理论，用空想代替了批判的唯物主义的探讨——特别重要，但它被司徒卢威先生忽略了，因此值得稍微谈谈。

我们试拿民粹派关于手工业者的流行议论予以说明。民粹主义者描述了手工业者的可怜生活，他的生产的微不足道，以及包买主对他的残酷剥削，指出包买主把绝大部分产品放进自己腰包，给生产者只剩下几文钱作为一天16—18小时的工作报酬，接着得出结论说：手工业者的生产水平很低，他的劳动受到剥削，这是当前制度的坏的方面。但是，手工业者不是雇佣工人，这是好的方面。必须保持好的方面，消灭坏的方面，为此就要建立手工业劳动组合。这是十足民粹派的论断。

---

① 《米海洛夫斯基全集》第3卷第155页："社会学应该从某种空想开始。"

马克思主义者的论断却不同。他了解手工业情况之后,除了提出这个情况是好还是坏的问题外,还提出这一手工业的组织是什么样的组织的问题,即在生产某种产品时手工业者之间的关系是怎样形成的,**为什么正是这样而不是那样**形成的。于是他看到这种组织就是商品生产,也就是通过**市场**而彼此联系起来的**单独**生产者的生产。个体生产者供他人消费的产品只有采取**货币**形式,就是说,只有预先经过质量和数量两方面的社会计算,才能到达消费者手里,才能使生产者有权获得其他社会产品。而这种计算是在生产者的背后通过市场波动进行的。这些为生产者所不知道的、不以他们为转移的市场波动不能不造成生产者间的不平等,不能不加剧这种不平等,而使一部分人破产,使另一部分人占有货币=社会劳动产品。因此,货币持有者、包买主有权有势的原因是很明显的:在过一天算一天、至多过一周算一周的手工业者中间,只有他占有货币,即占有以前的**社会**劳动产品,这些产品在他手中变成**资本**,变成占有其他手工业者的剩余产品的工具。因此,马克思主义者得出结论说,在这种社会经济结构下,生产者遭到剥夺和剥削是完全不可避免的,无产者从属于有产者以及二者利益的对立是完全不可避免的,而这种对立给**阶级斗争这一科学**概念提供了内容。因此,生产者的利益完全不在于调和这些对立成分,相反,在于加深这种对立,增强关于这种对立的意识。我们看到,商品经济的增长在我们俄国也引起了这种对立的加深:随着市场和生产的扩大,商业资本逐渐变成产业资本。机器工业在彻底摧毁单独的小生产(它早已被包买主根本破坏)而使劳动社会化。赚钱制度在手工业生产中被手工业者的表面独立性和包买主权力的表面偶然性掩盖起来,而现在已日益明显和无可掩盖了。"劳动"过去在手工业中也参加"生活",那不过是把剩余产品奉送给包买主,现在它正在彻底地同资产阶级社会的"生活分离"。这个社会十分坦率地把它推开,直言不讳地说出自己的基本原则:生产者只有找到乐于占有他的剩余劳动产品的货币持有者,才能获得生活资料。这样,手工业者[及其思想家——民粹主义者]未能理解的东西,即上述对立的深刻的阶级性,生产者自然就明白了。这就是为什么只有这种先进的生产者才能代表手工业者的利益。

现在我们从社会学方法的角度把这两种论断比较一下。

民粹主义者硬说自己是实在论者。"历史是由活的个人创造的",因此他说,我从对现代制度抱反感的手工业者的"感情"谈起,从他们建立美好制度的思想谈起,而马克思主义者却谈论什么必然性和不可避免性,他是神秘主义者和形而上学者。

这位神秘主义者回答说,的确,历史是由"活的个人"创造的,而我在研究手工业中的社会关系为什么是这样形成而不是那样形成的问题(您甚至没有提出这个问题!)时,也正是研究"活的个人"**怎样创造了**和继续创造着**自己的历史**。并且我手里有一个可靠的标准,证明我谈的是"活的"、现实的个人,是现实的思想和感情,这个标准就是:这些个人的"思想和感情"已经表现为行动,已经造成一定的社会关系。诚然,我从来不说"历史是由活的个人创造的"(因为我觉得这是一句空话),但是,我在研究**实际的**社会关系及其**实际的**发展时,也正是研究活的个人活动的产物。您说您在谈论"活的个人",但实际上您当做出发点的,并不是具有确实由他们的生活条件、由该一生产关系体系所产生的"思想和感情"的"活的个人",而是木偶,并且您把您自己的"思想和感情"装进它的头里。显然,这样的做法只能产生天真的幻想;生活脱离了您,您也脱离了生活①。不仅如此，请您看看，您装进这个木偶头里的**是些什么东西**，您宣扬的是些什么措施。您向劳动者介绍劳动组合是"现代科学和现代道德观念所指示的道路"时，忽略了一个小小的情况，即我国社会经济的整个组织。您不了解这是资本主义经济，因此，您看不出**这个基础上**的各种各样的劳动组合不过是微不足道的治标办法，这些办法丝毫不能消除生产资料（货币也包括在内）集中在少数人手里（这种集中是无可争辩的事实）和广大居民群众备受压迫的现象，至多不过使一小群手工业者升入小资产阶级的行列。您是从劳动者的思想家变成小资产阶级的思想家了。

我们再回头来看看司徒卢威先生。他指出民粹派关于"个人"的论断空洞无物后接着说："社会学实际上总是力图把个人因素归结为社会根源，想要说明历史演进中某个重大关键的任何尝试都使人确信这一点。谈到'历史人物'和'伟大人物'时，总是力图把他说成是某一时代精神的'体现者'，那个时代的代表，把他的行动、他的成败看成过去全部事物进程的必然结果。"（第32页）这种想要**说明**社会现象即建立社会科学的一切尝试的总趋势，"鲜明地表现在关于阶级斗争是社会演进的基本过程的学说上面。既然个人不算数，那就需要找出另一种因素来。这种因素就是社会集团"（第33页）。司徒卢威先生完全正确地指出，阶级斗争理论可以说在完成着社会学说的总意图——把"个人因素"归结为"社会根源"。不仅如此，阶级斗争理论第一次完全而彻底地贯彻了这个意图，把社会学提到了科学的程度。能够做到这一步是由于给"集

---

① "实践无情地使它（"新的历史道路的可能性"）缩小"；"可以说，它正在日益减少"。（彼·司徒卢威引用的米海洛夫斯基先生的话，第16页）减少的当然不是从来没有过的可能性，而是幻想。幻想减少，倒是好事。

团"这一概念下了一个唯物主义的定义。这个概念本身很不明确，可以作各种理解，既可以把宗教现象也可以把民族志、政治学、法学等方面的现象看做区分"集团"的标准。而在上述每一领域中都可以用来区分这些或那些"集团"的固定标志是没有的。阶级斗争理论所以是社会科学取得的巨大成就，正是因为它十分确切而肯定地规定了把个人因素归结为社会根源的方法。第一，这个理论制定了**社会经济形态**的概念。它以人类任何共同生活中的基本事实即生活资料的谋得方式为出发点，把这种生活资料谋得方式和在它影响下形成的人与人间的关系联系起来，并指出这些关系（按马克思的术语是"生产关系"）的体系是社会的**基础**，政治法律形式和某些社会思潮则是这个**基础**的外表。按照马克思的理论，每一种这样的生产关系体系都是特殊的社会有机体，它有自己的产生、活动和向更高形式过渡即转化为另一种社会有机体的特殊规律。这个理论已把重复性这个一般科学的客观标准应用于社会科学，而主观主义者认为把这个标准应用于社会学是不可能的。他们这样论断：由于社会现象错综复杂，形形色色，不把重要的和不重要的现象分开，就不能研究这些现象，而为了把两种现象分开，就需要"有批判头脑"和"品德高尚"的个人的观点，——于是他们就轻而易举地把社会科学变成一系列的小市民道德信条，这种道德的范例，我们已从那位空谈历史的迷途和"科学光芒"所指明的道路的米海洛夫斯基先生那里看到了。正是这些论断被马克思的理论根本打破了。重要和不重要之间的区别已为社会经济结构这一**内容**和政治、思想**形式**之间的区别所代替了。以往的经济学家认为，在仅仅存在着特殊的，即历史上一定的生产关系体系的规律的地方也有自然界的规律，对这种观点的批驳也就确切说明了经济结构这一概念本身。主观主义者关于一般"社会"的论断，这种毫无意义的不过是小市民的空想（因为他们甚至没有弄清楚各种不同的社会制度可以概括为几种独特的社会有机体）的论断，已被对一定的社会结构形式的**研究**代替了。第二，"活的个人"在每个这样的社会经济形态范围内的活动，这些极为多样的似乎不能加以任何系统化的活动，已被概括起来，并归结为各个在生产关系体系中所起的作用上、在生产条件上、因而在生活环境的条件上以及在这种环境所决定的利益上彼此不同的个人集团的活动，一句话，归结为**各个阶级**的活动，而这些阶级的斗争决定着社会的发展。这就推翻了主观主义者天真幼稚、纯粹机械的历史观，他们满足于历史是由活的个人创造的这种空洞的论点，而不愿分析这些个人的活动是由什么社会环境决定的，是怎样决定的。主观主义被社会过程是自然历史过程的观点代替了，没有这种观点，当然也就无所谓社会科学。司徒卢威先生很正确地指出："忽视社会学中的个人，或者确切些说，从社会学中把个人一笔勾销，实质上是追求科学认识的个别事例"（第33页），"个体"不仅存在于精神世界中，而且存在于物质世界中。全部问题在于："个体"受某些一般规律支配，这就物质世界来说早已肯定，而就社会领域来说，则只是由马克思的理论确定下来的。

除上述一切论据外，司徒卢威先生对俄国主观主义者的社会学理论作了进一步的反驳："社会学**无论如何**不能承认我们称之为个体的东西是第一性事实，因为个体（无须进一步解释）这一概念本身和适合这一概念的事实是漫长的社会过程的结果。"（第36页）这是很正确的思想，但是，作者的论证有些不正确的地方，因此更需要谈谈。他引用了**齐美尔**的观点，后者在其《论社会分化》一书中证明了个体的发展和这一个人所属的集团的分化成正比。司徒卢威先生用这个论点来反对米海洛夫斯基先生关于个体发展和社会分化（"多样性"）成反比的理论。司徒卢威先生反驳他说："在未经分化的环境中，个人就其单一和无个性来说……将是'和谐的完整的'。""现实的个人不可能是'一般人体所固有的一切特点的总和'，原因很简单，因为这样完满的内容超过了现实个人的力量。"（第38—39页）"要使个人能够被分化，个人就应该处在已分化的环境中。"（第39页）

从这段叙述中看不清楚齐美尔究竟是怎样提出问题和论证问题的。但从司徒卢威先生的转述来看，对问题的提法也犯了和米海洛夫斯基先生同样的毛病。抽象地议论个体的发展（和福利）对社会分化的依存关系，是完全不科学的，因为要规定一种适合于一切社会结构形式的相互关系是根本不可能的。"分化"、"多样性"等等概念本身可以有完全不同的意义，看把它用在什么样的社会环境。米海洛夫斯基先生的主要错误，也正在于他论断中的抽象教条主义，他企图泛谈一般"进步"，而不去研究某一具体社会形态的具体的"进步"。司徒卢威先生在提出自己的一般论点（上面摘录的）来反驳米海洛夫斯基先生时，重复了他的错误，没有叙述和阐明具体的进步，而陷入了模糊的空虚的教条的泥坑。举个例子来说，"个人和谐的完整性在内容上是由集团的发展程度即分化程度决定的，"——司徒卢威先生这样写道，并给这句话加了着重号。可是应该怎样理解集团的"分化"呢？农奴制的消灭是加剧了还是削弱了这个"分化"呢？米海洛夫斯基先生对这一问题的回答是后者（《何谓进步？》）；司徒卢威先生的回答大概是前者，因为他援引的是社会分工的扩大。一个指的是等级差别的消灭；另一个指的是经济差别的形成。可见,这个术语很不明确,甚至可以把它安到两个相反的东西上去。再举个例子。从资本主义工场手工业向大机器工业过渡可以算是"分化"的削弱,因为专业工人之间的细密分工中止了。然而不容怀疑,正是在后一情况下,个人发展的条件有利得多(对工人来说)。由此可以得出结论说,问题提法本身就是不正确的。作者自己承认个人和集团之间也存在着对抗(米海洛夫斯基也是这样说)。他补充说:"但生活从来不是由**绝对**矛盾组成的:生活中的一切都是**流动的,相对的,**同时各个方面都是经常互相影响的。"(第 39 页)既然如此,为什么又提出集团和个人之间的绝对的相互关系,即与一定社会形态的严格规定的发展阶段无关的相互关系呢? 为什么不把全部论证用来说明俄国演进的具体过程问题呢? 作者有这样提出问题的企图,假使他把它贯彻下去,他的论证就会大为增色。"只有分工(按照米海洛夫斯基先生的学说,这是人类的堕落)才为'个人'的发展创造了条件,而米海洛夫斯基先生为了个人而正当地反对了现代的分工形式。"(第 38 页)这说得真妙;只是应该把"分工"二字换成"资本主义",甚至更狭窄些,换成**俄国资本主义。**资本主义的进步作用正在于它破坏了使得生产者愚钝和没有可能自己掌握自己命运的、旧有的狭隘生活条件。贸易关系和世界交换的巨大发展,广大居民群众的经常流动,摧毁了氏族、家庭和地域性公社自古以来的束缚,造成了在西欧现代史中起着巨大作用的多种多样的发展,"不同的才能……丰富的社会关系"①。在俄国,这一过程是在改革后的时代充分显示出来的,当时旧的劳动形式异常迅速地破灭,劳动力的买

---

① **卡·马克思**《路易·波拿巴的雾月十八日》第 98 页及以下各页(参看《马克思恩格斯文集》第 2 卷第 566 页及以下各页。——编者注)。

卖占了第一位,使农民脱离了半农奴制的父权制家庭,脱离了使人愚钝的农村环境,并以纯粹资本主义的额外价值占有形式代替了半农奴制的额外价值占有形式。这一经济过程在社会方面的反映就是"人格普遍提高",地主阶级被平民知识分子排挤出"社会",著作界激烈地攻击对于个人的种种荒诞无稽的中世纪束缚等等。正是改革后的俄国造成了人格和自尊心的提高,这一点民粹派大概是不会争辩的。但是,他们没有提出这是由什么样的物质条件造成的问题。在农奴制度下当然不会有类似的现象,于是民粹主义者欢迎"解放的"改革,没有觉察到自己像资产阶级的历史学家一样陷入了盲目的乐观主义,关于这些历史学家,马克思曾经说过,他们透过"解放的"面纱来看农民改革,没有觉察到这种"解放"只是以一种形式代替另一种形式,以资产阶级的剩余价值代替封建的剩余产品。在我们这里情形也完全一样。正是"旧贵族的"经济制度把居民束缚在一个地方,把他们变成各个世袭领主的一群奴仆,造成了对个人的压制。其次,也正是资本主义使个人摆脱了农奴制的一切束缚,使他变成商品所有者(作为商品所有者来说,他和其他任何商品所有者是平等的),独立地和市场发生关系,同时造成人格的提高。民粹派先生们听到别人说俄国资本主义的进步性,就故作震惊,这只是因为他们没有考虑"进步福利"(它是改革后俄国的标志)的物质条件问题。米海洛夫斯基先生的"社会学"一开头就讲"个人"如何反对俄国资本主义,认为它是俄国一时脱离正道的偶然现象,他这样说就是自己打自己的耳光,因为他不了解只有资本主义才创造了条件,使个人有可能去进行这样的反对。从这个例子我们可以再次看出,司徒卢威先生的论证需要作怎样的修改。应该完全把问题引到俄国现实的基础上来,弄清楚现实

情况如何,为什么正是这样而不是那样。无怪乎民粹派把自己的
全部社会学建立在不去分析现实而发出"可能如此"的议论上面;
他们不能不看到现实在无情地打破他们的幻想。

作者用下面的表述结束他对"个人"理论的分析:"个人在社会
学看来是环境的作用","个人在这里是一种形式上的概念,它的内
涵要靠对社会集团的研究来提供"。(第40页)后面这个对比非常
恰当地强调了主观主义和唯物主义的对立,因为主观主义者谈论
"个人"时总是预先规定这个概念的**内涵**(即个人的"思想和感情"
以及他的社会活动),就是说,他们悄悄地用自己的空想代替了"对
社会集团的研究"。

司徒卢威先生接着写道,唯物主义的另一个"重要方面在于经
济唯物主义使思想从属于事实,使意识和应有性从属于存在"(第
40页)。在这里,"从属"的意义当然是指在解释社会现象时放在
从属地位。主观主义的民粹派恰恰相反,他们下论断时从"理想"
出发,毫不考虑这些理想只能是现实的某种反映,因此,它们必须
由事实来检验,必须归结为事实。不过这个论点如果不加解释,民
粹主义者是不能理解的。他想:怎么能这样呢? 理想应该判定事
实,指出怎样改变事实,检验事实,而不是受事实检验。受事实检
验,在惯于异想天开的民粹主义者看来,就是与事实调和。我们来
解释一下。

"为别人而工作"这一事实的存在,剥削的存在,永远会在被剥
削者本身和某些"知识分子"代表中间,产生一些对抗这一制度的
理想。

这些理想对马克思主义者说来是非常宝贵的;他只是在这些
理想的基础上同民粹主义进行论战,他争论的纯粹是这些理想的

建立及其实现的问题。

民粹主义者认为只要照下面这样做就够了：肯定产生这些理想的事实，再从"现代科学和现代道德观念"的观点指出理想的合理性（但他不了解这些"现代观点"只是西欧"社会舆论"对新生力量的让步），然后向"社会"和"国家"呼吁：要保障，要防护，要组织！

马克思主义者也是从同样的理想出发，但他不是把它与"现代科学和现代道德观念"相对比①，而是**与现有阶级矛盾**相对比，因此，不是把它表述为"科学"的要求，而是表述为某个阶级的要求，这种要求是由某种社会关系（这种社会关系需要加以客观的研究）产生的，并且由于这种关系的某些特点，这种要求只有用某种方式才能实现。不**这样**把理想归结为事实，这些理想始终是天真的愿望，决不可能为群众所接受，因此也决不可能实现。

司徒卢威先生这样指出一般性的理论原理，使人不得不承认唯物主义是社会科学唯一正确的方法后，接着就叙述马克思和恩格斯的观点，而且主要是引证恩格斯的著作。这是该书很值得注意的和大有教益的一部分。

作者十分正确地指出："无论在哪里都不会碰到像俄国政论家这样不了解马克思的现象。"（第44页）他首先举米海洛夫斯基先生为例，指出他把马克思的"历史哲学理论"只看做对"资本主义制度起源"的说明。司徒卢威先生反驳这一点是完全正当的。这的

---

① 恩格斯在其《欧根·杜林先生在科学中实行的变革》一书中绝妙地指出，这是一种旧的心理学方法：不把自己的概念和它所反映的事实相对比，而把它和别的概念相对比，和别的事实的模拟相对比。（参看《马克思恩格斯文集》第9卷第101页。——编者注）

确是一个十分突出的事实。米海洛夫斯基先生多次谈到马克思，但他从未提到**马克思的方法**对"社会学中的主观方法"的态度。米海洛夫斯基先生曾谈到《资本论》，并声明自己与马克思的经济学说是"一致"(?)的，但他绝口不谈——举例来说——下面的问题：俄国的主观主义者是不是在模仿那个想按照自己的公平的理想来改造商品经济的蒲鲁东的方法呢[①]？ 这个标准(公平)和米海洛夫斯基先生的标准——"现代科学和现代道德观念"有什么不同呢？马克思认为蒲鲁东的这个方法就像一个化学家不去"研究物质变换的现实规律"却要按照"亲和性"的规律来改造物质变换一样地荒谬绝伦，为什么一向这样坚决反对把社会科学方法和自然科学方法等同起来的米海洛夫斯基先生不反驳马克思的这种说法呢？不反驳马克思认为社会过程是"自然历史过程"的观点呢？ 这是不能用对文献不熟悉来解释的，问题显然在于完全不了解或是不愿了解。司徒卢威先生似乎第一个在我国著作界中指出了这一点，这是他的很大功绩。

　　现在我们来看看作者有哪些关于马克思主义的言论应当受到批判。司徒卢威先生说："我们不能不承认，这个学说还没有得到**纯粹哲学的论证**，它还不能驾驭全世界历史所提供的大量具体材料。显然需要根据新的理论来重新审查事实，也需要根据事实来批判理论。可能有许多片面的东西和过于匆忙的总结将被抛弃。"(第46页)作者说的"纯粹哲学的论证"是什么意思，不十分清楚。在马克思和恩格斯看来，哲学没有任何单独存在的权利，它的材料分布在实证科学的各个不同部门。因此，哲学的论证可以理解为

_____

[①]　《资本论》第2版第1卷第62页脚注(38)(《马克思恩格斯文集》第5卷第103—104页脚注(38)。——编者注)。

哲学前提和其他科学的确定规律的对照〔司徒卢威先生自己也承认，心理学提供的一些原理已使人们不得不拒绝主观主义而接受唯物主义〕，**或者是**运用这个理论的经验。在这方面，司徒卢威先生本人就说过："唯物主义对一系列〈请注意这一点〉极端重要的历史事实作了非常科学的和真正**哲学的**〈黑体是原作者用的〉说明，这个功绩将永远属于唯物主义。"（第50页）作者的这句话包含着承认唯物主义是社会学的唯一科学的方法，因此，当然需要根据这个观点来"重新审查事实"，特别是重新审查俄国主观主义者所极力歪曲了的俄国历史和现实中的事实。至于最后这个关于可能有"片面的东西"和"过于匆忙的总结"的意见，是个笼统的因而是不清楚的意见，所以我们不准备加以评述，我们要径直分析"没有染上正统思想的"作者对马克思"过于匆忙的总结"所作的一个修正。

这里所谈的是国家。"马克思及其信徒"否认国家，"过分""热衷于""对**现代国家**的批判"，而犯了"片面性"的毛病。司徒卢威先生在纠正这一点时说："国家首先是**秩序的组织**；它在社会经济结构决定一些集团从属于另一些集团的社会中，则是个统治（阶级统治）的组织。"（第53页）按作者的意见，国家在氏族生活中就有了，并且在阶级消灭以后仍将存在，因为国家的特征就是强制权力。

作者用自己学究式的观点批评马克思时，根本缺乏论据，这一点只能使人感到惊讶。首先，他把强制权力当做国家的特征是完全不对的，因为在人类的任何共同生活中，无论在氏族制度或家庭中都有强制权力，但在那里并没有国家。恩格斯在司徒卢威先生引证过一段关于国家的叙述的那部著作中说，"国家的本质特征，是和人民大众分离的公共权力"〔《家庭、私有制和国家的起源》第

2 版第 84 页;俄译本第 109 页]①。稍前一点,他谈到设置诺克拉里**98**时说,它"对氏族制度起了双重的破坏作用:第一,它造成了一种已不再直接等同于武装起来的全体人民的公共权力〈öffentliche Gewalt——俄译本误译为社会力量〉"(同上,第 79 页,俄译本第 105 页)②。因此,国家的特征就是存在着把**权力**集中在自己手中的特殊阶级。在公社中,"秩序的组织"是由公社**全体**成员轮流管理的,显然谁也不会把公社称做国家。其次,对现代国家来说,司徒卢威先生的论断更不能成立。谈到现代国家时说它"首先〈原文如此!?!〉是秩序的组织",这就等于不了解马克思理论中非常重要的一点。现代社会中把权力掌握在自己手里的那个特殊阶层是官僚。这个阶层和现代社会中的统治阶级即资产阶级的直接而又极密切的联系,可以从历史上(官僚曾是资产阶级反对封建主、反对"旧贵族"制度代表人物的第一个政治工具,是平民知识分子、"小市民"而不是道地的土地占有者第一次登上政治统治舞台时扮演的角色),从这个阶级的形成和补充的条件上(它只给"来自民间的"资产者敞开大门,它和这个资产阶级有着千丝万缕的极牢固的联系)明显地看出来。③ 作者的错误尤其令人感到遗憾的是:正是他所要反对(这是一个很好的念头)的俄国民粹主义者不了解,任何官僚机构,无论按其历史起源、现代来源或使命来看,都是纯粹

---

① 见《马克思恩格斯文集》第 4 卷第 135 页。——编者注
② 同上书,第 131 页。——编者注
③ 参看**卡·马克思**《法兰西内战》1876 年莱比锡版第 23 页(见《马克思恩格斯文集》第 3 卷第 151—153 页。——编者注);并参看《路易·波拿巴的雾月十八日》1885 年汉堡版第 45—46 页(见《马克思恩格斯文集》第 2 卷第 512 页。——编者注):"法国资产阶级的物质利益恰恰是和保持这个庞大而分布很广的国家机器〈指官僚〉最紧密地交织在一起的。它在这里安插自己的多余的人口,并且以国家薪俸形式来补充它用利润、利息、地租和酬金形式所不能获得的东西。"

的、彻头彻尾的资产阶级机构,只有小资产阶级的思想家才能从生产者的利益出发向这种机构呼吁。

马克思主义对伦理学的看法还值得谈谈。作者在第 64——65页上引用了恩格斯关于自由和必然性关系的绝妙说明:"自由是对必然的认识。"①决定论不仅不以宿命论为前提,而且恰恰相反,它为明智的活动提供基础。这里不能不补充一句,就是俄国的主观主义者甚至连意志自由这样一个极其简单的问题也弄不清楚。米海洛夫斯基先生把决定论和宿命论混在一起,怎么也弄不明白,于是想到一条出路……就是脚踏两只船:他不想否认规律性,同时又断言意志自由是我们意识的事实(其实这是米海洛夫斯基先生所抄袭的米尔托夫的思想),因此可以作为伦理学的基础。把这种思想运用于社会学,除了造成忽视社会中发生的阶级斗争的空想或空洞道德外,显然不会有任何结果。因此不能不承认桑巴特的断言是正确的,他说:"马克思主义本身从头至尾没有丝毫伦理学的气味",因为在理论方面,它使"伦理学的观点"从属于"因果性的原则";在实践方面,它把伦理学的观点归结为阶级斗争。

司徒卢威先生对唯物主义的叙述作了一个补充,用唯物主义的观点评价了"在所有民粹主义学说中起着极其重要作用的两个因素"——"知识分子"和"国家"。(第 70 页)这个评价又反映了作者的"非正统思想",这种思想在前面谈到他的客观主义时已经指出。"如果……各个社会集团所以是现实的力量,只是因为……它们和各个社会阶级一致或是依附于它们,那么很明显,'无等级知识分子'就不是现实的社会力量。"(第 70 页)就抽象的理论意义来

---

① 见《马克思恩格斯文集》第 9 卷第 120 页。——编者注

说,作者当然是对的。他可以说抓住了民粹派的话。你们说知识分子应该把俄国引上"另外的道路",但是,你们不了解如果他们不依附于一个阶级,他们就等于零。你们吹嘘俄国无等级知识分子向来以思想"纯洁"著称,——其实正是因为这样,他们才始终没有力量。作者的批评只限于把民粹派关于知识分子万能的荒谬**思想**和自己关于"知识分子在经济过程中没有力量"(第71页)这个十分正确的**思想**作个对比。但这样对比是不够的。俄国"无等级知识分子"是俄国社会中的一个特殊集团,它是改革后整个时代(贵族被平民知识分子最后排挤出去的时代)的标志,无疑起了并继续起着一定的历史作用,要判断这样一个集团,就必须把我国"无等级知识分子"的思想尤其是他们的纲领同**俄国社会现有各个阶级的地位和利益**作个对比。为了不使别人怀疑我们抱有成见,我们不准备自己来作这个对比,而只想援引那位已在第1章里评述过他的文章的民粹主义者。从他所有的评论中可以得出一个十分肯定的结论:俄国先进的、自由主义的、"民主主义的"知识分子就是资产阶级知识分子。"无等级性"丝毫不能抹去知识分子思想的阶级根源。无论何时何地,资产阶级起来反对封建主义都是为了无等级性,我国无等级知识分子反对旧贵族制度即等级制度也是为了这个。无论何时何地,资产阶级起来反对过时的等级束缚和其他中世纪制度都是为了全体"人民"(当时人民内部的阶级矛盾还没有充分发展),无论在西欧或在俄国,资产阶级都是对的,因为它所批评的制度的确束缚了**所有的人**。当俄国的等级制度一遭到坚决的打击(1861年),"人民"内部的对抗就立刻开始暴露出来,无等级知识分子内部的自由派和民粹派即农民思想家(俄国直接生产者的第一批思想家没有看见而且不可能看见农民内部对立阶级的形成)之间的对抗也随之而暴露出来。经济的进一步发展使俄国社会中的社会对立更加充分暴露,迫使人们承认农民分化为农村资产阶级和无产阶级的事实。民粹主义把自己同马克思主义分开,几乎完全变成了小资产阶级的意识形态。所以俄国"无等级知识分子"是"现实的社会力量",**因为他们在维护一般资产阶级的利益**。① 虽然如此,这个力量未能为自己所维护的利益建立适当的机构,未能改变"当前俄国文化界的气氛"(瓦·沃·先生语),而"政治斗争时代的积极民主主义"已为"社会冷淡主义"(瓦·沃·先生语,见 1894 年《星期周报》第 47 期)所代替,这不仅是由于本国"无等级知识分子"的幻想性,而且主要是由于他们出身的和从中汲取力量的那些阶级的地位、它们的两面性。毋庸争辩,俄国的"气氛"对这些阶级有很多坏处,但也给它们带来了某些好处。

在俄国,被民粹派看做不是"纯粹劳动思想"体现者的那一阶级所起的历史作用特别伟大;它的"积极性"用"姜汁鲟鱼"是麻痹不了的。因此,马克思主义者指出这个阶级,不仅不像专门捏造难以置信的谬论来诽谤马克思主义者的瓦·沃·先生所说那样"割断了民主主义的线",而且恰恰相反,抓住了这根被冷淡的"社会"所抛弃的"线",要求发展它,巩固它,使它接近生活。

司徒卢威先生对知识分子的评价不够充分,因此对下一论点的表述就不十分恰当。他说:"应该证明旧经济制度的瓦解是不可

---

① 民粹派许许多多愿望的小资产阶级性质在第 1 章里已经指出。不符合这种性质的愿望(如"劳动社会化")在现代民粹主义中所占的地位已经是微不足道了。无论是《俄国财富》杂志(1893 年第 11—12 期,**尤沙柯夫**《俄国经济发展问题》一文)或是瓦·沃·先生(《理论经济学概论》1895 年圣彼得堡版),都是反对尼·一逊先生的,因为后者"严厉地"(尤沙柯夫先生语)批评了发放贷款、扩大土地占有、实行移民等等已经失效的万应灵丹。

避免的。"(第71页)第一,作者所指的"旧经济制度"是什么呢? 是农奴制吗? 但它的瓦解已是无须证明的了。是"人民生产"吗? 但他自己接着就十分正确地指出这个词组"不符合任何现实历史制度"(第177页),换句话说,这是神话,因为在我国废除"农奴制"以后,商品经济就加速地发展起来了。作者指的也许是资本主义的这样一个发展阶段,那时资本主义还没有完全挣脱中世纪制度的束缚,商业资本还很强大,大部分生产者还保持着小生产。第二,作者认为这个不可避免性的标准是什么呢? 是某某阶级的统治吗? 是现有生产关系体系的特点吗? 在这两种情况下,问题都在于**肯定**这一或那一(资本主义的)制度的**存在**;问题都在于**肯定事实**,无论如何不能把问题转到关于未来的议论上去。这种议论应该留给那些"为祖国"找寻"另外的道路"的民粹派先生去包办。作者自己在下一页就谈到,任何国家都是"一定社会阶级统治的表现","需要在各个阶级间重新配置社会力量,以使国家根本改变自己的方针"(第72页)。这一切都是很正确的,并且击中了民粹派的要害,而根据这一点,就应以另外的方式提出问题:应该证明俄国资本主义生产关系的**存在**(不是"瓦解的不可避免性"等等);应该证明,用俄国的材料也能证实"商品经济是资本主义经济"这一规律,就是说,在我国各地,商品经济也在转变为资本主义经济;应该证明各地占统治地位的制度实质上是资产阶级制度,正是这个阶级的统治,而不是臭名远扬的民粹派的"偶然性"或"政策"等等,使生产者丧失生产资料,使生产者到处都为别人而工作。

　　我们对司徒卢威先生这本书具有总论性质的第一部分,就分析到这里。

第 三 章

民粹派和司徒卢威先生
对一些经济问题的提法

作者谈完社会学以后，又谈到更"具体的经济问题"(第73页)。在这里，像他在序言中所说的那样，他认为从"一般原理和历史考证"谈起，从"全人类经验所证实的无可辩驳的前提"谈起，是"自然的和合理的"。

不能不指出，这种方法也犯了抽象的毛病，我们一开始就指出，这是该书的主要缺点。在我们现在要研究的几章(第3章、第4章和第5章)中，这个缺点造成了两种不良后果。一方面，它减弱了作者为反对民粹派而提出的那些明确的论点。司徒卢威先生**泛泛地**议论，描述从自然经济过渡到商品经济的情形，指出世界上的情形多半是如何如何，同时也浮光掠影地谈了一下俄国，也把"经济生活的历史发展"的一般过程应用于俄国。毫无疑义，把一般过程应用于俄国是完全合理的，作者的"历史考证"对于批判不正确地描述俄国历史(不仅是俄国一国的历史)的民粹主义也是完全必要的。但是应当更具体地表达这些论点，更明确地把这些论点和否认一般过程应用于俄国的正确性的民粹派论据加以对比；应当把民粹派对俄国现实的某种理解和马克思主义者对**同一现实**的**另一种**理解作一比较。另一方面，由于作者的议论的抽象性，因而使他的论点没有说清楚，他虽然正确地指出了某种过程的存在，但是没有分析哪些阶级在这种情况下形成起来，哪些阶级体现了这一过程而遮掩了从属于它们的其他居民阶层；一句话，作者的客观主义在这里没有达到唯物主义（就这两个术语的上述意义来说）①。

现在我们来分析某些最重要的论点，以证实我们对司徒卢威先生著作的上述各章的评价。

"翻开俄国历史，几乎从头几页我们就看到直接生产者对主人的依附（法律上的和经济上的）是牧歌式的'人民生产'的历史旅伴。"（第81页）作者的这个意见非常正确。在自然经济时代，农民被土地占有者奴役，他不是为自己做工，而是为贵族、寺院和地主做工，——司徒卢威先生有充分理由用这个**历史事实**来反对我国独特的社会学家关于"生产资料向来属于生产者"（第81页）的胡说。这种胡说不过是为了迎合小市民的空想而对俄国历史的一种歪曲，进行这种歪曲民粹派总是很慷慨的。他们不敢正视现实，他们害怕直言不讳地说出这种压迫，于是求助于历史，把事情描绘成这样：生产资料属于生产者是农民劳动的"历来的"基础、"历代的基石"，因此，现时农民遭受剥夺，不是由于资产阶级的额外价值代替了封建的剩余产品，不是由于我国社会经济的资本主义组织，而是由于偶然实行了不适当的政策，由于一时"离开了全部民族历史

---

①　马克思在他的《路易·波拿巴的雾月十八日》一书序言中，也曾指出客观主义和唯物主义的这种相互关系。马克思说蒲鲁东也写过这个历史事变（《政变》（即《从十二月二日政变看社会革命》。——编者注）），并对蒲鲁东的与自己相反的观点作了如下的评论：

"蒲鲁东呢，他想把政变〈12月2日〉描述成以往历史发展的结果。但是，在他那里关于政变的历史构想不知不觉地变成了对政变主角所作的历史辩护。这样，他就陷入了我们的那些所谓**客观**历史编纂学家所犯的错误。相反，我则是证明，法国**阶级斗争**怎样造成了一种条件和局势，使得一个平庸而可笑的人物有可能扮演了英雄的角色。"（《序言》）

生活所昭示的道路"（彼·司徒卢威摘引的尤沙柯夫先生的话，第
15页）。他们竟然恬不知耻地用这些无稽之谈来描述这样一个国
家，在这个国家里，仅在不久以前才停止了①对农民采取最粗暴的
亚洲式的农奴制剥削，而在此以前，不仅生产资料不属于生产者，
连生产者本身也同任何一种"生产资料"很少有区别。司徒卢威先
生非常中肯地用萨尔蒂科夫的尖锐评语来反对这种"自我陶醉的
乐观主义"，萨尔蒂科夫指出，"人民生产"同农奴制有联系，"历代
的基石"时代的"富裕""仅仅〈请注意这一点〉为御驾护卫兵**99**和其
他侍卫的后裔所享有"。（第83页）

　　其次，我们要指出司徒卢威先生的下述意见，这个意见明确地
涉及到俄国现实中的确定事实并含有非常正确的思想。"当生产
者不再为当地的有明确分界的市场进行生产而开始为遥远的和不
固定的市场进行生产的时候，当竞争、争夺市场的斗争发展起来的
时候，这些条件就会引起技术进步……　既然分工是可能的，它就
一定会尽可能广泛地实行起来，但是，当生产在技术方面尚未改组
以前，新的交换（销售）条件就已发生影响，使生产者落到在经济上
依附商人（包买主）的地位，而这种情况在社会方面是有决定性意
义的。我们'真正的马克思主义者'，如瓦·沃·先生之流，为纯粹
技术进步的意义所迷惑而把这一点忽略了。"（第98页）这样指出
包买主出现的决定性意义是极为正确的。包买主的出现所以具有
决定性意义，是因为这个事实无疑地证明资本主义的生产组织已
经存在，证明"商品经济（货币经济）是资本主义经济"这一原理也

---

① 　甚至还不能说已经完全停止。因为一方面还存在着赎金（大家知道，其中不
　　仅包括地价，而且包括农奴的赎身金）；另一方面，例如农民因耕种"割地"而
　　服工役，——这是封建生产方式的直接残余。

适用于俄国,同时这个事实造成生产者受资本支配的状况,要摆脱这种状况,除了生产者的独立活动,没有别的出路。"从消费者和生产者之间出现做生意的资本家(在为广大的和不固定的市场而生产的情况下,这是不可避免的)时起,我们就看到了一种资本主义的生产形式。"作者还正确地补充说:"如果把**手工业**生产理解为生产者在为不固定的和遥远的市场工作时享有**充分的经济独立**,那么大概将可看出,这种真正的手工业生产在俄国**现实**中是根本没有的。"不过,这里"大概"二字和将来时用得不当,因为家庭手工制大生产占优势和手工业者完全受包买主奴役,这是我国手工业的实际组织中普遍存在的主要**事实**。这种组织不仅是资本主义的,而且照作者的正确说法,它还是"对资本家非常有利的"组织,它保证资本家获得厚利,把工资压得很低,而且使工人很难组织和成熟起来。(第99—101页)不能不指出,资本主义剥削在我国手工业中占优势的事实早已众所周知,但民粹派却悍然不顾这个事实。几乎在他们的每一期杂志和每一号报纸上,只要谈到这个问题,他们就发怨言,说政府"人为地"扶持大资本主义〔所谓"人为的"资本主义,无非是大的而不是小的,是工厂的而不是手工业的资本主义,是使用机器的而不是使用手工的资本主义〕,而不做任何事情来满足"**人民**工业的需要"。这里十分明显地表现出小资产者的局限性,他们维护小**资本**而反对大资本,顽固地闭眼不看这样一个确定无疑的事实:在这种"人民"工业中也存在着同样的利益对立,因此,出路并不在于可怜的信贷等等办法。既然在依恋自己产业、经常害怕丧失产业的小业主看来,这一切都是某种可怕的东西,都是一种"关于公平的劳动报酬(似乎不是劳动本身在其成果中创造这一报酬)"的"宣传",那么很明显,手工业劳动群众的唯一代表只能是处在"人为的"、"温室里的"工厂工业条件下的生产者①。

我们再来看看司徒卢威先生关于农业的论点。蒸汽运输业促使向交换经济过渡,使得农业生产变成商品生产。生产的商品性质又无条件地要求"生产的经济和技术的合理性"(第110页)。作者把这个论点当做一个特别重要的论据,来反对扬扬得意地指出大生产的优越性在农业中(似乎)没有得到证实的民粹派。作者回答他们说:"以马克思学说为依据的人不应该否定农业生产的经济特点和技术特点的意义,由于这些特点,小企业在一定场合下在经济上比大企业优越,——尽管马克思本人否定这些特点的意义。"(第111页)这段话很不清楚。作者说的是些什么特点呢?为什么不把它们确切地指出来呢?为什么不指出马克思在什么地方用什么方式对这一点发表过自己的意见,而作者又根据什么理由认为必须修改这种意见呢?

作者继续写道:"小农业生产势必愈来愈具有商品性质,而小农业经济要变成有生命力的**企业**,必须满足经济和技术的合理性的总的要求。"(第111页)"问题完全不在于小农业企业是否会被大企业吞并(经济演进的结局未必是这样),而在于全部国民经济在交换的影响下正在发生变化。民粹派没有注意到,上面确认的'工业的扩散'所造成的交换经济对自然经济的排挤,正在根本改变整个社会结构。农业(农村)人口和非农业(城市)人口之间的原有比例正在遭到破坏,而使后者的比例增加。农业生产者的经济类型和心理素质在新的经济生活条件影响下正在发生根本的变

① "全部过程表现为:小生产(手工业)中有一部分人在与'资本主义'接近,另一部分人在与失去生产资料的雇佣劳动接近。"(第104页)

化。"(第114页)

这段引文向我们说明了作者谈到马克思的那番话想说的是什么,同时也具体地证实了我们上面提出的看法:不描写具体过程的教条式的叙述方式模糊了作者的思想,使作者的思想未能清楚地表达出来。他指出民粹派观点是错误的,这个论点十分正确,但不完全,因为他没有同时指出由于合理生产代替不合理生产而发展起来的阶级对抗的新形式。例如作者只浮光掠影地提到"经济上合理"意味着"最高的地租"(第110页),但是,他忘记补充一句,这种**地租**是以**农业的资产阶级组织**为前提的,就是说,第一,农业要完全受市场支配,第二,在农业中也要形成像资本主义工业所特有的那种资产阶级和无产阶级。

民粹派在谈到我国农业组织似乎是非资本主义组织时,把问题提得非常狭隘,极端错误,把一切都归结为大经济排挤小经济。司徒卢威先生十分正确地向他们指出,他们这样谈问题就忽略了农业生产的一般性质,而农业生产即使在小生产制度下也可能是(在我国的确是)资产阶级性的,正如西欧农民经济是资产阶级经济一样。小的独立经济(用俄国知识分子的术语说,就是"人民"经济)变成资产阶级经济所需的条件是大家都知道的,这就是:第一,商品经济占统治地位,它在生产者孤立①的情况下在他们中间造成竞争,使大众破产,使少数人发财;第二,劳动力变成商品,生产资料变成资本,就是说,生产者失去生产资料,一些最重要的工业部门按资本主义方式组织起来。在这种条件下,小的独立生产者

---

① 当然说的是**经济上的孤立**。村社土地**占有制**丝毫也不能改变这种情况。即使是最"平均地"重分土地,农民也是单独经营自己的一块土地,因而是孤立的、单独的生产者。

同大多数生产者比较起来处于一种特殊地位,我国现在也是这样:**真正独立的**业主,在不仅没有"独立"经济甚至没有维持一周的生活资料而为他人劳动的群众中,只是一个例外。独立业主的地位和利益使他们不同于**主要**靠工资生活的广大生产者。后者提出"公平报酬"问题,而这必然是提出另一种社会经济结构这一根本问题的前阶;前者感到极大兴趣的却完全是另外一些东西:信贷,特别是小额"人民"信贷,便宜的改良农具,"开辟销路","扩大土地占有"等等。

大经济比小经济优越的规律仅仅是商品生产的规律,因而不能把它用于还没有彻底卷入商品生产、还没有受市场支配的经济。因此,如果提出这样的论证(顺便说说,瓦·沃·先生也是这样论证的),说改革后贵族农业经济衰落和农民租种私有主土地,已驳倒了关于我国农业的资本主义演进的意见,那只能证明作这种论证的人在这件事情上十分无知。在农奴制关系下掌握**耕作技术**的是农民,农奴制关系的破坏当然引起地主的危机。且不说这种危机造成的结果只能是越来越多地利用雇农和日工的劳动来代替过时的半封建劳动形式(工役),连农民经济本身也已开始根本改变自己的性质:它被迫为市场工作,这就很快地使农民分裂为农村小资产阶级和农村无产阶级。这种分裂最终地决定着关于俄国资本主义的问题。司徒卢威先生在第5章中说明了这一过程,他指出:"小农在分化,一方面发展成'经济上殷实的'农民〈应该说是资产阶级式的农民〉,另一方面发展成无产阶级式的农民。人民生产的线条和资本主义的线条构成一幅图画,画的上方醒目地写着:暴发户来了。"(第177页)

应该注意的正是事情的这一方面,正是新的"合理的"农业的

资产阶级组织。应该向民粹派指出，他们忽视上述过程，也就由农民思想家变成了小资产阶级思想家。他们所渴望的"振兴人民生产"，在这样的农民经济组织下只能是"振兴"小资产阶级。反之，把注意力指向生活在最发达的资本主义关系之下的生产者的人们，不仅正确地代表着这种生产者的利益，而且代表着全体广大"无产阶级"农民群众的利益。

司徒卢威先生的叙述不完全、不透彻，不能令人满意，所以他在谈到合理的农业时，没有说明它的社会经济组织，在指出蒸汽运输业如何用合理的生产代替不合理的生产、用商品生产代替自然生产时，没有说明因此而形成的阶级对抗的新形式。

在我们现在分析的这几章中，作者的大部分议论也都表现出这种问题提法方面的缺点。为了说明这一点，我再举几个例子。作者说，商品经济和广泛的社会分工，"是依靠私有制、经济自由原则和个人主义意识发展起来的"（第91页）。国民生产的进步同"私有制对社会的统治程度"联系在一起。"也许这是可悲的，但事实就是如此，这是一种被经验和历史证明了的共存关系。现在，有人如此轻率地诋毁18世纪的思想和原则，实质上却又在重复当时的错误，在这种时候人们往往忘记经济进步同私有制、经济自由原则和个人主义意识这种文化上历史上的联系。只有忽视这种联系的人，才会指望经济和文化不发达的社会不实现上述原则也能取得经济进步。我们并不特别同情这些原则，我们非常了解它们在历史上的**短暂**性质，但同时我们不能不看到它们不仅是一种否定的而且是一种肯定的巨大文化力量。只有认为自己的学说不受任何历史继承性的约束的唯心主义才会看不见这种力量。"（第91页）

作者"客观地"确认了"历史上的共存关系",这是完全正确的,但使人非常遗憾的是,他的论证没有把话说透。我们不禁要对他说:请您把话说透! 请您把这些一般原理和历史考证同我们俄国历史的一定时期联系起来,请您把它们表述得能让大家看出您的理解和民粹派的理解为什么不同,不同的地方究竟在哪里,请您把它们同应该作为俄国马克思主义者的准绳的现实比较一下,请您指出被这一切进步和文化掩盖着的阶级矛盾。①

改革后的俄国所带来的这种"进步"和"文化"无疑是同"私有制"有联系的。这种私有制不仅由于建立了保证法庭上的"平等"(这种"平等"在生活中体现为"自由劳动"和把劳动卖给资本)的新的"辩论原则的"民事诉讼程序而第一次得到了充分的实现,而且已扩大到地主和农民的土地占有制方面,使地主摆脱了对国家的一切赋税和义务,使农民变成了**私有者**农民;它甚至成了"公民"参加地方自治的政治权利(选举资格)的基础等等。我国的"进步"同"经济自由原则"的"联系"更是不容怀疑的,我们在第 1 章中已听到我们的民粹主义者说,这种"自由"使得"谦逊有礼、留着胡须的"俄国土地收集者再不必"对小警官卑躬屈节"。我们已经谈过"个人主义意识"是怎样由商品经济的发展造成的。把祖国进步的这一切特征综合起来,不能不得出结论(70 年代的民粹派也曾作出这样的结论)说,这种进步和文化完全是资产阶级的。现在的俄国比改革前的俄国好得多了,但由于这一切改善完全是靠了资产阶级以及他们的代理人和思想家,所以生产者不能享受到这些改善。

----

① 作者谈到和民粹派的争论时说道:同否定基本原则的人是无法进行争论的。这要看如何表述这些原则,是表述为一般的原理和考证呢,还是表述为对俄国历史和现实中某某**事实的不同理解**。

对生产者来说,这些改善不过是改变了剩余产品的形式,不过是改善和改进了剥夺生产者的生产资料的方法。因此,当民粹派先生们吁请俄国资本主义和资产阶级性的体现者和传播者去反对俄国资本主义和资产阶级性的时候,他们表现了简直不可想象的"轻率"和健忘。对他们真可以说:"自己人不认识自己人了。"

现代民粹派是不能同意对改革后的俄国和"社会"作这种估计的。为了反驳这一点,他们就得否定改革后的俄国的资产阶级性质,就得否定正是他们的远祖即70年代的民粹派为之挺身而起并"到民间去"从直接生产者那里寻找"未来的寄托"的那些东西。当然,**现代**民粹派恐怕不仅决心否定这一点,而且可能还要证明在这一方面已有好转;但是这样一来,民粹派只会向一切还没有认清这一点的人表明:民粹派根本不是别的,不过是极普通的**小资产者**而已。

正如读者看到的,我只是把司徒卢威先生的论点讲讲清楚,用另外一种说法来表述这些论点,就是说,"话相同而说法不同"。试问,是否需要这样做呢? 是否值得这样详细地谈论这些补充和结论呢? 这些补充和结论本身不是很明显吗?

我认为是值得的,其原因有二:第一,作者的狭隘客观主义是极其危险的,因为它使作者忘记下述二者之间的界限,哪些是在我国著作界中根深蒂固的关于祖国前途和命运的学究式的旧议论,哪些是对某些阶级所推动的实际过程的确切的说明。这种狭隘的客观主义,这种不彻底的马克思主义,是司徒卢威先生这本书的主要缺点,必须特别详细地谈一谈,以便让人看到这一缺点的根源不是马克思主义,而是没有充分贯彻马克思主义,不是作者给自己的理论在现实以外找到了另一个标准,不是他从马克思学说中作出了其他的实际结论(我再说一遍,如果不损害这一学说的一切基本原理,这种结论是不可能的,是不可思议的),而是作者仅仅限于理论的一个方面即最一般的方面,并且没有把它贯彻到底。第二,不能不同意作者在序言中所发表的那种意见,即在从局部问题上批判民粹主义以前,必须通过"原则性的论战""揭示意见分歧的根源"。(第 VII 页)而正是为了使作者的这一目的不致落空,就必须赋予他的几乎所有的论点以更具体的含义,必须把他那些过于一般的意见用到俄国历史和现实的具体问题上去。在这一切问题上,俄国的马克思主义者还需要进行巨大的工作:用唯物主义的观点来"重新审查事实",揭露"社会"和"国家"活动中的、隐藏在"知识分子"理论背后的阶级矛盾,最后是弄清楚俄国"人民"生产中各种各样的剩余产品占有形式和先进的最发达的资本主义占有形式(这种占有形式包含着"未来的寄托",并在目前把"生产者"的思想和历史任务提到第一位)之间的联系。因此,不管想指出这些问题的解决办法的尝试看来如何大胆,不管进一步详细研究之后会有多少改动和修正,毕竟值得花费力气拟出各种具体问题,以便对这些问题展开尽可能普遍和广泛的讨论。

司徒卢威先生对李斯特的评论,对李斯特的"卓越学说",即关于"国民生产力的联合"、关于工厂工业的发展对农业的重要性、关于工业—农业国比纯农业国优越等等的学说的评论,是使他在问题提法方面犯了错误的狭隘客观主义的顶峰。作者认为这个"学说"非常"令人信服地说明了广义的资本主义的历史必然性和合理性"(第 123 页),说明了"获得胜利的商品生产在文化上历史上的威力"(第 124 页)。

作者那种似乎超越一切特定的国家、特定的历史时期、特定的阶级的学究式的议论在这里表现得特别明显。无论从纯理论方面还是从实践方面看这种议论，这个评价都会是正确的。我们先从第一方面来看。用抽象的、教条式的关于工厂工业意义的原理就能够使任何人都"信服"某一国家的"资本主义的历史必然性和合理性"，这种想法难道不奇怪吗？把问题提得那样适合于《俄国财富》杂志的自由派教授们的口味，这难道不是错误的吗？对马克思主义者来说，难道不应该把全部问题归结为弄清实际情况怎样、为什么正是这样而不是那样吗？

民粹派认为我国的资本主义是人为的，是温室植物，因为他们不了解资本主义同我国社会经济的全部商品组织的联系，他们看不见我国"人民生产"就是资本主义的根源。您如向民粹派指出这些联系和根源，指出资本主义以最不发达因而是最坏的形式也在人民生产中占居统治地位，那您也就证明了俄国资本主义的"必然性"。您如指出这种资本主义一方面在提高劳动生产率并使劳动社会化，同时也使"人民生产"中已经普遍形成的阶级对立，社会对立日益加剧并显露出来，那您也就证明了俄国大资本主义的"合理性"。至于这种议论的实践方面，即涉及贸易政策问题的方面，那么可以指出，俄国的马克思主义者虽然首先强调和特别强调贸易自由和保护关税政策的问题是资本主义问题，是资产阶级政策问题，但他们必须拥护贸易自由，因为保护关税政策的反动性在俄国表现得特别清楚，它阻碍国家经济的发展，它只为一小撮垄断寡头服务而不为整个资产阶级利益服务，而贸易自由却意味着带来摆脱资本主义的手段的那一过程的加速。

———

第 3 章的最后一节（第 11 节）是专门分析"资本主义"这一概

念的。作者很正确地指出,这个词用得"非常随便",并举例说明对这个词的理解有的"很狭隘",有的"很广泛",但他没有指出资本主义的任何确切的特征;"资本主义"这一概念,尽管作者作了分析,但仍然是不清楚的。其实这似乎并不需要特别费劲,因为马克思已把这一概念纳入科学之中并用事实作了论证。但司徒卢威先生在这一点上也不愿意染上"正统思想"。他说:"马克思本人把**商品生产**转化为**资本主义商品**生产的过程设想得也许比实际过程更为急速,更为直接。"(第127页脚注)也许是这样。但这是唯一有科学根据并为资本史所证实的设想,而且我们还不知道其他的"也许"不太"急速"不太"直接"的设想,所以我们还是请教马克思。根据马克思的学说看来,资本主义的本质特征有两个:(1)商品生产是生产的**普遍**形式。在各种不同的社会生产机体中,产品都具有商品形式,但只有在资本主义生产中,劳动产品的这种形式才是**普遍的**,而不是特殊的、个别的和偶然的。(2)不仅劳动产品具有商品形式,而且劳动本身即人的劳动力也具有商品形式。劳动力的商品形式的发展程度标志着资本主义的发展程度①。依靠这个论断,我们就不难弄清楚司徒卢威先生所举的那些对这个名词理解不正确的例子。民粹派往往根据我国国民经济的技术落后和手工生产占优势等等情况而把俄国的制度和资本主义对立起来,毫无疑问,这是极端荒谬的,因为资本主义既存在于技术很不发达的情况下,也存在于技术高度发达的情况下。马克思在《资本论》中多

---

① 《资本论》(1885年版)第2卷第93页。必须附带说明,马克思在该处根本没有给资本主义下**定义**。他一般是不下定义的。这里只是指出商品生产和资本主义生产的关系,本文中所谈的也是这一点。(参看《马克思恩格斯文集》第6卷第133页。——编者注)

次地强调指出，资本先是把它所遇到的不管什么样的生产控制起来，以后才从技术上加以改造。无论是德国的家庭工业或是俄国的"家庭手工制大生产"，毫无疑问都是资本主义的工业组织，因为这里不仅商品生产占居统治地位，而且货币持有者统治着生产者并占有额外价值。民粹派喜欢把俄国"占有土地"的农民和西欧资本主义对立起来，毫无疑问这同样只能证明他们不懂得什么是资本主义。作者十分正确地指出，在西欧某些地方也保存着"农民的半自然经济"（第124页），但这个事实无论在西欧或在俄国，既不能排除商品生产的优势，也不能排除绝大多数生产者从属于资本的现象；这种从属要经过许多阶段才能达到它的发展的顶峰，虽然马克思对这种情形作过十分确切的说明，但民粹派总是忽视这些阶段。这种从属从**商业资本**和**高利贷资本**开始，然后转到工业资本主义中去。而工业资本主义起初在技术上也十分简陋，同旧的生产方法没有什么区别；后来才组织工场手工业，这种工场手工业仍然以手工劳动为基础，建立在占优势的手工业上面，并不破坏雇佣工人同土地的联系；最后才以大机器工业完成自己的发展。只有后面这个最高阶段才是资本主义发展的顶峰，**只有它**才使工人被剥夺干净，像鸟一样自由[1]，**只有它**才使资本主义具有（无论在物质方面或社会方面）"联合的作用"（民粹派惯于把这种作用同一般资本主义联系起来），**只有它**才把资本主义的"产儿"和资本主义对立起来。

该书第4章《经济进步和社会进步》是第3章的直接继续，它属于书中提出"全人类的经验"的资料来反对民粹派的那一部分。

---

[1]　民粹派总是把事情描写成这样：工人丧失土地是**任何**资本主义的必要条件，而不仅仅是机器工业的必要条件。

我们在这里必须详细谈谈以下两个问题:第一,作者关于马克思的后继者的一个错误看法[或者是不恰当的说法?];第二,作者如何规定从经济上批判民粹主义的任务。

司徒卢威先生说,马克思认为从资本主义向新的社会制度过渡是资本主义的急剧崩溃和毁灭。(他认为马克思著作中的"某些地方"使人有根据这样想,实际上马克思的**一切著作**都贯穿着这种观点。)他的后继者却在**为改良**而斗争,对40年代的马克思的观点"作了重要的修正":否定横在资本主义和新制度之间的"鸿沟",而承认"一系列的过渡"。

我们无论如何不能承认这是正确的。"马克思的后继者"没有给马克思的观点作任何重要的或不重要的"修正"。争取改良的斗争根本不能证明"修正",它丝毫没有修正关于鸿沟和急剧崩溃的学说,因为这种斗争具有公开而明确的目的——正是要达到"崩溃";为此就必须有"一系列的过渡"——从一个斗争时期过渡到另一个斗争时期,从一个斗争阶段过渡到另一个斗争阶段,——这是马克思在19世纪40年代也承认的,他在《宣言》中说,决不能把走向新制度的运动同工人运动(因而也是争取改良的斗争)**分开**,并在最后提出了一系列的实际措施①。

如果司徒卢威先生想要指出的是马克思的观点的**发展**,那他当然是对的。但如果这样,那这里就不是"**修正**"马克思的观点,恰恰相反,而是**贯彻**和**实现**他的观点。

我们也不能同意作者对待民粹主义的态度。

他说:"我国民粹主义的著作界抓住了国民财富和人民福利、

---

①   参看《马克思恩格斯文集》第2卷第52—53页。——编者注

社会进步、分配进步之间的对抗。"(第131页)

民粹主义没有"抓住"这种对抗,而只是**确认**在改革后的俄国存在着下述二者之间的对立:一方面是进步、文化和财富;一方面是生产者失去生产资料,生产者在国民劳动产品中所占的份额日益减少,贫困和失业不断增长。这种对立在西欧也造成了上面所说的对抗。

"……这一著作界由于本身的人道的、爱人民的性质,一下子就提出了照顾人民福利的问题解决办法;某些人民经济形式(村社、劳动组合)看来体现了经济平等的理想,从而保证了人民福利,而生产进步在交换扩大的影响下根本没有呈现对这些经济形式有利的预兆,却会消灭它们的经济基础和精神基础,所以,民粹派举出西欧依靠私有制和经济自由而取得生产进步的可悲经验,提出所谓保障人民福利的'人民生产'来反对商品经济——资本主义,把'人民生产'看成社会经济理想,认为俄国知识分子和俄国人民应该为保持和进一步发展这种理想而斗争。"

这种论断十分明显地暴露了司徒卢威先生的叙述的缺点。照他说来,民粹主义是"人道的"理论,这种理论"抓住了"国民财富和人民贫穷之间的对抗,提出了照顾分配的"问题解决办法",因为"西欧的经验""没有呈现"人民福利的"预兆"。作者接着反对这样"解决"问题,但他没有注意到,他所攻击的只是民粹主义的唯心的同时是幼稚幻想的外表,而不是它的内容,他没有注意到,他默认民粹派先生们常有的那种学究式的问题提法是犯了很大的错误。我们已经指出,民粹主义的**内容**是反映了俄国小生产者的观点和利益。理论的"人道性和爱人民性"是我国小生产者受压抑的结果,这些小生产者由于"旧贵族"制度和传统的束缚,由于大资本的压迫而遭受了深重的苦难。民粹主义对待"西欧"及西欧对俄国的影响的态度，当然不是由它"抓住了"西欧的某种思想来决定的，而是由小生产者的生活条件来决定的：小生产者看到采用西欧技术的大资本主义对自己不利①，他受到大资本主义的压迫，就创造了一些幼稚的理论，不用资本主义经济来解释资本主义政策，而用政策来解释资本主义，宣布大资本主义是一种同俄国生活格格不入的外来的东西。他由于被束缚在自己单独的小经济上，没有可能了解国家的真正性质，于是向国家呼吁，请求它支持和发展小生产（"人民生产"）。由于俄国资本主义社会所固有的阶级对立还不发展，这些小市民思想家的理论就冒充为一般劳动利益的代表。

作者不去指出民粹派的问题提法本身的荒谬性，不以小生产者的物质生活条件说明民粹派对这个问题的"解决"办法，自己反而在问题提法上表现出教条主义，就和民粹派在经济进步和社会进步之间作**"选择"**的情况一样。

"对民粹主义经济原理进行批判的任务……就是要……证明下列各点：

（1）经济进步是社会进步的必要条件；后者渊源于前者，并且在一定发展阶段上两种进步之间必然要发生而且实际上也在发生有机的相互作用、相互制约。"（第133页）

一般说来，这个论点当然是完全正确的。但这个论点所指出的任务，与其说是批判民粹主义的经济原理，不如说是批判它的社会学原理，实际上，这是第1章和第2章所谈到的关于社会发展决定于生产力发展的学说的另一种表达法。要批判"民粹主义的**经**

①　参看前面举出的《祖国纪事》杂志上的一篇文章。

济原理",这样做是不够的。必须对问题作更具体的阐述,必须撇开一般进步来谈俄国资本主义社会的"进步",来谈对**这种**进步的错误了解,因为这种了解曾造成所谓白板、所谓"人民生产"、所谓俄国资本主义没有根基这类可笑的民粹主义的童话。不应当谈论经济进步和社会进步之间必然发生相互作用,而应当指出(就是提示一下也好)俄国社会进步的一定现象,而这些现象的**某些**经济根源是民粹派看不出来的①。

"(2)因此,生产组织和劳动生产率水平问题与分配问题相比是居于首位的问题;在一定的历史条件下,即当国民劳动生产率无论绝对还是相对都很低的时候,生产因素的头等意义表现得特别明显。"

作者在这里所依据的是马克思关于分配的从属意义的学说。作者引用了马克思对《哥达纲领》的批注中的一段话作为第4章的题词。马克思在那里用科学社会主义来反对庸俗社会主义,而科学社会主义认为分配是没有重大的意义的,它用**生产关系**组织说明社会制度,并认为这种生产关系组织本身已经含有一定的分配制度。作者说得十分正确,这种思想贯穿着马克思的全部学说,并且对于阐明民粹主义的小市民内容具有极端重要的意义。但是,司徒卢威先生的后半句话大大模糊了这种思想,尤其是他用了"生产因素"这个含混不清的名词。这个名词到底是什么意思,可能会令人疑惑不解。民粹派所持的是小生产者的观点,这种小生产者

---

① 也许有人会反对我,说我过于性急,因为作者已经说过,他打算从一般问题逐渐谈到具体问题,而且他在第6章中也分析了这些具体问题。但问题在于我们所指出的司徒卢威先生的批判的抽象性,是他**全**书的特点,也是第6章甚至结尾部分的特点。最需要纠正的正是他**对问题的**提法。

非常肤浅地解释自己的苦难,认为这是因为他自己"穷"而邻居包买主"富",因为"长官"只帮助大资本等等,总之,是由于分配的特点和政策的错误等等。而作者是用什么样的观点来反对他们呢?是用大资本的观点,还是用大资本的对立者的观点呢? 前者蔑视农民手工业者的小本经营,以自己生产的高度发展而自豪,以自己的"功绩"(在于提高了无论绝对还是相对都很低的国民劳动生产率)而自豪;后者则已经生活在十分发展的关系中,因而不会满足于政策和分配方面的理由,他开始懂得原因在更深的地方——在(社会)生产组织本身,在以个体所有制为基础而受市场控制和指导的社会经济结构本身。读者自然会产生上述问题,尤其因为作者有时把"生产因素"一词和"经济性"一词用在一起(见第171页:民粹派"对生产因素的忽视""达到了否定一切经济性的地步"),有时用"不合理"生产和"合理"生产的相互关系来遮掩小生产者和已经完全失去生产资料的生产者的关系。毫无疑问,作者**从客观方面**叙述的正确性不会因此而减少;任何了解资本主义制度的对抗性的人都很容易从后一种关系来观察问题。但是大家知道,不了解这一点的正是俄国的民粹派先生们,所以同他们争论时最好讲得明确些,透彻些,尽可能少用那些过于一般的抽象原理。

我们在第1章中曾竭力根据具体例子指出,民粹主义和马克思主义的**全部**区别就在于**对俄国资本主义的批判的性质上**。民粹派认为,批判资本主义,只须肯定剥削的存在,只须肯定剥削和政策之间的相互作用等等就够了。马克思主义者认为必须解释这些剥削现象,把它们连接成一定的生产关系体系,即特殊的社会经济形态,而这种经济形态的活动规律和发展规律是需要作客观研究的。民粹派认为要批判资本主义只须从自己的理想出发,从"现代科学和现代道德观念"出发把它加以斥责就够了。马克思主义者认为必须十分详细地考察资本主义社会中形成的那些阶级,认为只有从一定阶级的观点出发进行批判,就是说,批判不是建立在对"个人"的道德判断上,而是建立在对实际发生的社会过程的确切表述上,才是有根据的。

如果想要从这一点出发来规定对民粹主义经济原理进行批判的任务,那么,这种任务大致可以表述如下:

必须证明,俄国大资本主义和"人民生产"的关系是充分发展的现象和不发展的现象之间的关系,是资本主义社会形态发展的高级阶段和它的低级阶段之间的关系①;必须证明,无论在工厂中或甚至就在村社农村中,生产者失去生产资料和他的劳动产品被货币持有者攫为己有,其原因不在于政策和分配,而在于商品经济中必然形成的那种生产关系,在于资本主义社会所特有的利益上互相对立的阶级的形成②;必须证明,民粹派想使其绕过资本主义而升到高级阶段的现实(小生产),已经含有资本主义及其所固有的阶级对立和阶级冲突,——只不过这种对立表现为最坏的形式,

---

① 对经济方面的分析显然应当拿对社会的、法律政治的和思想的上层建筑的分析来补充。民粹派不了解资本主义同"人民生产"的联系,因而认为农民改革、国家政权和知识分子等等具有**非阶级的**性质。把这一切现象归结于阶级斗争的唯物主义分析,应当具体说明我们俄国改革后的"社会进步"完全是资本主义"经济进步"的结果。

② "重新审查"俄国经济现实(特别是民粹派从中给自己的稚气十足的幻想吸取材料的现实,即农民经济和手工业经济)中的"事实"时,应当指出生产者受压迫的原因不在于分配("农夫穷,包买主富"),而在于生产关系本身,在于现代农民经济和手工业经济的社会组织本身。由此就可看出在"人民"生产中也是"生产组织问题与分配问题相比居于首位"。

使生产者难以进行独立的活动而已;因此,必须证明,忽视业已形成的社会对立而幻想"为祖国"探寻"另外的道路"的民粹派是反动的空想家,因为大资本主义正在发展、澄清和揭示这种普遍存在于俄国的对立的内容。

作者往下的叙述也同过于抽象地规定从经济上批判民粹主义的任务有直接关系,因为他在那里所证明的不是俄国资本主义的"必然性"和"进步性",而是西欧资本主义的"必然性"和"进步性"。这种叙述没有直接涉及民粹派学说的经济内容,然而提供了许多有趣的和有益的材料。在我国民粹主义著作中曾不止一次地发出不信任西欧工人运动的呼声。这在米海洛夫斯基先生之流最近一次对马克思主义者进行的论战中(1893——1894年《俄国财富》杂志)表现得特别鲜明。当时米海洛夫斯基先生写道:我们还没有看出资本主义有什么好处。[①] 司徒卢威先生的资料有力地驳斥了这种荒谬的小市民观点,尤其因为这些资料是从最新的、决不会有夸大嫌疑的资产阶级著作中引来的。作者的引文说明,在西欧,所有的人,连资产者在内,都认为资本主义转变成新的社会经济形态是不可避免的。

---

① 不能不指出,米海洛夫斯基先生在回答司徒卢威先生的时候认为恩格斯是"自我陶醉",因为恩格斯说过,西欧的工人运动是现代生活中占主导地位的巨大事实,它使现代变得比其他任何时代都美好,证明现代产生的历史是合乎情理的。

用对恩格斯的这种简直可憎的责难来评价俄国现代民粹主义是最恰当的。

这些先生们善于空谈"人民真理",善于同我们的"社会"叙谈,责备这个"社会"给祖国选错了道路,善于甜蜜地歌唱"时乎时乎不再来",而且"10年、20年、30年以至更长时间地"唱下去,但他们绝对不能了解,被这些甜蜜歌曲所颂扬的人们的独立活动具有何种包罗万象的意义。

资本主义已把劳动社会化推进得这样远，甚至连资产阶级的著作也大声喊叫必须"有计划地组织国民经济"了。作者说得十分正确，这是"时代的征候"，是资本主义制度完全解体的征候。作者所引证的话非常有趣，这里不仅有资产阶级教授的话，而且有保守派的话，这些人不得不承认俄国激进派至今还想否认的事实，即工人运动是由资本主义所产生的那种物质条件造成的，而不是"单纯"由文化或其他政治条件造成的。

在上述一切之后，我们已没有必要再来研究作者关于分配只有靠合理的生产才能取得进步的论断。显然，这一论点的意思是说：只有建立在合理生产基础上的大资本主义才能给生产者提供条件，使他们能够抬起头来，使他们能够想到和关怀自己，想到和关怀那些由于生产落后而还没有生活在这种条件下的人们。

我们只略为谈谈司徒卢威先生的下面这句话："阻碍经济进步的那种极不均匀的分配，不是由资本主义造成的，它"是从浪漫主义者看做人间天堂的那个时代"遗传给资本主义的"。（第159页）如果作者在这里只是想指出民粹派先生们喜欢忘怀的事实，即在资本主义以前也存在着不均匀的分配，那就是正确的。如果是否认资本主义加强了这种不均匀，那就不对了。在农奴制度之下，没有也不可能有改革后的资本主义俄国在一贫如洗的农民或游民和银行大王、铁路大王、工业大王之间所造成的那种极不平等的现象。

———————

现在来谈谈第5章。在这一章中，作者给民粹主义下了一个总的评语，说"民粹主义是一种经济世界观"。照司徒卢威先生的意见，"民粹派"是"自然经济和原始平等的思想家"（第167页）。

　　这样的评语是不能同意的。我们不想在这里重复第1章提出的说明民粹派是小生产者思想家的论据。那里已经指出，正是小生产者的物质生活条件和他们处于"业主"和"工人"之间的过渡的和中间的地位，使得民粹派不懂得阶级矛盾，使得他们的纲领变成了既有进步条文又有反动条文的奇异混合体。

　　我们在这里只补充一点：从第一方面即从其进步方面看，俄国的民粹主义是同西欧的民主主义相近的，因此，40多年前就法国历史事件而对民主主义所下的天才评语，完全适用于民粹主义：

　　"民主党人代表小资产阶级，即体现两个阶级的利益互相削弱的那个**过渡阶级**，所以民主党人自以为完全超然于阶级对抗之上。民主党人认为，和他们对立的是一个特权阶级，而他们和全国所有其他阶层一起构成了**人民**。他们所维护的是**人民的权利**；他们所关心的是**人民的利益**。因此，他们没有必要考察各个不同阶级的利益和立场。他们不必过分仔细地估量他们自己的力量①。……如果事实表明民主党人的利益没有吸引力，他们的力量是**软弱的**，那么这就应该归罪于危险的诡辩家，他们把**统一的人民分成了各个敌对的阵营**②……再不然就是由于执行中的某个细节使全盘皆输，最后，或者是由于某个意外的偶然事件使这一次行动又被挫败了。不管怎样，民主党人逃出最可耻的失败时总是洁白无瑕的，正

————————

① 俄国民粹派一模一样。他们不否认俄国存在着同生产者相对抗的阶级，但他们以这些"掠夺者"在"人民"面前微不足道的说法来宽慰自己，不想去精确地考察每一个阶级的立场和利益，不想分析一下，生产者中的某些阶层的利益和"掠夺者"的利益是否交织在一起，从而减弱了前者反抗后者的力量。

② 在俄国的民粹派看来，应该归罪于万恶的马克思主义者，因为他们人为地把资本主义及其阶级对抗移植到"各社会阶层的相互迁就"和"同心协力的活动"的花朵如此盛开的土地上（司徒卢威摘引瓦·沃·先生的话，第161页）。

像他们陷入这种失败时是纯洁无辜的一样；他们摆脱失败时信心更加坚定了，他们以为他们一定会胜利，以为不是他们自己和他们的党应该放弃旧的观点，相反地，是形势应该来适应他们的旧观点。"(《雾月十八日》第 39 页)①

作者自己所举的例子，也说明把民粹派品评为自然经济和原始平等的思想家是不对的。司徒卢威先生说："应当指出，直到现在尼古拉·—逊先生还把瓦西里契柯夫称做自由派经济学家，这是**可笑的**。"(第 169 页)如果**从实质上**来看这种称呼，那它并没有什么可笑。瓦西里契柯夫把广泛通行的低利贷款列入自己的纲领。尼古拉·—逊先生不能不看见，在资本主义社会(俄国也是这种社会)的基础上，贷款只能加强资产阶级，使"资本主义关系发展和巩固"(《论文集》第 77 页)。瓦西里契柯夫同所有的民粹派一样，他的实际措施只代表小资产阶级一个阶级的利益。这里可笑的只有一点，就是尼古拉·—逊先生和《俄国财富》杂志的政论家们并肩而坐，但"直到现在"他还看不出这些政论家们也同瓦西里契柯夫公爵一样，完全是小"自由派经济学家"。空想主义的理论在实践中是很容易同小市民的进步办法调和的。戈洛瓦乔夫认为按人头分份地毫无意义，建议"给做工的人发放低利贷款"，这就更加证实了我们对民粹主义的这种评价。司徒卢威先生在批评这种"令人惊叹的"理论时，只注意它的理论上的荒诞，而似乎没有看出它的小资产阶级的内容。

谈到第 5 章时，不能不谈谈舍尔比纳先生的"平均需求规律"。这对评论司徒卢威先生在第 6 章中清楚地表现出来的马尔萨斯主

---

① 卡·马克思《路易·波拿巴的雾月十八日》，参看《马克思恩格斯文集》第 2 卷第 504 页。——编者注

义是很重要的。这个"规律"就是：**按份地**划分农民类别时，可以得出一个对各类都很接近的农户需求（即各项开支）的平均数，同时舍尔比纳先生是按人口计算这种开支的。

司徒卢威先生满意地指出这个"规律""有很大的意义"，因为据他说，这个"规律"证实了马尔萨斯的"人所共知的"规律，即"生活水平和人口的增殖是由他们所能获得的生活资料决定的"。

真不明白，司徒卢威先生为什么喜欢这个规律。真不明白，怎么能从舍尔比纳先生的计算中看出一个"规律"，并且还有"很大的意义"。在各个农户生活方式的差别不特别大的情况下，把农民分成几类，自然可以得出一些都很接近的平均数，尤其是把份地面积当做分类的根据的时候，因为份地面积不能直接决定农户的生活水平（因为可以租出份地，也可以租进土地），而拥有一样的纳税人数的富裕农民和贫苦农民得到的份地又都是相等的。舍尔比纳先生的计算只能证明他所选择的分类法是不恰当的。如果舍尔比纳先生认为他在这里发现了什么规律，那就太奇怪了。同样令人感到奇怪的是，居然认为这证实了马尔萨斯的规律，似乎根据份地的大小可以判断"农民所能获得的生活资料"，而不必注意租地、"外水"以及农民在经济上受地主和包买主的支配。关于舍尔比纳先生的这个"规律"（从舍尔比纳先生对这个"规律"的说明可以看出，"规律"的发现者本人认为他那什么也证明不了的平均数字是有非常大的意义的），司徒卢威先生说："在这种情况之下，'人民生产'不过是一种不使用雇佣劳动的经济。在这种经济组织下，'剩余价值'留在生产者手中，这是无可争论的。"（第176页）同时作者指出，在劳动生产率很低的情况下，这并不妨碍这种"人民生产"的经营者生活得比工人差些。对马尔萨斯主义的迷恋，使作者对上述论点作出了不确切的表述。在俄国每一乡村中，商业**资本**和高利贷**资本**都在使劳动受自己支配，虽然它们没有把生产者变成雇佣工人，但它们从生产者身上攫取的剩余价值并不少于产业资本从工人身上攫取的剩余价值。司徒卢威先生在前面曾正确地指出，资本主义生产是在生产者和消费者之间出现了**资本家**那时开始的，虽然这种资本家只是向独立的（从表面上看）生产者收买成品（第99页和注2），而要想从俄国"独立的"生产者中找出不为资本家（商人、包买主、盘剥者等等）做工的人是很不容易的。民粹派的最大错误之一就是他们看不见俄国社会经济的资本主义组织和商业资本在农村中的绝对统治之间的非常紧密和不可分割的联系。所以作者说得非常正确："'人民生产'一词，从民粹派先生用词的含义来讲，是不符合历史上任何一种实际制度的。在我们俄国，在1861年以前，'人民生产'和农奴制度是密切联系着的，而在1861年以后，商品经济加速地发展了，这就不能不玷污了人民生产的纯洁性。"（第177页）民粹派说生产资料属于生产者是俄国生活历来的基础，这纯粹是为了自己的空想来歪曲历史，用狡辩来歪曲历史，因为在农奴制度下，地主给生产者以生产资料是**为了使生产者能够给他服徭役**；份地好像是一种实物工资，是攫取剩余产品的"历来的"手段。农奴制度的废除决不是生产者的"解放"；它只意味着剩余产品**形式的改变**。在英国某些地方农奴制度的崩溃造成了真正独立自由的农民，而我国的改革则是一下子完成了从"可耻的"农奴制的剩余产品到"自由的"资产阶级的额外价值的过渡。

第 四 章

司徒卢威先生对俄国改革后的
经济的某些特点的解释

司徒卢威先生这本书的最后一章(第6章)专门分析一个最重要的问题,即俄国经济的发展。这一章的理论内容包括下列几部分:(1)俄国农业人口过剩及其性质和原因;(2)农民分化及其意义和原因;(3)工业资本主义在农民破产中的作用;(4)私有经济及其发展的性质;(5)俄国资本主义的市场问题。在分析司徒卢威先生对上述每个问题所提出的论据以前,我们先谈谈他对农民改革的意见。

作者反对"唯心地"理解这个改革,指出了国家需要提高劳动生产率,指出了**赎买**,指出了"来自下面"的压力。可惜作者没有把他这个合理的反对意见全讲出来。民粹派认为改革是由于"社会"中"人道"思想和"解放"思想的发展。这个事实是无可怀疑的,但用它来**说明**改革,就等于陷入空洞的同义反复,把"解放"归结为"解放"思想。在唯物主义者看来,对于为一定思想而实行的措施的**内容**必须进行专门的考察。历史上任何一个重大"改革",尽管是具有阶级性的,也都用崇高词句和崇高思想为它进行宣扬。农民改革也正是这样。只要注意一下它所造成的变化的实际内容,就会看出这些变化的性质是这样的:一部分农民被剥夺土地,而主要的是,其余的农民虽留下一部分土地,却不得不像买别人东西似地向地主**赎买**这部分土地,而且是按有意抬高了的价格赎买。这种改革不仅在我们俄国,而且在西欧,都是被"自由""平等"的理论掩盖起来的;《资本论》一书已经证明,滋长自由平等思想的土壤正是商品生产。不管在俄国实施这一改革的官僚机构多么复杂,不管它**看起来**①跟资产阶级本身离得多么远,但无可争辩的是,在**这种改革的基础上成长起来的只能是资产阶级制度**。司徒卢威先生十分正确地指出,把俄国的农民改革和西欧的农民改革对立起来的流行看法是不对的,他说:"有人认为西欧农民解放时没有得到土地,或者换句话说,他们是通过法律手续被剥夺了土地,这种(**过于笼统的**)论断是根本不对的。"(第 196 页)我特别把"过于笼统的"这几个字用了黑体,因为通过法律手续剥夺农民土地,固然是所有实行了农民改革的国家都有过的确凿无疑的历史事实,但并不是普遍的事实,因为西欧有**一部分**农民在摆脱农奴依附地位时向地主**赎买**了土地,在我国也是这样。只有资产者才能抹杀**赎买**这一事实,说什么"农民连同土地得到解放②使俄国变成了一块白板"(受米海洛夫斯基先生"衷心欢迎"的一位雅柯夫列夫先生的话,见彼·司徒卢威的著作第 10 页)。

一

现在我们来谈谈司徒卢威先生关于"俄国农业人口过剩的性质"的理论。这是司徒卢威先生从马克思主义"学说"退到马尔萨

---

① 实际上,正如以上所述,这个机构无论就其成分或历史起源来看,都只能为资产阶级服务。

② 如果讲实话,那就应该说:让部分农民**以双倍的价钱**向地主赎买自己的部分份地。甚至用"让"字还不恰当,因为农民不接受这种"份地的供应",就有在乡公所遭到鞭打的危险。

斯主义的最重要的一点。他同尼·—逊先生论战时所发挥的观点的实质是：俄国农业人口过剩"不是资本主义的，而是一种单纯的、适合自然经济的"人口过剩①。

司徒卢威先生说他对尼古拉·—逊先生的反驳，"同弗·阿·朗格对马克思的相对人口过剩理论的总的反驳是完全一致的"(第183页脚注)，因此，为了审查他的反驳，我们先来看看朗格的这个"总的反驳"。

朗格在他的《工人问题》第5章(俄译本第142—178页)中谈到了马克思的人口规律。他首先指出马克思的一个基本原理："事实上，每一种特殊的、历史的生产方式都有其特殊的、历史地发生作用的人口规律。抽象的增殖规律只存在于……动植物界。"②关于这点，朗格说道：

"首先让我们指出，严格说来，植物界和动物界也没有任何'抽象的'增殖规律，因为一般说来，抽象就是从一系列的同类现象中抽出共同点来"(第143页)，接着朗格向马克思详细地解释了什么是抽象。显然他根本不懂得马克思的话的意思。马克思在这里把人和动植物加以对比，是根据前者生活在**各种不同的**、历史地更替的、由社会生产制度因而由分配制度决定的**社会有机体**中。人类的增殖条件直接决定于各种不同的社会有机体的结构，因此应当分别研究每个社会有机体的人口规律，不应当不管历史上有各种不同的社会结构形式而去"抽象地"研究人口规律。朗格说抽象就是从**同类**现象中抽出共同点来，这种解释完全是反对他自己的：我

---

① 司徒卢威先生在他的一篇载于《社会政治中央导报》(1893年10月2日第1期)的文章中就是这样表述的。他还说，他不认为这是"马尔萨斯的"观点。

② 参看《马克思恩格斯文集》第5卷第728页。——编者注

们只能把动植物的生存条件看做同类的，但决不能把人这样看待，因为我们知道，人是生活在组织类型各不相同的社会联合中的。

随后，朗格叙述了马克思关于资本主义国家相对人口过剩理论，他说："一眼可以看出，这个理论把贯穿于包括人在内的整个有机界的长线割断了，它把工人问题的基础解释成这样：关于人类生存、增殖和进化的一般探讨，对于我们的目的，即对于理解工人问题，似乎完全是多余的。"（第154页）①

马克思的理论根本没有把贯穿于包括人在内的整个有机界的长线割断，它只是要求不要在"一般探讨"人类增殖的基础上，而要在专门探讨资本主义关系的规律的基础上来解决"工人问题"（因为这个问题只存在于资本主义社会中）。而朗格却持另外一种意见，他说："实际上并不是这样。首先很清楚，工厂劳动在其最初萌芽时期就是以**贫困**为前提的。"（第154页）朗格接着用了一页半的篇幅来证明这个论点，实则这个论点不言自明，而且丝毫不能把我们推向前进，因为第一，我们知道，资本主义本身还在生产采取工厂形式的发展阶段以前，在机器造成过剩人口以前，就造成了贫困；第二，资本主义前的社会结构形式，即封建的、农奴制的形式，就造成了自己特有的贫困，并把这种贫困传给了资本主义。

"但是，即使有这样有力的助手〈即贫困〉，第一个企业主也只是在稀有的情况下才能诱使大量的劳动力来从事新型活动。情况通常是这样的：企业主从工厂工业很兴旺的地方带来一帮工人，然

---

① 这种"一般探讨"能是些什么呢？如果这种"探讨"忽视了人类社会的特殊经济形态，那它只会是一些陈腐见解。如果它要包括几个形态，那显然应当先对每个形态分别进行专门的探讨。

后添上几个当时没有活干的单身无靠的农民①,而再要补充工厂的员额,就要到**正在成长的少年**中间去物色了。"(第156页)朗格把"正在成长的少年"这几个字用了黑体。显然,"关于人类生存、增殖和进化的一般探讨"表现为如下的论点:厂主是从"正在成长的少年"中间而不是从正在衰颓的老人中间招收新工人的。善良的朗格用整整一页(第157页)的篇幅继续进行这种"一般探讨",他告诉读者说,父母努力使自己孩子生活有保障,而游手好闲的道德家无端地谴责这种想挣脱出生时的处境的努力;父母努力使孩子自己谋生是十分自然的事情。只有看过所有这些只宜载入启蒙课本的论断以后,我们才能接触到问题的本质。

"在土地属于大小占有者的农业国家里,只要自愿节育的风气在人民习俗中还没有巩固,希望靠该地域的产品过活的劳动力和消费者的经常过剩就是不可避免的。"(第157—158页)朗格简单地搬出这种纯粹的马尔萨斯原理,而没有提出任何论据。他一再重复这个原理说:"不管怎样,这样的国家的人口即使绝对稀少,也总要呈现出相对过剩的征象","市场上劳动的供应**通常过多**,而需求仍然很低"。(第158页)但这一切仍然是毫无根据的。从哪里可以看出"工人过剩"是真正"不可避免的"呢? 从哪里可以看出这种过剩同人民习俗中缺乏自愿节育风气有联系呢? 在谈论"人民习俗"之前,不应当先看看人民生活于其中的生产关系吗? 例如我们可以看到,朗格所说的那些大小占有者在物质财富的生产上是这样结合起来的:小占有者从大占有者那里取得养活自己的份地,

---

① 顺便问一下:这些"单身无靠的农民"从何而来呢? 按朗格的意见,也许这不是农奴制度的残余,也不是资本统治的产物,而是"自愿节育的风气在人民习俗中还没有巩固"(第157页)的结果吧?

并为此而给大占有者服徭役，给他们种地。其次我们可以看到，这些关系遭到了破坏，人道思想冲昏了大占有者的头脑，他们竟"使自己的农民连同土地得到了解放"，**就是说**，割去了农民20％左右的份地，同时迫使农民支付上涨了一倍的地价来购买其余的80％。显然，这些因此而保证没有"无产阶级脓疮"的农民，为了生存，照旧要给大占有者做工，但他们现在已不是像从前那样按农奴主管家的命令做工，而是按自由契约做工了。这样，他们互相争抢工作了，因为他们现在已经不是联系在一起，而是各人经营各人的了。这样争抢工作必然会把某些农民排挤出去：既然他们由于份地的缩小和税款的增加，比起地主来力量更弱了，那么，他们的竞争一定会提高剩余产品率，所以地主有较少的农民也就可以经营了。无论自愿节育的风气在人民习俗中如何巩固，人口"过剩"的形成总是不可避免的。朗格这种忽视社会经济关系的论断，只是清楚地证明他的方法毫不中用。除了这样的论断外，朗格再没有提供什么别的。他说，厂主很愿意把生产移到偏僻的乡村，因为那里**"时时刻刻为任何工作准备着必要数量的童工"**（第161页），但他不去探讨是什么样的历史条件、什么样的社会生产方式促使父母"准备"把自己的孩子送去受人盘剥。他的方法最明显地反映在他的下述论断中。他引用了马克思的一句话：机器工业使资本有可能购买妇女和儿童的劳动，从而把工人变成了"奴隶贩子"。

朗格得意地叫道："原来要说的是这一点！""由于贫穷而出卖自己劳动力的工人，如果不是贫困和诱惑促使他出卖妻子和儿女，难道可以想象他会这样轻易地采取这种步骤吗？"（第163页）

善良的朗格多么热心，他竟保卫工人免受马克思的攻击，向马克思证明工人"为贫困所迫"。

"……这种日甚一日的贫困,实质上不是变相的生存斗争,又是什么呢?"(第163页)

请看,这就是"关于人类生存、增殖和进化的一般探讨"所达到的发现!有人对我们说这是变相的生存斗争,我们听了会不会对"贫困"的原因及其政治经济内容和发展进程有所了解呢?要知道,随便什么关系,甚至工人同资本家的关系,土地占有者同厂主和农奴的关系等等,都可以说成是变相的生存斗争。朗格修正马克思观点的尝试,除了这类毫无意义的陈腐见解或天真想法外,没有给我们提供任何东西。现在我们来看看朗格的信徒司徒卢威先生在谈论俄国农业的人口过剩这个具体问题时,用了什么东西来支持这种修正。

司徒卢威先生一开始就说:商品生产扩大国内的容量。"交换不仅通过生产在技术上和经济上的彻底改组表现出这种作用,而且在生产技术还停留在以前的水平、自然经济还在整个国民经济中保持着以前的优势地位的情况下,也表现出这种作用。但在这种情况下,经过短期的活跃,完全不可避免地会产生'人口过剩';如果要拿这一点怪商品生产,那只能怪它第一是**刺激物**,第二是使事情复杂化的因素。"(第182页)即使没有商品经济,人口过剩也会产生,因为它具有非资本主义的性质。

这就是作者提出的论点。这些论点一看就令人惊奇,它们和朗格的论点一样地毫无根据,硬说自然经济的人口过剩不可避免,但又不说明它究竟是由什么过程造成的。现在我们来看看作者认为能够证实自己观点的那些事实。

1762—1846年期间的资料表明,人口的增殖总的说来是并不快的:每年的增长率为1.07%—1.5%。此时人口增殖较快的,据阿尔先耶夫说，是那些"种谷物的"省份。司徒卢威先生得出结论说，这个"事实""对于原始形式的人民经济来说是非常典型的，因为在这种经济条件下，增殖直接依赖于土壤的天然肥沃程度，而且这种依存关系可以说是看得见摸得着的"。这是"人口增殖和生活资料相适应的规律"在起作用（第185页）。"土地面积愈大，土壤的天然肥沃程度愈高，人口的自然增长率就愈大。"（第186页）这个结论是完全没有根据的，因为这里仅仅根据一件事实，即欧俄中部各省在1790—1846年内人口增长最慢的是弗拉基米尔省和卡卢加省，就得出了一个完整的关于人口增殖和生活资料相适应的规律。难道可以根据"土地面积"来判断居民的生活资料吗？（即使承认依据这样少量的资料可以得出一般性的结论）要知道，这些"人口"并没有把他们所取得的"天然肥沃"的产品直接归自己，他们是跟地主、国家分享这些产品的。这种或那种地主经济制度（代役租或徭役租，两种租的数额及其征收方式等等）对人们获得"生活资料"数量的影响，要比不归生产者绝对占有和自由占有的土地面积的影响大得无法比拟，这难道还不清楚吗？不仅如此。尽管有表现为农奴制度的社会关系，人们当时就已被交换联系在一起了，作者说得很对，"加工工业和农业的分离，即社会的全国的分工，在改革前的时代就已存在"。（第189页）试问，既然这样，为什么我们要认为生活在沼泽地带的弗拉基米尔省手工业者或商贩的"生活资料"不如握有"天然肥沃的土地"的坦波夫省粗野农民那样充裕呢？

接着，司徒卢威先生列举解放前农奴人口减少的资料。他引证过的那些经济学家把这个现象归之于"生活水平下降"（第189页）。作者得出结论说：

"我们所以谈到解放前农奴人口减少的事实,是因为在我们看来,这个事实有力地说明了俄国当时的经济情况。我国很大一部分地区的人口,在当时的技术经济条件和社会法律条件下已经……处于饱和状态,因为这些条件对将近40％的人口的稍微迅速的增殖,都是非常不利的。"(第189页)既然农奴制的社会制度把这些生活资料直接送到一小撮大土地占有者的手里,而不给人民群众(要研究的却正是他们的增殖),那么这与马尔萨斯的人口增殖和生活资料相适应的"规律"有什么关系呢?作者认为人口增加最少的,是土地不肥沃、工业不发达的省份,或者是人口稠密的纯粹农业的省份,能不能承认这种见解有什么价值呢?司徒卢威先生想把这个事实看做"非资本主义的人口过剩"的表现,认为这种人口过剩即使没有商品经济也一定会产生的,"是适合自然经济的"。但是,同样有理由,甚至更有理由说,这种人口过剩是适合农奴制经济的,人口增长缓慢主要是由于对农民劳动的剥削的加重,而剥削的加重又是由于商品生产在地主经济中增长起来,因为地主开始使用徭役劳动来生产**出卖的**粮食,而不只是满足自己的需要。作者举出的例子是反对他自己的,这些例子说明,决不能忽视历史上特定的社会关系体系及其发展阶段而按照人口增殖和生活资料相适应的公式来建立抽象的人口规律。

司徒卢威先生谈到改革后的时代时说:"我们在农奴制崩溃后的人口史中看到解放前也有过的那种基本特点。增殖力总的说来是与土地面积和份地成正比的。"(第198页)那个把农民按份地面积分类的表证明了这一点,这个表说明:份地面积愈大,人口的增长就愈多。"在首先用来直接满足生产者本身需要的'自己消费的'……**自然经济的条件下,也不可能有另一种情况**。"(第199页)

假如事实是这样，假如份地首先是直接满足生产者的需要，假如份地是满足这些需要的唯一泉源，——那时，也只有那时，的确可以从这类资料中得出一般的增殖规律。但是我们知道，事实并不是这样。份地"首先"是满足地主和国家的需要，如果这些"需要"没有如期得到满足，这些份地就会从占有者的手里夺去；同时这些份地要付出超过其收入的税款。其次，这不是农民的唯一资源。作者说，经营上的亏空必然会预先对人口产生惩罚性的影响。外出做零工吸去了成年男子，更加阻碍着增殖（第 199 页）。但是，如果租地或外水收入能够弥补份地经济的亏空，那么农民的生活资料对于"大力增殖"是足够的。毫无疑义，只有少数农民才会有这样有利的条件；但是在对农民内部的生产关系缺乏专门分析的情况下，无从看出人口的增长是均衡的，无从看出这种增长主要不是由于少数人生活水平较高。最后，作者自己把自然经济作为证明他的论点的条件，可是在改革以后，他自己也承认商品生产已广泛地渗入原来的生活。显然，**要确定增殖的一般规律**，作者的资料是绝对不够的。不仅如此，这个规律的前提是，改革后社会的生产资料"首先用来直接满足生产者本身需要"，这样一个抽象的"简单的"规律对极端复杂的事实作了完全不正确的、毫无证据的阐述。例如司徒卢威先生说，解放后，把土地租给农民，对地主是有利的。"这样，农民可以得到的食物面积即生活资料就增加了。"（第 200 页）把全部租地这样直接归入"食物面积"是完全没有根据的，不正确的。作者自己指出，地主把他们土地上出产的绝大部分产品攫为己有（第 200 页），这就产生了另一个问题：这样租种土地（例如用工役抵租）是否恶化了租地者的生活，是否让他们担负了归根到底会缩小食物面积的义务。其次，作者自己指出，租得起地的只有富裕的(第216页)农民,这些地在他们手里,与其说是巩固"自己消费的"经济的手段,不如说是扩大商品经济的手段。即使已经证明,租地总的说来改善了"农民"的状况,可是用作者自己的话来说,贫苦农民由于租地而破产(第216页),即一部分人的改善意味着另一部分人的恶化,那么这种改善又能有什么意义呢? 在农民的租地中,显然交织着旧的农奴制关系和新的资本主义关系;作者把这两种关系都置于不顾的抽象论断,不仅对弄清这些关系没有帮助,反而把问题搅乱了。

最后还要谈谈作者还指出一个似乎能够证实他的观点的资料。也就是他找到的一个根据,说"**地少**这个旧词不过是学术界称之为人口过剩的那一现象的日常用语"(第186页)。可见,作者似乎是在依靠我国整个民粹派著作界。民粹派著作界确凿地证实了农民份地"不足"的事实,无数次地用人口增长、份地缩小、农民自然就要破产这样"简单"的理由来"支持"他们的"扩大农民占有的土地"的愿望。可是,民粹派这种"地少"的陈腐议论未必有什么科学①意义,它除了可以当做"善意的言论"**100**在讨论祖国如何平平稳稳地沿着正确道路行进的委员会里发表之外,未必能有什么别的用处。这种议论是只见树木不见森林,只见现象的外部轮廓,不见图画的主要社会经济背景。一方面是大量土地归"旧贵族"制度的代表所有,另一方面是依靠购买而取得土地,——这就是使得任何"扩大占有的土地"终究会成为可怜的治标办法的主要背景。民粹派关于土地少的议论也好,马尔萨斯的人口增殖和生活资料相

---

① 就是说,这种议论根本不能**说明**农民破产和人口过剩的现象,虽然"不足"这个事实本身,正如它由于人口增长而更趋严重一样,是不容争辩的。需要的不是肯定事实,而是说明事实从何产生。

适应的"规律"也好，二者都忽视了当前具体社会经济关系，恰恰犯了抽象"简单"的毛病。

这样考察了司徒卢威先生的论据之后，我们可以得出结论说，他的关于俄国农业人口过剩是由于人口增殖和生活资料不相适应的论点是毫无根据的。他给自己的论据作了这样的结论："这就是呈现在我们面前的、由于商品经济因素和其他一些从农奴制时代的社会制度继承下来的重要特点而复杂化的自然经济人口过剩的图画。"（第 200 页）当然，对于一个正从"自然"经济向"商品"经济过渡的国家所发生的任何一件经济事实，都可以说，这是"由于商品经济因素而复杂化的自然经济"的现象。也可以反过来说，这是"由于自然经济因素而复杂化的商品经济的现象"。但这一切不仅不能提供一幅"图画"，甚至丝毫不能说明人口过剩**究竟是怎样**在**当前社会经济关系**的基础上形成的。作者用来反对尼·—逊先生及其俄国资本主义人口过剩理论的最后结论是："我国农民生产的食物是不足的。"（第 237 页）

农民的农业生产直到现在仍把产品交给通过国家而取得赎金的地主，它是夺去绝大多数农民群众的很大一部分产品的商业**资本**和高利贷**资本**活动的经常对象；最后，这种生产在"农民"内部的分布情况极为复杂，以至按总平均说来是正数（如租地），而对多数人说来却是负数，但司徒卢威先生却用"生产不足"这样一个抽象的、毫无根据的断语来把这个社会关系网像斩断戈尔迪之结[101]似地全部砍掉。不，这种理论是经不起任何批评的，因为它只是把应该予以研究的东西，即农民在农业经济中的生产关系掩盖起来了。马尔萨斯公式把事情描绘成这样，似乎摆在我们面前的是一块白板，而不是在现代俄国农民经济组织中交织在一起的农奴制关系和资产阶级关系。

当然,我们决不能仅仅以批评司徒卢威先生的观点为满足。我们还应该给自己提出这样的问题:他的错误根源是什么呢? 两个论敌(尼·—逊先生和司徒卢威先生)中,谁对人口过剩的解释是对的呢?

尼·—逊先生是根据各行各业的资本主义化"腾出"大量工人这个事实来解释人口过剩的。然而他只举了大工厂工业增长的资料,而对同时发生的、表现社会分工深化的手工业增长的事实未予注意①。他把自己的解释搬到农业上来时,甚至不试图确切地描述农业的社会经济组织和**它的发展程度**。

司徒卢威先生回答这一点时指出:"马克思所理解的资本主义的人口过剩是同技术进步密切联系着的。"(第183页)但他和尼古拉·—逊先生一样,认为农民"经济的技术几乎没有进步"(第200页),因此也就拒绝承认俄国农业人口过剩的资本主义性质,而去寻找另外的解释。

司徒卢威先生回答尼·—逊先生时所说的话是正确的。资本主义人口过剩是这样造成的:**资本**掌握了生产,减少了必需(对生产同样数量产品来说)工人的数量,因而造成了多余的人口。马克思关于农业中的资本主义人口过剩说道:

"资本主义生产一旦占领农业,或者依照它占领农业的程度,对农业工人人口的需求就随着在农业中执行职能的资本的积累而

---

①　改革后,我国手工业的增长和许多新的手工业的出现,是人所共知的事实。马克思在说明"工业资本的国内市场的形成"时,对这一个与其他手工业的资本主义化一同发生的事作了理论上的说明,这也是人所共知的。[《资本论》第2版第776页及以下各页(《马克思恩格斯文集》第5卷第854—859页。——编者注)]

绝对地减少,而且对人口的这种排斥不像在非农业的产业中那样,会由于更大规模的吸引而得到补偿。因此,一部分农村人口经常准备着转入城市无产阶级或制造业无产阶级的队伍[1]……(这里所说的制造业是指一切非农业的产业。)因此,相对过剩人口的这一源泉是长流不息的。但是,它不断地流向城市是以农村本身有经常潜在的过剩人口为前提的,这种过剩人口的数量只有在排水渠开放得特别大的时候才能看得到。因此,农业工人的工资被压到最低限度,他总是有一只脚陷在需要救济的赤贫的泥潭里。"(《资本论》第2版第668页)[2]

尼·—逊先生**没有证明**俄国农业人口过剩的资本主义性质,因为他没有把人口过剩跟农业中的资本主义联系起来,他只是匆匆地和不完全地指出私有经济的资本主义演进,根本忽略了农民经济组织的资产阶级特性。司徒卢威先生应该纠正尼·—逊先生叙述中的这一非常重大的缺陷,因为忽视农业中的资本主义,忽视农业中的资本主义已占统治但还很不发达的情况,自然会得出国内市场没有或缩小的理论。司徒卢威先生没有去把尼·—逊先生的理论用于我国农业资本主义的具体资料,反而犯了另一个错误:完全否认人口过剩的资本主义性质。

资本侵入农业经济是改革后全部历史的特点。地主改用了(至于改用的快慢,那是另一个问题)自由雇佣劳动,这种劳动得到了极广泛的传播,甚至决定了农民的大部分外水的性质;地主提高

---

[1]　顺便提一下。对这个事实的观察,大概给朗格对他所不很了解的马克思的理论进行修正提供了理由。他不去分析这个事实,把这种(资本主义的)社会生产方式作为出发点,并注意这种生产方式在农业中的表现,却凭空臆造出"人民习俗"的各种特点。

[2]　见《马克思恩格斯文集》第5卷第739—740页。——编者注

了技术,并使用了机器,甚至垂死的农奴制经济制度——出租土地给农民以换取工役——也由于农民的竞争而起了资产阶级性的变化。农民的竞争使租地户生活恶化、条件更加苛刻①、工人数目减少。在农民经济中十分清楚地显露出农民分化为农村资产阶级和无产阶级的现象。"富人"扩大耕地,改善经营[参看瓦·沃·《农民经济中的进步潮流》],不得不采用雇佣劳动。所有这些都是早已肯定的公认事实,连司徒卢威先生自己也提到过(我们马上就会看到)。我们再拿俄国农村中最普通的情形来说明。"富农"从"村社"那里,确切些说,从属于无产阶级类型的本村社社员那里,夺得一块最好的份地,用那些"占有份地"的农民的劳动和农具经营这块土地,这些农民债务缠身,不得不按照民粹派所酷爱的村社原则(为了各社会阶层的相互迁就和同心协力的活动),依附于自己的恩人。富农的地当然比破产农民的地经营得好些,而且需要的人手也比这块土地掌握在几个小业主手中的时候少得多。这种事实不是个别的而是普遍的,这一点没有一个民粹主义者能够否认。他们的理论的独特性只是在于他们不愿直言不讳地谈论这些事实,不愿看到这些事实意味着**资本在农业中的统治**。他们忘记了**资本**的原始形式在任何时候和任何地方都是商业资本,货币资本,忘记了资本总是把现成的生产技术过程接收过来,然后对其进行技术改造。因此他们不了解:他们"维护"(当然只是在口头上)现代农业制度,使其免受"未来的"(?!)资本主义的侵袭,其实只是维护**中世纪的**资本形式,使其免受现代的纯粹资产阶级的资本形式

---

① 例如见卡雷舍夫的著作(《地方自治局统计总结》第2卷第266页)。他在《顿河畔罗斯托夫县的统计材料汇编》中指出,农民在缴纳粮垛租**102**后剩下的部分越来越少了。同上,第5章第9节:关于农民用劳动补缴分成租的问题。

的侵袭。

可见,不能否认俄国人口过剩的资本主义性质,正像不能否认资本在农业中的统治一样。但是,像尼·—逊先生那样忽视**资本的发展程度**,显然十分荒谬。他出于偏激而把资本的发展说成几乎已告完成,因此编造了国内市场缩小或没有的理论,而实际上资本虽然已经占了统治地位,但它的形式比较起来还是很不发展的;它要达到充分发展的程度,要使生产者同生产资料完全分离,还须经过许多中间阶段,而农业资本主义的每进一步又都意味着国内市场的**扩大**。根据马克思的理论,国内市场正是由农业资本主义造成的。这个市场在俄国不是在缩小,相反地,正在形成和发展。

其次,我们从这种即使是很一般的对我国农业资本主义①的说明中也可以看出,资本主义并没有囊括农村的**一切**社会经济关系。除它之外,我们还可以看到农奴制关系,在经济方面是这样(例如出租割地换取工役和实物,——这里具有农奴制经济的各种特征:生产者和生产资料占有者通过实物"相互效劳",通过使生产者**束缚于**土地、而不是使生产者同生产资料分离的方式来剥削生产者),在社会方面和政治法律方面更是这样(必须"占有份地";束缚于土地,即没有迁徙自由;向地主缴纳赎金,同样是一种代役租;在法庭和行政管理方面服从拥有特权的土地占有者等等);这些关系无疑也导致农民破产,造成失业,造成束缚于土地的雇农的"人口过剩"。现代关系的资本主义基础不应当掩饰这些依然具有巨大势力的、正是由于资本主义不发达而**尚未被消灭**的"旧贵族"阶层的残余。资本主义的不发达即"俄国的落后"被民粹派看做"幸

---

① 关于农业资本主义下面要详细论述,要从农民和地主两方面分别论述。

福"①，这不过是爵高位显的剥削者的幸福。当前的"人口过剩"除了具有资本主义的基本特征外，还有农奴制的特征。

如果我们把这个论点和司徒卢威先生认为"人口过剩"具有自然经济和商品经济特征的论点加以比较，就可看出前者并不排斥后者，相反地，而是包括在后者之内，因为农奴制属于"自然经济"现象，资本主义属于"商品经济"现象。司徒卢威先生的论点一方面没有确切地指出究竟哪些是自然经济**关系**，哪些是商品经济**关系**，另一方面它又使我们倒退到毫无根据和毫无意义的马尔萨斯"规律"上去。

由于这些缺点，以后的叙述自然也就不能令人满意。作者问道："我国的国民经济究竟通过什么方式、根据什么原则才**可能**得到改造呢？"（第202页）这又完全是学究式地提出的古怪问题，这种问题提法和肯定现实不能令人满意而要替祖国选择更好道路的民粹派先生们惯常的提法完全一样。"我国国民经济"是资本主义经济，对它进行组织和"改造"是由"支配"这种经济的资产阶级决定的。不应该提出可能改造的问题，而应该提出这个资产阶级经济各个发展阶段的问题，应该根据马克思的理论提出问题，作者在维护这种理论，反驳那位证明尼·—逊先生是一个"毫无疑问的马克思主义者"的瓦·沃·先生时，曾绝妙地指出这位"毫无疑问的马克思主义者"不懂得阶级斗争和国家的阶级起源。如果按上述意思把问题的提法改变一下，就可以保证作者不发表我们在第202—204页上所看到的那种关于"农民"的自相矛盾的议论了。

作者首先说道：农民的份地不足，即使农民靠租地弥补了这

---

① 尤沙柯夫先生在《俄国财富》杂志中的用语。

个不足，"很大一部分农民"**始终**还是入不敷出；不能把农民当做整体来谈，因为这等于谈虚构①（第 203 页）。由此直接得出结论说：

"无论如何，生产不足是我国国民经济中**基本的**和**主要的**事实。"（第 204 页）这是完全没有根据的，而且同前面没有任何联系：农民内部形成着敌对阶级，因此，作为整体的农民是虚构的，为什么这不是"基本的和主要的事实"呢？作者没有根据任何资料，没有对"生产不足"[然而这并不妨碍少数人靠牺牲多数人富足起来]或农民分化的有关事实作过任何分析，而只是出于对马尔萨斯主义的偏爱，就作出了自己的结论。他接着说："因此，农业劳动生产率的提高对俄国农民是直接有利的和得益的。"（第 204 页）我们真是困惑不解：作者刚才还严正地（而且是极正确地）指责民粹派不该谈论"虚构"的一般"农民"，而现在又把这种虚构纳入自己的分析之中！既然这个"农民"的内部关系是少数人在"经济上"日益"巩固"，而多数人无产阶级化，既然少数人在扩大占有的土地，日益富裕，而多数人总是入不敷出，日益破产，那怎么能笼统地谈论过程的"有利"呢？作者也许想说这个过程对两部分农民都是有利的。如果这样，那么，第一，他就应该弄清每个集团的状况，分别加以研究；第二，既然集团之间存在着对抗，那就必须明确地指出，是从**哪个**集团的观点来谈"有利"。这个例子又一次证实了司徒卢威先生的客观主义是不能令人满意的，是含混不清的。

尼·—逊先生对上述问题持有相反的意见，认为"如果产品将

---

① "哥卢别夫先生在他那些出色的论文中所下的论断的主要缺点，就是他怎样也不能摆脱这种虚构。"（第 203 页）

以商品形态来生产,农业劳动生产率的提高①就无助于人民生活水平的提高"(《论文集》第266页),因此,司徒卢威先生又来反驳这个意见。

第一,他说,承担现代危机全部重负的农民是为本身消费而生产粮食;他们不出售粮食,反而补购粮食。尽管粮价下跌,劳动生产率的提高对这种农民(如果拿有一匹马的农民和无马的农民来说,那他们约占50%,如果拿无马的农民来说,那至少也占25%)无论如何是有利的。

是的,假使这种农民能够维持自己的经济并把它提到更高的水平,生产率的提高对他们当然是有利的。可是要知道有一匹马和没有马的农民恰恰没有这样的条件。他们连自己目前用原始农具、粗耕方式等等进行的生产都不能维持,更谈不到提高技术。技术的提高是商品经济增长的结果。既然在商品生产发展的现阶段上,甚至要补购粮食的农民都必须出售粮食,那么在下一个发展阶段上,这种出售更是必需的了(作者自己也承认自然经济必然向商品经济过渡),而提高了耕作技术的业主的竞争必然迅速地把他们剥夺干净,使他们从束缚于土地的无产者变成像鸟一样自由的无产者。我决不是想说这种变化**对他们**是不利的。恰恰相反,既然生产者已经落入资本的魔爪(对该类农民来说,这已是无可争辩的既成事实),对他们十分"有利"的是能得到充分自由,可以更换雇主而不受任何束缚。但司徒卢威先生和尼·—逊先生所争论的完全不是**这样的**见解。

第二,司徒卢威先生接着说,尼·—逊先生"忘记了,农业劳动

---

① 尼·—逊先生补充说,"不管怎样",这种提高"是合乎愿望的,是需要的"。

生产率的提高只有通过**技术**上和经营**制度**或耕作**制度**上的改变才有可能"(第206页)。尼·—逊先生的确忘记了这一点,但这个见解只能使贫穷农民即"无产阶级类型的"农民必然遭到彻底剥夺的论点更有力量。改进技术需要闲置的货币资金,而这些农民连糊口的粮食也没有。

第三,作者最后说,尼·—逊先生断言农业劳动生产率的提高会迫使竞争者减低价格,这是不对的。司徒卢威先生正确地指出:要减低价格,我国的农业劳动生产率不仅要赶上西欧[在这种情况下,我们将按社会必要劳动水平出售产品],而且要超过西欧。这个反驳意见很有道理,但它丝毫没有谈到这种技术的提高究竟对哪一部分"农民"有利和为什么有利的问题。

"总的说来,尼·—逊先生这样害怕农业劳动生产率的提高是没有道理的。"(第207页)他所以这样,在司徒卢威先生看来,是因为他把农业的进步仅仅看做使工人愈来愈被机器排挤掉的粗放农业的进步。

作者很恰当地用了"害怕"一词来形容尼·—逊先生对农业技术发展的态度;他还十分正确地指出,这种害怕是荒唐的。但是我们觉得,他的论证所涉及的并不是尼·—逊先生的主要错误。

尼·—逊先生好像在十分严格地遵循马克思主义学说,然而他却把资本主义社会的农业资本主义演进和加工工业的演进截然分开,就是说,他承认资本主义在后一演进中的进步作用即劳动社会化,而不承认它在前一演进中的进步作用。因此,他"不害怕"加工工业劳动生产率的提高,而"害怕"农业劳动生产率的提高,**虽然事情的社会经济方面和这个过程在社会各个阶级中的反映在两种情况下都是完全一样的……**　马克思在下述意见中特别鲜明地叙述了这个论点:"英国的博爱主义经济学家(如穆勒、罗杰斯、戈尔德温·斯密斯、福塞特等人)和自由主义工厂主(如约翰·布莱特之流),像上帝向该隐询问他的弟弟亚伯的下落[103]一样,向英国的土地贵族问道,我们成千上万的自由农到哪里去了? 然而你们又是从哪里来的呢? 是从这些自由农的消灭中来的。为什么你们不往下问,那些独立的纺纱工人、织布工人、手工业者到哪里去了?"(《资本论》第1卷第780页脚注237[①])最后一句话清楚地表明小生产者在农业中的命运和他们在加工工业中的命运是相同的,并强调资产阶级社会各阶级是在两种情况下形成的[②]。尼·—逊先生的主要错误正在于他忽视了这些阶级,忽视了这些阶级在我国农民中的形成,根本不打算对这些阶级的对立的每个发展阶段进行十分确切的考察。

　　但司徒卢威先生完全不是这样提出问题的。他不仅不纠正尼·—逊先生的上述错误,反而**自己重复了这个错误**,以超阶级的学究的观点来谈论进步对"农民"如何"有利"。这种要凌驾于阶级之上的企图使得作者的论点模糊到了极点,以致可以从中得出资产阶级的结论:他提出了这些改革**一般**"有利"的论点,来反对农业资本主义(和工业资本主义一样)使生产者的状况恶化这个千真万确的论点。这正像有人在谈论资产阶级社会的机器时,用进步一般如何"有利和得益"的论据,来驳斥浪漫主义经济学家关于机器使劳动者的状况恶化的理论一样。

　　民粹主义者大概会这样来回答司徒卢威先生的见解:尼·—

---

① 见《马克思恩格斯文集》第5卷第859页脚注(237)。——编者注
② 着重看看第24章第4节:《资本主义租地农场主的产生》,第773—776页(《马克思恩格斯文集》第5卷第851—854页。——编者注)。

逊先生所害怕的不是劳动生产率的提高，而是资产阶级性。

农业技术在我国资本主义制度下的进步是同资产阶级性联系着的，这一点毫无疑义，但民粹派对此表示"害怕"显然是十分荒唐的。资产阶级性已是实际生活中的事实，在农业中劳动也已受资本支配。因此，应该"害怕"的不是资产阶级性，而是生产者还没有意识到这种资产阶级性，还没有反对这种资产阶级性以维护自身利益的能力。因此，不应该希望资本主义的发展停滞，相反地，应该希望资本主义充分发展，彻底发展。

为了更详细更确切地指出司徒卢威先生在论述资本主义社会的农业时所犯的错误的根源，我们极其概括地来描述一下与引起各种议论的技术改革一同产生的阶级形成过程。司徒卢威先生在这里把粗放农业和集约农业严格分开，认为尼·—逊先生误入迷途的根源在于他除了粗放农业而外什么都不愿意知道。我们要设法证明：尼·—逊先生的**基本**错误并不在这里；资产阶级社会各个阶级的形成，在农业向集约农业过渡的条件下和在粗放农业发展的条件下，实质上是相同的。

对于粗放农业不必多谈，因为司徒卢威先生也承认在这里是资产阶级挤掉"农民"。我们只指出两点：第一，技术进步是商品经济引起的；为了取得这种进步，业主必须有闲置的过剩的〔对他的消费和生产资料的再生产而言〕**货币**资金。从哪里可以弄到这些资金呢？显然不能从别的什么地方取得，只能来自流通形式的转变，即商品——货币——商品转变为货币——商品——增殖了的货币。换句话说，这些资金完全来自资本，**来自商业资本和高利贷资本**，来自"寄食者、盘剥者、商人"等等，而幼稚的俄国民粹派认为这些人**不属于资本主义而属于**"掠夺"（似乎资本主义不是掠夺！似乎俄国的现实还没有向我们表明这种"掠夺"的一切形式——从最简陋最原始的盘剥到最新最合理的经营——的相互联系！）①。第二，我们要指出尼·—逊先生对这个问题的古怪看法。他在第233页脚注2中驳斥了《南俄农民经济》的作者弗·叶·波斯特尼柯夫，因为后者指出，机器使每个农户的耕作面积增加整整一倍，即平均每个工人由10俄亩增加到20俄亩，因此，"俄国贫穷"的原因是"农民经济的规模太小"。换句话说，资产阶级社会技术的发展使得落后的小农户遭到剥夺。尼·—逊先生反驳说：明天技术还可能使耕作面积增加两倍。那时60俄亩的农场就要变成200俄亩或300俄亩的农场了。用这样的论据来否认我国农业具有资产阶级性的论点是十分可笑的，这正像有人用今天的蒸汽机"明天"还要换成电机来证明工厂资本主义的软弱无力一样。"腾出来的千百万劳动力的下落也不清楚"，——尼·—逊先生在传讯资产阶级时这样补充说，但他忘记了除生产者自己外，是没有人能够审判他们的。在资产阶级农业中使用机器，同在资产阶级工业中使用机器一样，其必然结果就是失业工人后备军的形成。

　　总之，就粗放农业的发展来说，在商品经济条件下的技术进步，无疑会使"农民"变成农场主（农场主就是农业中的企业主，资本家）和雇农、日工。现在我们来看看粗放农业向集约农业过渡的

---

①　民粹派先生们还用一个极妙的手法来抹杀"人民生产"即"人民的"高利贷和盘剥行为是我国工业资本主义产生的根源。盘剥者把自己的"储金"存入国家银行；他们的存款使银行有可能依靠人民财富、人民储金、人民进取心和人民信用能力的增长而向英国人借钱。"国家"用这些借款来帮助……（这是多么没有远见的政策！这是对"现代科学"和"现代道德观念"的多么可悲的忽视！）……**资本家**。现在请问，假如国家不把这笔款项（资本家的）用来扶助资本主义，而用来扶助"人民生产"，那么在我们俄国存在的将不是资本主义，而是"人民生产"，——这难道还不明显吗？

情况。司徒卢威先生正是盼望这一过程对"农民""有利"。为了不致在我们描写这一过渡所依据的材料是否妥当的问题上发生争论,我们现在就引用受到司徒卢威先生高度赞扬的亚·伊·斯克沃尔佐夫先生①的著作《蒸汽机运输对农业的影响》。

亚·斯克沃尔佐夫先生在该书的第 4 编第 3 章中考察了粗放地区和集约地区的"农业技术在蒸汽机运输的影响下所发生的变化"。我们来看看他对**人口稠密的粗放地区**的这种变化的描述。欧俄的中部想必属于这类地区。斯克沃尔佐夫先生预料,这个地区也将发生司徒卢威先生认为必将在全俄发生的那种变化,即变成工厂生产发达的集约农业地区。

现在我们来看看亚·斯克沃尔佐夫先生是怎样谈的(第 4—7 节,第 440—451 页)。

粗放地区②。绝大部分人口从事农业。职业的单一性使市场无法存在。居民贫困,第一,由于经营规模太小;第二,由于交换缺乏:"除食物由农民自己生产外,其余的需要可以说完全靠原始手艺即我们称之为手工业的产品来满足。"

铁路的铺设提高了农产品的价格,从而也提高了农民的购买力。"随着铁路的铺设,手工工场和工厂的廉价产品充斥了整个地区",使当地手工业者破产。这是"许多农户破落"的第一个原因。

---

① 我国著作界通常把他算做马克思主义者。但这和把尼—逊先生算做马克思主义者一样,是没有根据的。亚·斯克沃尔佐夫先生对阶级斗争和国家的阶级性的学说也不熟悉。他在《经济评述》中提出的实际建议同通常的资产阶级建议毫无区别。如果说他对俄国现实的观察比民粹派先生们清醒得多,那么根据这一个理由,波·契切林先生和其他许多先生也应该算做马克思主义者了。

② 亚·斯克沃尔佐夫先生指出,人们通常把粗放地区理解为人口稀少的地区(第439 页脚注)。他认为这个定义不对,他指出粗放有以下几个特征:(1)收成极不稳定;(2)作物单一;(3)没有本地区内的市场,即没有加工工业集中的大城市。

造成这种现象的第二个原因是歉收。"农业的经营方式直到今天还是原始的,就是说,一直是不合理的,因而歉收是常有的现象。铁路铺设以后,从前由于歉收而发生的农产品涨价的现象完全消失了,至少是大大减少了。因此,这里一遇歉收,其必然后果通常是许多农户的破落。正常收成的余粮愈少,居民愈依靠手工业挣钱,这种结果就出现得愈快。"

为了通过向集约(合理)农业的过渡来达到不依赖手工业和不受歉收影响的目的,第一,必须有大量过剩的货币资金(按较高价格出售农产品得到的);第二,必须有知识分子,没有他们,就不可能提高合理程度和集约程度。大部分居民当然没有这些条件,有这些条件的只是少数人①。

"这样形成的〈即由于手工业的衰落和对农业的更高要求而遭到破产的许多农户的"消灭"所形成的〉过剩人口,一部分将被比较幸运地渡过这一难关并有可能提高生产集约程度的农户所吸收"(当然是被"吸收"去当雇工、雇农和日工,亚·斯克沃尔佐夫先生没有谈这一点,也许他认为这一点是太清楚了)。需要用的人力将是大量的,因为交通的改进使市场显得近了,从而为生产不易运输的产品提供了可能,"而生产这种产品多半需要耗费大量劳动力"。斯克沃尔佐夫先生接着说:"但是,破坏的过程往往要比改善保全下来的农户的过程快得多,部分破产农户不是迁出本地区,至少也得搬进城市。这部分人,从铺设铁路时起,就成了欧俄城市人口增长的主要来源。"

---

① "对于这样的地区(在目前经济发展水平下人口已达饱和状态的地区)我们应当认为,剩余资金少和居民教育程度低,在条件变化之后,必然会使许多农户归于消灭。"(第442页)

　　其次，"人口过剩意味着廉价的劳动力"。"在土壤肥沃（和气候适宜……）的情况下，这里具有一切条件来培植作物和生产那种在单位面积上需要耗费大量劳动力的农产品"（第443页），尤其因为经营规模小（"哪怕它们比过去也许还会有所扩大"），难以使用机器。"同时固定资本也不会始终不变，而首先要改变自己性质的是农具。"除机器外，"要更好地耕种土地，就得用比较完善的农具代替以前的原始农具，用钢铁代替木头。这个改革必然会促使当地建立起制造这些农具的工厂，因为用手工方法制造不出像样的农具"。促进这个工业部门发展的有下列条件：（1）当地需要及时得到机器或部件；（2）"这里的劳动力充裕，而且便宜"；（3）燃料、建筑物和土地便宜；（4）"经济单位小，使得工具的消费量增加，因为大家知道，相对来说，小经济需要的农具较多。"其他部门的生产也在发展。"总的说来，城市生活在发展。"**矿业**由于需要也在发展，"因为一方面出现了大批的空闲劳动力，另一方面由于铁路的铺设以及机械加工工业和其他加工工业的发展，对矿产品的需求也增加了。

　　这样，在铁路铺设以前曾是人口稠密的粗放农业地区，正在比较迅速地变成工厂生产比较发达的高度集约农业的地区"。集约程度的提高表现在耕作制的改变。三圃制由于收成不稳定已不能再用了。必须改用能够克服收成不稳定的"轮作制"。**完全的轮作制**①要求很高的集约程度，当然不能立即采用。因此将先实行**谷物轮作制**［作物的合理轮作］，发展畜牧业，扩大**牧草播种面积**。

　　"可见，我国人口稠密的粗放地区归根到底将要随着交通的发展而比较迅速地变成高度集约经济的地区，同时其集约程度，如上

---

　　①　它的特征是：（1）全部土地变成耕地；（2）尽可能消灭休闲地；（3）合理轮种作物；（4）尽量精耕细作；（5）牲畜单栏饲养。

所述,首先将靠可变资本的增加而提高起来。"

对集约经济的发展过程所作的这一详细描述清楚地表明:商品生产条件下的技术进步在这种场合也会导致资产阶级经济,把直接生产者分成享受集约生产和农具改良等利益的**农场主**,和以自己的"自由"和"廉价"为"整个国民经济的向前发展"提供最"有利条件"的**工人**。

尼·一逊先生的主要错误不在于他忽视集约农业,只谈粗放农业,而在于他不去分析俄国农业生产中的阶级矛盾,却以"我们"走错了路这种毫无意义的牢骚来款待读者。司徒卢威先生重复了这个错误,用"客观的"论断掩盖了阶级矛盾,他所纠正的只是尼·一逊先生的次要错误。这一点尤其令人感到奇怪,因为他自己曾十分正确地责备这位"毫无疑问的马克思主义者"不懂阶级斗争理论。这一点尤其令人感到遗憾,因为司徒卢威先生的这个错误,减弱了他认为"害怕"农业技术进步是荒谬的这个十分正确的见解的说服力。

为了结束这一关于农业资本主义的问题,我们把上面谈的作个总结。司徒卢威先生是怎样提出问题的呢?他首先先验地、毫无根据地说人口过剩是由于人口增殖和生活资料不相适应而产生的,然后指出我国农民的食物生产"不足",接着提出解决问题的办法,说技术进步对"农民"是有利的,"农业生产率应当提高"(第211页)。假使他受马克思主义"学说的约束",那他应该怎样提出问题呢?他应该**首先**分析当前俄国农业中的生产关系,说明生产者受压迫不是由于偶然,不是由于政策,而是由于商品经济基础上必然形成的**资本**的统治,然后探讨这个资本怎样破坏小生产,这时阶级矛盾具有什么样的形式。其次,他应该表明进一步的发展怎样使资本从商业资本变成产业资本(在粗放经济中具有什么样的形式,在集约经济中又具有什么样的形式),怎样使已在旧形式中完全打下基础的阶级对立发展和尖锐起来,使"自由"劳动跟"合理"生产彻底对立。如果这样,只要把资产阶级生产和资产阶级剥削这两种一先一后的形式加以简单的对比,就可以十分清楚地看出变化的"进步"性和对生产者"有利"的地方;在前一种情况下,劳动服从资本是被中世纪关系的大量残余掩盖着的,这些残余妨碍生产者认清问题的本质,并使其思想家产生一些荒谬而反动的思想,认为可以期待"社会"**等等**的援助;在后一种情况下,这种服从已经完全摆脱中世纪的羁绊,生产者已有可能而且也知道有必要独立地、自觉地进行反对自己"对立者"的活动。说向资本主义过渡是"艰难的、痛苦的过渡"的议论,就会被这样一种理论所代替,这种理论不仅谈到阶级矛盾,而且真正揭露这些矛盾在"不合理"生产和"合理"生产中,即"粗放"经济和"集约"经济中的每一种表现形式。

　　我们对司徒卢威先生这本书第6章专门阐述"俄国农业人口过剩的性质"问题的第一部分作了分析,从这个分析得出的结论可以表述如下:(1)司徒卢威先生的马尔萨斯主义没有任何实际资料作根据,它建立在方法错误的教条式的前提上面;(2)俄国农业人口过剩是由于资本的统治,而不是由于人口的增殖和生活资料之间的不相适应;(3)司徒卢威先生关于人口过剩的自然经济性质的论点只有在下述意义上是对的,就是说,农业资本由于农奴制关系的存在而停滞于不发达的、因而对生产者特别痛苦的形式中;(4)尼·—逊先生没有证明俄国人口过剩的资本主义性质,因为他没有研究资本在农业中的统治;(5)尼·—逊先生的主要错误,也是司徒卢威先生重复的错误,在于没有分析资产阶级农业发展过程中形成的各个阶级；(6)司徒卢威先生对阶级矛盾的这种忽视，自然使得技术改良是进步的和需要的这一十分正确的论点表达得很不恰当，非常模糊。

二

现在，我们来看阐述农民分化问题的第 6 章第 2 部分。这一部分和前一部分有直接的联系，它是对农业资本主义问题的补充。

司徒卢威先生指出农产品价格在改革后头 20 年的上涨和商品生产在农业中的扩大后，完全正确地说道，从中"得到好处的主要是土地占有者和富裕农民"(第 214 页)。"农民中间的分化肯定是加剧了，而这个分化的初步进展是在这个时期取得的。"作者引用了地方调查人员的意见，说铁路的铺设只是提高了富裕农民的生活水平，租地在农民中引起"真正的战斗"，"战斗"总是使经济力量雄厚的分子获得胜利(第 216—217 页)。他引用了弗·波斯特尼柯夫的考察报告，按照这个报告，富裕农民的经济受市场的支配已经达到这种程度，甚至 40％的播种面积都用来生产供出卖的产品；接着他补充说，在相反的另一极，农民"丧失自己的经济独立，出卖自己的劳动力，濒于雇农的境地"；最后他正确地指出："只有交换经济的渗入，才能说明经济力量雄厚的农户能够从贫弱的农户的破产中得到好处的事实。"(第 223 页)作者说："货币经济的发展和人口的增长使农民分成两部分：一部分是经济上殷实的农民，他们是新的力量的代表，即各种形式和各种程度的资本的代表，一部分是半独立的农民和真正的雇农。"(第 239 页)

尽管作者对这种"分化"发表的意见很简短，我们仍有可能根据这些意见指出所考察的过程的下面几个重要特点:(1)实际情况不仅是形成了财产不平等,而且形成了"新的力量"——**资本**。(2)与这种新的力量形成的同时,也形成了新型的农户:第一是富裕的、经济上殷实的农户,它们经营发达的商品经济,夺取贫苦农民的租地,剥削别人的劳动①;第二是把自己的劳动力出卖给资本的"无产阶级"农民。(3)所有这些现象都是直接在商品经济的基础上产生的。司徒卢威先生自己指出,没有商品生产,这些现象就不可能产生,而商品生产一渗入,这些现象就必然产生。(4)这些现象("新的力量",新型农民)属于**生产**领域,而不限于交换领域,商品流通领域,因为农业**生产**中出现了资本,同时也出现了出卖劳动力的现象。

看来,过程的这些特点已直接说明:我们遇到的是纯粹资本主义的现象,农民中间正在形成资本主义社会所固有的**阶级**——资产阶级和无产阶级。不仅如此,这些事实不仅证明资本在农业中的统治,而且证明资本已经跨出第二步(如果可以这样说的话)。它正在从商业资本变成产业资本,从统治市场的资本变成统治生产的资本;富裕的包买主和贫苦农民之间的阶级对立正在变成合理经营的资产阶级老板和空闲劳动力的自由出卖者之间的对立。

但是,司徒卢威先生在这个问题上也未能摆脱他的马尔萨斯主义;按照他的意见,上述过程所反映的只是问题的**一个方面**("只是进步方面"),同时还有另一方面,即"整个农民经济的技术不合

---

① 司徒卢威先生没有提到这个特点。这个特点既表现为在富裕农民的经济中起着不小作用的雇佣劳动的使用,也表现为掌握在他们手中的、同样在夺取生产者的额外价值的高利贷资本和商业资本的活动。没有这个特征,也就谈不上"资本"。

理"，"这种不合理反映了整个过程的所谓退步方面"，它把农民"拉平"，使不平等趋于缓和，它"随着人口的增长"正在起着作用。（第223—224页）

从这个相当模糊的论断中只能看出，作者比较喜欢的是极端抽象的原理而不是具体的例证，他把人口增殖和生活资料相适应的"规律"硬套在一切事物上面。我说他硬套，是因为即使严格根据作者自己列举的事实，也找不出这个过程有哪些具体特点不符合马克思主义"学说"而需要承认马尔萨斯主义。我们再把这个过程描述一下。起初是自给自足的生产者，是比较单一的农民[①]。商品生产的渗入使各个农户的财富依赖于市场，从而通过市场的波动造成不平等，并使其尖锐化，使一部分人把闲置货币集中在自己手里，使另一部分人日趋破产。这些货币自然是用来剥削穷人的，因此变成资本。只要日益破产的农民还保持着自己的经济，资本就能够剥削他们，同时让他们照样在旧的技术不合理的基础上进行经营，能够靠购买他们的劳动产品来剥削他们。但是破产最后达到了这样的程度，以致农民不得不完全抛弃自己的经济，因为他们已经不能出卖自己的劳动产品，而只好出卖劳动了。于是资本把这种经济抓到自己的手里，而且不得不（由于竞争）合理地组织这种经济；它能够这样做是因为以前"积蓄了"一笔闲置的货币资金；它现在已经不是剥削业主，而是剥削雇农和日工了。试问，作者所区分的这个过程的两个方面究竟是什么？ 他怎么认为可以作出这样骇人听闻的马尔萨斯式的结论："经济的技术不合理，而

①　即**为地主做工**的农民。这一方面我们撇开不谈，以便更清楚地表明自然经济向商品经济的过渡。至于"旧贵族"关系的残余使生产者的状况恶化，使破产具有特别严重的形式，——这一点我们已经谈过了。

不是资本主义〈请注意这"而不是"三个字〉，——这就是夺取我们农民糊口粮食的敌人。"（第224页）似乎这些糊口粮食曾经完全归生产者所有，而没有分成必要产品和地主、盘剥者、"殷实"农民、资本家所得的剩余产品！

然而不能不补充一点，这就是作者对"拉平"问题还作了某种进一步的说明。他说，"上述拉平的结果"，就是"许多地方已经证实**农民中等阶层的减少甚至消失**"。（第225页）他引用了地方自治局出版物中证实"农村富裕者和无地无马的无产者之间的距离越来越大"的一段话，得出结论说："这里讲的**拉平**当然同时也是**分化**，但在**这种**分化的基础上发展着的仅仅是一种只能阻碍经济进步的**盘剥**。"（第226页）总之，现在已可看出，与商品经济造成的分化相对比的不是"拉平"，而也是分化，不过是**另一种**分化，亦即盘剥。既然盘剥"阻碍""经济进步"，作者就称这一"方面"是"退步的"。

这种论断是按照非常奇怪的决非马克思主义的方法得出来的。"盘剥"和"分化"被当做两个独立的特殊"体系"加以比较：一个因为推动"进步"受到赞扬，另一个因为阻碍进步遭到谴责。司徒卢威先生把分析阶级对立的要求（他曾经因为尼·—逊先生没有履行这个要求而十分公正地抨击过他）和关于"自发过程"的学说（关于这个学说，他说得头头是道）弄到哪里去了呢？要知道，这种由于是退步而被他刚才消灭了的盘剥不是别的，正是农业资本主义的原始表现形式，正是后来使技术日益提高的资本主义本身的原始表现形式。实际上，盘剥是什么呢？这就是拥有自己的生产资料、不得不为市场做工的业主对货币持有者的依附，不管这种依附表现得怎样不同（表现为高利贷资本也罢，表现为垄断销路的包买主的资本也罢），其结果总是使很大一部分劳动产品不是落到生产者手里，而是落到货币持有者手里。因此，盘剥的实质是纯粹资本主义的[①]，而全部特点在于资本主义关系的这种最初萌芽形式完全被以前的农奴制关系覆盖着：这里没有自由契约，而有迫不得已的交易（有时靠"长官"命令，有时靠维持经济的愿望，有时靠旧债等等来实行的交易）；这里生产者被束缚于一定的地方和一定的剥削者，同纯粹资本主义关系所固有的商品交易的非个人的性质相反，这里的交易必定具有"帮助"和"施舍"的个人的性质，而交易的这种性质必然使生产者处于人身的、半农奴制的依附状态。作者所谓的"拉平"、"阻碍进步"、"退步"，意思不过是说资本起初在旧的基础上控制生产，支配技术落后的生产者。作者指出，根据资本主义的存在，还不能认为它是"一切灾难的祸首"，这个意见就下述意义来说是对的，就是说，为他人做工的我国农民不仅苦于资本主义，而且苦于资本主义不够发达。换句话说，为自己进行的独立生产，在广大农民中间几乎已经完全绝迹；除了为"合理经营的"资产阶级老板进行的劳动外，我们只看到为货币资本持有者劳动，那也是受资本主义剥削，不过是不发达的原始的资本主义剥削，这种剥削，第一，用特别的附加的压榨手段的罗网把劳动者束缚起来，使他们的状况恶化百倍；第二，使他们（及其思想家——民粹主义者）无法了解加在他们身上的"不愉快"所具有的阶级性质，无法

---

① 所有的特征它都具备：商品生产是基础，垄断表现为货币的社会的劳动产品是结果，最后，这些货币转化为资本。我丝毫没有忘记，**资本**的这些初级形式在资本主义制度以前的某些情况下也可以看到。但问题在于它们在当前俄国农民经济中已不是个别情况，而是通例，是占统治地位的关系体系。它们已经和大工厂机器资本主义联系起来（通过商业周转和银行），从而表明了自己的趋向，表明这种"盘剥"的代表人物不过是统一而不可分的资产阶级大军的战斗兵。

使自己的活动去适应这种性质。因此，"分化"的"进步方面"（用司徒卢威先生的话来说）在于：它把被盘剥形式掩盖起来的对立揭露出来，使这种对立失去其"旧贵族的"特点。坚持农民平等（在……盘剥者面前）的民粹主义的"退步性"在于：它想使资本停留在中世纪的形式中，这些形式把剥削同分散的技术落后的生产、同对生产者的个人压制结合在一起。在这两种情况（无论是"盘剥"还是"分化"）下，压迫的原因都是**资本主义**，而作者所持的相反说法，说什么问题"不在于资本主义"而在于"技术不合理"，说什么"造成农民贫困的祸首不是资本主义"等等只是表明：司徒卢威先生在为发达的资本主义比不发达的资本主义可取这个正确思想辩护时太偏激了，并且由于他的论点抽象，在把前者和后者加以对比时，不是把二者当做同一现象的两个顺次的发展阶段，而是当做两种单独的情况①。

三

作者偏激还表现在如下的论断中：说实在的，不能认为大工业资本主义是农民破产的原因。这里他是在同尼·—逊先生进行论战。

尼·—逊先生谈到工厂制做的衣服时说，工厂产品的廉价生产引起了这些产品的家庭生产的缩减（司徒卢威先生的著作第

---

① 读者或许要问，根据什么说这只是由于司徒卢威先生的**偏激**呢？根据如下：作者十分肯定地承认资本主义是发生上述一切现象的主要背景。他十分清楚地指出商品经济的迅速增长、农民的分化、"改良农具的推广"（第245页）等等，——这是一方面；另一方面，他又指出"农民的丧失土地和农村无产阶级的形成"（第238页）。最后，他自己对这些作了说明，认为这是新的力量——**资本**的形成，并且指出资本家在生产者和消费者之间的出现具有决定意义。

227页)。

司徒卢威先生惊叫道:"情况完全说反了,而这是不难证明的。是农民纺织品生产的缩减造成了资本主义棉纺织业产品的生产和消费的扩大,而不是相反。"(第227页)

作者对问题的提法未必恰当,他用次要的细节来掩盖问题的本质。如果从观察工厂工业发展的事实出发(而尼·—逊先生正是从观察这个事实出发的),那就不能否认,工厂产品的低廉也在加速商品经济的增长,加速对家庭产品的排挤。司徒卢威先生对尼·—逊先生的这个见解表示异议,只能削弱自己用来反对这位作者的论据,因为这位作者的主要错误在于他企图把"工厂"看成一种与"农民"隔绝的、偶然从外面降临到农民头上的东西,而实际上"工厂"只是(无论按照尼·—逊先生要忠实遵循的理论,或按照俄国历史的资料)整个社会经济因而也是农民经济的商品组织发展的完成。"工厂"中的大资产阶级生产,是农村中即闻名的"村社"或手工业中的小资产阶级生产的直接继续。司徒卢威先生说得完全正确,"要使'工厂形式的生产''更加便宜',农民就必须着眼于货币经济条件下的经济合理"。"如果农民……保持着自然经济,那么任何印花布……也不会使他们动心的。"

换句话说,"工厂形式的生产",不过是**发达的**商品生产,是从我们在农民经济和手工业经济中间所看到的那种**不发达的**商品生产中发展起来的。作者想给尼·—逊先生证明,"工厂"和"农民"是互相联系的,两种制度的经济"基础"不是对抗的[①],而是同一

---

① 民粹派直接公开地谈出了这一点,而"毫无疑问的马克思主义者"尼·—逊先生却通过用马克思的话装饰起来的、关于"人民制度"和"人民生产"的暧昧词句来把同一个谬论献给我们。

的。为此他就应该把问题归结为农民经济的经济组织问题,应该提出我国的小生产者(种地的农民和手工业者)是小资产者这一论点来反驳尼·—逊先生。如果这样提问题,他就不会去谈论"应该"是什么和"可能"是什么等等,而会去揭示**现实情况**,并说明**为什么现实情况正是这样而不是那样**。要驳倒这个论点,民粹主义者就得否认商品经济增长和农民分化这些人所共知的、无可辩驳的事实[**而这些事实证明了**农民的小资产阶级性],或者就得否认政治经济学的起码常识。接受这个原理,就等于承认把资本主义和"人民制度"对立起来是荒谬的,承认"为祖国寻找另外的道路"和希望资产阶级"社会"或一半还是"旧贵族"的"国家"实行"社会化"的空想计划是反动的。

而司徒卢威先生不从开头谈起①,却从结尾谈起。他说:"我们摒弃民粹派的俄国经济发展理论的一条根本的原理,即大规模加工工业的发展使种地的农民破产这条原理。"(第246页)这就正如德国人所说的把小孩子和水一起从澡盆里泼出去了!"大规模加工工业的发展"所表达的意思就是资本主义的发展。认为正是资本主义使农民破产,这决不是民粹主义的原理,而是**马克思主义**的原理。民粹派一直认为,生产者失去生产资料的原因,不在于取名资本主义的特殊的俄国社会经济组织,而在于政府的政策不对头("我们"走错了路等等),在于社会因循守旧,没有很好地团结起来去反对掠夺者和奸诈之徒等等。因此,他们的"措施"也就归结为"社会"和"国家"的活动。相反地,指出剥夺的原因在于存在着资本主义的社会经济组织,就必然导致**阶级斗争**的学说(参看司徒

---

① 也就是从"种地的农民"的小资产阶级性谈起,来证明大资本主义的"必然性和合理性"。

卢威先生的著作第101、288页及其他许多页)。作者的说法不确切的地方在于他谈一般**"农民"**,而不谈资产阶级农业中的对立的阶级。民粹派说,资本主义正在毁灭**农业**,因此,它无力囊括我国的全部生产,而把这个生产引上歧途;马克思主义者说,无论在加工工业中或在农业中,资本主义都在压迫**生产者**,但它却把生产提到更高的水平,正在为"社会化"创造条件和力量①。

司徒卢威先生关于这个问题的结论如下:"尼·—逊先生最根本的错误之一,就是他把**已经形成的**资本主义制度的概念和范畴全部搬到至今还是自然经济超过货币经济的现代农民经济上去。"(第237页)

我们上面已经谈过,只是由于完全忽视俄国农业资本主义的具体资料,尼·—逊先生才犯了可笑的错误,说国内市场"缩小"了。但是,这个错误的产生并不是由于他把资本主义的一切范畴搬到农民身上,而是由于他没有把任何一个**资本主义范畴**用于农业资料上。资本主义最重要的"范畴"当然是资产阶级和无产阶级。尼·—逊先生不仅没有把这两个阶级"搬到""农民"身上(就是说,没有分析这两个范畴适用于农民的哪些类别或哪些等级,这两个范畴发展到了怎样的程度),反而纯粹民粹主义式地发议论,忽视"村社"内部的对立成分,泛谈一般"农民"。这就使得他的关于人口过剩具有资本主义性质、关于资本主义是农民被剥夺的原因的论点没有得到证明,而只是成了反动的空想。

---

① "一方面使农业合理化,从而才使农业有可能按社会化的方式经营,另一方面,把土地所有权变成荒谬的东西,——这是资本主义生产方式的巨大功绩。资本主义生产方式的这种进步,同它的所有其他历史进步一样,首先也是以直接生产者的完全赤贫化为代价而取得的。"(《资本论》第3卷第2部分第157页(《马克思恩格斯文集》第7卷第697页。——编者注))

四

　　司徒卢威先生在第6章第8节中叙述了自己对私有经济的看法。他十分正确地指出这个经济所采取的形式同农民的破产有密切的和直接的联系。破产农民出"高得吓人的租价"也不能使地主"动心"了，因此，地主开始采用雇农劳动。为了证明这一点，他从整理了地方自治局关于地主经济的统计资料的拉斯波平的文章中，从指出了扩大经济耕地的"迫不得已的"性质的地方自治局日常统计出版物中作了摘录。民粹派先生们喜欢用农业资本主义是"未来的事"、是一种"可能性"的议论来掩饰农业资本主义现在占统治的事实，为了回答这些先生们，作者确切地列举了**现实情况**。

　　我们在这里要谈的只是作者对这个现象的估价。作者说，这是"私有经济中的进步潮流"（第244页），这种潮流是由"经济演进的确定不移的逻辑"造成的（第240页）。我们担心：这些十分正确的论点，由于很抽象，不熟悉马克思主义的读者将难以理解；如果不明确指出某某经济制度和某某阶级对立形式的更替，读者就不会了解为什么这种潮流是"进步的"（当然是从马克思主义者提出问题时必须采用的观点来看，即从一定阶级的观点来看），正在发生的演进的"确定不移性"究竟表现在哪里。因此，我们来把这种更替叙述一下（即使是极其概括的），以与民粹派对这个过程的描述作个对比。

　　民粹主义者把雇用雇农的经济的发展过程描述成由"独立的"农民经济向不自由的农民经济的过渡，因此，自然也就认为这是退步、衰落等等。这样描述过程**事实上**是完全**不正确的**，是根本不符合现实的，因此得出的结论也是荒谬的。民粹主义者这样乐观（对过去和现在）地描述情况，不过是**回避**连民粹派著著界也已确认的**事实**，而转向空想和可能性。

我们拿改革前的农奴制经济为出发点。

那时生产关系的基本内容是这样的：地主把土地、建筑用的木材，总之是每个农户所需的生产资料（有时甚至生活资料）交给农民，让农民自己养活自己，同时强迫农民用**全部剩余时间**给他做工，服徭役。我强调"全部剩余时间"，是为了指出在这种制度下根本谈不上农民的"独立"①。地主"供给"农民的"份地"不过是一种**实物工资**，完全是用来使农民受地主剥削，"供给"地主劳动力，从来不是用来真正保证农民本人生活的②。

但是后来商品经济侵入了。地主开始为出卖而不是为自己食用而生产粮食。于是农民的劳动受到更厉害的剥削，随后，份地制度也难以实行，因为再分出一些份地给年轻一代的农民，对地主已经不利，同时又出现了用货币支付的可能。现在，更便利的是把农民的土地和地主的土地永远分开（特别是趁机割去一部分份地并取得"公道的"赎金），使用**同样的**农民的劳动，这些农民由于物质条件较差而不得不和以前当家奴的农民、"有赐地的农民"**104**、生活较有保证的前国家农民和皇族农民等等进行竞争。

农奴制度在崩溃。

已经指望市场（这一点特别重要）的经济制度在改变，但不是一下子就改变的。除旧的特点和"原则"外，还加上新的特点和"原

----

① 我谈的**只是**经济方面。

② 因此，援引农奴制的"分地"来证明生产资料"历来"属于生产者，——这是弥天大谎。

则"。这些新的特点就是：成为赚钱的基础的已经不是向农民供应生产资料，而相反的是农民"失去"生产资料，是他们需要货币；成为基础的已经不是自然经济，不是实物形态的"劳务"交换（地主给农民土地，而农民给地主剩余劳动产品，即粮食、麻布等等），而是商品的、货币的"自由"契约。正是这种兼有新旧特点的经济形式在改革后开始在俄国占统治地位。除了贷地换取劳动（如耕种割地）的古老方式外，还有"冬季雇工"的方式：贷款换取劳动（在农民特别需要钱而非常贱地出卖自己劳动的时候），贷粮换取工役等等。可见，过去"世袭领地"中的社会经济关系已成为最常见的**高利贷**交易，这种盘剥同包买主对手工业者的盘剥是十分类似的。

无可争辩，正是这种经济成了改革后的典型，我国民粹派著作界也出色地**描写过**这种特别讨厌的赚钱形式，这种形式同农奴制的传统和关系相结合，使得被自己的"份地"束缚住的农民毫无办法。

但是，民粹派一直不想了解这些关系的经济基础究竟是什么？

这里统治的基础已经不像旧时那样仅仅是占有土地，而且还占有农民所需要的货币（货币则是商品经济所组织起来的社会劳动的产品），以及农民"失去"谋生手段。显然，这是资本主义的、资产阶级的关系。"新的"特点不是别的，正是**资本**统治农业的初级形式，它还没有摆脱"旧贵族"的羁绊，它造成了资本主义社会所固有的阶级对立，但还没有使这种对立固定下来。

后来随着商品经济的发展，这种初级形式的资本统治的基础就日益消失，因为现在已经达到顶点的农民破产意味着农民丧失自己的农具（农奴制和盘剥制劳动形式就是建立在农民拥有自己的农具的基础上的），从而迫使地主使用自己的农具，迫使农民变成雇农。

至于这个过渡是在改革后的俄国开始的,这又是一个无可争辩的事实。这个事实表明了民粹派纯粹形而上学地(不顾与过去的联系,不顾发展趋势)加以考察的盘剥形式的趋向;这个事实表明了资本主义的**进一步**发展,表明了我国资本主义社会所固有的阶级对立的进一步发展,在前一个时期,这种对立表现为"盘剥者"同农民的关系,而现在则开始表现为合理经营的老板同雇农和日工的关系。

正是后一演变使民粹主义者悲观失望,惊惶万状,大叫"土地被剥夺了"、"独立性丧失了"、"资本主义确立了"、资本主义的灾难"逼近"了等等。

不偏不倚地把这些论断考察一下,那么第一,你们就会看出这些论断是**撒谎**(虽然是善意的),因为在这种雇用雇农的经济产生以前,农民并不是"独立"的,而是用另一种形式把剩余产品交给不参加生产剩余产品的人。第二,你们就会看出民粹派的抗议由于很表面很肤浅而变成了(照司徒卢威先生的中肯说法)庸俗的社会主义。为什么认为这种"确立"只存在于第二种形式中而不存在于两种形式中呢?为什么不去反对使生产资料集中在"私人土地占有者"手里的基本历史事实,而只去反对运用这种垄断的方式之一呢?为什么认为祸害的根源不是到处使劳动受货币持有者支配的生产关系,而只是在这些关系的**最后一种**形式中表现得特别突出的分配不均呢?站在资本主义关系的基础上反对资本主义,——正是这一基本情况使民粹派成为小资产阶级思想家,这种思想家害怕的不是资产阶级性,而只是资产阶级性的加深,其实只有这种加深才会引起根本的变化。

五

现在,我们来看看司徒卢威先生的理论性论断的最后一点,即"俄国资本主义的市场问题"(第245页)。

作者在分析民粹派编造的我国没有市场的理论时,首先提出了这样一个问题:"瓦·沃·先生所了解的资本主义是什么呢?"这个问题提得很恰当,因为瓦·沃·先生(以及所有民粹主义者)总是拿俄国制度和资本主义的一种"英国形式"(第247页)作对比,而不是和在每个国家表现形式不同的资本主义基本特征作对比。遗憾的是司徒卢威先生没有给资本主义下一个完备的定义,只是笼统地指出"交换经济的统治"[这是一个特征;第二个特征是货币持有者占有剩余价值,货币持有者统治着劳动],指出"我们在西欧所看到的那种制度"(第247页)"及其一切后果"——"工业生产的积聚,狭义的资本主义"。(第247页)

作者说:"瓦·沃·先生没有深入分析'资本主义'这个概念,而是从马克思那里抄袭了这个概念。马克思所指的主要是狭义的资本主义,也就是在生产受交换支配的基础上发展起来的种种关系的已经完全形成的产物。"(第247页)这种说法是不能同意的。第一,假使瓦·沃·先生对资本主义的看法真的是从马克思那里抄袭来的,那么他对资本主义就会有一个正确的观念,而不会把"英国形式"同资本主义混淆起来。第二,说马克思指的主要是"工业生产的集中或积聚"[这是司徒卢威先生对狭义资本主义的理解],这是完全不对的。相反地,马克思考察商品经济,是从它的最初阶段开始的,他分析了简单协作和工场手工业这两种原始形式的资本主义(这两种形式比机器生产的积聚落后整整几个世纪),他指出了工业资本主义和农业资本主义的联系。司徒卢威先生自己缩小了资本主义的概念,他说:"……瓦·沃·先生的研究对象是国民经济从自然组织向商品组织过渡的**最初**阶段。"应该说是**最后**阶段。大家知道,瓦·沃·先生研究的只是俄国改革后的经济。正如司徒卢威先生自己指出的,**商品**生产是在改革前的时代**开始**的(第189—190页),甚至棉纺织业的**资本主义**组织也是在农民解放以前就形成了。在这个意义上说,改革则是推动了这方面的**最终的**发展;改革不是把劳动产品的商品形式而是把劳动力的商品形式提到了第一位;改革不是批准了商品生产的统治,而是批准了资本主义生产的统治。广义资本主义和狭义资本主义①的差别的不够明显,使司徒卢威先生显然把俄国资本主义看成一种未来的东西,而不是看成一种已经完全彻底形成了的现在的东西。例如他说:

"在提出英国形式的资本主义对俄国是否不可避免的问题以前,瓦·沃·先生应该提出和解决另一个更一般因而也是更重要的问题:从自然经济向货币经济过渡对俄国是否不可避免? 狭义资本主义生产和一般商品生产的关系是怎样的?"(第247页)这样提问题未必妥当。如果把俄国现存的生产关系体系弄清楚了,这种或那种发展是否"不可避免"的问题也就会得到解决。如果这个体系没有弄清楚,这个问题就得不到解决。应该**说明**现在,而不应去谈论未来(民粹派先生们最喜欢这样)。在改革后的俄国,资本主义的外部(如果可以这样说的话)表现,亦即资本主义"顶峰"(工

---

① 看不出作者根据什么特征来区别这两个概念。如果狭义资本主义只应理解为机器工业,那就不能了解为什么不把工场手工业也单独划分出来? 如果广义资本主义只应理解为商品经济,那么这里就没有资本主义。

厂生产、铁路、银行等)的出现,成为极其重大的事实,这对理论思想来说,就立刻发生了俄国资本主义的问题。民粹派竭力证明这些顶峰是偶然的,同整个经济制度没有联系,没有根基,因此是软弱无力的;同时他们玩弄极其狭隘的"资本主义"的概念,忘记资本对劳动的奴役,从商业资本到"英国形式",是经过很长的和各种不同的阶段的。马克思主义者则应该说明:这些顶峰不过是在俄国,**在各个领域**即一切生产部门中早已形成的、使劳动受资本支配的商品经济的最后发展阶段。

　　司徒卢威先生把俄国资本主义看成一种未来的东西而不是现在的东西,这种观点特别突出地反映在下面这个论断中:"只要被法律固定下来并加以巩固的现代村社还存在,那么在它的基础上,一种同'人民福利'毫无共同之点的关系就一定会发展起来。〈难道还只是"一定会发展"而不是早就发展了吗? 至少在 25 年以前,整个民粹派著作界刚一产生就一直在描述和反对这些现象。〉在西欧,我们可以看到一些小经济和资本主义大经济同时并存的例子。我国的波兰和我国的西南边疆区就有同样的现象。可以说,俄国无论是个体农户还是村社,都接近于这种类型,因为破产农民还留在土地上,在他们中间平均的影响还大于分化的影响。"(第 280页)难道还仅仅是接近而不是现在就已经是这种**类型**吗? 要确定"类型",应该根据的当然是制度的基本经济特点,而不是法律形式。如果看一下俄国农村经济的这些基本特点,我们就会发现,农户在小块土地上孤立地经营,现在已经起着主导作用的商品经济正在日益增长。这正是给"小经济"这一概念提供内容的那些特点。其次,我们同样可以看到西欧的资料所证明的那种情况:农民欠高利贷者的债,遭到剥夺。全部区别在于我国法律制度有自己的特点(农民公民权利的不平等,土地占有形式),由于我国资本主义不够发展而比较完整地保留着"旧制度"的痕迹。但是,这些特点丝毫不妨碍我国农民制度和西欧农民制度同属一个**类型**。

司徒卢威先生在谈到市场理论本身时指出,瓦·沃·先生和尼·—逊先生陷入了下面这个循环论证而不能自拔:资本主义的发展需要市场扩大,而资本主义却使居民破产。作者极不恰当地用他的马尔萨斯主义来纠正这个循环论证,认为使农民破产的不是资本主义而是"人口的增长"!! 上述两位作者所犯的错误完全是另一种,因为资本主义不仅仅使农民破产,而且使农民**分化**成资产阶级和无产阶级。这个过程不是缩小国内市场,而是**建立**国内市场,因为商品经济在农民分化的两极都有发展,既在被迫出卖"自由劳动"的"无产阶级"这一极发展,也在不断提高自己生产技术(机器、农具、肥料等等。参看瓦·沃·先生《农民经济中的进步潮流》)和日益扩大需要的资产阶级那一极发展。尽管对过程的这种理解,是直接以马克思关于工业资本主义和农业资本主义相互关系的理论为依据的,但是,司徒卢威先生忽略了它,这也许是瓦·沃·先生的"市场理论"把他引入了迷途。这位瓦·沃·先生好像以马克思的学说为依据,献给俄国公众一种"理论",说在资本主义发达的社会中"商品过剩"不可避免,国内市场不足以容纳,因此需要国外市场。司徒卢威先生说:"这个理论是正确的〈?!〉,因为它肯定了一个事实:剩余价值无论在资本家的或工人的消费中都不能实现,而必须有第三者的消费。"(第251页)这种说法是丝毫不能同意的。瓦·沃·先生的"理论"(如果可以称为理论的话)简直忽略了个人消费和生产消费的区别,生产资料和消费品的区别,而不作这种区别,就无法弄清资本主义社会中社会总资本的再生产。马克思在《资本论》第 2 卷（第 3 篇：《社会总资本的再生产和流通》）中极详细地说明了这一点，在第 1 卷中也明白地指出了这一点，同时批判了古典政治经济学的下述论点：资本的积累在于额外价值只是转化为工资，而不转化为不变资本（生产资料）加工资。为了证实对瓦·沃·先生的理论的这种评价，我们从司徒卢威先生提到的那些文章中引用两段话就够了。

瓦·沃·先生在《市场的商品供应过剩》一文中说道："每个工人生产的都多于他的消费，所有这些剩余产品都积累在少数人手中；这些剩余产品的占有者自己消费它们，在国内和国外把它们换成各种各样的必需品和奢侈品；但不管他们怎样吃喝玩乐〈原文如此!!〉，他们也不会把全部剩余价值挥霍干净。"（1883 年《祖国纪事》杂志第 5 期第 14 页）"为了更加明显起见"，作者"考察了"资本家的"最主要的耗费"如宴会、旅行等等。《军国主义和资本主义》一文写得更加明显："工业资本主义组织的致命弱点就是企业主不能消费掉自己的全部收入。"（1889 年《俄国思想》杂志第 9 期第 80 页）"路特希尔德不能把自己收入的增加部分完全消费掉……只是因为这……增加的部分所代表的消费品为数太大，使得一切奢望本来已能得到充分满足的路特希尔德感到十分为难"等等。

可见，这一切论断导源于这样的幼稚见解：似乎资本家的目的是满足个人消费而不是积累额外价值；导源于这样的错误：似乎社会产品是像亚·斯密以及马克思以前的一切政治经济学所说的那样，分为 $v+m$（可变资本加额外价值），而不是像马克思所表明的那样，分为 $c+v+m$（不变资本即生产资料，然后才是工资和额外价值）。一旦纠正了这种错误和注意到了在资本主义社会中起着巨大的、日益增长的作用的是生产资料（不用于个人消费而用于生产消费、不用于人的消费而用于资本消费的那部分社会产品），这个有名的"理论"也就彻底破灭了。马克思在第 2 卷中证明，没有国外市场，没有任何"第三者"（司徒卢威先生把"第三者"搬来是极不恰当的），资本主义生产也完全可能不断积累财富。司徒卢威先生对这一论题的论断尤其令人不解的是，他自己也指出国内市场对俄国具有主要意义，并且抓住了瓦·沃·先生那种依靠"殷实农民"的"俄国资本主义的发展纲领"。目前在我国农村发生的这个"殷实"农民（即资产阶级农民）的形成过程，直接向我们表明了资本的产生、生产者的无产阶级化和**国内市场的扩大**：例如"改良农具的推广"正意味着资本靠生产资料而积累起来。在这个问题上，特别需要的不是去叙述"可能性"，而是叙述和说明俄国资本主义国内市场的形成这一实际过程①。

————

现在，当我们结束对司徒卢威先生这本书的理论部分的分析时，我们可以对他的论断的基本方法作一个总的、可以说是综合性的评述，从而解决本文一开始提出的那些问题："这本书中究竟哪些东西可以算做马克思主义的？""作者拒绝了、补充了或修正了学说（马克思主义）的哪些原理，其结果又是怎样的？"

本文一开头即已指出作者的论断的基本特点是他的狭隘客观主义：只证明过程的不可避免性和必然性，而不尽力揭示这一过程在每个具体阶段上所具有的阶级对抗形式；只是说明一般过程，而不去说明各个对抗阶级，虽然过程就是由这些对抗阶级的斗争形成的。

————

① 这是一个很重要很复杂的问题，我们打算另写一篇文章来谈这个问题。**105**

　　我们完全懂得,作者这样把自己的"意见"限于"客观的"又是最一般的部分,是有他的理由的:第一,他想用一些观点针锋相对的原理来反对民粹派,因此,他只是叙述原则,而让进一步展开的论战去发挥和更具体地说明这些原则;第二,我们在第一章中已尽力说明,民粹主义和马克思主义的**全部**区别,就在于对俄国资本主义所作的**批判的性质**,就在于对俄国资本主义的**解释**不同,——由此自然产生这样一种情况:马克思主义者有时也只是谈论一般的"客观的"原理,只是强调我们的理解(**对人所共知的事实的理解**)和民粹派的理解有哪些不同。

　　但是,我们觉得司徒卢威先生在这方面走得太远了。抽象的叙述往往产生一些不能不引起误会的论点;对问题的提法同普遍流行于我国著作界的那种学究式的、高谈阔论的方法(谈论祖国的道路和命运,而不谈论走着这条那条道路的各个阶级)毫无区别;作者的论断愈具体,就愈不能说明马克思主义的原则,而始终停留在一般抽象原理的高空,因此愈有必要明确指出俄国社会的什么阶级处于什么地位,赚钱的各种形式与生产者的利益有什么关系。

　　正因为如此,我们觉得,补充和说明作者的论点,一步一步地探讨他的叙述,以便指出用**另一种方法**提出问题的必要和**更彻底地**贯彻阶级矛盾理论的必要,这样做不是完全不适当的。

　　至于司徒卢威先生直接背离马克思主义的地方(在国家问题、人口过剩问题、国内市场问题上),我们在前面已经讲得够多了。

六

　　司徒卢威先生这本书除了批判民粹主义的理论内容外,还对民粹派的经济政策提出了一些意见。虽然这些意见作者只是一笔带过，没有发挥，但我们还是不能不谈一谈，以免引起任何误解。

这些意见指出，自由派的即资产阶级的政策和民粹派的政策比较起来，是"合理的"、进步的、"明智的"等等①。

显然，作者想把以现有关系为基础的两种政策加以对比。**从这样一个意义上来看**，他说得完全正确，他说，发展而不是阻碍资本主义的政策是"明智的"政策。所谓"明智"，当然不是因为它为资产阶级服务，使生产者更加受资产阶级支配[形形色色的"无知蠢汉"或"卖艺之徒"就试图作这样的解释]，而是因为它使资本主义关系变得尖锐而又单纯，从而启发唯一能够决定变革的人们的**理智**，松开他们的双手。

然而我们不能不指出，这个完全正确的论点，司徒卢威先生表述得很不成功，由于他特有的抽象性，他那种说法有时令人忍不住要对他说：让死人自己去埋葬自己的尸首吧。**106** 在俄国从来也不缺乏这样的人，他们一心一意地要创造一些理论和纲领来反映我国资产阶级的利益，来反映强大的资本"应当"击溃小资本并破坏其原始的宗法式的剥削方法。

假如作者在这个问题上也严格地坚持马克思主义"学说"的要求，把叙述变成对实际过程的说明，揭露"明智"、"合理"和进步的

---

① 我们可以从中举几个典型的意见："如果国家……不是想巩固大土地占有制而是想巩固小土地占有制，那么在目前的经济条件下，要达到这个目的，就不能追求无法实现的农民经济平等，而只能支持农民中有生命力的分子，使他们成为经济上殷实的农民。"(第240页)"我不能不认为，旨在使他们成为**这种**农民(即"经济上殷实的、适合于商品生产的农民")的政策将是唯一明智的、进步的政策。"(第281页)"俄国应该从贫穷的资本主义国家变成富强的资本主义国家"(第250页)等等，而最后一句话是："我们去向资本主义学习吧。"

政策的每种形式所掩盖着的阶级矛盾,那他会用另外的说法表达同样的见解,用另外的方法提出问题。他会把大改革以后雨后春笋般产生出来的自由主义的即资产阶级的理论和纲领同俄国资本主义发展的实际资料作对比。从而他会根据俄国的实例来表明他在头几章中证明过的社会思想同经济发展的联系,而这个联系只有对俄国的资料进行唯物主义的分析才能彻底弄清楚。第二,他会表明民粹派是多么幼稚,因为他们在自己的著作中这样攻击资产阶级理论,好像这些理论只是一些错误的论断,而不代表一个强大阶级的利益(劝告这个阶级是愚蠢的,只有另一个阶级的巨大力量才能使它"信服")。第三,他会表明究竟是哪一个阶级在我国决定"应当"和"进步"的问题,表明民粹派在那里议论"选择"哪一条"道路"是多么可笑。

民粹派先生们特别满意地抓住了司徒卢威先生的这些语句,幸灾乐祸地看着这些语句的表述不当怎样使各种资产阶级经济学家(如扬茹尔先生)和农奴制的捍卫者(如戈洛文先生)有可能断章取义地抓住个别词句。前面我们已经看到,司徒卢威先生的哪些不当之处把这样的武器交给了敌人。

作者企图把民粹主义只是作为一个给祖国指错了道路①的理论来批判,因此没有清楚地说明他对民粹主义的"经济政策"的态度。这里也许可以看出对这个政策是全盘否定,而不只是否定一半。因此必须把这一点谈一下。

清谈"祖国走另外道路"的可能性,这只是民粹主义的外衣。而其内容则是代表俄国小生产者即小资产者的利益和观点。因

----

① 《评述》的作者指出了民粹主义的经济基础(第166—167页),但是,我们觉得他指出得还不够。

此,民粹主义者是理论上的雅努斯[107],他一副面孔看着过去,另一副面孔看着未来,正像小生产者是实际生活中的雅努斯一样,他也是一副面孔看着过去,想巩固自己的小经济,不知道而且根本不想知道整个经济制度和必须考虑支配这个制度的阶级,另一副面孔则看着未来,仇视使他破产的资本主义。

由此可见,不加分析地把民粹派的全部纲领整个推翻是根本不对的。应该把它的反动方面和进步方面严格地区别开来。民粹主义是反动的,因为它提出的措施旨在把农民束缚在土地上,束缚在旧的生产方式上面,如禁止转让份地等等①,因为民粹派想阻碍货币经济的发展,因为他们期待的不是局部的改善,而是通过"社会"、通过官僚代表的影响来改变道路(例如尤沙柯夫先生在1894年《俄国财富》杂志第7期上曾谈到一位地方官拟定的共耕制草案,并对这个草案作了修改)。对民粹派纲领的这类条款当然必须无条件地反对。但民粹派纲领中还有另一些条款,如实行自治,使"人民"能自由而广泛地取得知识,用发放低利贷款、改良技术、调整销路等方法"振兴""人民"经济(即小经济)等等,等等。这类一般民主的措施是进步的,这一点司徒卢威先生当然也完全承认。这些措施不会阻碍而会加速俄国经济在资本主义道路上的发展,加速国内市场的形成,用改善劳动者的生活和提高其需要水平的方法来加速技术和机器工业的发展,加速和促进劳动者的独立思考和行动。

这里可能发生一个问题:谁更正确地和更好地指出了这类无疑合乎需要的措施呢,是民粹派还是也为技术进步费了很大气力并且博得司徒卢威先生的莫大好感的亚·斯克沃尔佐夫先生之流

---

① 司徒卢威先生说得非常正确:这些办法只能"实现西欧和俄国的某些土地占有者把雇农束缚在土地上的炽烈的幻想"(第279页)。

的政论家呢？我觉得，从马克思主义的观点来看，不容置疑，民粹主义**在这一方面**是绝对地更可取的。斯克沃尔佐夫先生之流的措施对待整个小生产者阶级即小资产阶级的利益，同《莫斯科新闻》的纲领对待大资产阶级的利益是一样的。这些措施不是指望所有的人[①]，而只是指望受到长官器重的个别杰出人物。最后，这些措施极其粗暴，因为它们要对农民经济进行警察式的干涉。所有这些办法加在一起也没有给"农民经济的生产进步"提供任何重大的保证和机会。

　　民粹派**在这一方面**是无比正确地了解和代表了小生产者的利益的。马克思主义者摒弃他们纲领的一切反动部分之后，不仅应该接受其一般民主的条款，而且应该更确切、更深入、更进一步实现这些条款。这些改革在俄国实行得愈彻底，劳动群众的生活水平提得愈高，俄国生活中（现在已经是）最重要的和基本的社会对立就会表现得愈尖锐，愈明朗。马克思主义者不但不像瓦·沃·先生所诽谤的那样，"正在切断民主主义的线"或潮流，恰恰相反，他们是想发展和加强这个潮流，想使它接近生活，想拾起这根被"社会"和"知识分子"抛弃的"线"[②]。

　　不是抛弃这根"线"，相反地，要使这根"线"更加结实，——这个要求决不是从这些或那些"马克思主义者"的个人情绪中偶然产

---

① 当然是说指望所有**那些能够取得**技术进步的人。

② 瓦·沃·先生在1894年《星期周报》第47期上写道："在我国改革后的历史时期，社会关系在某些方面是与西欧接近的，具有政治斗争时代的积极民主主义和后来一个时期的社会冷淡主义。"我们在第1章曾竭力表明，这种"冷淡主义"并不是偶然的，而是"社会"代表人物所出身的那个阶级的地位和利益所产生的必然结果，因为这个阶级除了从现代关系中得到一些坏处而外，还得到了一些远非无关紧要的好处。

生的,而是由他们所要服务的那个阶级的地位和利益所必然地决定的,由他们的"学说"的根本要求必然地和无条件地规定的。由于很明显的原因,我不能在这里分析这个论点的第一部分,即说明"地位"和"利益";而且在这里问题看来是不言自明的。我只想谈谈第二部分,也就是谈谈马克思主义学说对有关"被切断的线"的问题的看法。

马克思主义者对这些问题的**提法**应该和民粹派先生们的一贯提法**有所不同**。后者是从"现代科学和现代道德观念"的角度提出问题的;照他们说来,似乎这类改革的不能实现,没有什么深刻的、潜藏在**生产关系**本身中的原因,而只是由于情感粗暴方面的阻碍,如"理智的光芒"微弱等等,似乎俄国是一块白板,现在只是需要在上面正确地规划正确的道路而已。**这样提出问题**,当然使问题具有瓦·沃·先生所吹嘘的那种"纯洁",这种"纯洁"实际上只是贵族女学生幻想中的"纯洁",它使民粹派的论断变成了最适合于书斋谈话的材料。

马克思主义者对这些问题的提法应该完全不同①。他们必须到生产关系中间去探求社会现象的根源,必须把这些现象归结为一定阶级的**利益**,因而应当把同样的愿望表述为某某社会成分的"愿望",遭到其他某某成分和阶级反对的"愿望"。这样的提法就使人决不可能利用他们的"理论"来发表学究式的、**超阶级**的议论,来草拟某些保证取得"光辉成就"②的方案和报告。这当然还只是把观点作了上述改变以后得到的间接好处,如果注意到**当今的**民

---

①   如果他们把自己的理论贯彻到底的话。我们已经一再讲过,司徒卢威先生的叙述所以不能令人满意,正是由于他没有十分严格地坚持这个理论。

②   尤沙柯夫先生语。

粹主义正急转直下地堕入机会主义泥潭,那就会看到这个好处还是很大的。但问题是不仅有间接的好处。如果按照阶级对抗理论提出这些问题[为此当然需要"重新审查"俄国历史和现实的"事实"],那么这些问题的答案就会表达出某些阶级的切身利益,这些答案就会被这些有关的阶级而且也只有被这些有关的阶级运用于实践①,这些答案就会像一位马克思主义者所绝妙地形容的那样,冲出"知识分子的狭小书斋",奔向最发达最单纯的生产关系的参加者,奔向最强烈地反映出"线被切断"和"需要""理想"(因为没有理想,他们就会很糟)的人们。这样的提法就会给赋税、身份证、迁徙、乡公所等等老问题吹进新的生气,因为我们的"社会"对这些问题讨论了又讨论,咀嚼了又咀嚼,决定了又决定,现在对它们丝毫也不感兴趣了。

　　总之,无论我们怎样处理问题,无论是分析在俄国占统治地位的经济关系体系的内容和这个体系的各种形式(从这些形式的历史联系方面,从这些形式和劳动者的利益的关系方面),还是分析"线被切断"和"切断"的原因的问题,在这两种情况下,我们都只能得出一个结论:我们所处的时代向"与生活分开的劳动"提出的历史任务具有伟大的意义,这个阶级的思想具有普遍的意义。

载于1895年圣彼得堡出版的《说明
我国经济发展状况的资料》文集
译自《列宁全集》俄文第5版
第1卷第347—534页

---

① 要**这样**"运用",当然需要进行巨大的准备工作,而且这个工作按其实质来说是一种看不见的工作。**达到**这样的运用可能要经过一个比较长的时期,在这个时期中,我们将直截了当地声明:还没有任何一种力量能够为祖国指出更好的道路。这和民粹派先生们"自我陶醉的乐观主义"正好相反,他们担保说,力量是有的,现在需要的只是劝导这些力量"离开错误的道路"。

附　　录

在弗·叶·波斯特尼柯夫
《南俄农民经济》一书中所作的
批注、计算和着重标记[108]

（不早于 1893 年 3 月）

......

[9][①]

根据地方自治机关的按户调查资料,各类农民的现有户数和拥有土地的平均面积如下:

农　民 类　别	第聂伯罗 夫斯克县 户 数	第聂伯罗 夫斯克县 现有每户 面　积 （单位俄亩）	梅利托 波尔县 户 数	梅利托 波尔县 每户 好地	别尔江 斯克县 户 数	别尔江 斯克县 每户 土地 面积
前德意志移民	113	84	1 874	46	3 075	37.9
前保加利亚移民	—	—	285	75.7	4 149	38.1
前国家农民	16 708	20.4	28 758	19.8	21 057	18.3
前地主农民－私有主	2 351	11.6	2 764	11.5	187	8.9
前地主的有赐地农民	414	3.1	1 297	3.2	326	2.3
全　　　县	19 586	19.3	34 978	20.5	28 794	23

---

① 这里和以下方括号里的数字是弗·叶·波斯特尼柯夫原书的页码。——编者注

在 3 县的 83 358 户中,移民总共占 9 496 户,即 $>\frac{1}{9}$。

······

[107]

??　为什么?

　　······目前我国地方自治局统计机关的文献只有少量的关于农民家庭收支情况的资料,而关于沃罗涅日省的几个县的资料甚至是按户调查搜集到的······　但是,应该说,沃罗涅日省的这些统计资料只是对一年情况的调查,不是农民经济的平均数字,因为农民家庭收支情况包含不少这样的开支(例如,节日服装费、嫁妆费、儿子们分家时的安家费、建筑费、大型农具费),这些开支每年波动极大,并且主要取决于收成,因为收成给农民提供所有这些特别支出的款项。

······

[117]

塔夫利达省 3 县农民

耕牛的%		播种面积	马	耕牛	一对役畜播种
约$\frac{1}{3}$	种地不满 5 俄亩者	34 070 俄亩	6 467	3 082	7.1 俄亩
约$\frac{1}{4}$	种地 5—10 俄亩者	140 426 俄亩	25 152	8 924	8.2 俄亩
$<\frac{1}{4}$	种地 10—25 俄亩者	540 093 俄亩	80 517	24 943	10.2 俄亩
$<\frac{1}{4}$	种地 25—50 俄亩者	494 095 俄亩	62 823	19 030	12.5 俄亩
$<\frac{1}{3}$	种地超过 50 俄亩者	230 583 俄亩	21 003	11 648	14.5 俄亩
	共　计	1 439 267 俄亩	195 962	67 627	10.9 俄亩

　　如果折算一下劳动力和播种面积的比例,我们就可得出各类农民每100俄亩播种面积分别有:

连雇工在内的人数

	户数	人口	劳动力	役畜头数
种地不满5俄亩者	28.7	136	28.5	28.2
种地5—10俄亩者	12.9	67	12.6	25
种地10—25俄亩者	6.1	41.2	9.3	20
种地25—50俄亩者	2.9	25.5	7	16.6
种地超过50俄亩者	1.3	18	6.8	14
平　　均	5.4	36.6	9	18.3

　　可见,随着农民经营规模和耕地面积的扩大,用于劳动力、人和役畜的支出,即农业中一项最主要的支出,就依次递减。种地多的各类农民用在每俄亩播种面积上的这项支出几乎只有种地少的各类农民的一半。

……

[134]

　　塔夫利达省地方自治局的调查所提供的3县合计的数字如下:

	移民区	其他村庄	
总户数	9 496	74 539①	84 035
无役畜的户数	972	11 555	
无播种面积的户数	865	5 477	

……

[145]

---

　　① 这个户数包括以前调查时未编入乡的村庄。

每户平均耕种

	别尔江斯克县	份地	私人购买地	租地
		（	单　位　俄	亩　）
10[109]	不种地者	6.8	3.1	0.09
8.0	种地不满 5 俄亩者	6.9	0.7	0.4
10.1	种地 5—10 俄亩者	9	—	1.1
18.7	种地 10—25 俄亩者	14.1	0.6	4
39.5	种地 25—50 俄亩者	27.6	2.1	9.8
116.4	种地超过 50 俄亩者	36.7	31.3	48.4
21.4	全　　县	14.8	1.6	5

	梅利托波尔县			
9.4	不种地者	8.7	0.7	—
7.7	种地不满 5 俄亩者	7.1	0.2	0.4
10.6	种地 5—10 俄亩者	9	0.2	1.4
17.6	种地 10—25 俄亩者	12.8	0.3	4.5
38.4	种地 25—50 俄亩者	23.5	1.5	13.4
100	种地超过 50 俄亩者	36.2	21.3	42.5
22.2	全　　县	14.1	1.4	6.7

	第聂伯罗夫斯克县			
7.4	不种地者	6.4	0.9	0.1
6.1	种地不满 5 俄亩者	5.5	0.04	0.6
10.3	种地 5—10 俄亩者	8.7	0.05	1.6
18.9	种地 10—25 俄亩者	12.5	0.6	5.8
36.3	种地 25—50 俄亩者	16.6	2.3	17.4
91.4	种地超过 50 俄亩者	17.4	30	44
19.9	全　　县	11.2	1.7	7.0①

---

①　以上 3 县的租地数既包括非份地，也包括份地。

······

[150]

······根据统计资料,1884—1886 年各类农民租种可耕官地的情形如下①:

农民类别	别尔江斯克县			梅利托波尔县			第聂伯罗夫斯克县			三县总计110	
	租地户数	租地面积	每户面积	租地户数	租地面积	每户面积	租地户数	租地面积	每户面积	租地户数	租地面积
种地不满 5 俄亩者	39	66	1.7	24	383	16	20	62	3.1	83	511
种地 5—10 俄亩者	227	400	1.8	159	776	4.8	58	251	4.3	444	1 427
种地 10—25 俄亩者	687	2 642	3.8	707	4 569	6.4	338	1 500	4.4	1 732	8 711
种地 25—50 俄亩者	387	3 755	9.7	672	8 564	12.7	186	1 056	5.7	1 245	13 375
种地超过 50 俄亩者	113	3 194	28.3	440	15 365	34.9	79	1 724	21.8	632	20 283
总　数	1 476 / 1 453	10 107 / 10 057	7	2 002	29 657	14.8	681	4 595 / 4 593	6.7	4 136	44 307

······

[279]

1. 别尔江斯克县奥尔洛夫移民区**门诺派教徒雅柯夫·涅伊费尔德** 3 年(1886—1888)的**家庭收支表**。

---

① 按照租地条件,农民只有权耕种<u>租地的</u>¹⁄₃。<u>其余租地可</u>由他们酌情用做草场或者牧场。

······

[280—281]

3 年的**平均**收入和支出如下：

收　入

出售小麦的收入	894 卢布 03 戈比
出售其他谷物和蔬菜的收入	151 卢布 33 戈比
出售马牛羊的收入	198 卢布 35 戈比
出售毛类的收入	52 卢布 25 戈比
出售蛋和油的收入	24 卢布 63 戈比
出售禾秸的收入	35 卢布 92 戈比
出售干粪块的收入	8 卢布 83 戈比
出售农具的收入	63 卢布 33 戈比
其他收入	30 卢布 80 戈比
共　计	1 459 卢布 47 戈比

支　出

向村社和国家缴税	168 卢布 32 戈比
地租	70 卢布 — 戈比
雇工的雇佣费	146 卢布 66 戈比
牧人的雇佣费	25 卢布 14 戈比
牲畜购买费	54 卢布 75 戈比
马铃薯和麦种费	15 卢布 08 戈比
建筑物修理费	32 卢布 18 戈比
机器修理和购置费	77 卢布 13 戈比
肉和鱼的费用	6 卢布 43 戈比
咖啡和糖的费用	25 卢布 20 戈比
葡萄酒和伏特加酒的费用	5 卢布 98 戈比
衣服费	363 卢布 92 戈比
靴鞋费	38 卢布 72 戈比
其他费用	99 卢布 92 戈比
共　计	1 129 卢布 43 戈比

37.61 {

平均年余 330 卢布 4 戈比。

·······

[282——283]

现在我们就来分析一下这位典型的移民的家庭收支表。

经营 72 俄亩土地的一年货币收入是 1 459 卢布 47 戈比。其中：

农产品收入	1 081 卢布 28 戈比
畜产品收入	284 卢布 06 戈比
其他收入	94 卢布 13 戈比

每俄亩经营面积的收入合 20 卢布 27 戈比。但是这仅仅是货币收入。为了求得全部总收入数额，必须把该农户所消费的产品的全部价值加进去。根据这位主人的记载，他自己经营的产品的年消费量如下：

（1）全家和工人食用：	**折合金额**
10 俄石小麦，每俄石 8 卢布 25 戈比	82 卢布 50 戈比
6 俄石黑麦，每俄石 5 卢布	30 卢布 — 戈比
马铃薯、蔬菜和瓜类	36 卢布 — 戈比
共　　计	148 卢布 50 戈比

（2）饲养产品牲畜用：	
（a）饲养乳牛用：250 普特干草，每普特 30 戈比	75 卢布
30 普特黑麦粉，每普特 70 戈比	21 卢布
100 普特小麦秸和大麦秸	08 卢布
10 俄亩牧场，每俄亩 5 卢布	50 卢布
（b）饲养猪用：18 俄石大麦，每俄石 4 卢布	72 卢布
共　　计	226 卢布

该农户饲养产品牲畜是为了动物类食品的消费，因此上述两项总数可以加在一起。这样，从自己经营的产品中所提供的全部食品的价值是 374 卢布 50 戈比，每人消费量合 46 卢布 81 戈比，其中植物类食品为 18 卢布 56 戈比，动物类食品①为 28 卢布 25 戈比。

_____

① 还有该农户所消费掉的家禽未列举出来。家禽的价值可以和这里未加计算的饲料（已经加工成油被该农户卖掉）保持收支平衡。

（3）饲养 8 匹役马用：

109 俄石大麦和燕麦，每俄石 4 卢布	436 卢布
100 普特干草，每普特 30 戈比	30 卢布
400 普特拌麸碎秸，每普特 10 戈比	40 卢布
4 俄亩牧场，按成熟牧草价格计算	20 卢布
共　　计	526 卢布

该农户每匹马所消费的饲料合 65 卢布 75 戈比。

（4）供播种用：

12 俄石小麦，每俄石 8 卢布 25 戈比	99 卢布
6 俄石大麦，每俄石 4 卢布	24 卢布
1 俄石黑麦，每俄石 5 卢布	5 卢布
3 俄石燕麦，每俄石 4 卢布	12 卢布
共　　计	140 卢布

供取暖用：

2 立方俄丈畜粪砖，每立方俄丈 10 卢布	20 卢布
¼ 立方俄丈木柴	7 卢布
500 普特禾秸，每普特 8 戈比	40 卢布
共　　计	67 卢布

1 459.47
+1 107.5
2 566.97

该农户所消费的全部产品的价值共计 1 107 卢布 50 戈比，经营一俄亩合 15 卢布 38 戈比。

该农户的全部总收入（包括产品收入和货币收入）共计 2 666 卢布 97 戈比，每俄亩合 35 卢布 65 戈比。

我们把产品支出和货币支出加在一起，可以得出各项费用如下：

109.31（

	共　　计	每俄亩
1. 土地税和租金	238 卢布 32 戈比	3 卢布 31 戈比
2. 种子	140 卢布 — 戈比	1 卢布 95 戈比
3. 建筑费	32 卢布 18 戈比	—卢布 45 戈比
4. 农具费	77 卢布 13 戈比	1 卢布 07 戈比
5. 牲畜繁殖费	54 卢布 75 戈比	—卢布 76 戈比
6. 役畜饲养费	526 卢布 — 戈比	7 卢布 31 戈比

7. 工人的雇佣费	171 卢布 80 戈比	2 卢布 40 戈比
8. 全家和工人饮食	412 卢布 11 戈比	5 卢布 72 戈比
9. 衣服靴鞋	402 卢布 64 戈比	5 卢布 60 戈比
10. 取暖	67 卢布 — 戈比	—卢布 91 戈比
11. 其他	115 卢布 — 戈比	1 卢布 60 戈比
共　　计	2 236 卢布 93 戈比	31 卢布 07 戈比

……

[286]

3. 梅利托波尔县韦肖洛耶村**农民斯捷潘·马斯洛夫的家庭收支表**……

……

[287]

支　出

26 俄亩可耕地的地租,每俄亩 6 卢布	156 卢布
3 口人的赋税和村社捐税	34 卢布
一名季节工两个月的雇佣费	45 卢布
牧人的雇佣费,按每头牛 50 戈比	
每只羊 40 戈比计算	8 卢布
铁匠钉马掌和修理工具费	32 卢布
6 口人的衣服靴鞋费	284 卢布
3 卢布茶叶和 1 普特糖	9 卢布
3 桶斋期用橄榄油(每桶 5 卢布)和干鱼	25 卢布
伏特加酒	15 卢布
共　　计	608 卢布

} 333 卢布

载于 1940 年《列宁文集》俄文版
第 33 卷(非全文)

译自《列宁全集》俄文第 5 版
第 1 卷第 537—546 页

弗·伊·乌里扬诺夫（列宁）的申请书

（1887—1893 年）

1

致辛比尔斯克古典中学校长先生阁下

辛比尔斯克古典中学八年级学生
弗拉基米尔·乌里扬诺夫　呈

申　请　书

本人欲参加毕业考试，谨此恳请阁下予以批准。

辛比尔斯克中学八年级学生

弗拉基米尔·乌里扬诺夫

1887 年 4 月 18 日于辛比尔斯克

已领到第 468 号毕业文凭[111]和其他一切证件及其副本。

弗拉基米尔·乌里扬诺夫

载于 1924 年 1 月《青年近卫军》
杂志第 1 期

译自《列宁全集》俄文第 5 版
第 1 卷第 549 页

2

致喀山帝国大学校长先生阁下

辛比尔斯克中学毕业生、官员的儿子
　　弗拉基米尔·伊林·乌里扬诺夫　呈

申　请　书

本人志愿入喀山大学继续求学，谨此恳请阁下根据所附证件及其副本饬令录取本人入法律系一年级。所附证件如下：(一)中学毕业文凭,(二)出生和洗礼证,(三)父亲履历表,(四)征兵区登记证和(五)照片两张。

兹根据钦定俄罗斯帝国大学章程第 100 条规定，保证整个在校期间服从校方规章和决定。

辛比尔斯克中学毕业生
弗拉基米尔·乌里扬诺夫
1887 年 7 月 29 日于喀山市[112]

载于 1929 年《红色大学生》杂志第 1 期

译自《列宁全集》俄文第 5 版第 1 卷第 550 页

3

致喀山帝国大学校长先生阁下

法律系第一学期学生

弗拉基米尔·乌里扬诺夫　呈

申　请　书

本人认为,在目前大学生活条件下,无法继续在本校学习,谨此恳请阁下就此事发出通告将本人从喀山帝国大学除名。

法律系第一学期学生

弗拉基米尔·乌里扬诺夫

1887 年 12 月 5 日于喀山[113]

载于 1946 年 9 月 24 日《消息报》
第 225 号

译自《列宁全集》俄文第 5 版
第 1 卷第 551 页

4

致国民教育大臣先生阁下

前喀山帝国大学学生

弗拉基米尔·乌里扬诺夫　呈

申　请　书

本人希望得到继续学习的机会，谨此恳请阁下准许本人入喀山帝国大学。

前喀山帝国大学学生

弗拉基米尔·乌里扬诺夫

1888 年 5 月 9 日于喀山

本人地址：教授巷

韦列田尼科娃住宅扎维亚洛娃家[114]

载于 1929 年 10 月 17 日《红色大学生》杂志第 4 期

译自《列宁全集》俄文第 5 版第 1 卷第 552 页

5

致内务大臣先生阁下

前大学生
　　　弗拉基米尔·乌里扬诺夫　呈

申　请　书

　　为谋求生计与赡养家庭，本人亟需受到高等教育。但鉴于在俄国无此机会，故此恳请阁下俯允本人出国，以便入国外大学求学。

前大学生
　　　弗拉基米尔·乌里扬诺夫

1888 年 9 月 6 日于喀山

本人地址：喀山教授巷
韦列田尼科娃住宅扎维亚洛娃家[115]

载于 1957 年青年近卫军出版社
出版的《弗·伊·列宁的青年时代。
根据同时代人回忆录和文献写成》
一书

译自《列宁全集》俄文第 5 版
第 1 卷第 553 页

6

致国民教育大臣先生阁下

前喀山帝国大学学生

弗拉基米尔·乌里扬诺夫　呈

申　请　书

本人中学毕业已两年，在此期间本人深信：未曾受过专门教育者若要谋得职业，虽非无此可能，但也极为困难。

有鉴于此，而本人又亟需谋职，以便能以自己的劳动赡养有年迈母亲和年幼弟妹的家庭，谨此恳请阁下准许本人以校外考生资格参加一所高等学校法学副博士的考试。

前喀山帝国大学学生

弗拉基米尔·乌里扬诺夫

1889 年 10 月 28 日于萨马拉市

复活街卡特科夫家[116]

载于 1925 年《红色史料》杂志
第 1 期

译自《列宁全集》俄文第 5 版
第 1 卷第 554 页

7

致国民教育大臣先生阁下

贵族[117]　弗拉基米尔·乌里扬诺夫　呈

申 请 书

兹因阁下业已慨然准许本人在一所按 1884 年章程管理的大学所属之考试委员会以校外考生资格参加法律系课程的毕业考试,故此恳请阁下准许本人在圣彼得堡帝国大学考试委员会参加这一考试。

> **贵族　弗拉基米尔·乌里扬诺夫**
>
> 1890 年 6 月 12 日于萨马拉
> 邮政街和索科利尼基街的
> 拐角处雷季科夫家[118]

载于 1924 年《红色史料》杂志
第 2 期

译自《列宁全集》俄文第 5 版
第 1 卷第 555 页

8

致圣彼得堡帝国大学

法学考试委员会主席先生阁下

贵族　弗拉基米尔·伊林·乌里扬诺夫　呈

申　请　书

兹交上照片一张,喀山帝国大学发给本人的证书一份,国民教育部所属部门关于国民教育大臣先生阁下准许本人以校外考生资格在考试委员会参加法律系课程毕业考试的证书一份,大学财务处关于已向考试委员会交费 20 卢布的收据一张以及按规定要求的有关刑法的论文一篇,谨此恳请阁下允许本人参加法学委员会的考试。

　　　　　贵族　**弗拉基米尔·伊林·乌里扬诺夫**

　　　　　　　1891 年 3 月 26 日于圣彼得堡[119]

载于 1924 年《红色史料》杂志
第 2 期

译自《列宁全集》俄文第 5 版
第 1 卷第 556 页

9

致萨马拉地方法院

萨马拉地方法院律师助理
弗拉基米尔·伊里奇·乌里扬诺夫
（现住萨马拉市索科利尼基街雷季
科夫家）呈

申　请　书

敬请萨马拉地方法院发给本人律师证书。根据司法机关条例
（1883 年颁布）第 406 条第 5 款要求，兹保证：本人于取得律师证
书方面决无民事诉讼程序条例第 246 条所列举之任何障碍。

律师助理

弗拉基米尔·乌里扬诺夫

1892 年 2 月 28 日于**萨马拉**[120]

载于 1957 年青年近卫军出版社
出版的《弗·伊·列宁的青年时代。
根据同时代人回忆录和文献写成》
一书

译自《列宁全集》俄文第 5 版
第 1 卷第 557 页

10

致警察司司长先生阁下

萨马拉地方法院律师助理

弗拉基米尔·伊里奇·乌里扬诺夫　呈

申　请　书

本人根据萨马拉地方法院全体会议 1892 年 1 月 30 日的决定注册为律师助理以后,已向法院递交申请书,要求发给本人律师证书。兹因萨马拉地方法院缺乏有关我个人情况的材料,难于对本人的请求作出明确答复,故此恳请阁下告知萨马拉地方法院院长先生,警察司方面对于发给本人律师证书并无障碍。

律师助理

弗拉基米尔·乌里扬诺夫

1892 年 6 月 1 日于萨马拉
邮政街和索科利尼基街的
拐角处雷季科夫家**121**

载于 1924 年《红色史料》杂志第 1 期

译自《列宁全集》俄文第 5 版第 1 卷第 558 页

11

致萨马拉地方法院院长先生阁下

律师助理

弗·伊·乌里扬诺夫　呈

申　请　书

本人曾于今年 3 月向萨马拉地方法院递交申请书,要求发给律师证书①,现谨向阁下补充报告,本人无法提交关于政治可靠的证明,原因如下:本人持有圣彼得堡帝国大学的毕业证书,但该校当局不可能发给政治可靠的证明,因为本人并非该校学生,而是于 1890 年 5 月经国民教育大臣先生阁下准许,以校外考生资格于该校法学考试委员会应试的。至于由警察机关方面证明本人政治可靠,则警察司不能根据个人的请求,而只能根据政府机关的要求发给此类证明。基于上述情况,谨此恳请阁下向警察司司长先生了解,该方对于发给本人律师证书一事并无障碍。

律师助理

弗拉基·乌里扬诺夫

1892 年 6 月 11 日于萨马拉**122**

载于 1957 年青年近卫军出版社出版的《弗·伊·列宁的青年时代。根据同时代人回忆录和文献写成》一书

译自《列宁全集》俄文第 5 版第 1 卷第 559—560 页

---

①　见本卷第 484 页。——编者注

12

致萨马拉地方法院

律师助理
　　弗拉基米尔·伊里奇·乌里扬诺夫　呈

申　请　书

　　兹将萨马拉省金库1893年1月关于本人已交纳承办他人案件权证书费用75卢布的第75号收据和1892年度承办案件的证书一并呈上,谨此恳请发给本人1893年度承办他人案件权证书。兹保证,对于发给本人证书确无民事诉讼程序条例第246条所列举之各项障碍。

　　　　律师助理
　　　　弗拉基米尔·乌里扬诺夫
　　　　1893年1月5日于萨马拉[123]

　　　　　　译自《列宁全集》俄文第5版
　　　　　　第1卷第561页

13

致萨马拉地方法院院长先生阁下

律师助理

弗拉基米尔·伊里奇·乌里扬诺夫　呈

申　请　书

本人拟注册转为圣彼得堡高等法院辖区律师助理,谨此恳请阁下发给证明文件一份,以证明本人系萨马拉地方法院律师助理并曾于1892年和1893年获得承办他人案件权证书。

律师助理

弗·乌里扬诺夫

1893年8月16日于萨马拉[124]

译自《列宁全集》俄文第5版
第1卷第562页

调 查 提 纲[125]

(1894—1895 年)

一 工厂和工厂主管

1.厂名。

2.厂址。

3.建厂时间。

4.工厂的管理、生产和劳动规章制度[有无][①]变化。主管人、厂长、工长等的变动对工人(其在工厂中的处境及工资等)有无影响。列举最典型的例子。

5.厂主及主管人的姓名。

分厂或分支部门(车间等)的数目。

6.逐一列出。

二 工厂工人

7.男女工人的数目,男女成年人(大致年龄)、少年和儿童的

---

① 本篇中方括号内的文字是俄文版编者补上的。——编者注

数目。

8. 工人的民族(每个民族各有多少人)。各族工人之间关系如何。对俄罗斯工长等人的态度如何。不同的民族之间有无相互敌视的情况出现。原因何在。举例。其他民族工人的开化程度如何。

9. 工人的出身——农民还是本地居民。前者因何种原因被迫入城,是否已经很久。农民出身的工人与城里工人有无明显差异(具体表现);城里的工人对农民出身的工人态度如何;城里的工人与农民出身的工人之间有无隔阂和纠纷;两者之间有无交往;农民出身的工人起初和后来的举止如何。

10. 工人是否长期在该厂工作,如有变动,原因何在。

11. 不同工种工人的年龄最高限制。有时是否需要休息。夏季是否去乡下疗养,农民出身的工人是否回乡干农活。能否连续多年在该厂工作。工厂录用条件。体格检查。是否常有这样的情况:经诊断大多数人后来在劳动过程中染上了原来没有的疾病。

三　劳动条件

12. 列举全部工种(机车司机、纺纱工、钳工、车工和粗工等)。各工种工人的数目,注意其性别、年龄。

13. 工作情况。各工种的劳动内容,更多需要的是脑力劳动还是体力劳动。劳动中不能活动、单调乏味和令人生厌的程度。

14. 厂舍。厂舍的面积、温度和清洁度;指出最差的部门(粉尘、高温、穿堂风和寒冷等)。厂舍的卫生条件。

15.有哪种机器,机器是否运转得很快(近来速度是否提高),有无危险性(齿轮,传动装置未加遮盖的危险部件),有无防护罩,事故是否经常发生,以哪些事故最为常见,因何引起(通道狭窄、疲劳过度、不停机进行保洁工作)。工人对此持何态度——举出事实。

16.对致残者有无补偿费,是否经常诉诸法律,哪一方胜诉;举例说明厂方对致残者偿付的数额以及未作任何偿付的[次]数;大多数致残者和丧失劳动能力者的去向如何。

四　工　资

(领取条件、提高和降低的原因,付酬期限等)

17.按工种、年龄和性别……发放的工资。

18.与过去的工资水平作比较;如有降低,说明自何时起;如有增加,说明原因;举例。

19.计件(包件)工资。有无定额(计件活的定量);如为计件工资,自何时起实行,是否比日工资收入多,有无因工人之间的竞争而提高定额的意向。

20.某些部门是否实行日工资或周工资等;工人是否了解日工资或周工资的好处;他们对两者的态度如何——举例说明。

21.是否有车间之分和车间工资;有无工人所得低于车间工资("漏底工资")的情况,厂管理部门对此负多大责任;车间工资较其他付酬方式高多少,工人对车间工资持何态度——举例说明。

22.付酬期限,最近有无缩短或延长的情况,工人对不同的付酬期限持何态度。

23.有无承包人：（1）承包人（领工），只承揽工厂的活，由工厂付酬；（2）承包人（发包件活的人），将自己从工厂承揽的活分包给他人，由他们本人（而不是由工厂办事处）付酬；谁是这种发包件活的人：是工长还是工人；他们是否从工人身上赚很多钱（指剥削和获取利润）；他们是否压低劳动报酬；工人对此尤其是对第二类承包人态度如何；曾否要求取缔这些发包件活的人。

24.劳动的连续性（不间断性）；工厂的劳动何时（哪一季度）最紧张；停工时工人是否领取工资还是最后清账，是否强迫他们在未最后清账的情况下等待开工。

25.该厂有无"失业大军"；该厂有无常年替补人员（他们每天到厂准备顶替腾出的工位）；能否说明失业者产生的原因（受机器排挤、因生产率提高或因该厂的订货中断等）。失业工人对在岗工人的压力是否明显，如工资降低、主管人任意解雇工人的情况增多，恣意妄为变本加厉。①

27.厂方与工人签订的合同和条件书。详细介绍录用条件。如不录用，说明原因——举出事实；每天前来受雇的人数。各季度雇用工人数的增减情况。

28.关于工人工资的清付。过去和现在有无厂主在付酬时耍花招欺骗工人的情况——详细列举事实。

五　工　作　日

29.平时和星期六的工作日长度。按工种、性别、年龄、车间和

---

① 手稿缺第26条。——俄文版编者注

部门区分;司炉和必须提前上班(为蒸汽锅炉和机器投入运行作准备等)的工人的工作日长度。

30.倒班;有无倒班,详细说明各班的起讫时间和间歇时间;不同性别、年龄和工种……的工人的夜班情况;工人对该厂的倒班和夜班持何态度。

31.如对童工的工作日有限制,该限制是否根据工厂检查机构的法规严格执行,此事由谁决定;使用童工是否会导致工人编制缩减和成年工人被解雇。举例说明。

32.既定工作日与加班有无区别,有无任意延长劳动时间的情况;如早开机、晚关机、侵占早餐午餐时间等。

33.有无加班。加班是否经常,是否时间很长,节假日是否强迫工人上班;不同季节的报酬如何。举例说明一周、一个月……加班多少次;哪个季度加班最多;加班使工资降低的情况是否明显,如明显,举例说明。

34.节假日。节假日天数,过不过星期日,过不过皇家节日和东正教十二大节,节假日是否上班,如何付酬。

六　工人的顶头上司、录用条件、盗窃和罚款

35.工长、副工长和副工长助手(监工和小包工头等);工人对他们的态度;这些人原来的身份,他们对工人的态度(有无辱骂、殴打);工人是否表示抗议,抗议的结果如何——列举两方面的事实;工长及其他主管人对妇女和儿童的态度如何。

36.材料质检。如并非操作有误,而系材料不合格(如织工所

用纱线有霉烂等),是否罚款。举例详述。

37. 有无工长和工人盗窃材料的情况。是否搜身,详述对妇女搜身的情况(是否脱光衣服,进行人身侮辱);如有盗窃行为,工人会因此受到何种处理(罚款、解雇、送交法庭处理)。为何盗窃,是否因工资较低。

38. 罚款。列举罚款种类(因迟到罚款,迟到多久罚款,例如迟到 15 分钟、半天,因缺勤、旷工和不听话等);罚款数额,多举例子说明,厂主一周、一月内对工人罚款的数额。罚款的用途(资本家获利或是依照法规作为用于工人的基金)。这个法规是否规定要通过诸如罚款的办法来发奖金(罚工人的款使他们的收入减少,说以后再发奖金)。

39. 对丧失劳动能力(因伤致残或年老体衰)者如何处置。是解雇或是提供生活保障。是否安排住厂办医院;受害者的医疗费由谁支付——举出事实。

七　机器的保洁、学校、医疗

40. 机器和机床的保洁工作是否单给时间,是开机还是停机时进行。保洁时是否经常发生事故,工人曾否表示抗议。保洁是否另有报酬。

41. 有无学校。学生人数,是工人子女还是工长子女,有无工人上学的情况,是否从工资中扣款作学校经费。厂主和工人对此持何态度,评价如何。

42. 识字者是否很多,是否读书看报,常读何种书报,工人中有无知书达理者,其他工人对他们的态度如何,工长对能读书看报的工人有无敌意。

43. 厂主对能读书看报的工人、对他们上周日学校持何态度,是否有敌意。

44. 有无医院,设施如何;是否从工人工资中扣款用做医院经费,医生对工人及工人对医生的态度如何。

八　工厂视察机关、申诉、住房、伙食

45. 工厂视察机关是否经常下厂,对工厂的缺点是否关心,是否认真负责。如何对待工人申诉。分别举例说明。视察员的姓名及住址。

46. 对厂主、警察机关或视察机关的申诉。工人是否认为申诉有用,工人提出申诉后是否受到工厂辞退、逮捕和罚款——举例说明。

47. 厂内和由厂方提供的工人住房。厂区宿舍,租住人数、面积、清洁程度、陈设,厂主是否从中渔利,房租价格。对住宿舍的工人是否严密监视,有无限制性的规约和其他警方措施,单身工人和成家的工人情况如何——需详细介绍。有无浴室,工人对厂区宿舍持何态度,是否满意,有无不满——举例说明。

48. 工人自由租住的房舍,调查内容同厂区宿舍。成家的工人和单身工人居住情况怎样,是否一间房住许多人;拥挤程度,房租价格,与工厂之间的距离,步行上班所需时间。

49. 工人的伙食,是否经常吃肉。有无厂办食堂,厂主是否从中渔利;食堂是否备有公共读物,系何种读物;饭菜价格,工人对食堂持何态度;举例说明。

50.厂主是否用商品付酬,用何种商品付酬;是否较贵,这种付酬办法对工人来说是否合算——举例说明。

51.有无厂办小商店;是否必须去小商店购买,价格上的差别如何,举例详细说明;商品质量,工人对这种小商店持何态度,有无不满,厂主与小店老板有无协议;其结果怎样;举例说明。

52.有无消费合作社或储蓄所。是否因此硬性扣除工人的工资。有无工人的监督;有无舞弊行为;工人对此持何态度。工人有无独立创办提供失业救济的储金会的意向。

53.有无捐款活动(是否对工人施加压力——要求为祈祷活动、修圣像等捐款)。不捐款者[是否]因此招致上司的歧视。工人对此持何态度。举例说明。

54.向小店老板赊账。是否有许多人赊账购物;赊购商品在价格上的差别;工人是否知道赊购吃亏;赊购的不利之处。有无改变的想法。举例说明。

九　黑名单与罢工

55.黑名单。厂主有无记录工人的黑名单。对待卷入政治者态度如何。是否在身份证上作标记。厂主与警察局和工厂视察机关的关系密切程度如何。举例说明。

56.抗议和罢工。详细列举每起事件和事件爆发的缘由、经过、后果及结果。工人过去和现在有无结社的意向,希望结成何种社团。多举例子说明。

  57.工人对这种捍卫自己利益的手段持何种态度。

译自 1985 年《列宁文集》俄文版
第 40 卷第 19—26 页

注　释

1　《农民生活中新的经济变动(评弗·叶·波斯特尼柯夫《南俄农民经济》一书)》是现存列宁著作中最早的一篇,1893 年春写于萨马拉。手稿曾在萨马拉马克思主义青年小组中宣读过。这篇文章列宁曾打算在莫斯科出版的《俄国思想》杂志上发表,但为这家刊物所拒绝。

　　这篇文章有两种手稿,一种是列宁本人收藏的草稿,另一种是列宁转抄时作过补充的誊清稿。后一种手稿列宁交给了莫斯科马克思主义小组组织者谢·伊·米茨凯维奇,1894 年 12 月 3 日被沙皇警察搜走,后来于 1923 年在莫斯科高等法院档案中发现。这一手稿于 1923 年初次发表。《列宁全集》俄文各版都是按这一手稿刊印的。

　　列宁在《俄国资本主义的发展》一书第 2 章中利用了本文的基本材料(见本版全集第 3 卷)。

　　本卷《附录》中载有列宁的《在弗·叶·波斯特尼柯夫〈南俄农民经济〉一书中所作的批注、计算和着重标记》。——1。

2　地方自治局的统计指俄国地方自治机关所组织的统计工作。俄国地方自治机关是 1861 年改革以后按照 1864 年的条例在欧俄各省、县逐步建立起来的。地方自治局的统计最早于 1870—1871 年在个别省份进行,以后逐渐推广。1882 年莫斯科法学会成立统计部,以协调地方自治局统计工作和进行理论研究。1887 年曾召开地方自治局统计工作者第一次代表大会,制定了调查提纲。地方自治局组织统计工作,最初是为了收集土地及其他不动产的价值和收益等材料,以便地方自治局课征税捐,后来也为了对农村进行全面的社会经济调查。地方自治局统计起初以整个村社为统计调查的单位,从 1880 年起改以农户为基本单位。各省、县自治局的统计部门出版了大量分省和分县的概述和统计汇编,提供了极丰富的实际材料。列宁高度评价地方自治局统计资料,同时也指出地方自治局统计工作者对统计材料的整理不能令人满意。列宁以及马克思、恩格斯都曾利用地方自治局统计资料来研究俄国经济。关于地方自治局的统计,可参看列宁1914年写的《谈谈地方自治局的统计任务问题》一文(本版全集第24卷)。——1。

3 指文集《根据地方自治局的统计资料所作的俄国经济调查总结》。第1卷是瓦·沃·的《农民村社》(1892年莫斯科版)。第2卷是尼·亚·卡雷舍夫的《农民的非份地租地》(1892年多尔帕特版)。——2。

4 村社是俄国农民共同使用土地的形式,其特点是在实行强制性的统一轮作的前提下,将耕地分给农户使用,森林、牧场则共同使用,不得分割。村社内实行连环保制度。村社的土地定期重分,农民无权放弃和买卖土地。村社管理机构由选举产生。俄国村社从远古即已存在,在历史发展过程中逐渐成为俄国封建制度的基础。沙皇政府和地主利用村社对农民进行监视和掠夺,向农民榨取赎金和赋税,逼迫他们服徭役。

村社问题在俄国曾引起热烈争论,发表了大量有关的经济学文献。民粹派认为村社是俄国向社会主义发展的特殊道路的保证。他们企图证明俄国的村社农民是稳固的,村社能够保护农民,防止资本主义关系侵入他们的生活。早在19世纪80年代,格·瓦·普列汉诺夫就已指出民粹派的村社社会主义的幻想是站不住脚的。到了90年代,列宁粉碎了民粹派的理论,用大量的事实和统计材料说明资本主义关系在俄国农村是怎样发展的,资本是怎样侵入宗法制的村社、把农民分解为富农与贫苦农民两个对抗阶级的。

在1905—1907年革命中,村社曾被农民用做革命斗争的工具。地主和沙皇政府对村社的政策在这时发生了变化。1906年11月9日,沙皇政府大臣会议主席彼·阿·斯托雷平颁布了摧毁村社、培植富农的土地法令,允许农民退出村社和出卖份地。这项法令颁布后的9年中,有200多万农户退出了村社。但是村社并未被彻底消灭,到1916年底,欧俄仍有三分之二的农户和五分之四的份地在村社里。村社在十月革命以后还存在很久,直到全盘集体化后才最终消失。——7。

5　登记丁口指农奴制俄国应交纳人头税的男性人口,主要是农民和小市
　　民。为了计算这种纳税人口,采用了一种叫做"登记"的特别人口调查。
　　俄国人头税开征于彼得一世时代,这种登记从 1719 年开始,共进行了
　　10 次,最后一次是在 1857 年。许多村社按登记丁口重分土地,所以农
　　户的份地面积取决于它的登记丁口数。——7。

6　弗·叶·波斯特尼柯夫的原表总数项数字有误,列宁引用时作了如下
　　修改:把 1 476 改为 1 453;10 107 改为 10 057;4 595 改为 4 593(见本
　　卷第 471 页)。——12。

7　门诺派是基督教新教的一个派别,产生于 16 世纪,创始人是荷兰人门
　　诺·西蒙斯。18 世纪末,一部分门诺派教徒从西欧流入俄国,主要居
　　住在叶卡捷琳诺斯拉夫省和塔夫利达省。门诺派移民多半是富裕农
　　户。——20。

8　指俄国 1861 年废除农奴制的改革。这次改革是由于沙皇政府在军事
　　上遭到失败、财政困难和反对农奴制的农民起义不断高涨而被迫实行
　　的。沙皇亚历山大二世于 1861 年 2 月 19 日(3 月 3 日)签署了废除农
　　奴制的宣言,颁布了改革的法令。这次改革共"解放了"2 250 万地主
　　农民,但是地主土地占有制仍然保存下来。在改革中,农民的土地被宣
　　布为地主的财产,农民只能得到法定数额的份地,并要支付赎金。赎金
　　主要部分由政府以债券形式付给地主,再由农民在 49 年内偿还政府。
　　根据粗略统计,在改革后,贵族拥有土地 7 150 万俄亩,农民则只有
　　3 370 万俄亩。改革中地主把农民土地割去了$\frac{1}{5}$,甚至$\frac{2}{5}$。
　　　　在改革中,旧的徭役制经济只是受到破坏,并没有消灭。农民份地
　　中最好的土地以及森林、池塘、牧场等都留在地主手里,使农民难以独
　　立经营。在签订赎买契约以前,农民还对地主负有暂时义务。农民为
　　了赎买土地交纳的赎金,大大超过了地价。仅前地主农民交给政府的
　　赎金就有 19 亿卢布,而转归农民的土地按市场价格仅值 5 亿多卢布。
　　这就造成了农民经济的破产,使得大多数农民还像以前一样,受着地主

的剥削和奴役。但是，这次改革仍为俄国资本主义经济的发展创造了有利的条件。——20。

9　国家农民是按照彼得一世的法令由未农奴化的农村居民组成的一类农民。国家农民居住在官有土地上，拥有份地，受国家机关的管辖，并被认为在人身上是自由的。他们除交人头税外，还向国家或者官有土地承租人交纳代役租，并履行许多义务。国家农民的成分是各种各样的，他们使用土地和占有土地的形式也是各种各样的。——20。

10　地主农民即农奴，是俄国16世纪末随着农奴制的确立而形成的一类农民。到1861年农民改革止，地主农民属于贵族地主所有。——21。

11　这里有几个数字不确切。全部播种面积应是1 651俄亩。种地5俄亩以上的农户向市场提出的货币需求额应是22 498卢布。种地5俄亩以上的农户的播种面积应是1 603俄亩。这一篇和后一篇《论所谓市场问题》（见本卷第56—101页）中，还有个别数字也不确切。这些数字上的差错，有的是所引资料原有的错误，有的是演算上的出入，并不影响对基本论点的理解。——27。

12　插犋是贫苦农民的一种简单的协作形式，即几户农民把役畜和农具暂时合在一起共同进行农业劳动。列宁在《俄国资本主义的发展》一书第2章中说插犋是被农民资产阶级所排挤的破落农户的协作（见本版全集第3卷）。——30。

13　村审判所是沙皇俄国根据1838年有关条例设立的审理国家农民案件的法庭，由村长和被选出来的两名农民组成，村长担任审判长。村审判所作为初审法庭，审理较小的民事纠纷和过失犯罪，可判处罚款、强制劳动和笞刑。村审判所于1858年撤销，但是农村法庭仍然沿用"审判所"这一名称。——33。

14　《俄国思想》杂志（《Русская Мысль》）是俄国科学、文学和政治刊物（月刊），1880—1918年在莫斯科出版。起初是同情民粹主义的温和自由派的刊物。90年代有时也刊登马克思主义者的文章。1905年革命后成为立宪民主党右翼的刊物,由彼·伯·司徒卢威和亚·亚·基泽韦捷尔编辑。十月革命后于1918年被查封。后由司徒卢威在国外复刊,成为白俄杂志,1921—1924年、1927年先后在索菲亚、布拉格和巴黎出版。——38。

15　《欧洲通报》杂志(《Вестник Европы》)是俄国资产阶级自由派的历史、政治和文学刊物,1866年3月—1918年3月在彼得堡出版。1866—1867年为季刊,后改为月刊。先后参加编辑出版工作的有米·马·斯塔秀列维奇、马·马·柯瓦列夫斯基等。——44。

16　县农民事务会议是沙皇俄国为了监督乡、村两级的“农民自治机关”而在1874年设立的。在县贵族的代表把持下的这一机构由警察局长、治安法官和县地方自治局主席组成。县农民事务会议受省长主持的省农民事务会议管辖。——49。

17　指1891年的饥荒。

1891年的饥荒是俄国历史上规模空前的一次饥荒,以东部和东南部各省灾情最为严重。它使大批农民遭到破产,加速了农民的分化和国内市场的形成。——51。

18　《论所谓市场问题》1893年秋写于彼得堡。文中的一些主要论点,列宁在彼得堡马克思主义者小组(所谓“老年派”小组)讨论格·波·克拉辛的论文《市场问题》时已作阐述。

列宁的这篇文章曾在彼得堡及其他城市的社会民主主义小组中广泛流传。这篇文章的主要结论后来在《俄国资本主义的发展》一书中得到了进一步发挥(见本版全集第3卷)。——56。

19　额外价值即剩余价值。列宁在19世纪90年代的著作中,常把“额外价值”与“剩余价值”并用,后来就只用“剩余价值”一词。——60。

20　《制造消费资料的生产资料》这一栏所列的是I(v+m)的总数,包括了预定作为积累的部分。但第I部类新创造的价值(表现为工具和材料),有一部分不是供第II部类用的生产资料,而是第I部类追加的生产资料。生产出来的生产资料有多大部分将用于第 II 部类,多大部分仍留在第 I 部类,这从下一年度两个部类实际运用的固定资本量可以推算出来。

列宁的手稿有两处笔误:3 172½ 误为 3 172;10 830 误为 10 828½。正文表中没有改正。——66。

21 出自俄国作家尼·瓦·果戈理的小说《死魂灵》。泼留希金是小说中的一个地主,一个悭吝成癖的守财奴。——83。

22 7 015 和 28 276 这两个数字在手稿中误为 7 014 和 28 275,现已改正。列宁在《俄国资本主义的发展》一书中对此已作修改(见本版全集第 3 卷第 67 页)。——90。

23 这个数字在手稿中误为 149 703,现已改正。——90。

24 《什么是"人民之友"以及他们如何攻击社会民主党人?(答《俄国财富》杂志反对马克思主义者的几篇文章)》一书于 1894 年写成(第 1 编于 4 月完稿,第 2、3 编于夏天完稿)。1892—1893 年列宁在萨马拉开始为写作此书作准备,他当时曾在萨马拉一个马克思主义小组中作过一些报告,批评自由主义民粹派分子瓦·沃·(瓦·巴·沃龙佐夫)、尼·康·米海洛夫斯基、谢·尼·尤沙柯夫和谢·尼·克里文柯等人。这些报告是《什么是"人民之友"》一书的准备材料。

这部书在 1894 年在彼得堡、莫斯科、哥尔克等地分编胶印出版,在俄国其他一些城市也传抄和翻印过。在国外,劳动解放社和其他俄国社会民主党人组织也看到过这部著作。

这部书的第 1、3 两编的胶印本于 1923 年初在柏林社会民主党档案馆和列宁格勒国立萨尔蒂科夫-谢德林公共图书馆差不多同时发现。《列宁全集》俄文第 1、2、3 版就是根据 1923 年发现的胶印本刊印的。1936 年发现了新的胶印本,上面有许多显然是列宁所作的文字修改。《列宁全集》俄文第 4、5 版是根据这个胶印本刊印的,还补上了前几版遗漏的列宁对附录一的统计表的说明。

这部书的第 2 编至今没有找到。——102。

25　《俄国财富》杂志（《Русское Богатство»）是俄国科学、文学和政治刊物。1876 年创办于莫斯科，同年年中迁至彼得堡。1879 年以前为旬刊，以后为月刊。1879 年起成为自由主义民粹派的刊物。1892 年以后由尼·康·米海洛夫斯基和弗·加·柯罗连科领导，成为自由主义民粹派的中心，在其周围聚集了一批政论家，他们后来成为社会革命党、人民社会党和历届国家杜马中的劳动派的著名成员。在 1893 年以后的几年中，曾同马克思主义者展开理论上的争论。为该杂志撰稿的也有一些现实主义作家。1906 年成为人民社会党的机关刊物。1914 年至1917 年 3 月以《俄国纪事》为刊名出版。1918 年被查封。——102。

26　指尼·康·米海洛夫斯基写的《卡尔·马克思在尤·茹柯夫斯基先生的法庭上》一文，载于 1877 年 10 月《祖国纪事》杂志第 10 期。——104。

27　《社会契约论》是法国启蒙思想家让·雅克·卢梭的主要著作之一，1762 年在阿姆斯特丹出版。这本书的中心思想是：人是生而自由平等的，国家只能是自由的人民自由协议的产物，如果自由被强力所剥夺，则人民有权进行革命，用强力夺回自己的自由。卢梭的这部著作对法国大革命产生了巨大的影响，但就其社会观来说是唯心主义的。——109。

28　指马克思给《祖国纪事》杂志编辑部的信（见《马克思恩格斯文集》第 3卷第 463—467 页）。这封信是马克思在 1877 年年底读到尼·康·米海洛夫斯基《卡尔·马克思在尤·茹柯夫斯基先生的法庭上》一文时写的，马克思逝世后由恩格斯抄寄俄国。恩格斯说："这封信曾以法文原信的手抄本在俄国流传很久，后来译成俄文于 1886 年发表在日内瓦的《民意导报》上，随后俄译文又在俄国国内发表。这封信同所有出自马克思手笔的东西一样，在俄国各界人士中引起极大注意。"（见《马克思恩格斯文集》第 4 卷第 461 页）——116。

29　指马克思和恩格斯在 1845—1846 年合写的《德意志意识形态》一书（参看《马克思恩格斯全集》第 1 版第 3 卷）。此书在他们生前未能全部出版,只发表了第2卷的第4章。1932年由联共(布)中央马克思恩格斯列宁研究院第一次用德文全文发表。——116。

30　氏族组织是原始社会的社会组织形式。氏族是基本的社会经济单位,由有血缘关系的亲族组成,内部严禁通婚。若干氏族为一个部落,若干部落结成部落联盟。在氏族组织中,人们适应当时生产力发展的水平,过着原始共产主义的生活:生产资料公有,集体从事生产,产品平均分配,没有阶级,没有剥削。氏族约产生于旧石器时代晚期,最初为母权制,到新石器时代的晚期逐步过渡到父权制。氏族组织随着私有财产的出现和国家的产生而解体。关于氏族组织,可参看马克思的《路易斯·亨·摩尔根〈古代社会〉一书摘要》(《马克思恩格斯全集》第1版第45卷)和恩格斯的《家庭、私有制和国家的起源》(《马克思恩格斯文集》第4卷)。——120。

31　采邑制度是一种特殊的封建土地占有制。采邑是封建君主的财产,由君主暂时赐给军中供职人员或宫廷官吏使用。采邑制度的出现是与中央集权的形成和集中的军队的建立分不开的。在俄国,采邑制度出现于15世纪,至16世纪为鼎盛时期。从17世纪起,采邑和世袭领地这两种封建土地占有制之间的区别逐渐消失。在1714年彼得一世颁布关于采邑世袭制法令以后,采邑完全成为贵族地主的私有财产。——122。

32　指俄国古代的基辅罗斯(9—12世纪初)。——124。

33　即莫斯科国时期(15世纪末—17世纪)。——124。

34　布勒宁式的讥讽态度指卑劣的论战手法。维·彼·布勒宁是俄国政论家和作家,黑帮报纸《新时报》的撰稿人。他对一切进步社会思潮的代表人物肆意诽谤。——125。

35　指国际工人协会。
　　国际工人协会(第一国际)是无产阶级第一个国际性的革命联合组织,1864年9月28日在伦敦成立。马克思参与了国际工人协会的创

建,是它的实际领袖,恩格斯参加了它后期的领导工作。在马克思和恩
格斯的指导下,国际工人协会领导各国工人的经济斗争和政治斗争,积
极支持被压迫民族的解放运动,坚决揭露和批判蒲鲁东主义、巴枯宁主
义、拉萨尔主义、工联主义等错误思潮,促进了各国工人的国际团结。
国际工人协会在 1872 年海牙代表大会以后实际上已停止活动,1876
年 7 月 15 日正式宣布解散。国际工人协会的历史意义在于它"奠定了
工人国际组织的基础,使工人作好向资本进行革命进攻的准备"(见本
版全集第 36 卷第 290 页)。——125。

36 《新时报》(《Новое Время》)是俄国报纸,1868—1917 年在彼得堡出版。
出版人多次更换,政治方向也随之改变。1872—1873 年采取进步自由
主义的方针。1876—1912 年由反动出版家阿·谢·苏沃林掌握,成为
俄国最没有原则的报纸。1905 年起是黑帮报纸。1917 年二月革命后,
完全支持资产阶级临时政府的反革命政策,攻击布尔什维克。1917 年
10 月 26 日(11 月 8 日)被查封。——128。

37 指维·彼·布勒宁 1894 年 2 月 4 日在《新时报》上写了一篇题为《批评
随笔》的杂文,极力称赞尼·康·米海洛夫斯基对马克思主义者的攻击
一事。——128。

38 出自俄国作家伊·安·克雷洛夫的寓言《象和哈巴狗》。寓言讲一只小
哈巴狗朝着一只大象狂吠乱叫,无理取闹,以为这样可以使自己毫不费
力地成为"大名鼎鼎的好汉"。——128。

39 出自俄国作家米·叶·萨尔蒂科夫-谢德林的寓言故事《风干鲤鱼》。
在本文中,干鱼被用来比喻没有思想内容的空洞提法。——130。

40 指《德法年鉴》杂志。
　　《德法年鉴》杂志(《Deutsch-Französische Jahrbücher》)是马克思和
阿·卢格合编的德文刊物,1844 年在巴黎出版。由于马克思和资产阶
级激进派卢格之间有原则性的意见分歧,杂志只出了第 1—2 期合刊。
这一期《德法年鉴》载有马克思的《论犹太人问题》和《〈黑格尔法哲学批

判〉导言》,恩格斯的《国民经济学批判大纲》和《英国状况。评托马斯·卡莱尔的〈过去和现在〉》(见《马克思恩格斯文集》第 1 卷;《马克思恩格斯全集》第 1 版第 1 卷)。这些文章标志着马克思和恩格斯完成了从唯心主义向唯物主义、从革命民主主义向共产主义的转变。——131。

41 这篇短评是彼得堡大学教授伊·伊·考夫曼(伊·考—曼)写的。马克思认为它对辩证方法作了恰当的叙述。参看《马克思恩格斯文集》第 5 卷第 20—21 页。——135。

42 以下引用的恩格斯的答复,见《反杜林论》第 1 编第 13 章(《马克思恩格斯文集》第 9 卷第 136—142 页)。引文是列宁亲自译成俄文的。——138。

43 据罗马神话,雷神丘必特变成一头公牛,拐走了腓尼基王阿革诺耳的女儿欧罗巴。这自然不是所有公牛都能做到的。"丘必特可做的,公牛不可做"一语即由此演变而来。——144。

44 《祖国纪事》杂志(«Отечественные Записки»)是俄国刊物,在彼得堡出版。1820—1830 年期间登载俄国工业、民族志、历史学等方面的文章。1839 年起成为文学和社会政治刊物(月刊)。1839—1846 年,由于维·格·别林斯基等人参加该杂志的工作,成为当时最优秀的进步刊物。60 年代初采取温和保守的立场。1868 年起,由尼·阿·涅克拉索夫、米·叶·萨尔蒂科夫-谢德林、格·扎·叶利谢耶夫主持,成为团结革命民主主义知识分子的中心。1877 年涅克拉索夫逝世后,尼·康·米海洛夫斯基加入编辑部,民粹派对这个杂志的影响占了优势。该杂志不断遭到沙皇政府书报检查机关的迫害。1884 年 4 月被查封。——144。

45 金犊据圣经传说是以色列人为了走出埃及而祈求祭司亚伦用黄金铸造的领路之神(见《旧约全书·出埃及记》)。——146。

46 指《共产党宣言》中提出的下述原理:
　　"共产党人的理论原理,决不是以这个或那个世界改革家所发明或发现的思想、原则为根据的。

这些原理不过是现存的阶级斗争、我们眼前的历史运动的真实关系的一般表述。"(见《马克思恩格斯文集》第2卷第44—45页)——147。

47　指尼·康·米海洛夫斯基当时写的两篇文章:《关于马克思的一本书的俄文版》(1872年4月《祖国纪事》杂志第4期)和《卡尔·马克思在尤·茹柯夫斯基先生的法庭上》(1877年10月《祖国纪事》杂志第10期)。——151。

48　指谢·尼·尤沙柯夫。列宁在《什么是"人民之友"》一书的第2编里着重批评了这个民粹派分子的政治经济学观点(见第1编《出版者说明》)。——155。

49　指劳动解放社。

劳动解放社是俄国第一个马克思主义团体,由格·瓦·普列汉诺夫和维·伊·查苏利奇、帕·波·阿克雪里罗得、列·格·捷依奇、瓦·尼·伊格纳托夫于1883年9月在日内瓦建立。劳动解放社把马克思主义创始人的许多重要著作译成俄文,在国外出版后秘密运到俄国,对马克思主义在俄国的传播起了巨大作用。普列汉诺夫当时写的《社会主义与政治斗争》、《我们的意见分歧》、《论一元论历史观之发展》等著作有力地批判了民粹主义,用马克思主义的观点分析了俄国社会的现实和俄国革命的一些基本问题。普列汉诺夫起草的劳动解放社的两个纲领草案——1883年的《社会民主主义的劳动解放社纲领》和1885年的《俄国社会民主党人纲领草案》,对于俄国社会民主党的建立具有重要意义,后一个纲领草案的理论部分包含了马克思主义政党纲领的基本成分。劳动解放社在团结俄国社会民主党的力量方面也做了许多工作。它还积极参加社会民主党人的国际活动,和德、法、英等国的社会民主党都有接触。劳动解放社以普列汉诺夫为代表对伯恩施坦主义进行了积极的斗争,在反对俄国的经济派方面也起了重要作用。恩格斯曾给予劳动解放社的活动以高度评价(参看《马克思恩格斯文集》第10卷第532页)。列宁认为劳动解放社的历史意义在于它从理论上为俄国社会民主党奠定了基础,向着工人运动迈出了第一步。劳

动解放社的主要缺点是：它没有和工人运动结合起来，它的成员对俄国
资本主义发展的特点缺乏具体分析，对建立不同于第二国际各党的新
型政党的特殊任务缺乏认识等。劳动解放社于1903年8月在俄国社
会民主工党第二次代表大会上宣布解散。——163。

50　民意主义指民意党的学说和主张。

　　民意党是俄国土地和自由社分裂后产生的革命民粹派组织，于
1879年8月建立。主要领导人是安·伊·热里雅鲍夫、亚·德·米哈
伊洛夫、米·费·弗罗连柯、尼·亚·莫罗佐夫、维·尼·菲格涅尔、
亚·亚·克维亚特科夫斯基、索·李·佩罗夫斯卡娅等。该党主张推
翻专制制度，在其纲领中提出了广泛的民主改革的要求，如召开立宪会
议，实现普选权，设置常设人民代表机关，实行言论、信仰、出版、集会等
自由和广泛的村社自治，给人民以土地，给被压迫民族以自决权，用人
民武装代替常备军等。但是民意党人把民主革命的任务和社会主义革
命的任务混为一谈，认为在俄国可以超越资本主义，经过农民革命走向
社会主义，并且认为俄国主要革命力量不是工人阶级而是农民。民意
党人从积极的"英雄"和消极的"群氓"的错误理论出发，采取个人恐怖
的活动方式，把暗杀沙皇政府的个别代表人物作为推翻沙皇专制制度
的主要手段。他们在1881年3月1日（13日）刺杀了沙皇亚历山大二
世。由于理论上、策略上和斗争方法上的错误，在沙皇政府的严重摧残
下，民意党在1881年以后就瓦解了。——168。

51　《出版者说明》是本书第1编的初版跋。文中提到的"正在准备的第2
版和第3版"，指本书的第2编和第3编。——171。

52　《本版说明》是本书第1编的第2版跋。——172。

53　《法学通报》杂志（《Юридический Вестник》）是俄国莫斯科法学会的机关
刊物（月刊），1867—1892年在莫斯科出版。先后参加编辑工作的有
马·马·柯瓦列夫斯基和谢·安·穆罗姆采夫等。为杂志撰稿的主要
是莫斯科大学的自由派教授，在政治上主张进行温和的改革。——174。

54　指俄国沙皇亚历山大二世 1861 年 2 月 19 日签署的废除农奴制的宣言。——186。

55　列宁这里说的关于农民分化的"几个县的资料",是在《什么是"人民之友"》一书第 2 编里引用的。

　　　关于农民分化的问题,列宁在《俄国资本主义的发展》一书的第 2 章里作了详细的分析(见本版全集第 3 卷)。——191。

56　切特维尔梯农民是俄国国家农民的一种,他们是莫斯科国军人的后裔。这些军人(哥萨克骑兵、射击兵、普通士兵)因守卫边疆而分得若干切特维尔梯(一切特维尔梯等于半俄亩)的小块土地,供其暂时或永久使用,切特维尔梯农民即由此得名。从 18 世纪起,切特维尔梯农民开始称为独户农。独户农在一个时期内处于介乎贵族和农民之间的地位,享有各种特权,可以占有农奴。独户农可以把土地作为私有财产来支配,这是他们和土地由村社占有、自己无权买卖土地的其他国家农民不同的地方。1866 年的法令承认独户农的土地(即切特维尔梯土地)为私有财产。——193。

57　这几段话列宁引自伊·阿·古尔维奇《俄国农村的经济状况》(1892 年纽约英文版)一书。该书载有宝贵的实际材料,列宁对它的评价很高。——194。

58　科卢帕耶夫和杰隆诺夫是俄国作家米·叶·萨尔蒂科夫-谢德林的特写作品《蒙列波避难所》和《栋梁》中的人物。他们都是俄国 1861 年农民改革后新兴资产者的典型。——196。

59　施巴依是包货商。

　　　伊瓦施是贩卖人。——201。

60　冬天的尼古拉节是俄历 12 月 6 日。尼古拉是宗教传说中的圣徒,俄国农民把他奉为耕种和收获的庇护神。——209。

61　彭帕杜尔出自俄国作家米·叶·萨尔蒂科夫-谢德林的讽刺作品《彭帕

杜尔先生们和彭帕杜尔女士们》。作家在这部作品中借用法国国王路易十五的情妇彭帕杜尔这个名字塑造了俄国官僚阶层的群像。"彭帕杜尔"一词后来成了沙皇政府昏庸横暴、刚愎自用的官吏的通称。——211。

62 格莱斯顿土地法案是19世纪70年代和80年代英国自由党格莱斯顿内阁为缓和爱尔兰佃农和英国地主间的斗争和扑灭爱尔兰革命运动而实行的改良主义的土地法令。这些法案规定：对佃农进行的土壤改良给予一定补偿；成立专门土地法庭来规定所谓"公平"租金，15年不变，在此期间地主不得驱逐佃农等。——223。

63 俾斯麦工人保险法是19世纪80年代德国俾斯麦政府对工人受伤、患病、残废和年老时实行社会保险的法令。俾斯麦的保险法只及于一部分工人，同时伤病互助会的资金三分之二由工人自己出，只有三分之一由企业主出。俾斯麦企图用这种对工人施以小恩小惠的办法来瓦解工人运动。——223。

64 见俄国作家米·叶·萨尔蒂科夫-谢德林的讽刺故事《自由主义者》。一个自由主义者唱着"任何社会都必须以自由、保障和独立三要素作为基础"的高调，却没有为实现自己的理想而奋斗的决心和勇气，在"权威人士"的劝诱和威逼下步步退让，终于和当局同流合污，遭到人们的唾弃。——226。

65 《星期周报》(《Неделя》)是俄国文学和政治报纸，1866—1901年在彼得堡出版。1868—1879年间曾因发表"有害言论"多次被勒令停刊。1880—1890年该报急剧向右转，变成自由主义民粹派的报纸，反对同专制制度作斗争，鼓吹所谓"干小事情"的理论，即号召知识分子放弃革命斗争，从事"平静的文化工作"。——228。

66 巴枯宁派和骚乱派是俄国无政府主义者米·亚·巴枯宁的信徒。他们坚决反对马克思主义的理论和工人运动的策略，否定包括无产阶级专政在内的任何国家，主张由"优秀分子"组成的秘密革命团体去领导群众骚乱,并认为俄国农民会马上举行起义。

俄国巴枯宁派的代表之一谢·根·涅恰耶夫和住在国外的巴枯宁保持密切联系,1869年试图在俄国组织密谋活动团体"人民惩治会";但他只在莫斯科成立了一些小组,这些小组很快就被沙皇政府破坏。

巴枯宁派的理论和策略受到马克思、恩格斯和列宁的谴责(参看马克思和恩格斯的《社会主义民主同盟和国际工人协会》,恩格斯的《行动中的巴枯宁主义者》、《流亡者文献》(《马克思恩格斯全集》第1版第18卷;《马克思恩格斯文集》第3卷),列宁的《论临时革命政府》(本版全集第10卷))。——230。

67 指全国代表机关。当时俄国许多人都提出召开国民代表会议的要求,但目的各不相同。1873年马克思和恩格斯曾指出:"当时在俄国有人要求召开国民代表会议。一些人要求用这种会议来解决财政困难,另一些人要求用这种会议来推翻君主政体。巴枯宁希望用这种会议来显示俄国的统一,来巩固沙皇的权力和威严。"(参看《马克思恩格斯全集》第1版第18卷第495—496页)

召开由全体公民代表组成的国民代表会议来制定宪法,是俄国社会民主党的纲领性要求之一。——230。

68 指亚·伊·赫尔岑。——231。

69 《社会政治中央导报》(《Sozialpolitisches Centralblatt》)是德国社会民主党右翼的刊物,1892—1895年由亨·布劳恩在柏林出版。该刊主张通过立法途径来改革社会。1895年3月,该刊出让给了资产阶级改良主义者。——237。

70 指俄国侨外革命家中以尼·伊·吴亭等人为首的民粹派社会主义者团体的活动。该团体在日内瓦出版了《人民事业》杂志(后改为报纸)。1870年初又在那里成立了国际工人协会(第一国际)俄国支部,当年3月22日为国际总委员会所接受。马克思应俄国支部的请求担任俄国支部驻国际总委员会代表。俄国支部的成员支持马克思反对无政府主义者的斗争,宣传第一国际的革命思想,力图加强俄国革命运动和西欧革命运动的联系,参加瑞士和法国的工人运动。但他们还有民粹主义空想,特别是把村社理想化,称它是"俄国人民的伟大成就"。俄国支部未能和俄国国内的革命运动建立起密切的联系,1872年停止活动。——243。

71　《社会民主党人》(《Социал-Демократ》)是俄国文学政治评论集,由劳动解放社于1890—1892年在伦敦和日内瓦用俄文出版,总共出了4集。第1、2、3集于1890年出版,第4集于1892年出版。参加《社会民主党人》评论集工作的有格·瓦·普列汉诺夫、帕·波·阿克雪里罗得和维·伊·查苏利奇等。这个评论集对于马克思主义在俄国的传播起了很大作用。

列宁引用普列汉诺夫的《尼·加·车尔尼雪夫斯基》一文中的那段话,见评论集第1集第138—139页。——246。

72　犹杜什卡是对犹大的蔑称,是俄国作家米·叶·萨尔蒂科夫-谢德林的长篇小说《戈洛夫廖夫老爷们》中的主要人物波尔菲里·弗拉基米罗维奇·戈洛夫廖夫的绰号。谢德林笔下的犹杜什卡是贪婪、无耻、伪善、阴险、残暴等各种丑恶品质的象征。——255。

73　阿拉克切耶夫式的贪欲意思是极端的专横和残暴。阿·安·阿拉克切耶夫是俄国沙皇保罗一世和亚历山大一世的权臣,推行反动的警察制度,用极端残暴的手段对付被压迫人民的革命运动和任何要求自由的表现。——255。

74　指民权党。

民权党是俄国民主主义知识分子的秘密团体,1893年夏成立。参加创建的有前民意党人奥·瓦·阿普特克曼、安·伊·波格丹诺维奇、亚·瓦·格杰奥诺夫斯基、马·安·纳坦松、尼·谢·丘特切夫等。民权党的宗旨是联合一切反对沙皇制度的力量为实现政治改革而斗争。该党发表过两个纲领性文件:《宣言》和《迫切的问题》。1894年春,民权党的组织被沙皇政府破坏。大多数民权党人后来加入了社会革命党。——256。

75 把狗鱼投到河里出自俄国作家伊·安·克雷洛夫的寓言《狗鱼》。狗鱼
因危害鱼类而受到审判。糊涂法官听从了和狗鱼狼狈为奸的检察官狐
狸的建议,判决把狗鱼投到河里淹死。——259。

76 出自俄国作家伊·安·克雷洛夫的寓言《猫和厨子》。厨子看见猫儿瓦
西卡在偷鸡吃,便唠唠叨叨地开导它,责骂它,而瓦西卡却边听边吃,全
不理会,直到整只鸡被吃完。——275。

77 马尼洛夫精神意为耽于幻想,无所作为。马尼洛夫是俄国作家尼·
瓦·果戈理的小说《死魂灵》中的一个地主,他生性怠惰,终日想入非
非,崇尚空谈,刻意地讲究虚伪客套。——285。

78 出典于希腊神话。强盗普罗克拉斯提斯把所有落到他手里的过路客强
按在一张特制的床上,身材比床长的就剁去腿脚,比床短的就抻拉身
躯。——290。

79 《民粹主义的经济内容及其在司徒卢威先生的书中受到的批评(马克思
主义在资产阶级著作中的反映)(评彼·司徒卢威《俄国经济发展问题
的评述》一书1894年圣彼得堡版)》一文1894年底至1895年初写于彼
得堡。1894年秋,列宁在彼得堡革命马克思主义者和合法马克思主义
者代表参加的一次讨论会上,作了题为《马克思主义在资产阶级著作中
的反映》的报告,批判了司徒卢威及其他合法马克思主义者的观点。这
个报告后来成为《民粹主义的经济内容及其在司徒卢威先生的书中受
到的批评》一文的基础。本文最初用克·土林的笔名刊印在1895年4
月出版的《说明我国经济发展状况的资料》文集中。1907年底,列宁把
这篇文章编入了《十二年来》文集,加了副标题:《马克思主义在资产
阶级著作中的反映》。这篇文章在很多方面成了列宁后来许多经济
学著作(尤其是《俄国资本主义的发展》一书(见本版全集第3卷))的
纲要。——297。

80 纳尔苏修斯是希腊神话中的一个孤芳自赏的美少年。——305。

81 科斯马是基督教的圣徒,业医,为人治病不取报酬,只劝人信奉耶稣基

督,因而有不重利者之称。——305。

82 实物工资制是盛行于资本主义初期的一种工资制度。实行这种制度的工厂主在自己的工厂里开设店铺,用质次价高的商品和食物代替货币支付给工人,以加重对工人的剥削。这一制度在俄国手工业发达的地区也曾十分流行。——308。

83 出自俄国作家伊·安·克雷洛夫的寓言《狼和牧人》。狼看见牧羊犬对牧人挑选肥羊来宰杀视若无睹,不禁感慨地说:"朋友,要是我干了这样的事,你们会叫喊成什么样子啊!"

列宁套用寓言里的这句话来讽刺民粹派一方面攻击马克思主义者,同时自己又不得不重复马克思主义者说过的话。——311。

84 吸人血汗的人们是俄国作家米·叶·萨尔蒂科夫-谢德林评论俄国自由派报刊及其代表人物时所使用的讽刺性用语。在《外省人旅京日记》第5章中,他尖刻地讥讽自由派,说他们无事可做,为了消磨时间,成立了一个"吸人血汗者自由协会",毫无结果地谈论当代一切问题。——314。

85 《信息报》(«Весть»)是俄国报纸,代表反动农奴主的利益,1863—1870年在彼得堡出版。——315。

86 "感化专政"是人们对俄国大臣米·塔·洛里斯-梅利科夫所执行的拉拢自由派资产阶级的政策的谑称。1880年2月,洛里斯-梅利科夫被任命为维护国家秩序和社会治安最高管理委员会主席,同年8月被任命为内务大臣。他一面镇压革命运动,一面答应向自由派资产阶级"让步"。人们称他的政策为"狐狸尾巴豺狼牙齿"。1879—1880年的革命浪潮被打退以后,沙皇政府迅即放弃"感化专政"政策,于1881年4月发布了专制制度"不可动摇"的宣言。洛里斯-梅利科夫随后辞职。——315。

87 皇族农民是18世纪末—19世纪中沙皇俄国的一类农民。这类农民耕种皇族土地,除人头税外,还缴纳代役租,并履行各种义务,承担供养沙皇家族成员的实物捐税。根据1797年的条例,皇族农民的地位介于国家农民和地主农民之间。在皇族农民中,废除农奴制的改革是按照

1858 年、1859 年、1863 年的法令实行的。皇族农民得到的土地多于地主农民,少于国家农民。——332。

88 注册农民是沙皇俄国国家农民的一种。17 世纪末—18 世纪,沙皇政府为了扶持大工业和保证这种工业有廉价的、固定的劳动力,把大量国家农民编入俄国各地的手工工场。这种农民被称为注册农民。注册农民要为国有或私有手工工场做辅助工作(劈柴、备煤、碎矿、搬运等),以顶替代役租和人头税。他们名义上属于国家,实际上变成了工厂的农奴。从 19 世纪初开始,注册农民逐渐被解除工厂的劳动,直到 1861 年农民改革后才完全解脱出来。——333。

89 参看格·伊·乌斯宾斯基的短篇小说和随笔:《乡村日记片断》、《支票簿》、《途中来信》、《割不断的联系》和《活的数字》。——339。

90 阿尔卡迪亚的田园生活是人们用来描绘宁静、闲适的牧歌式生活的一种比喻,含有讥讽的意味。阿尔卡迪亚是古希腊伯罗奔尼撒半岛中部的一个山区,居民主要从事牧畜,终年丰衣足食,生活无忧无虑。在古希腊的文学作品中,阿尔卡迪亚被描绘为世外桃源。列宁使用此语来讽刺民粹派的描述充满着幻想和虚构。——345。

91 库庞先生(库庞是俄文 купон 的音译,意为息票)是 19 世纪 80—90 年代俄国文学作品中用来表示资本和资本家的借喻语。这个词是俄国作家格·伊·乌斯宾斯基在随笔《罪孽深重》中使用开的。——345。

92 老马出自俄国作家米·叶·萨尔蒂科夫-谢德林的同名讽刺故事。故事描写了一匹拼命干活的老马的悲惨遭遇,用来比喻苦难深重的劳动农民。列宁借用老马的形象来比喻深受剥削和压迫的工人阶级。——348。

93 指普鲁士官员和著作家奥·哈克斯特豪森男爵。他于 19 世纪 40 年代访问俄国后写了《俄国的国内状况、国民生活、特别是农村设施概论》一书,详尽地描述了俄国的农民村社。他把农民村社看做是巩固农奴制的手段,极力赞扬沙皇尼古拉的俄国,认为它没有"无产阶级脓疮",因而比西欧优越。——353。

94 为了应付书报检查,列宁不便直接指明劳动解放社出版的马克思主义著作,而介绍读者参看瓦·沃·的《理论经济学概论》(1895 年圣彼得堡版),因为这本书的第 257—258 页有一大段引文摘自普列汉诺夫的《国内评论》(见 1890 年 8 月出版的《社会民主党人》第 2 集)。——356。

95 白板是拉丁文 tabula rasa 的意译,即未经刻写的涂蜡的板。古代希腊人和罗马人用这种蜡板记事,用完熨平,仍可重新使用。后来人们用白板比喻没有受到外界影响的心灵和事物。——362。

96 《莫斯科新闻》(«Московские Ведомости»)是俄国最老的报纸之一,1756 年开始由莫斯科大学出版。1842 年以前每周出版两次,以后每周出版三次,1859 年起改为日报。1863—1887 年,由米·尼·卡特柯夫等任编辑,宣扬地主和宗教界人士中最反动阶层的观点。1897—1907 年由弗·安·格林格穆特任编辑,成为黑帮报纸,鼓吹镇压工人和革命知识分子。1917 年 10 月 27 日(11 月 9 日)被查封。——364。

97 19 世纪 20 年代,俄国贵族中有一些人热衷于保持俄国生活方式。他们不喝外国饮料,只喝国产饮料克瓦斯,不穿西式服装,只穿俄国农民服装,并自诩为"热爱祖国"。后来,人们把这类思想和行为讥讽地称为"克瓦斯爱国主义"。——366。

98 诺克拉里是古希腊雅典共和国的小规模的地域性的区,约于公元前 7 世纪设置。各个诺克拉里的首领诺克拉尔组成议事会。诺克拉里的基本职能是建立舰队。依照规定每一诺克拉里必须提供一艘战船,配备武器和人员,以应国家的军事需要。至公元前 5 世纪,由于舰队改由国家和富裕公民出资建造,诺克拉里不复存在。——381。

99 御驾护卫兵来自御驾护卫队一词。御驾护卫队是俄国女皇伊丽莎白·彼得罗夫娜 1741 年赐给扶她登基的普列奥布拉任斯基近卫团精选连的荣誉称号。作为奖赏,还赐给御驾护卫兵们地产、各种优待和特权,不是贵族的提升为世袭贵族。俄国作家米·叶·萨尔蒂科夫-谢德林在他的《波舍霍尼耶故事集》中当做绰号使用了御驾护卫兵这个词。——388。

100　"善意的言论"是俄国作家米·叶·萨尔蒂科夫-谢德林的讽刺特写集的标题,意指拥护政府当局、维护旧制度的言论。——422。

101　戈尔迪之结出自古希腊传说。弗利基亚王戈尔迪献给宙斯一辆牛车,车上的轭是用无法解开的死结系在车辕上的。宙斯神谕:能解此结者将统治整个亚洲。马其顿王亚历山大挥剑断之,此结遂开。后多以"斩断戈尔迪之结"比喻用果断办法解决复杂的问题。

　　　　列宁此处在讽刺的意味上使用此语,以嘲笑司徒卢威的马尔萨斯观点。——423。

102　粮垛租是沙皇俄国南部地区的一种盘剥性的实物地租。租地者在收割时按俄亩交若干由禾捆堆成的粮垛给地主,所交部分达到收成的一半,有时更多。此外,租地者还用一部分劳动为地主服各种工役。——426。

103　据圣经传说,该隐和亚伯是亚当和夏娃的两个儿子。该隐出于嫉妒杀死了自己的弟弟亚伯。此事上帝已经知道,但他仍问该隐:"你的弟弟亚伯在哪里?"(见《旧约全书·创世记》)——432。

104　有赐地的农民指俄国1861年农民改革时获得赏赐份地的一部分前地主农民。沙皇亚历山大二世签署的2月19日法令规定,地主可以按照同农民达成的协议,以最高标准四分之一的份地赐给农民,不取赎金,而其余四分之三归地主所有。这种有赐地的农民主要是在土地昂贵的黑土地带。到20世纪初,由于人口的增加和由此而来的土地的重分,有赐地的农民差不多完全失掉了自己的份地。——450。

105　这个问题列宁在《俄国资本主义的发展》一书中作了详细的阐述(见本版全集第3卷)。——458。

106　让死人自己去埋葬自己的尸首吧出典于圣经《新约全书·路加福音》。一个信徒请求耶稣准许他回家埋葬了父亲再跟随耶稣外出行道,耶稣就用这句话回答了他。意思是：要专注于自己的信仰，把其他一切置之度外。——460。

107 雅努斯是古代罗马的两面神，有前后两副面孔，前面是面向未来的年轻人的面孔，后面是面向过去的老年人的面孔。人们通常用它比喻双重的或自相矛盾的立场和观点，也用来称呼口是心非、表里不一的两面派人物。——462。

108 弗·叶·波斯特尼柯夫的《南俄农民经济》一书于1891年在莫斯科出版。列宁在该书中作批注不早于1893年3月。列宁在《农民生活中新的经济变动》一文（见本卷第1—55页）中，详细分析了波斯特尼柯夫的这本书，并在《论所谓市场问题》一文中利用过该书第9、10章的材料（见本卷第92—93页）。列宁在1893、1894年间给彼·巴·马斯洛夫的信中评价了这本书。——467。

109 这一栏是列宁计算出来的耕地面积总数。在《农民生活中新的经济变动》一文的表中，引用了这些数字（见本卷第9页）。——470。

110 这些数字是列宁对原书统计表的增补和订正，在《农民生活中新的经济变动》一文的表中已加以引用（见本卷第13页）。——471。

111 毕业证书上的颁发日期是1887年6月10日。列宁添加的领到证书的附记，写于6月10日以后。——476。

112 申请书上有一个显然是喀山大学校长所作的批示："待收到鉴定后再定。"下一行写着："录取。"

　　辛比尔斯克中学校长寄给喀山大学的鉴定写道："乌里扬诺夫天分极高，一贯努力认真，在各年级均名列第一，毕业时作为在成绩、智力发展和操行诸方面最优秀者而被授予金质奖章。"——477。

113 1887年12月4日，喀山大学学生举行集会，反对反动的教育法令。包括列宁在内的集会参加者都遭到了沙皇政府的迫害。列宁是为了对此表示抗议而递交这份申请书的。——478。

114　申请书上有高等学校司副司长的批示：“此件转交喀山学区督学先生提出处理意见。”

喀山学区督学在 1888 年 6 月 14 日给国民教育司的报告中汇报了列宁参加 1887 年 12 月 4 日大学生集会的情况，表示“极不愿接受弗拉基米尔·乌里扬诺夫回喀山大学”。报告的页边上有一批语：“呈报。”下面写的是：“此人不就是那个乌里扬诺夫的弟弟吗？不也是辛比尔斯克中学的吗？是的，这从文件的末尾可以看出。绝对不应接受。”报告的上方有一批示：“根据 6 月 22 日给大臣先生的报告，大臣阁下命令拒绝申请人的请求。司长 H.阿尼奇科夫。”——479。

115　申请书上有两个批示。一个批示在申请书的上角：“转 Г.叶夫列伊诺夫：此人是否在警察监视之下？”另一个批示在下面：“拒绝。”乌里扬诺夫几个字下面用铅笔画了杠。

警察司司长杜尔诺沃就这份申请书于 1888 年 9 月 16 日给喀山省省长发了如下公函：“前喀山大学学生弗拉基米尔·乌里扬诺夫向内务大臣先生提出申请，要求准许他入国外一所大学求学。

本人认为不能满足乌里扬诺夫的请求，敬祈阁下不要发给他出国护照，并向他宣布：警察司认为他目前出国为时尚早。

同时敬祈阁下，若乌里扬诺夫离开喀山，即将其确实去向报告本司，并直接通知有关省省长不得发给他护照。”——480。

116　由于这份申请书，国民教育部在 1889 年 11 月 11 日的公函里要求警察司将“乌里扬诺夫在政治上的可靠程度”告知该部，并对这个申请提出处理意见。警察司在 1889 年 12 月 4 日的复文中说：“乌里扬诺夫在喀山居住期间曾同某些政治上不可靠的人来往，其中一些人因被控犯有国事罪已受到审讯。”1889 年 12 月 10 日，国民教育司拒绝了列宁的申请。

直到 1890 年夏天，在列宁的母亲玛·亚·乌里扬诺娃向国民教育大臣提出申请以后，列宁才被准许以校外生的资格在一所大学参加法律系课程的考试。——481。

117　列宁的父亲伊里亚·尼古拉耶维奇·乌里扬诺夫于 1882 年获得贵族

称号。——482。

118 申请书上有两个批示:"呈报。最好令其在喀山应试。""已于7月18日呈报。已下令向申请人宣布:此项请求应向考试委员会主席提出。代司长艾佐夫。"——482。

119 申请书上有一批示:"经国民教育大臣先生准许。"

　　1891年春季和秋季,列宁在彼得堡大学出色地通过了法律系全部课程的国家考试。1892年1月,他获得一级毕业证书,其中记载着:"呈交的论文和书面答题公认优异。在后来的口试中,下列各科成绩亦均为优异:罗马法原理、罗马法史、民法与诉讼程序、商法与诉讼程序、刑法与诉讼程序、俄国法史、宗教法、国家法、国际法、警察法、政治经济学与统计学、财政法、法学通论和法哲学史。"——483。

120 申请书上有一说明:"乌里扬诺夫从1892年1月30日起是哈尔金先生的律师助理。案卷中没有关于乌里扬诺夫道德品质的材料。代理秘书。"——484。

121 申请书上有一批示:"通知此人,将对有关司法当局的要求作出相应答复。6月5日。"——485。

122 申请书上有一批示:"报内务部国家警察司。6月18日,第1556号。"

　　萨马拉地方法院院长就这一申请书于1892年6月18日向警察司发出公函询问:"对于发给乌里扬诺夫有权以代理人资格办理诉讼案件的证书有无障碍。"公函上有一批示:"继续暗中监视乌里扬诺夫,并告知:对于发给有权办理诉讼案件的证书并无障碍。7月2日。"

　　1892年7月23日,萨马拉地方法院各部门全体会议决定:"发给乌里扬诺夫所要求的证书,将此事在省公报上公布并呈报司法大臣先生。"——486。

123 申请书上有一批示:"1893年1月7日本院各部门全体会议决定:发给律师助理乌里扬诺夫所要求的证书,并将此事呈报司法大臣先生。"——487。

124　申请书上有一批示："发给所要求的证明。"——488。

125　这份关于工人劳动和生活条件的调查提纲于1894—1895年冬在彼得堡工人阶级解放斗争协会成员和其他小组的鼓动员中间传看。

这份调查提纲是从沙皇俄国警务厅有关1895年12月与列宁同时被捕的以及此后大逮捕时被捕的彼得堡工人阶级解放斗争协会成员的案卷中发现的。调查提纲用黑墨水笔写在笔记本大小的几张纸上,没有署名和日期。通过把这份提纲与列宁同期著作从文笔上作比较,并根据彼得堡工人阶级解放斗争协会中列宁的战友的回忆,可以确认这一调查提纲的作者是列宁。如工人阶级解放斗争协会中心小组成员米·亚·西尔文在其题为《在"工人阶级解放斗争协会"的日子里》的回忆录中谈到:"研究各厂工人的工作条件和生活条件的问题早就由弗拉基米尔·伊里奇提出来了。这时他编了一份详细的《调查提纲》,现在要是能在旧宪兵档案里找到它才有意思呢。这种四开纸的调查提纲有4页多,写满了他那密密麻麻的字迹。这种调查提纲我们每人都有一份。我们还把它复制出来发给其他小组的宣传员。我们非常热心于收集情况,有一个时期,连宣传工作也放弃了。弗拉基米尔·伊里奇对收集情况也十分热心。我们工人中不知是哪一个(是舍尔古诺夫,也可能是美尔库洛夫)到他家里去看他时,常常被他盘问得汗如雨下。"(《回忆列宁》1982年人民出版社版第2卷第56页)

列宁本人也在他的《怎么办?(我们运动中的迫切问题)》一书中提到,他曾围绕与这里发表的《调查提纲》内容相近的一些问题同工人谈过话(参看本版全集第6卷第144页)。——489。

人 名 索 引

A

阿尔先耶夫,康斯坦丁·伊万诺维奇（Арсеньев, Константин Иванович
1789—1865）——俄国地理学家,历史学家和统计学家。1819—1821 年任
彼得堡大学教授,1836 年起为彼得堡科学院院士。1835—1853 年主持俄
国的统计工作。写有许多统计学、地理学和历史学方面的著作。——419。

安年斯基,尼古拉·费多罗维奇（Анненский, Николай Федорович 1843 —
1912）——俄国政论家,经济学家和统计学家。19 世纪 80—90 年代领导喀
山和下诺夫哥罗德省地方自治局的统计工作,1896—1900 年任彼得堡市政
管理委员会统计处处长,主持编辑了许多统计著作。曾为《事业》和《祖国纪
事》等杂志撰稿,担任过《俄国财富》杂志编委。90 年代是自由主义民粹派代
表人物。1903—1905 年是资产阶级自由派组织"解放社"的领导人之一。
1906 年参与组织人民社会党,是该党领导人之一。——175—176、215。

奥尔洛夫,瓦西里·伊万诺维奇（Орлов, Василий Иванович 1848 — 1885）——
俄国统计学家,经济学家,地方自治局统计工作开创者之一。1875 年起任
莫斯科省地方自治局统计处处长,进行了一系列重要的统计考察。还指导
过坦波夫、库尔斯克、奥廖尔、沃罗涅日和萨马拉等省的统计工作。是最早
采用按详尽的提纲进行普遍的按户考察方法的人之一。编辑了《莫斯科省
统计资料汇编》相当大部分的内容。——209—210。

B

巴拉诺夫,尼古拉·米哈伊洛维奇（Баранов, Николай Михайлович 1836 —
1901）——俄国下诺夫哥罗德省省长（1882 — 1897）。1891 — 1892 年饥荒
时期横行霸道,因此其名字成为地方暴吏的通称。——228。

彼·司·——见司徒卢威,彼得·伯恩哈多维奇·。

俾斯麦,奥托·爱德华·莱奥波德(Bismarck, Otto Eduard Leopold 1815—
1898)——普鲁士和德国国务活动家和外交家。普鲁士容克的代表。曾任
驻彼得堡大使(1859—1862)和驻巴黎大使(1862),普鲁士首相(1862—
1872、1873—1890),北德意志联邦首相(1867—1871)和德意志帝国首相
(1871—1890)。1870年发动普法战争,1871年支持法国资产阶级镇压巴
黎公社。主张在普鲁士领导下"自上而下"统一德国。曾采取一系列内政
措施,捍卫容克和大资产阶级的联盟。1878年颁布反社会党人非常法。
由于内外政策遭受挫折,于1890年3月去职。——224。

波别多诺斯采夫,康斯坦丁·彼得罗维奇(Победоносцев, Константин Петрович
1827—1907)——俄国国务活动家。1860—1865年任莫斯科大学法学教
授。1868年起为参议员,1872年起为国务会议成员,1880—1905年任俄
国正教会最高管理机构——正教院总监。给亚历山大三世和尼古拉二世
讲授过法律知识。一贯敌视革命运动,反对资产阶级改革,维护极权专制
制度,排斥西欧文化,是1881年4月29日巩固专制制度宣言的起草人。
80年代末势力减弱,沙皇1905年10月17日宣言颁布后引退。——238。

波斯特尼柯夫,弗拉基米尔·叶菲莫维奇(Постников, Владимир Ефимович
1844—1908)——俄国经济学家和统计学家,自由经济学会会员。在农业
和国家产业部任职,从事官地规划工作。主要著作有《南俄农民经济》
(1891)、《萨马拉边疆区的经济生活》(1894)等。——1—55、92—93、434、
440、467—475。

布莱特,约翰(Bright, John 1811—1889)——英国棉纺厂主,自由贸易派领袖
之一。1838年创立反谷物法同盟,反对限制粮食进口。同时又支持资产
阶级和贵族的联盟,反对缩短工作日的立法及工人的其他要求。60年代
初起为自由党(资产阶级激进派)左翼领袖;曾多次任自由党内阁的大
臣。——432。

布勒宁,维克多·彼得罗维奇(Буренин, Виктор Петрович 1841—1926)——
俄国政论家,诗人。1876年加入反动的《新时报》编辑部,成为新时报派无
耻文人的首领。对一切进步社会思潮的代表人物肆意诽谤,造谣诬
蔑。——125、128、153、157、236。

布洛斯，威廉（Blos，Wilhelm 1849—1927）——德国历史学家和政论家。1872年加入德国社会民主党，1872—1874年为《人民国家报》编辑之一。1877—1878年、1881—1887年和1890—1907年为帝国国会议员，属于社会民主党国会党团的右翼。90年代为《前进报》编辑。第一次世界大战期间为社会沙文主义者。1918年十一月革命后为符腾堡政府领导人。著有《1789—1804年的法国革命》和《德国1848年革命史》。——115。

C

车尔尼雪夫斯基，尼古拉·加甫里洛维奇（Чернышевский，Николай Гаврилович 1828—1889）——俄国革命民主主义者和空想社会主义者，作家，文学评论家，经济学家，哲学家；俄国社会民主主义先驱之一，俄国19世纪60年代革命运动的领袖。1853年开始为《祖国纪事》和《同时代人》等杂志撰稿，1856—1862年是《同时代人》杂志的领导人之一，发扬别林斯基的民主主义批判传统，宣传农民革命思想，是土地和自由社的思想鼓舞者。因揭露1861年农民改革的骗局，号召人民起义，于1862年被沙皇政府逮捕，入狱两年，后被送到西伯利亚服苦役。1883年解除流放，1889年被允许回家乡居住。著述很多，涉及哲学、经济学、教育学、美学、伦理学等领域。在哲学上批判了贝克莱、康德、黑格尔等人的唯心主义观点，力图以唯物主义精神改造黑格尔的辩证法。对资本主义作了深刻的批判，认为社会主义是由整个人类发展进程所决定的，但作为空想社会主义者，又认为俄国有可能通过农民村社过渡到社会主义。所著长篇小说《怎么办？》（1863）和《序幕》（约1867—1869）表达了社会主义理想，产生了巨大的革命影响。——228、230—231、236、237、245—247。

D

达尔文，查理·罗伯特（Darwin，Charles Robert 1809—1882）——英国博物学家，进化论的奠基人。1859年出版《物种起源》一书，提出以自然选择为基础的生物进化学说，认为变异性和遗传性是有机体所特有的，那些在生存斗争中对动植物有利的变异积累起来和遗传下去，就会引起新的动植物形态的出现。随后又发表《动物和植物在家养下的变异》（1868）、《人类起源和性的选择》(1871)等著作,进一步充实了进化学说。恩格斯把达尔文学说同能量守恒和转换定律、细胞学说并列为 19 世纪自然科学三大发现。——111。

丹尼尔逊,尼古拉·弗兰策维奇(尼·—逊;尼古·—逊;尼古拉·—逊)(Даниельсон, Николай Францевич (Н.—он, Ник.—он, Николай—он) 1844—1918)——俄国经济学家,政论家,自由主义民粹派理论家。他的政治活动反映了民粹派从对沙皇制度进行革命斗争转向与之妥协的演变。19 世纪 60—70 年代与革命的青年平民知识分子小组有联系。接替格·亚·洛帕廷译完了马克思的《资本论》第 1 卷(1872 年初版),以后又译出第 2 卷(1885)和第 3 卷(1896)。在翻译该书期间同马克思和恩格斯有过书信往来。但不了解马克思主义的实质,认为马克思主义理论不适用于俄国,资本主义在俄国没有发展前途;主张保存村社土地所有制,维护小农经济和手工业经济。1893 年出版了《我国改革后的社会经济概况》一书,论证了自由主义民粹派的经济观点。列宁尖锐地批判了他的经济思想。——80、82、87、98—99、181、204、237、239、272—274、275、276—280、282、285—289、309、358、384、409、414、423、424、425、427、428、429—434、435、438、439—440、443、445—447、448、456。

杜林,欧根·卡尔(Dühring, Eugen Karl 1833—1921)——德国哲学家和经济学家。毕业于柏林大学,当过见习法官,1863—1877 年为柏林大学非公聘讲师。70 年代起以"社会主义改革家"自居,反对马克思主义,企图创立新的理论体系。在哲学上把唯心主义、庸俗唯物主义和实证论混合在一起;在政治经济学方面反对马克思的劳动价值学说和剩余价值学说;在社会主义理论方面以资产阶级改良主义精神阐述自己的社会主义体系,反对科学社会主义。他的思想得到部分德国社会民主党人的支持。恩格斯在《反杜林论》一书中系统地批判了他的观点。主要著作有《国民经济学和社会主义批判史》(1871)、《国民经济学和社会经济学教程》(1873)、《哲学教程》(1875)等。——133、135、138—143、148—149、153。

E

恩格尔哈特,亚历山大·尼古拉耶维奇(Энгельгардт, Александр Николаевич

1832—1893)——俄国政论家,农业化学家,民粹主义者。1859—1860年编辑《化学杂志》。1866—1870年任彼得堡农学院教授,因宣传民主思想被捕。1871年被解送回斯摩棱斯克省的巴季舍沃田庄,在那里建立了合理经营的实验农场。列宁在《俄国资本主义的发展》一书(第3章第6节)中评论了他的农场,并以此为例说明民粹派的理论纯系空想。所写《农村来信》先发表于《祖国纪事》杂志,1882年出了单行本。还写过其他一些有关农业问题的著作。——245。

恩格斯,弗里德里希(Engels,Friedrich 1820—1895)——科学共产主义创始人之一,世界无产阶级的领袖和导师,马克思的亲密战友。——85、116—118、120、126、130、133—135、138—143、148、149、151、152、280—281、367、378—382、406。

F

弗·乌里扬诺夫;弗·伊·乌里扬诺夫;弗拉基·乌里扬诺夫;弗拉基米尔·乌里扬诺夫;弗拉基米尔·伊里奇·乌里扬诺夫;弗拉基米尔·伊林·乌里扬诺夫——见列宁,弗·伊·。

福塞特,亨利(Fawcett,Henry 1833—1884)——英国政治活动家,经济学家。1863年起任剑桥大学经济学教授。1865年当选议员,在议会中加入自由党。1880年参加格莱斯顿内阁,任邮政大臣。著有《英国工人的经济状况》(1865)、《贫穷——其原因及消除办法》(1871)等。——432。

G

戈洛瓦乔夫,阿列克谢·阿德里安诺维奇(Головачев,Алексей Адрианович 1819—1903)——俄国自由派社会活动家和政论家。作为科尔切瓦县贵族代表和特维尔省农民解放委员会的成员,积极参加1861年农民改革的准备工作,参与制定废除农奴制的方案,该方案的重要部分成为1861年2月19日法令的基础。1858年起为《俄罗斯通报》、《欧洲通报》等杂志及其他报刊撰稿。——409。

戈洛文,康斯坦丁·费多罗维奇(Головин,Константин Федорович 1843—1913)——俄国小说家和政论家。在1894年《俄罗斯通报》杂志第12期上发表了《村社的两个新敌》一文,评论亚·伊·斯克沃尔佐夫的《经济评述》和彼·伯·司徒卢威的《俄国经济发展问题的评述》,声言可以同合法马克思主义者"携手并进"。在《不要进步的农夫或不要农夫的进步》一书及其他作品中维护大土地占有制和君主制的利益。——461。

格莱斯顿,威廉·尤尔特(Gladstone, William Ewart 1809—1898)——英国国务活动家,自由党领袖。1843—1845年任商业大臣,1845—1847年任殖民大臣,1852—1855年和1859—1866年任财政大臣,1868—1874年、1880—1885年、1886年和1892—1894年任内阁首相。用政治上的蛊惑宣传和表面上的改革来笼络居民中的小资产阶级阶层和工人阶级上层分子。推行殖民扩张政策。对爱尔兰的民族解放运动采取暴力镇压政策,同时也作一些细微的让步。——224。

格里戈里耶夫,瓦西里·尼古拉耶奇(Григорьев, Василий Николаевич 1852—1925)——俄国统计学家,经济学家,民粹派政论家。因进行革命宣传多次被流放。1886—1917年在莫斯科市政管理委员会统计处工作。著有《巴甫洛沃区制锁制刀手工业》(1881)、《梁赞省农民的迁移》(1885)和《从19世纪60年代到1917年地方自治机关统计著作资料主题索引》(1926—1927)等。——215。

古尔维奇,伊萨克·阿道福维奇(Гурвич, Исаак Адольфович 1860—1924)——俄国经济学家。早年参加民粹派活动,1881年流放西伯利亚。在流放地考察了农民的迁移,1888年出版了根据考察结果写出的《农民向西伯利亚的迁移》一书。从流放地归来后,在工人中进行革命宣传,参加组织明斯克的第一个犹太工人小组。1889年移居美国,积极参加美国工会运动和民主运动。20世纪初成为修正主义者。所著《农民向西伯利亚的迁移》、《俄国农村的经济状况》(1892)和《移民与劳动》(1912)等书,得到列宁的好评。——193—194、220—221。

H

哈里佐勉诺夫,谢尔盖·安德列耶维奇(Харизоменов, Сергей Андреевич 1854—1917)——俄国地方自治局统计人员,经济学家。1876年起是民粹派组织"土地和自由社"的成员,该组织分裂后,加入土地平分社。80年代初脱离革命活动,从事地方自治局的统计工作。考察了弗拉基米尔省的手工业,在塔夫利达省进行了按户调查,领导了萨拉托夫、图拉和特维尔三省地方自治局的统计调查工作,在《俄国思想》杂志和《法学通报》杂志上发表过一些经济学问题的文章。主要著作有《弗拉基米尔省手工业》(1882)、《手工工业的意义》(1883)。——174—175。

赫尔岑,亚历山大·伊万诺维奇(Герцен, Александр Иванович 1812 — 1870)——俄国革命民主主义者,作家和哲学家。在十二月党人的影响下走上革命道路。1829 — 1833 年在莫斯科大学求学期间领导革命小组。1834 年被捕,度过六年流放生活。1842 年起是莫斯科西欧主义者左翼的领袖,写有《科学中华而不实的作风》(1842 — 1843)、《自然研究通信》(1844—1845)等哲学著作和一些抨击农奴制度的小说。1847 年流亡国外。欧洲 1848 年革命失败后,对欧洲革命失望,创立"俄国社会主义"理论,成为民粹主义创始人之一。1853 年在伦敦建立自由俄国印刷所,印发革命传单和小册子,1855 年开始出版《北极星》文集,1857 — 1867 年与尼·普·奥格辽夫出版《钟声》杂志,揭露沙皇专制制度,进行革命宣传。在 1861 年农民改革的准备阶段曾一度摇摆。1861 年起坚定地站到革命民主主义方面,协助建立土地和自由社。晚年关注第一国际的活动。列宁在《纪念赫尔岑》(1912)一文中评价了他在俄国解放运动史上的作用。——228、231、237。

黑格尔,乔治·威廉·弗里德里希(Hegel, Georg Wilhelm Friedrich 1770 — 1831)——德国哲学家,客观唯心主义者,德国古典哲学的主要代表。1801—1807 年任耶拿大学哲学讲师和教授。1808 — 1816 年任纽伦堡中学校长。1816—1817 年任海德堡大学哲学教授。1818 年起任柏林大学哲学教授。黑格尔哲学是 18 世纪末至 19 世纪初德国唯心主义哲学的最高发展。他根据唯心主义的思维与存在同一的基本原则,建立了客观唯心主义的哲学体系,并创立了唯心主义辩证法的理论。认为在自然界和人类出现以前存在着绝对精神,客观世界是绝对精神、绝对观念的产物;绝对精神在其发展中经历了逻辑阶段、自然阶段和精神阶段,最终回复到了它自身;整个自然的、历史的和精神的世界都处于不断的运动、变化和发展中,矛盾是运动、变化的核心。黑格尔哲学的特点是辩证方法同形而上学体系之间的深刻矛盾。他的唯心主义辩证法是马克思主义哲学的理论来源之一。在社会政治观点上是保守的,是立宪君主制的维护者。主要著作有《精神现象学》(1807)、《逻辑学》(1812—1816)、《哲学全书》(1817)、《法哲学原理》(1821)、《哲学史讲演录》(1833—1836)、《历史哲学讲演录》(1837)、《美学讲演录》(1836—1838)等。——107—108、132、133—135、137、138、139—143。

J

季别尔,尼古拉·伊万诺维奇(Зибер, Николай Иванович 1844—1888)——俄国经济学家,政论家。1873 年任基辅大学政治经济学和统计学教授,1875 年辞职,不久去国外。1876—1878 年为《知识》杂志和《言论》杂志撰稿,发表了题为《马克思的经济理论》的一组文章(阐述《资本论》第 1 卷的内容)。1881 年在伦敦结识马克思和恩格斯。1885 年出版了主要著作《大卫·李嘉图和卡尔·马克思的社会经济研究》。是马克思经济学说在俄国最早的传播者。——184。

加尔瓦尼,路易吉(Galwani, Luigi 1737—1798)——意大利解剖学家和生理学家,电学创始人之一,电生理学的奠基人,从 18 世纪 70 年代起,通过制成标本的青蛙肌肉进行动物电的实验。他关于不同质的金属同时接触青蛙肌肉能使它发生收缩的发现,促成了电池的发明。他在 1794 年的实验中发现,一只青蛙的肌肉与另一只青蛙的神经直接连接时也发生收缩,从而确证了生物体组织中生物电流的存在。主要著作是《论肌肉运动中的电力》(1791)。——132。

杰缅季耶夫,叶夫斯塔菲·米哈伊洛维奇(Дементьев, Евстафий Михайлович 1850—1918)——俄国医生和社会活动家,俄国最早研究劳动统计和卫生保健统计的学者之一。受莫斯科省地方自治局的委托,对莫斯科省一些工厂 1879—1885 年的卫生状况进行了调查,详尽地记述了工人恶劣的劳动生活条件。在 1893 年出版的《工厂,它给予居民什么和从居民那里取得什么》一书中,批驳了民粹派关于俄国不存在工厂工人阶级的荒谬论断,证明大机器工业必然使工人离开土地。——178。

局外人——见米海洛夫斯基,尼古拉·康斯坦丁诺维奇。

K

卡布鲁柯夫,尼古拉·阿列克谢耶维奇(Каблуков, Николай Алексеевич 1849—1919)——俄国经济学家和统计学家,民粹主义者。1874—1879 年在莫斯科省地方自治局统计处工作,1885—1907 年任统计处处长。1894—1919 年在莫斯科大学教书,1903 年起为教授。在著述中宣扬小农经济稳固,把村社理想化,认为它是防止农民分化的一种形式,反对马克思主义的阶级斗争学说。1917 年在临时政府最高土地委员会工作。十月革命后在中央统计局工作。主要著作有《农业工人问题》(1884)、《农业经济学讲义》(1897)、《论俄国农民经济发展的条件》(1899)、《政治经济学》(1918)等。——209、309。

卡雷舍夫,尼古拉·亚历山德罗维奇(Карышев, Николай Александрович 1855—1905)——俄国经济学家和统计学家,地方自治运动活动家。1891 年起先后在尤里耶夫(塔尔图)大学和莫斯科农学院任教授。写有许多经济学和统计学方面的著作,其中收集了大量统计资料。1892 年发表的博士论文《农民的非份地租地》编为《根据地方自治局的统计资料所作的俄国经济调查总结》第 2 卷。曾为《俄罗斯新闻》、《俄国财富》杂志等撰稿。主要研究俄国农民经济问题,赞同自由主义民粹派的观点,维护村社土地占有制、手工业劳动组合以及其他合作社。——2、10—12、14、203—204、218—220、426。

卡列耶夫,尼古拉·伊万诺维奇(Кареев, Николай Иванович 1850—1931)——俄国历史学家。1879 年起先后任华沙大学和彼得堡大学教授。在方法论上是典型的唯心主义折中主义者,在政治上属于改革后一代的自由派,主张立宪,拥护社会改革。70 年代写的《18 世纪最后 25 年法国农民和农民问题》(1879)得到马克思的好评。90 年代起反对马克思主义,把它等同于"经济唯物主义"。1905 年加入立宪民主党,当选为第一届国家杜马代表。其他主要著作有《法国农民史纲要》(1881)、《历史哲学基本问题》(三卷本,1883—1890)、《西欧近代史》教程(七卷本,1892—1917)、《法国革命史学家》(三卷本,1924—1925)。1910 年当选为彼得堡科学院通讯院士,1929 年起为苏联科学院名誉院士。——113。

考茨基,卡尔(Kautsky,Karl 1854—1938)——德国社会民主党和第二国际的领袖和主要理论家之一。1875 年加入奥地利社会民主党,1877 年加入德国社会民主党。1881 年与马克思和恩格斯相识后,在他们的影响下逐渐转向马克思主义。从 19 世纪 80 年代到 20 世纪初写过一些宣传和解释马克思主义的著作:《卡尔·马克思的经济学说》(1887)、《土地问题》(1899)等。但在这个时期已表现出向机会主义方面摇摆,在批判伯恩施坦时作了很多让步。1883—1917 年任德国社会民主党理论刊物《新时代》杂志主编。曾参与起草 1891 年德国社会民主党纲领(爱尔福特纲领)。1910 年以后逐渐转到机会主义立场,成为中派领袖。第一次世界大战前夕提出超帝国主义论,大战期间打着中派旗号支持帝国主义战争。1917 年参与建立德国独立社会民主党,1922 年拥护该党右翼与德国社会民主党合并。1918 年后发表《无产阶级专政》等书,攻击俄国十月革命,反对无产阶级专政。——103—104、126、228、284。

柯罗连科,谢尔盖·亚历山德罗维奇(Короленко, Сергей Александрович)——俄国统计学家,经济学家。曾在国家产业部工作,后为国家监察长所属专员。1889—1892 年受国家产业部的委托,撰著《从欧俄工农业统计经济概述看地主农场中的自由雇佣劳动和工人的流动》一书。20 世纪初曾为黑帮报纸《新时报》撰稿。——279。

科西奇,安德列·伊万诺维奇(Косич, Андрей Иванович 生于 1833 年)——俄国萨拉托夫省省长(1887—1891)。——228。

克·土·——见列宁,弗拉基米尔·伊里奇。

克里文柯,谢尔盖·尼古拉耶维奇(Кривенко, Сергей Николаевич 1847—1906)——俄国政论家,自由主义民粹派代表人物。1873—1883 年为《祖国纪事》杂志撰稿,写了列宁称为旧民粹主义信条录的《人民园地上的新苗》一文。1879 年起与民意党人接近,为非法出版物撰稿,主张进行恐怖活动和政治斗争。1884 年被捕并流放,1890 年从流放地归来后加入自由主义民粹派右翼。1891—1895 年和 1896—1897 年先后任自由主义民粹派《俄国财富》杂志和《新言论》杂志编辑。写有《论文化孤士》(1893)、《途中来信》(1894)、《关于人民工业的需要问题》(1894)等,鼓吹同沙皇专制制度和解,掩盖阶级对立和劳动者受剥削的事实,否认俄国资本主义的发展

L

拉甫罗夫,彼得·拉甫罗维奇(米尔托夫)(Лавров, Петр Лаврович(Миртов) 1823—1900)——俄国革命民粹主义思想家,哲学家,政论家,社会学家。 1862年加入秘密革命团体——第一个土地和自由社。1866年被捕,次年 流放沃洛格达省,在那里写了对俄国民粹主义知识界有很大影响的《历史 信札》(1868—1869)。1870年从流放地逃到巴黎,加入第一国际,参加了 巴黎公社。1871年5月受公社的委托去伦敦,在那里与马克思和恩格斯 相识。1873—1876年编辑《前进》杂志,1883—1886年编辑《民意导报》, 后参加编辑民意社文集《俄国社会革命运动史资料》(1893—1896)。作为 社会学主观学派的代表,否认社会发展的客观规律,把人类的进步视为"具 有批判头脑的个人"活动的结果,被认为是民粹主义"英雄"与"群氓"理论 的精神始祖。还著有《国际史论丛》、《1873—1878年的民粹派宣传家》等 社会思想史、革命运动史和文化史方面的著作。——359、382。

拉斯波平,瓦西里(Распопин, Василий)——俄国统计学家,《从地方自治局统 计资料看俄国的私有经济》一文(载于1887年《法学通报》杂志第11、12 期)的作者。——449。

朗格,弗里德里希·阿尔伯特(Lange, Friedrich Albert 1828—1875)——德 国哲学家和经济学家,新康德主义创始人之一。1870年起任苏黎世大学 教授,1872年起任马堡大学教授。拥护生理学唯心主义,歪曲唯物主义, 认为唯物主义作为研究自然界的方法是有效的,作为一种哲学理论是站不 住脚的,并必然导致唯心主义。企图用把"自在之物"变成主观概念的办法 排除康德的二元论。在以资产阶级自由派观点所写的著作中,歪曲工人运 动的实质,站在社会达尔文主义立场上,把生物学规律搬用于人类社会,拥 护马尔萨斯的人口过剩律,把资本主义看做是人类社会"自然的和永恒的" 制度。主要著作有《工人问题及其在目前和将来的意义》(1865)、《唯物主 义史及当代对唯物主义意义的批判》(1866)等。——414—418、425。

李卜克内西,威廉(Liebknecht, Wilhelm 1826—1900)——德国工人运动和国 际工人运动活动家,德国社会民主党的创建人和领袖之一,马克思和恩格斯的朋友和战友。积极参加德国 1848 年革命,革命失败后流亡国外,在国外结识马克思和恩格斯,接受了科学共产主义思想。1850 年加入共产主义者同盟。1862 年回国。第一国际成立后,成为国际的革命思想的热心宣传者和国际的德国支部的组织者之一。1868 年起任《民主周报》编辑。1869 年与倍倍尔共同创建了德国社会民主工党(爱森纳赫派),任党的中央机关报《人民国家报》编辑。1875 年积极促成爱森纳赫派和拉萨尔派的合并。在反社会党人非常法施行期间与倍倍尔一起领导党的地下工作和斗争。1890 年起任党的中央机关报《前进报》主编,直至逝世。1867—1870 年为北德意志联邦国会议员,1874 年起多次被选为德意志帝国国会议员,利用议会讲坛揭露普鲁士容克反动的内外政策。因革命活动屡遭监禁。是第二国际的组织者之一。——262。

李斯特,弗里德里希(List,Friedrich 1789—1846)——德国经济学家,庸俗政治经济学的代表人物。1817 年起任杜宾根大学教授,1819 年起为德国工商业协会会长。经济学说的中心思想是促进德国国内市场的形成和德国的统一,促进德国资本主义工商业的发展,反映了德国新兴工业资产阶级的利益。否认普遍的经济规律,认为政治经济学应研究各民族经济发展的特殊道路。提出生产力的理论,认为财富的生产力较财富本身重要得多,以此作为保护关税政策的根据。主要著作是《政治经济学的国民体系》(1841)。——396。

列宁,弗拉基米尔·伊里奇(**乌里扬诺夫,弗拉基米尔·伊里奇**;弗·乌里扬诺夫;弗·伊·乌里扬诺夫;弗拉基·乌里扬诺夫;弗拉基米尔·乌里扬诺夫;弗拉基米尔·伊里奇·乌里扬诺夫;弗拉基米尔·伊林·乌里扬诺夫;克·土·)(Ленин,Владимир Ильич(Ульянов,Владимир Ильич,В. Ульянов,В. И. Ульянов,Влад. Ульянов,Владимир Ульянов,Владимир Ильич Ульянов,Владимир Ильин Ульянов,К.Т.)1870—1924)——2—3、171、172、173、307、308、322、338、348、458、467、476、477、478、479、480、481、482、483、484、485、486、487、488。

卢格,阿尔诺德(Ruge,Arnold 1802—1880)——德国政论家,青年黑格尔派,资产阶级激进派。1843—1844 年同马克思一起在巴黎筹办和出版《德法年鉴》杂志,不久与马克思分道扬镳。1866 年后成为民族自由党人,写文章支持俾斯麦所奉行的在普鲁士领导下"自上而下"统一德国的政策。——131。

卢梭，让·雅克(Rousseau，Jean-Jacques 1712—1778)——法国启蒙思想家，哲学家，教育学家，文学家。对18世纪法国资产阶级革命的思想准备起了重要作用。他的著作反映了小资产阶级的意识形态。认为私有制是人民大众遭受社会压迫的根源，但又不主张彻底消灭私有制，而提出一种空想的平均主义的私有财产分配理论。在哲学上的主要倾向是唯心主义，但也提出一些唯物主义论点。他的《论人间不平等的起源和原因》(1755)一书认为不平等的产生既是进步，又是退步，被恩格斯列为"辩证法的杰作"，这本书也包含着经济在社会发展中起决定性作用的猜测。其他主要著作有《论科学与艺术》(1750)、《尤丽，或新爱洛绮斯》(1761)、《社会契约论》(1762)、《爱弥儿，或论教育》(1762)等。——143。

罗杰斯，詹姆斯·埃德温·索罗尔德(Rogers，James Edwin Thorold 1823—1890)——英国经济史学家。1859年起任伦敦大学经济学和统计学教授，1862年起任牛津大学教授。1880—1886年为自由党议员，反对保护关税，主张自由贸易。主要著作是《英国的农业史和价格史》(1866)。——432。

M

马尔萨斯，托马斯·罗伯特(Malthus，Thomas Robert 1766—1834)——英国经济学家，英国资产阶级庸俗政治经济学的创始人之一，人口论的主要代表。毕业于剑桥大学耶稣学院，1797年成为牧师。1805—1834年任东印度公司创办的海利贝里学院历史和经济学教授。在对他人理论予以吸收和加工的基础上，于1798年匿名发表《人口原理》一书。认为人口按几何级数增长，而生活资料按算术级数增长，因而造成人口绝对过剩，而贫穷和罪恶抑制人口增长，使生活资料与人口恢复平衡。把资本主义制度下劳动人民失业、贫困、饥饿和其他灾难都归之于自然规律的作用，为资本主义辩护，受到统治阶级的推崇。主要著作还有《政治经济学原理的实际应用》(1820)。——410、420、422—423、428。

马克思，卡尔(Marx，Karl 1818—1883)——科学共产主义的创始人，世界无

区土著居民的社会制度和生活习俗的长期研究,根据丰富的实际材料,论证了作为原始公社制度基本形式的氏族的发展学说,发现了人类早期的社会组织原则及其发展规律,为科学地理解原始社会的历史奠定了基础。马克思和恩格斯对摩尔根的巨大贡献给予很高的评价。主要著作是《古代社会》(1877)。——118、120、152。

穆勒,约翰·斯图亚特(Mill,John Stuart 1806—1873)——英国哲学家,经济学家,逻辑学家,实证论代表人物。哲学观点接近休谟的经验论和孔德的实证论,否认物质世界的客观存在,认为感觉是唯一的实在,物质是感觉的恒久可能性。对逻辑学中的归纳法的研究有一定贡献。在经济学上追随古典学派,用生产费用论代替劳动价值论,比李嘉图倒退一步。企图用节欲论来解释资本家的利润。主张通过分配关系的改革实现社会改良。主要著作有《推论和归纳的逻辑体系》(1843)、《政治经济学原理》(1848)、《汉密尔顿爵士哲学探讨》(1865)等。——432。

N

拿破仑第一(**波拿巴**)(Napoléon I(Bonaparte)1769—1821)——法国皇帝,资产阶级军事家和政治家。法国资产阶级革命时期参加革命军。1799年发动雾月政变,自任第一执政,实行军事独裁统治。1804年称帝,建立法兰西第一帝国,颁布《拿破仑法典》,巩固资本主义制度。多次粉碎反法同盟,沉重打击了欧洲封建反动势力。但对外战争逐渐变为同英俄争霸和掠夺、奴役别国的侵略战争。1814年欧洲反法联军攻陷巴黎后,被流放厄尔巴岛。1815年重返巴黎,再登皇位。滑铁卢之役战败后,被流放大西洋圣赫勒拿岛。——137。

尼·—逊;尼古·—逊;尼古拉·—逊——见丹尼尔逊,尼古拉·弗兰策维奇。

P

蒲鲁东,皮埃尔·约瑟夫(Proudhon,Pierre-Joseph 1809—1865)——法国政论家,经济学家,社会学家,小资产阶级思想家,无政府主义理论的创始人之一。1840年出版《什么是财产?》一书,从小资产阶级立场出发批判大资本主义所有制,幻想使小私有制永世长存。主张由专门的人民银行发放无息贷款,帮助工人购置生产资料,使他们成为手工业者,再由专门的交换银行保证劳动者"公平地"销售自己的劳动产品,而同时又不触动生产工具和生产资料的资本主义所有制。认为国家是阶级矛盾的主要根源,提出和平"消灭国家"的空想主义方案,对政治斗争持否定态度。1846 年出版《经济矛盾的体系,或贫困的哲学》,阐述其小资产阶级的哲学和经济学观点。马克思在《哲学的贫困》一书中对该书作了彻底的批判。1848 年革命时期被选入制宪议会后,攻击工人阶级的革命发动,赞成 1851 年 12 月 2 日的波拿巴政变。——112、379、387。

普列汉诺夫,格奥尔吉·瓦连廷诺维奇(Плеханов, Георгий Валентинович 1856—1918)——俄国早期的马克思主义理论家,后来成为孟什维克和第二国际机会主义领袖之一。19 世纪 70 年代参加民粹主义运动,是土地和自由社成员及土地平分社领导人之一。1880 年侨居瑞士,逐步同民粹主义决裂。1883 年在日内瓦创建俄国第一个马克思主义团体——劳动解放社。翻译和介绍了马克思和恩格斯的许多著作,对马克思主义在俄国的传播起了重要作用;写过不少优秀的马克思主义著作,批判民粹主义、合法马克思主义、经济主义、伯恩施坦主义、马赫主义。20 世纪初是《火星报》和《曙光》杂志编辑部成员。曾参与制定俄国社会民主工党纲领草案和参加党的第二次代表大会的筹备工作。在代表大会上是劳动解放社的代表,属火星派多数派,参加了大会常务委员会,会后逐渐转向孟什维克。1905—1907 年革命时期反对列宁的民主革命的策略,后来在孟什维克和布尔什维克之间摇摆。在俄国社会民主工党第四次(统一)代表大会上作了关于土地问题的报告,维护马斯洛夫的孟什维克方案;在国家杜马问题上坚持极右立场,呼吁支持立宪民主党人的杜马。斯托雷平反动时期和新的革命高涨年代反对取消主义,领导孟什维克护党派。第一次世界大战期间持社会沙文主义立场。1917 年二月革命后支持资产阶级临时政府。对十月革命持否定态度,但拒绝支持反革命。最重要的理论著作有《社会主义与政治斗争》(1883)、《我们的意见分歧》(1885)、《论一元论历史观之发展》(1895)、《唯物主义史论丛》(1896)、《论个人在历史上的作用》(1898)、《没有地址的信》(1899 — 1900),等等。—— 151、163 — 164、187、238、

246、255。

Q

齐美尔,格奥尔格(Simmel,Georg 1858—1918)——德国唯心主义哲学家和社会学家,康德的追随者。1901年起任柏林大学教授,1914年起任斯特拉斯堡大学教授。认为社会学的对象就是研究人们在社会上相互影响的形式,把社会的东西片面理解为个人间关系的总和。主要著作有《论社会分化》(1890)、《历史哲学问题》(1892)、《社会学》(1908)等。——373—374。

契切林,波里斯·尼古拉耶维奇(Чичерин, Борис Николаевич 1828—1904)——俄国法学家,政治学家,历史学家,哲学家,自由主义运动活动家。1861—1868年任莫斯科大学教授。1882—1883年任莫斯科市市长。在政治观点上是立宪君主主义者,在哲学上是唯心主义者和形而上学者。主要著作有《政治学说史》(1869—1902)、《所有制和国家》(1882—1883)、《法哲学》(1900)等。——316、435。

R

茹柯夫斯基,尤利·加拉克季昂诺维奇(Жуковский, Юлий Галактионович 1833—1907)——俄国经济学家和政论家,社会思想史学家。曾任俄国国家银行行长、参议员。1860年起先后为《同时代人》杂志和《欧洲通报》杂志撰稿人,并且是1869年创刊的《宇宙》杂志编辑之一。1877年在《欧洲通报》杂志第9期上发表《卡尔·马克思和他的〈资本论〉一书》一文,攻击马克思主义,在俄国引起了一场激烈论战。他的经济学著作是各家经济理论的折中杂凑。——104、139、144。

S

萨尔蒂科夫-谢德林,米哈伊尔·叶夫格拉福维奇(萨尔蒂科夫,米·叶·;谢德林)(Салтыков-Щедрин, Михаил Евграфович(Салтыков, М. Е., Щедрин)1826—1889)——俄国讽刺作家,革命民主主义者。1848年因发表抨击沙皇制度的小说被捕,流放七年。1856年初返回彼得堡,用笔名"尼·谢德林"发表了《外省散记》。1863—1864年为《同时代人》杂志撰写政论文章,

1868 年起任《祖国纪事》杂志编辑,1878 年起任主编。60—80 年代创作了
《一个城市的历史》、《戈洛夫廖夫老爷们》等长篇小说,批判了俄国的专制
农奴制,刻画了地主、沙皇官僚和自由派的丑恶形象。——226、388。

桑巴特,韦尔纳(Sombart,Werner 1863—1941)——德国经济学家和社会学
家。1890 年起任布雷斯劳大学教授,1906 年起任柏林大学教授。早期著
作受到马克思主义的影响,后来反对历史唯物主义和马克思的经济学说,
否认社会发展的一般规律,强调精神的决定性作用,把资本主义描绘成一
种协调的经济体系。晚年吹捧希特勒法西斯独裁制度,拥护反动的民族社
会主义。主要著作有《19 世纪的社会主义和社会运动》(1896)、《现代资本
主义》(1902)、《德国社会主义》(1934)。——382。

舍尔比纳,费多尔·安德列耶维奇(Щербина, Федор Андреевич 1849—
1936)——俄国统计学家,民粹主义者,俄国家庭收支统计学创始人。
1884—1903 年主持沃罗涅日地方自治局统计处的工作。1904 年被选为
彼得堡科学院通讯院士。1907 年是第二届国家杜马人民社会党的代表。
十月革命后移居国外。主编过近百种统计著作,其中有《奥斯特罗戈日斯
克县的农民经济》(1887)、《沃罗涅日地方自治机关。1865—1889 年。历
史统计概述》(1891)、《沃罗涅日省 12 个县综合汇编》(1897)、《农民的收支
及其对收成和粮价的依赖关系》(1897)、《农民的收支》(1900)。——187—
188、189—192、195、409—410。

司徒卢威,彼得·伯恩哈多维奇(彼·司·))(Струве, Петр Бернгардович(П.С.)
1870—1944)——俄国经济学家,哲学家,政论家,合法马克思主义主要代
表人物,立宪民主党领袖之一。19 世纪 90 年代编辑合法马克思主义者的
《新言论》杂志和《开端》杂志。1896 年参加第二国际第四次代表大会。
1898 年参加起草《俄国社会民主工党宣言》。在 1894 年发表的第一部著
作《俄国经济发展问题的评述》中,在批判民粹主义的同时,对马克思的经
济学说和哲学学说提出"补充"和"批评"。20 世纪初同马克思主义和社会
民主主义彻底决裂,转到自由派营垒。1902 年起编辑自由派资产阶级刊
物《解放》杂志,1903 年起是解放社的领袖之一。1905 年起是立宪民主党
中央委员,领导该党右翼。1907 年当选为第二届国家杜马代表。第一次
世界大战爆发后鼓吹俄国的帝国主义侵略扩张政策。十月革命后敌视苏

维埃政权,是邓尼金和弗兰格尔反革命政府成员,后逃往国外。——237—239、272—273、276—277、286—289、297—465。

斯宾塞,赫伯特(Spencer, Herbert 1820—1903)——英国哲学家,社会学家。实证论的代表,社会有机体论的创始人,社会达尔文主义者。认为社会和国家如同生物一样是由简单到复杂的不断发展进化的有机体,社会的阶级构成以及各种行政机构的设置犹如执行不同功能的各种生物器官,适者生存的规律也适用于社会。主要著作为《综合哲学体系》(1862—1896)。——106。

斯克沃尔佐夫,亚历山大·伊万诺维奇(Скворцов, Александр Иванович 1848—1914)——俄国经济学家,农学家,新亚历山大农业和林业学院教授。主要著作有《蒸汽机运输对农业的影响》(1890)、《经济评述》(1894)、《政治经济学原理》(1898)等。——168、435—438、462—463。

斯洛尼姆斯基,路德维希·季诺维耶维奇(Слонимский, Людвиг Зиновьевич 1850—1918)——俄国经济学家和政论家。19世纪70—90年代为《欧洲通报》杂志和俄国其他报刊撰稿。曾同自由主义民粹派论战,在论战中从自由派资产阶级立场出发维护小农经济,不了解农民分化的过程。用庸俗经济学的观点批判马克思的经济学体系,所写文章编成《卡尔·马克思的经济学说》(1898)一书。——44、286—287。

斯密,亚当(Smith, Adam 1723—1790)——英国经济学家和哲学家,资产阶级古典政治经济学最著名的代表人物。曾任格拉斯哥大学教授和校长。第一个系统地论述了劳动价值论的基本范畴,分析了价值规律的作用。研究了雇佣工人、资本家和地主这三大阶级的收入,认为利润和地租都是对劳动创造的价值的扣除,从而接触到剩余价值的来源问题,并在一定程度上揭露了资本主义社会阶级对立的经济根源。但由于历史的和阶级的局限性以及方法论上的矛盾,他的经济理论既有科学成分,又有庸俗成分。代表作《国民财富的性质和原因的研究》(1776)。——457。

斯密斯,戈尔德温(Smith, Goldwin 1823—1910)——英国历史学家,政论家,经济学家。1858—1866年任牛津大学近代史教授。1868—1871年在美国康奈尔大学任英国史和宪法史教授。1871年移居加拿大,从事政论工作。在政治经济学方面赞同曼彻斯特学派,19世纪末20世纪初曾抨击过英美的帝国主义政策。——432。

T

特里罗果夫，弗拉基米尔·格里戈里耶维奇（Трирогов，Владимир Григорь-
евич）——俄国统计学家，萨拉托夫省统计委员会副主席。著有《村社和赋
税》（1882）一书。——42。

特维尔斯科伊，帕·А.（Тверской，П. А.）——俄国地主，1881年移居美国。
曾为《欧洲通报》杂志撰稿。——80。

W

瓦·沃·——见沃龙佐夫，瓦西里·巴甫洛维奇。

瓦西里契柯夫，亚历山大·伊拉里昂诺维奇（Васильчиков，Александр
Илларионович 1818—1881）——俄国经济学家和地方自治运动活动家，贵
族地主。1872年起任由他倡议建立的彼得堡信贷储金会委员会主席。发
表过不少有关土地问题、地方自治和信贷方面的著作。在《俄国和欧洲其
他国家的土地占有制和农业》（1876）、《俄国农村风俗和农业》（1881）等著
作中，主张在俄国保存村社，认为村社是消除阶级斗争的手段。列宁称他
为民粹主义的地主。——204、325、409。

韦列田尼科娃，安娜·亚历山德罗夫娜（Веретенникова，Анна Александровна
1833—1897）——列宁母亲玛·亚·乌里扬诺娃的姐姐。——479、480。

维尔纳茨基，伊万·瓦西里耶维奇（Вернадский，Иван Васильевич 1821—
1884）——俄国经济学家。1846—1856年先后任基辅大学和莫斯科大学
教授。《经济指标》杂志（1857—1861）和《经济学家》杂志（1858—1865）的
创办人和编辑。写有政治经济学、经济思想史、统计学和关税税率政策方
面的著作，反对农奴制，赞成在俄国发展资本主义大工业，把资本主义的规
律视为自然的和永恒的规律。——316。

维尔涅尔，康斯坦丁·安东诺维奇（Вернер，Константин Антонович 1850—
1902）——俄国统计学家，农学家，民粹主义者。1880—1889年在莫斯科
省和塔夫利达省地方自治局统计处工作。1895年起任莫斯科农学院农业
经济学教授。主要著作有《梅利托波尔县的农民经济》（1887）、《塔夫利达

省省志》(1889)、《莫斯科省博戈罗茨克县手工业》(1890)等。——14。

维特，谢尔盖·尤利耶维奇(Витте, Сергей Юльевич 1849—1915)——俄国国
务活动家。1892年2—8月任交通大臣，1892—1903年任财政大臣，1903
年8月起任大臣委员会主席，1905年10月—1906年4月任大臣会议主
席。在财政、关税政策、铁路建设、工厂立法和鼓励外国投资等方面采取了
一系列措施，促进了俄国资本主义的发展。同时力图通过对自由派资产阶
级稍作让步和对人民群众进行镇压的手段来维护沙皇专制制度。1905—
1907年革命期间派军队对西伯利亚、波罗的海沿岸地区、波兰以及莫斯科
的武装起义进行了镇压。——240。

沃龙佐夫，瓦西里·巴甫洛维奇(瓦·沃·)(Воронцов, Василий Павлович
(В.В.)1847—1918)——俄国经济学家，社会学家，政论家，自由主义民粹
派思想家。曾为《俄国财富》、《欧洲通报》等杂志撰稿。认为俄国没有发展
资本主义的条件，俄国工业的形成是政府保护政策的结果；把农民村社理
想化，力图找到一种维护小资产者不受资本主义发展之害的手段。19世
纪90年代发表文章反对俄国马克思主义者，鼓吹同沙皇政府和解。主要
著作有《俄国资本主义的命运》(1882)、《俄国手工工业概述》(1886)、《农民
经济中的进步潮流》(1892)、《我们的方针》(1893)、《理论经济学概论》
(1895)。——2、85、87、100、128、209、218、221、229、234、254、274、308、
309、314、324、347、356、384、388、392、408、426、428、453—454、456—457、
458、463、464。

乌斯宾斯基，格列勃·伊万诺维奇(Успенский, Глеб Иванович 1843—
1902)——俄国作家和政论家，革命民主主义者。1865年起先后为《同时
代人》和《祖国纪事》等杂志撰稿。在《遗失街风习》(1866)、《破产》(1869—
1871)、《乡村日记片断》(1877—1880)、《农民和农民劳动》(1880)、《土地的
威力》(1882)等作品中，描写了城市贫民和农民贫困、无权和被压迫的境
遇。违背自己的民粹主义观点，真实地表现了农村资本主义关系的发展、
宗法制农村生活基础的崩溃和村社的瓦解。——304、339。

X

西尼耳，纳索·威廉(Senior, Nassau William 1790—1864)——英国庸俗经济

学家。1825—1830年和1847—1852年任牛津大学教授。在多届政府的劳动和工业问题委员会中担任领导职务。倡导"节欲论",并极力反对缩短工作日。马克思在《资本论》第1卷中批判了他在1837年发表的小册子《关于工厂法对棉纺织业的影响的书信》。——68。

谢德林——见萨尔蒂科夫-谢德林,米哈伊尔·叶夫格拉福维奇。

Y

雅柯夫列夫,А.В.(Яковлев, А.В. 1835—1888)——写有一些关于小土地信贷与劳动组合等问题的著作。司徒卢威在《俄国经济发展问题的评述》一书中引用了他的《协会与劳动组合》一文中的某些片断。——362、413。

扬茹尔,伊万·伊万诺维奇(Янжул, Иван Иванович 1846—1914)——俄国经济学家和统计学家。1876年起任莫斯科大学财政法教授。1882—1887年任莫斯科专区的工厂视察员。1895年被选为彼得堡科学院通讯院士。研究税收和关税政策、工厂和工人立法,拥护国家社会主义,认为国家干预经济,特别是通过关税和税收政策进行干预,就是实现社会主义。为温和自由派的多个杂志撰稿。——461。

叶尔莫洛夫,阿列克谢·谢尔盖耶维奇(Ермолов, Алексей Сергеевич 1846—1917)——俄国沙皇政府官员。高等学校毕业后一直在国家产业部和财政部任职。1886—1888年是自由经济学会副会长。写有一些农业问题的著作。1892年出版《歉收和人民的灾难》一书,为沙皇政府的农业政策辩护。1892年任副财政大臣,1893年主持国家产业部,1894—1905年任农业和国家产业大臣,后为国务会议成员。——240、254。

伊萨耶夫,安德列·阿列克谢耶维奇(Исаев, Андрей Алексеевич 1851—1924)——俄国民粹派经济学家和统计学家。1875年在莫斯科地方自治局开始科学研究工作。1879—1893年在高等学校任教,1884年起为教授。赞许马克思主义,但以资产阶级改良主义精神解释马克思的经济学说,鼓吹合作制社会主义,认为村社、手工业劳动组合和合作社可以使小经济具有大经济的优越性,是易于向社会主义过渡的经济形式。著作有《莫斯科省手工业》(1876—1877)、《政治经济学原理》(1894)、《俄国社会经济的现在和未来》(1896)等。——182。

尤沙柯夫,谢尔盖·尼古拉耶维奇(Южаков, Сергей Николаевич 1849 — 1910)——俄国政论家和社会学家,自由主义民粹派思想家。1868年起为《知识》、《祖国纪事》和《事业》等杂志撰稿。1876—1879年接近秘密革命组织。1879—1882年被流放。1885—1889年任《北方通报》杂志编委,1894—1898年任《俄国财富》杂志编委,参加民粹派同马克思主义者的论战。1898—1909年任启蒙出版社二十二卷本《大百科全书》主编。提出以扶持村社和劳动组合为目的的改革方案,认为村社和劳动组合可以成为农业和手工业生产社会化的基础;在社会学方面是主观唯心主义者,否认阶级斗争,认为"伦理因素"在社会进步中起主要作用。——38、102、155—156、171、173—174、176、186、196、203、205、210—211、216、223—224、225、245、254、313、329、345、363—366、384、388、427—428、462、464。

文 献 索 引

（〔Даниельсон. Н. Ф.〕Николай—он. Нечто об условиях нашего хозяйственного развития. —«Русское Богатство», Спб., 1894, №4, стр. 1— 34；№6, стр. 86—130）——272—274、275、276、277、279、282、286、287、288、289。

—《我国改革后的社会经济概况》（Очерки нашего пореформенного общественного хозяйства. Спб., 1893. XVI, 353, XVI стр.）——80、82、98—99、276、277、279、287—288、358、409、429—430、433。

杜林，欧·《国民经济学和社会主义批判史》（Dühring, E. Kritische Geschichte der Nationalökonomie und des Sozialismus. 3-te Aufl. Leipzig, Fues（R. Reisland），1879. XIV, 574 S.）——138、140、141、143。

恩格斯，弗·《反杜林论（欧根·杜林先生在科学中实行的变革）》（德文版）（Engels, F. Herrn E. Dührings Umwälzung der Wissenschaft. 1876—1878）——118、378。

—《反杜林论》（俄文版）（Энгельс, Ф. Анти-Дюринг. Переворот в науке, произведенный господином Евгением Дюрингом, 1876—1878 гг.）——116、118、133、135、138—143、149、382。

—《家庭、私有制和国家的起源》（德文版）（Der Ursprung der Familie, des Privateigentums und des Staats. Im Anschluß an Lewis H. Morgan's Forschungen. 2-te Aufl. Stuttgart, Dietz, 1886. VI, 147 S.）——380—381。

—《家庭、私有制和国家的起源》（俄文版）（Происхождение семьи, частной собственности и государства.（Пер. с 4-го нем. изд.）. Спб., Тиханов, 1894. XVII, 175 стр.）——380—381。

—〔《家庭、私有制和国家的起源》一书〕《1884年第一版序言》（Предисловие к первому изданию 1884 года〔книги «Происхождение семьи, частной собственности и государства»〕. Конец мая 1884 г.）——117、130。

—〔《路德维希·费尔巴哈和德国古典哲学的终结》一书〕《序言》（Предисловие〔к книге «Людвиг Фейербах и конец классической немецкой философии»〕. 21 февраля 1888 г.）——116、152。

—《论住宅问题》（Zur Wohnungsfrage. Zweite Hälfte 1872—Januar 1873）——281。

—[《论住宅问题》一书第二版]《序言》(Vorwort [zur 2-ten Auflage der Arbeit: «Zur Wohnungsfrage»]. 10. Januar 1887)——281。

—《社会主义从空想到科学的发展》(Развитие социализма от утопии к науке. Начало 1880 г.)——135。

—《英国工人阶级状况》(Положение рабочего класса в Англии. По собственным наблюдениям и достоверным источникам. Сентябрь 1844 г.—март 1845 г.)——85。

哥尔布诺娃,敏·卡·《花边业》(Горбунова, М. К. Кружевной промысел.—В кн.: Боголепов, И. Промыслы Московской губернии. Вып. II. М., 1880, стр. 4 — 91 (В изд.: Сборник статистических сведений по Московской губернии. Отдел хозяйственной статистики. Т. VI. Вып. II))——94—98。

歌德,约·沃·《酬唱集》(Goethe, J.-W. Zahme Xenien)——227。

格里戈里耶夫,瓦·尼·《巴甫洛沃区制锁制刀手工业》(Григорьев, В. Н. Кустарное замочно-ножевое производство Павловского района. (В Горбатовском уезде Нижегородской губ. и в Муромском уезде Владимирской губ.).—В кн.: Рагозин, В. Материалы к изучению кустарной промышленности Волжского бассейна. Прил. к изд. «Волга». М., 1881, стр. XI—XVI, 1 — 124)——215。

古尔维奇,伊·阿·《俄国农村的经济状况》(Hourwich, I. A. The economics of the russian village. New York, 1892. VI, 182 p.)——193—194、220—221。

果戈理,尼·瓦·《死魂灵》(Гоголь, Н. В. Мертвые души)——285。

哈克斯特豪森,奥·《俄国的国内状况、国民生活、特别是农村设施概论》(Гакстгаузен, А. Исследования внутренних отношений, народной жизни и в особенности сельских учреждений России. Пер. с нем. и изд. Л. И. Рагозин. Т. I. М., 1870. XXII, 490 стр.)——353。

哈里佐勉诺夫,谢·安·《手工工业的意义》(Харизоменов, С. А. Значение кустарной промышленности.—«Юридический Вестник», М., 1883, №11, стр. 414 — 441; №12, стр. 543 — 597)——174—175。

季别尔,尼·伊·《大卫·李嘉图和卡尔·马克思的社会经济研究》(Зибер, Н. И. Давид Рикардо и Карл Маркс в их общественно-экономических

исследованиях. Опыт критико-экономического исследования. Спб., 1885.
　　VII, 598 стр.)——184。

杰缅季耶夫, 叶·米·《工厂, 它给予居民什么和从居民那里取得什么》
　　(Дементьев, Е. М. Фабрика, что она дает населению и что она у него берет.
　　М., 1893. VIII, 246 стр.)——178。

局外人——见米海洛夫斯基, 尼·康·。

卡布鲁柯夫, 尼·阿·《农业工人问题》(Каблуков, Н. А. Вопрос о рабочих в
　　сельском хозяйстве. М., ред. «Юридического Вестника», 1884, X. XXIV,
　　299 стр.)——309。

　—《土地私有主经济概况》(Очерк хозяйства частных землевладельцев. М.,
　　изд. Моск. губ. земства, 1879. V, 200, 103 стр. (В изд.: Сборник
　　статистических сведений по Московской губернии. Отдел хозяйственной
　　статистики. Т. V. Вып. I)——209。

卡雷舍夫, 尼·亚·《国民经济概述》(Карышев, Н. А. Народно-хозяйственные
　　наброски. XII. Современные течения в крестьянском хозяйстве
　　Нижегородской губернии.—«Русское Богатство», Спб., 1894, №2, стр.
　　1—19)——203—204、218—220。

　—《农民的非份地租地》(Крестьянские вненадельные аренды. Дерпт, 1892.
　　XIX, 402. LXV стр. (В изд.: Итоги экономического исследования России
　　по данным земской статистики. Т. II))——2、10、11、14、426。

卡列耶夫, 尼·伊·《关于经济唯物主义的新旧探讨》(Кареев, Н. И. Старые и
　　новые этюды об экономическом материализме. Материалы для истории и
　　критики экономического материализма. Спб., 1896. VI, 162 стр.)——113。

考茨基, 卡·《卡尔·马克思的经济学说》(Kautsky, K. Karl Marx's Ökono-
　　mische Lehren)——103—104。

考—曼, 伊·——见[考夫曼, 伊·伊·]。

[考夫曼, 伊·伊·]《卡尔·马克思的政治经济学批判的观点》([Кауфман,
　　И. И.] Точка зрения политико-экономической критики у Карла
　　Маркса.—«Вестник Европы», Сиб., 1872, №5, стр. 427—436)——135。

柯罗连科, 谢·亚·《从欧俄工农业统计经济概述看地主农场中的自由雇佣

劳动和工人的流动》(Короленко, С. А. Вольнонаемный труд в хозяйствах владельческих и передвижение рабочих, в связи с статистикоэкономическим обзором Европейской России в сельскохозяйственном и промышленном отношениях. Спб., 1892. XX, 844 стр. (Деп. земледелия и сельской пром-сти. С-х. и стат. сведения по материалам, полученным от хозяев. Вып. V))——279。

[*克拉辛,格·波·*]《*市场问题*》([Красин, Г. Б.] Вопрос о рынках. [Реферат])
——56—59、63—64、69—71、83—84、85—87。

克雷洛夫,伊·安·《*狗鱼*》(Крылов, И. А. Щука)——259。

—《*狼和牧人*》(Волк и Пастухи)——311。

—《*猫和厨子*》(Кот и Повар)——275、276。

—《*象和哈巴狗*》(Слон и Моська)——128。

克里文柯,谢·尼·《*关于人民工业的需要问题*》(Кривенко, С. Н. К вопросу о нуждах народной промышленности.—«Русское Богатство», Спб., 1894, №7, стр. 154—170; №9, стр. 35—71; №10, стр. 94—130)——313、342—343。

—《*论文化孤士*》(По поводу культурных одиночек.—«Русское Богатство», Спб., 1893, №12, стр. 160—192)——102、173、174、175、178、200、203、205、206—207、211—212、213、217、222、227、228、230、234—235、237、238、242—245、281、358。

—《*人民园地上的新苗*》(Новые всходы на народной ниве.—«Отечественные Записки», Спб., 1879, №2, стр. 125—152)——302—333、335—337、343—356、382、394、401。

—《*途中来信*》(Письма с дороги. Письмо 1-е. (Крестьянский бюджет в связи с переходом натурального хозяйства в денежное).—«Русское Богатство». Спб., 1894, №1, стр. 150—170)——173、187—189、191、194—195、196—199、206—207、210—211。

拉斯波平,瓦·《*从地方自治局统计资料看俄国的私有经济*》(Распопин, В. Частновладельческое хозяйство в России. (По земским статистическим данным).—«Юридический Вестник», М., 1887, №11, стр. 460—486;

№12,стр.629—647)——449。

莱辛,哥·埃·《莱辛全集》(第1卷)(Lessing,G.E.Lessings Werke.Hrsg.von F. Bornmüller. Bd. 1. Leipzig u. Wien, Bibliographisches Institut, б. г. XXXVI,562 S.)——104。

——《致读者格言诗》(Die Sinngedichte an den Leser.—In: Lessing, G. E. Lessings Werke. Hrsg. von F. Bornmüller. Bd. 1. Leipzig u. Wien, Bibliographisches Institut,б.г.,S.76)——104。

朗格,弗·阿·《工人问题》(Ланге, Ф. А. Рабочий вопрос. Его значение в настоящем и будущем. Пер. с 4 нем. изд. А. Л. Блека. С предисл. Р. И. Сементковского. Спб., Павленков, 1892. II, VI, 323 стр.)—— 414 — 418、425。

卢梭,让·雅·《社会契约论》(Rousseau, J.-J. Du Contrat social; ou, Principes du droit politique)——109。

马克思,卡·《法兰西内战》(Marx, K. Der Bürgerkrieg in Frankreich. Adresse des Generalrats der Internationaler Arbeiter—Assoziation an alle Mitglieder in Europa und den Vereinigten Staaten. Neuer Abdruck. Leipzig, Genossenschaftbuchdruckerei, 1876.56 S.)——381。

——《哥达纲领批判》(Маркс, К. Критика Готской программы. Замечания к программе германской рабочей партии 5 мая 1875 г.)——283、403。

——《给卢格的信》(Письмо к Руге. Сентябрь 1843 г.—«Социал-Демократ», Женева,1892,кн.4,стр.25—29)——131、154、291。

——《给〈祖国纪事〉杂志编辑部的信》(Письмо в редакцию«Отечественных Записок». (Письмо Михайловскому). Конец 1877 г.—«Юридический Вестник», М., 1888, №10, стр. 270 — 273. Загл.: Письмо Карла Маркса)——116、230—231。

——《〈黑格尔法哲学批判〉导言》(К критике гегелевской философии права. Введение. Конец 1843 г.—январь 1844 г.)——107、202。

——《路易·波拿巴的雾月十八日》(Der achtzehnte Brumaire des Louis Bonaparte. 3-te Aufl. Hamburg, Meißner, 1885. VI, 108 S.)—— 375、381、387、408—409。

—[《路易·波拿巴的雾月十八日》一书]《第二版序言》(Vorwort zur 2-te Auflage[der Arbeit：«Der achtzehnte Brumaire des Louis Bonaparte»]. 23.Juni 1869)——387。

—《哲学的贫困》(Нищета философии. Ответ на «Философиюнищеты» г-на Прудона. Первая половина 1847 г.)——112、135、232、283。

—《〈政治经济学批判〉序言》(Предисловие к «К критике политической экономии».Январь 1859 г.)——107—109、120—121。

—[《资本论》第一卷]《第一版序言》(Предисловие к первому изданию [первого тома«Капитала».25 июля 1867 г.)——105—106、111。

—[《资本论》第一卷]《第二版跋》(Послесловие ко второму изданию [первого тома «Капитала». 24 января 1873 г.)—— 130、135—137、143、291。

—《资本论》(德文版第 1 卷)(Das Kapital.Kritik der politischen Ökonomie. Bd. I. Buch I：Der Produktionsprozeß des Kapitals. 2-te Aufl. Hamburg, Meißner, 1872.830 S.)——79、140—142、282、379、424—425、432。

—《资本论》(德文版第 2 卷)(Das Kapital.Kritik der politischen Ökonomie. Bd. II. Buch II：Der Zirkulationsprozeß des Kapitals. Hrsg. von F. Engels. Hamburg,Meißner,1885.XXVII,526 S.)——68、84、397—399。

—《资本论》(德文版第 3 卷)(Das Kapital.Kritik der politischen Ökonomie. Bd. III. T. 2. Buch III. Der Gesamtprozeß der kapitalistischen Produktion. Hrsg.von F.Engels.Hamburg.Meißner,1894.IV,422 S.)——448。

—《资本论》(俄文版第 1—3 卷)(Капитал. Критика политической экономии. Т.I—III.1867—1894 гг.)——103—106、110—112、114、117、118、130—131、135—137、145、147、148、151、152、154、232、379、398—399、413。

—《资本论》(1867 年俄文版第 1 卷)(Капитал. Критика политической экономии.Т.I.1867 г.)——59、64、105—106、107、110—111、115—116、130、135—137、143、148—151、291、292、379、457。

—《资本论》(1872 年俄文版第 1 卷)(Капитал. Критика политической экономии.Пер.с нем. Т. I. Кн. I. Процесс производства капитала. Спб. , Поляков, 1872. XIII, 678 стр.)—— 140 — 143、273 — 274、281 — 282、414 —

415、417。

——《资本论》(俄文版第 2 卷)(Капитал. Критика политической экономии. Т. II. 1885 г.)——59—68、457、458。

马克思,卡·和恩格斯,弗·《德意志意识形态》(Маркс, К. и Энгельс, Ф. Немецкая идеология. Критика новейшей немецкой философии в лице ее представителей Фейербаха, Б. Бауэра и Штирнера и немецкого социализма в лице его различных пророков. 1845—1846 г.)——115—117、152。

——《共产党宣言》(Манифест Коммунистической партии. Декабрь 1847 г.—январь 1848 г.)——112、117、147、232、346、400。

迈尔,西·《维也纳的社会问题》(Mayer, S. Die soziale Frage in Wien. Studie eines Arbeitgebers. Wien, Becksche Universitätsbuchhandlung, 1871. XIV, 32 S.)——130—131。

米海洛夫斯基,尼·康·《给编辑部的信》(Михайловский, Н. К. Письмо в редакцию.——«Отечественные Записки», Спб., 1883, №7, стр. 97—112. Подпись: Посторонний)——144。

——《关于马克思的一本书的俄文版》(По поводу русского издания книги Карла Маркса.——«Отечественные Записки», Спб., 1872, №4, стр. 176—184)——151、155、223。

——《何谓进步?》(Что такое прогресс?)——105、374。

——《卡尔·马克思在尤·茹柯夫斯基先生的法庭上》(Карл Маркс перед судом г. Ю. Жуковского.——«Отечественные Записки», Спб., 1877, №10, стр. 321—356)——104、139、149、150、151。

——《门外汉笔记》(Записки профана.—Сочинения. Т. 3. Спб., 1881. 493 стр.)——106—107、114—115、368。

——《文学和生活》(载于 1892 年《俄国思想》杂志第 6 期)(Литература и жизнь.—«Русская Мысль», М., 1892, №6, стр. 172—204)——157—158、174。

——《文学和生活》(载于 1893 年《俄国财富》杂志第 10 期)(Литература и жизнь.—«Русское Богатство», Спб., 1893, №. 10, стр. 108—141)——102、228—229。

——《在国外》(За рубежом)——118—119。

——《自由主义者》(Либерал)——226。

舍尔比纳,费·安·《奥斯特罗戈日斯克县的农民经济》(Щербина, Ф. А. Крестьянское хозяйство по Острогожскому уезду. С 8 карт. Воронеж, изд. Воронежского губ. земства, 1887. XVIII, 454, 51 стр. (В изд.: Сборник статистических сведений по Воронежской губернии. Т. II. Вып. II))—— 38、187、189、190、191—192、193、195、210、265—271、410、411。

司徒卢威,彼·伯·《俄国经济发展问题的评述》(Струве, П. Б. Критические заметки к вопросу об экономическом развитии России. Вып. I. Спб., 1894. X, 293 стр.)——297—301、305—306、318、319—320、356—362、363— 368、370、371、373—376、377—380、381、382—383、384—391、392、 404、406—414、418—424、427—433、434—435、438—448、452、453— 456、457、458—462。

——《论俄国资本主义发展问题)(Struve, P. Zur Beurteilung der kapitalistischen Entwicklung Rußlands. In: «Sozialpolitisches Centralblatt», Berlin, 1893, N 1, 2. Oktober, S. 1—3)——237、238、239、272、273、275—277、 286、287—289、357—358、413—414。

斯克沃尔佐夫,亚·伊·《经济评述》(Скворцов, А. И. Экономические этюды. I. Экономические причины голодовок в России и меры к их устранению. Спб., 1894. VIII, 185, II стр.)——168、435。

——《蒸汽机运输对农业的影响》(Влияние парового транспорта на сельское хозяйство. Исследование в области экономики земледелия. Варшава, 1890. VIII, VI, 703 стр.)——434—438。

斯洛尼姆斯基,路·季·《农民的需要及其研究者》(Слонимский, Л. З. Крестьянские нужды и их исследователи.—«Вестник Европы», Спб., 1893, No 3, стр. 296—318)——44。

特里罗果夫,弗·格·《村社和赋税》(Трирогов. В. Г. Община и подать. (Собрание исследований). Спб., 1882. 509 стр.)——42。

特维尔斯科伊,帕·А.《美国十年》(Тверской, П. А. Десять лет в Америке. Из личных воспоминаний.—«Вестник Европы», Спб., 1893, No 1, стр. 55—

92)——80。

瓦·沃·——见〔沃龙佐夫,瓦·巴·〕。

〔沃龙佐夫,瓦·巴·〕瓦·沃·《德国的社会民主主义和俄国的资产阶级主义》(〔Воронцов, В. П.〕 В. В. Немецкий социал-демократизм и русский буржуаизм. (П. Струве. Критические заметки к вопросу об экономическом развитии России).—«Неделя», Спб., 1894, №47, 20 ноября, стр. 1504 — 1508; №48, 27 ноября, стр. 1543 — 1547; №49, 4 декабря, стр. 1587 — 1593)——314、324、347、384、463。

——《俄国资本主义的命运》(Судьбы капитализма в России. Спб., 1882. 312 стр.)——234。

——《军国主义和资本主义》(Милитаризм и капитализм.—«Русская Мысль», М., 1889, №9, стр. 70 — 90)——457。

——《理论经济学概论》(Очерки теоретической экономии. Спб., 1895. 319 стр.)——356、384。

——《农民村社》(Крестьянская община. Общий обзор земской статистики крестьянского хозяйства А. Фортунатова. М., 1892. XLVI, 600, VI стр. (В изл.: Итоги экономического исследования России по данным земской статистики. Т. I))——2。

——《农民经济中的进步潮流》(Прогрессивные течения в крестьянском хозяйстве. Спб., 1892. VI, 261 стр.)——87、218、221、426。

——《市场的商品供应过剩》(Излишек снабжения рынка товарами.—«Отечественные Записки», Спб., 1883, №5, стр. 1 — 39)——457。

——《我们的方针》(Наши направления. Спб., 1893. VI, 215 стр.)——229、324。

乌斯宾斯基,格·伊·《罪孽深重》(Успенский, Г. И. Грехи тяжкие)——345。

叶尔莫洛夫,阿·谢·《歉收和人民的灾难》(Ермолов, А. С. Неурожай и народное бедствие. Спб., 1892. 270 стр.)——254。

伊萨耶夫,安·阿·《莫斯科省手工业》(Исаев, А. А. Промыслы Московской губернии. Т. II. 1. Металлические промыслы. 2. Гончарный промысел. М., изд. Моск. губ. земской управы, 1876. 200, IV стр.)——182。

尤沙柯夫,谢·尼·《俄国经济发展问题》(Южаков, С. Н. Вопросы экономического развития России.—«Русское Богатство», Спб., 1893, №11, стр. 202—227; №12, стр. 186—209)——102、156、203—204、205、216、384。

—《俄国人民土地占有标准》(Нормы народного землевладения в России.(Опыт экономического исследования о нормальной величине крестьянских наделов в России).—«Русская Мысль», М., 1885, №9, стр. 1—40)——38、210。

—《国内生活纪事》(Хроника внутренней жизни.—«Русское Богатство», Спб., 1894, №7, стр. 127—153)——313、462。

—《农业部》(Министерство земледелия.(Заметка по поводу слухов о его организации).—«Русское Богатство», Спб., 1893, №10, стр. 29—40)——203、223、225—226。

* * *

《第聂伯罗夫斯克县各村农业状况统计表》(Статистические таблицы о хозяй-ственном положении селений Днепровского уезда. Сост. стат. бюро Таврического земства. Симферополь, изд. Таврического губ. земства, 1886. III, 253 стр. (В изд.: Сборник статистических сведений по Таврической губернии. Т. II))——40、41、43、46、49、90。

《俄国财富》杂志(圣彼得堡)(«Русское Богатство». Спб.)——102、105、118、127、155、171、172、207、214、215、222、225、228、230、238、239、251、273、301、321、325、331、397、409、428。

—1893—1894。——406。

—1893, №10, стр. 29—40, стр. 108—141.——102、203、223、225—226、228。

—1893, №11, стр. 202—227.——102、156、203—204、204—205、384。

—1893, №12, стр. 145—159, стр. 160—192, стр. 186—209.——102、173、174、175—176、178、200—201、203—204、205、206、207、211—212、213、214、215、216、217—218、222、227—228、230、234—235、236、237—238、239—240、242—245、281、358、384。

—1894, №1, стр. 88—123, стр. 150—170.——102、104、106、111—128、130、131—132、149—154、155、156、159、160—162、162—163、164—

167、173、188、189 — 190、191、193 — 196、197 — 199、205 — 207、210 —
211、232、292。

—1894，№2，стр.1 — 19，стр.125 — 147，стр.148 — 168.—— 102、125、132 —
133、134、137 — 138、143 — 144、147 — 149、168、169、204、218 — 220、
223、226。

—1894，№6，стр.86 — 130.—— 273、274 — 275、276 — 277、278、279 — 280、
282、285 — 286、287、288、335。

—1894，№7，стр.127 — 153.—— 313、462。

—1894，№10，стр.45 — 77，стр.94 — 130.—— 313、320、340 — 341、342、343。

《俄国思想》杂志（莫斯科）（《Русская Мысль》.М.，1885，№9，стр.1 — 40）——
38、210。

—1885，№11，стр.13 — 17.—— 184。

—1889，№9，стр.70 — 90.—— 457。

—1892，№6，стр.172 — 204.—— 157 — 158、173 — 174。

《俄国资料汇编》（1890 年）（Сборник сведений по России. 1890. Спб.，изд.
центр.стат.ком.м-ва внутр.дел，1890.VI，352 стр.（Статистика Российской
империи.Х）.На русск.и франц.яз.）—— 82。

《俄罗斯帝国大学总章程》（Общий устав императорских российских универ-
ситетов.23 августа 1884 года.М.，1884.15 стр.）——477、482。

《法学通报》杂志（莫斯科）（《Юридический Вестник》.М.，1883，№11，стр.
414 — 441；№12，стр.543 — 597）——174。

—1888，№10，стр.270 — 273.—— 231。

《富豪制和它的基础》（Плутократия и ее основы.—《Отечественные Записки》，
Спб.，1872，№2，стр.202 — 236）——215 — 216、248。

《根据地方自治局的统计资料所作的俄国经济调查总结》（Итоги экономиче-
ского исследования России по данным земской статистики. Т. I — II. М.—
Дерпт，1892.2 т.）——2、11、426。

《国内生活纪事》（载于 1893 年《俄国财富》杂志第 12 期）（Хроника внутренней
жизни.—《Русское Богатство》，Спб.，1893，№12，стр.145 — 159）——214、
215、216、217。

《国内生活纪事》(载于 1894 年《俄国财富》杂志第 2 期)(Хроника внутренней жизни. — «Русское Богатство», Спб., 1894, №2, стр. 125 — 147)——125、223、226。

《花边业》——见哥尔布诺娃,敏·卡·。

《军事统计汇编》(Военно-статистический сборник. Вып. IV. Россия. Под общ. ред. Н. Н. Обручева. Спб., 1871. XXX, 922, 235 стр.)——82、277。

《卡尔·马克思的政治经济学批判的观点》——见[考夫曼,伊·伊·]。

《梅利托波尔县各村农业状况统计表》(Статистические таблицы о хозяйственном положении селений Мелитопольского уезда. Вып. I. Сост. стат. бюро Таврического губ. земства. Симферополь, изд. Таврического губ. земства, 1885. VII, 280 стр. (В изд.: Сборник статистических сведений по Таврической губернии. Прил. к 1-му Т. сб.))——40、41、46。

《民法汇编》(Свод законов гражданских. — В кн.: Свод законов Российской империи. Т. 10. Ч. I. Спб., 1887, стр. 27)——122。

《民事诉讼程序条例》(Устав гражданского судопроизводства. — В кн.: Судебные уставы. Спб., 1883, стр. 34)——484、487。

《莫斯科省统计资料汇编》(第 2 卷)(Сборник статистических сведений по Московской губернии. Отдел хозяйственной статистики. Т. II. Сост. В. И. Орлов и Н. А. Каблуков. М., изд. Моск. губ. земства, 1878. 616 стр.)——209。

《莫斯科省统计资料汇编》(第 5 卷)(Сборник статистических сведений по Московской губернии. Отдел хозяйственной статистики. Т. V. Вып. I. Очерк хозяйства частных землевладельцев. Сост. Н. Каблуков. М., изд. Моск. губ. земства, 1879. V, 200, 103 стр.)——209。

《莫斯科省统计资料汇编》(第 6—7 卷)(Сборник статистических сведений по Московской губернии. Отдел хозяйственной статистики. Т. VI—VII. Промыслы Московской губернии. М., изд. Моск. губ. земства, 1879—1883. 5 т.)

 —(第 6 卷)(Т. VI. Промыслы Московской губернии. Вып. I. Сост. В. Орлов и И. Боголепов. 1879. 287 стр. Вып. II. Сост. И. Боголепов. 1880. 264, 91, II

　　—(1892年,日内瓦)(Женева, 1892, кн. 4, стр. 25 — 29)——131 — 132、
　　　154—155、291—292。

《社会政治中央导报》(柏林)(«Sozialpolitisches Centralblatt». Berlin, 1893,
　　　N1, 2. Oktober, S. 1 — 3)——237、238、239、272、273、275 — 276、285 —
　　　286、287—288、358、414。

《市场问题》——见[克拉辛,格·波·]。

《司法机关条例》(Учреждение судебных установлений. — В кн. : Судебные
　　　уставы. Спб. , 1883, стр. 70)——484。

《诉讼条例》(Судебные уставы. Спб. , 1883. 632 стр.)——484、487。

《塔夫利达省省志》(Памятная книжка Таврической губернии. Сост. стат. бюро
　　　Таврического губ. земства. Под ред. К. А. Вернера. Симферополь, 1889. 678
　　　стр. (В изд. : Сборник статистических сведений по Таврической губернии.
　　　Т. IX))——14。

《塔夫利达省统计资料汇编》(Сборник статистических сведений по Таврической
　　　губерниц. Т. I—II. Симферополь, изд. Таврического губ. земства. 1885 —
　　　1886. 2 т.)——40、42、45、89、90。

《沃罗涅日省统计资料汇编》(Сборник статистических сведений по Воронежской
　　　губернии. Т. II. Вып. II. Крестьянское хозяйство по Острогожскому уезду. С
　　　8 карт. Сост. Ф. Щербина. Воронеж, изд. Воронежского губ. земства, 1887.
　　　XVIII, 454, 51 стр.)——38、187、189、190、191 — 192、193、194、210 —
　　　211、265—271、409—410。

《下诺夫哥罗德航运业和工业通报》杂志(«Нижегородский Вестник Пароходства
　　　и Промышленности». 1891, No1, стр. 10—16)——176。

《新时报》(圣彼得堡)(«Новое Время». Спб.)——228。
　　　—1894, No6443, 4(16)февраля, стр. 2.——128。

《信息报》(圣彼得堡)(«Весть». Спб.)——314。

《星期周报》(圣彼得堡)(«Неделя». Спб.)——228。
　　　—1894, No47, 20 ноября, стр. 1504 — 1508; No48, 27 ноября, стр. 1543 —
　　　1547; No49, 4 декабря, стр. 1587—1593.——314、324、347、384、463。

《1892年下诺夫哥罗德省的农业概况》(Сельскохозяйственный обзор Ниже-

年　表

（1870—1894 年）

1870 年

4 月 10 日（22 日）

弗拉基米尔·伊里奇·乌里扬诺夫(列宁)诞生于辛比尔斯克(今乌里扬诺夫斯克)。

1879 年

8 月 16 日（28 日）

列宁进辛比尔斯克古典中学。

1886 年

1 月 12 日（24 日）

父亲伊里亚·尼古拉耶维奇·乌里扬诺夫去世。

1887 年

3 月 1 日（13 日）

哥哥亚历山大·伊里奇·乌里扬诺夫因参与谋刺沙皇亚历山大三世被捕。

4 月 18 日（30 日）

列宁向辛比尔斯克中学校长申请参加毕业考试。

5 月 5 日—6 月 6 日（5 月 17 日—6 月 18 日）

参加中学毕业考试。

5 月 8 日（20 日）

亚·伊·乌里扬诺夫因谋刺沙皇亚历山大三世案被处死。

6 月 10 日（22 日）

列宁中学毕业,学习成绩优异,获金质奖章。

6 月底

全家迁居喀山。

7 月 29 日（8 月 10 日）

列宁向喀山大学校长申请入该校法律系学习。

8 月 13 日（25 日）

进喀山大学。

8 月 25 日（9 月 6 日）

开始在喀山大学法律系上课。

9 月—12 月 4 日（16 日）

加入革命学生小组和萨马拉—辛比尔斯克同乡会。

12 月 1 日（13 日）以前

喀山大学辛比尔斯克学生同乡会选派列宁作为代表参加全校同乡会联合会。

12 月 1 日（13 日）

列宁以萨马拉—辛比尔斯克同乡会代表身份参加喀山大学和兽医学院两校同乡会秘密代表会议。会议听取莫斯科大学生代表关于 1887 年 11 月底发生的莫斯科学潮的情况介绍,通过了告喀山全市大学生书,并确定 12 月 4 日（16 日）为喀山大学生声援莫斯科学生运动的行动日期。

12 月 4 日（16 日）

参加喀山大学学生集会,声援莫斯科大学生发动的反对反动的教育法令的运动。

12 月 4 日（16 日）夜

因参加学潮被捕。

12 月 5 日（17 日）

列宁鉴于当时的条件下已无法继续学习,向校长申请退学。

喀山大学校委会根据学区督学的意见,开除列宁和其他参加 12 月

4 日(16 日)学潮的学生学籍。

12 月 7 日(19 日)

列宁接到喀山大学开除学籍的通知,并于当晚被驱逐出喀山,前往喀山省莱舍夫县科库什基诺村,受警察秘密监视。

1888 年

5 月 9 日(21 日)

列宁向国民教育大臣申请复学,未获准。

9 月 6 日(18 日)

向内务大臣申请出国求学,未获准。

9 月 14 日(26 日)以前

获准回喀山,继续受警察秘密监视。

1888 年秋—1889 年 5 月以前

参加尼·叶·费多谢耶夫组织的一个马克思主义小组。

冬天

攻读马克思的《资本论》第 1 卷和马克思、恩格斯的其他著作,研究查理·达尔文、亨利·巴克尔和大卫·李嘉图等人的著作。

1889 年

4 月 29 日(5 月 11 日)

喀山大学医学系教授科托夫希科夫等诊断,列宁患胃病,须出国治疗。

5 月 3 日(15 日)

全家从喀山迁往萨马拉省萨马拉县阿拉卡耶夫卡村附近的田庄。

5 月 13 日(25 日)以前

列宁向喀山省省长申请出国就医,未获准。

5 月下半月—6 月上半月

《萨马拉报》刊登列宁愿担任授课的启事。

7 月 28 日(8 月 9 日)

列宁参加姐姐安娜·伊里尼奇娜·乌里扬诺娃同马尔克·季莫费耶维奇·叶利扎罗夫的婚礼。

9 月 5 日(17 日)

全家移居萨马拉(今古比雪夫)。

1889 年 9 月 5 日(17 日)和 1893 年 8 月 20 日(9 月 1 日)之间

列宁研究瓦·巴·沃龙佐夫的《俄国资本主义的命运》一书。后来在《什么是"人民之友"以及他们如何攻击社会民主党人?》和《俄国资本主义的发展》中批判了这本书。

10 月 28 日(11 月 9 日)

向国民教育大臣申请以校外生资格参加任何一所高等学校法学副博士考试,未获准。

1889 年底—1890 年

在萨马拉继续学习马克思和恩格斯的著作,翻译《共产党宣言》(译稿曾在萨马拉的秘密小组中宣读过,未保存下来)。

结识阿·巴·斯克利亚连科、瓦·安·约诺夫、阿·伊·叶拉马索夫、玛·彼·哥卢别娃,在萨马拉青年中宣传马克思主义。

1890 年

6 月 12 日(24 日)

列宁向国民教育大臣申请以校外生资格参加彼得堡大学法律系课程的国家考试,获准。

1890 年 6 月 12 日(24 日)和 1891 年 4 月 5 日(17 日)之间

为准备国家考试,研读亚·德·格拉多夫斯基《俄国国家法原理》。

夏天—8 月 19 日(31 日)以前

全家在阿拉卡耶夫卡村附近的田庄避暑。列宁研读恩格斯的《英国工人阶级状况》一书(德文版)。

8 月 19 日(31 日)

列宁回到萨马拉。

8 月 20 日(9 月 1 日)以后

首次赴彼得堡,商谈参加国家考试事宜。

1890 年 10 月 19 日(31 日)和 1891 年 4 月 10 日(22 日)之间

为准备国家考试,研读尤·扬松的《统计学理论》。

10 月 24 日(11 月 5 日)

离开彼得堡回萨马拉。

1891 年

3 月初

列宁在牙医安·阿·卡茨涅尔松家参加秘密集会,就俄国经济发展道路问题发言,批驳民粹派分子罗西涅维奇的观点。

3 月 21 日和 26 日(4 月 2 日和 7 日)之间

离开萨马拉前往彼得堡,参加国家考试。

3 月 26 日(4 月 7 日)

向彼得堡大学法律系考试委员会主席呈递以校外生资格参加大学课程考试的申请书,附送刑法论文。

3 月底—4 月

常去彼得堡别斯图热夫高等女子学校宿舍看望妹妹奥丽珈·伊里尼奇娜·乌里扬诺娃。

4 月 4—24 日(4 月 16 日—5 月 6 日)

参加彼得堡大学法律系课程的春季国家考试。

4 月底

奥丽珈患伤寒病住院。列宁常去探望。

5 月初

列宁电告母亲,妹妹病重。

5 月 8 日(20 日)

奥丽珈病故。

5 月 10 日(22 日)

列宁同母亲和好友参加在沃尔科沃墓地举行的奥丽珈的葬仪。

5 月 17 日(29 日)

同母亲离开彼得堡回萨马拉。

5 月 17 日(29 日)以后

去阿拉卡耶夫卡村附近的田庄居住。

9 月 1 日(13 日)

离开阿拉卡耶夫卡村回萨马拉。

9 月 1 日（13 日）以后

启程赴彼得堡。

9 月 7 日（19 日）

抵达彼得堡。

9 月 10 日—11 月 9 日（9 月 22 日—11 月 21 日）

参加彼得堡大学法律系课程的秋季国家考试。

10 月 20 日（11 月 1 日）

往见警察司副司长，申请临时出国，被拒绝。

11 月 11 日（23 日）

离开彼得堡回萨马拉。

11 月 14 日（26 日）

回到萨马拉。

11 月 15 日（27 日）

彼得堡大学法律系考试委员会决定发给列宁一级毕业证书。

12 月初

列宁出席瓦·瓦·沃多沃佐夫关于德国社会民主党的报告会，对报告人的观点提出不同意见。

年底

在萨马拉铁路工厂工人小组作《关于村社、村社的命运和革命的道路》的专题报告。

1892 年

1 月 14 日（26 日）

列宁收到彼得堡学区管理局发给的一级毕业证书。

1 月 30 日（2 月 11 日）

根据萨马拉地方法院的决定，列宁注册为安·尼·哈尔金律师的律师助理。

2 月 28 日（3 月 11 日）

列宁向萨马拉地方法院申请发给律师证书。

3 月—4 月和 6 月

承办几件农民的诉讼案件，并出庭辩护。

6 月 1 日（13 日）

　　呈请警察司司长向萨马拉地方法院说明，警察司方面对于发给列宁律师证书并无障碍。警察司答复：如法院询问，将予回答。

6 月 11 日（23 日）

　　呈请萨马拉地方法院院长向警察司询问，警察司方面对于发给列宁律师证书有无障碍。

6 月 13 日（25 日）

　　从萨马拉到阿拉卡耶夫卡村附近的田庄。

7 月 23 日（8 月 4 日）

　　获得 1892 年承办诉讼案件的资格。

7 月 27 日（8 月 8 日）

　　领到 1892 年在萨马拉地方法院承办诉讼案件权证书。

1892 年夏—1893 年 8 月 20 日（9 月 1 日）以前

　　撰写批判民粹派分子瓦·巴·沃龙佐夫、尼·康·米海洛夫斯基、谢·尼·尤沙柯夫的观点的专题报告，并在各秘密小组宣读。这些报告是《什么是"人民之友"以及他们如何攻击社会民主党人?》一书的准备材料。

9 月 8 日（20 日）

　　离开阿拉卡耶夫卡村返回萨马拉。

9 月—12 月

　　承办几件诉讼案件，并出庭辩护。

1892 年

　　在列宁领导下，萨马拉马克思主义小组成立，积极宣传马克思主义，对伏尔加河流域的进步青年产生很大影响。

1892 年—不晚于 1893 年春

　　列宁在萨马拉马克思主义小组作关于马克思的《哲学的贫困》一书的专题报告。

1893 年

1 月 5 日（17 日）

　　呈请萨马拉地方法院发给 1893 年承办诉讼案件权证书。

1 月 8 日(20 日)

领到 1893 年在萨马拉地方法院承办诉讼案件权证书。

1 月

承办几件诉讼案件,并出庭辩护。

1893 年 1 月—1894 年

通过玛·格·霍普芬豪斯同尼·叶·费多谢耶夫通信。阅读费多谢耶夫的手稿《论农奴制度衰落的经济原因》,并作批注。

3 月初

在民粹派分子尼·斯·多尔戈夫家里会见伊·克·拉拉扬茨。

3 月以后

研究弗·叶·波斯特尼柯夫的《南俄农民经济》一书。

4 月—5 月

承办几件诉讼案件,并出庭辩护。

5 月 20 日和 8 月 31 日(6 月 1 日和 9 月 12 日)之间

研读尼·亚·卡雷舍夫的《国民经济概述》一文(载于 1893 年《俄国财富》杂志第 5 期)。

春天

撰写《农民生活中新的经济变动(评弗·叶·波斯特尼柯夫《南俄农民经济》一书)》一文,并在萨马拉马克思主义小组宣读手稿。

春天或夏天

研究尼古拉·—逊(即尼·弗·丹尼尔逊)的《我国改革后的社会经济概况》,在写给尼·叶·费多谢耶夫的信中批评了这本书,并在萨马拉马克思主义小组作关于这本书的专题报告。

6 月 22 日(7 月 4 日)以前

同全家人一起离开萨马拉前往阿拉卡耶夫卡村附近的田庄。

7 月 23 日(8 月 4 日)

以母亲的名义草拟变卖阿拉卡耶夫卡村附近田庄的契约。

8 月 12 日(24 日)以前

和阿·安·普列奥布拉任斯基一起草拟对萨马拉县涅雅洛夫基村进行按户调查的调查表。

8 月 12 日（24 日）

同全家人一起搬出阿拉卡耶夫卡村附近的田庄，回到萨马拉。

8 月 12 日（24 日）以后

承办一诉讼案件，并出庭辩护。

8 月 16 日（28 日）

由于打算去彼得堡司法区工作，列宁呈请萨马拉地方法院证明他是律师助理并领到 1892 年和 1893 年承办诉讼案件权证书。

8 月 18 日（30 日）

收到萨马拉地方法院签发的证明。

8 月 20 日（9 月 1 日）以前

撰写《瓦·沃·著作中对民粹主义的论证》一文，评瓦·沃·（瓦·巴·沃龙佐夫）《俄国资本主义的命运》一书，并在萨马拉马克思主义小组作专题报告。

8 月 20 日（9 月 1 日）

从萨马拉启程前往彼得堡。

8 月 23 日（9 月 4 日）

途经下诺夫哥罗德时稍事停留，结识当地的马克思主义者，得到在彼得堡的接头地址。

8 月 24 日（9 月 5 日）

离开下诺夫哥罗德前往莫斯科，顺路去弗拉基米尔城看望尼·叶·费多谢耶夫，因他尚未出狱，没有见到。

8 月 25 日或 26 日（9 月 6 日或 7 日）

在莫斯科停留，结识当地的马克思主义者，并建立联系。

8 月 26 日（9 月 7 日）

到鲁勉采夫博物院图书馆阅览室查阅资料。

8 月 31 日（9 月 12 日）

抵达彼得堡。

9 月 3 日（15 日）

列宁在彼得堡注册为 М.Ф.沃尔肯施泰因律师的律师助理。

9 月上半月

曾去沃尔科沃墓地为妹妹奥丽珈扫墓。

1893 年 9 月—1895 年

经常参加律师助理的会议,也经常去彼得堡地方法院律师公会,并在那里解答法律询问和办理诉讼案件。经常去国立公共图书馆和自由经济学会图书馆借阅图书。

10 月 16 日(28 日)

彼得堡律师公会决定发给列宁承办诉讼案件权证书。

10 月

列宁加入彼得堡工艺学院学生马克思主义小组。

10 月底

在彼得堡工艺学院学生马克思主义小组的会议上,批评格·波·克拉辛所作的《市场问题》专题报告。

秋天以前

研究《萨拉托夫省统计资料汇编,第 11 卷,卡梅申县》。

秋天

研究尼·尼·奥勃鲁切夫主编的《军事统计汇编》第 4 编。撰写《论所谓市场问题》一文,并在马克思主义小组宣读。

不晚于 12 月下半月

把《农民生活中新的经济变动》一文寄给《俄国思想》杂志。

12 月下半月

写信告诉彼·巴·马斯洛夫,已寄去尼·叶·费多谢耶夫论农民改革的文章以及《俄国思想》杂志拒绝发表《农民生活中新的经济变动》一事。

不早于 1893 年

修改《资本论》第 1 卷(1875 年版)和第 2 卷(1885 年版)的俄译文。

1894 年

1 月 9 日(21 日)以前

从彼得堡抵达莫斯科。

参加莫斯科大学组织的医生和自然科学家第九次代表大会的统计小组会议,听报告,结识大会代表。

1 月 9 日(21 日)

在莫斯科的一次秘密集会上发言,批判民粹派分子瓦·巴·沃龙佐夫的观点。

1 月 9 日（21 日）以后

到下诺夫哥罗德，在当地的马克思主义小组作专题报告，评论瓦·巴·沃龙佐夫的《俄国资本主义的命运》一书。

不晚于 1 月 12 日（24 日）

了解莫斯科第一个在工人中进行宣传鼓动的马克思主义组织（1893 年 9 月底成立，有 6 名成员）的活动情况。

1 月 12 日（24 日）

回到彼得堡。

1 月

结识当时任伊万诺沃-沃兹涅先斯克市法官的社会民主党人谢·巴·舍斯捷尔宁，商谈两地马克思主义小组建立联系的问题。

2 月底

参加彼得堡马克思主义者在克拉松工程师家里的集会。参加集会的还有娜·康·克鲁普斯卡娅、罗·爱·克拉松、斯·伊·拉德琴柯等人。列宁同克鲁普斯卡娅第一次见面。

在克拉松工程师家里结识合法马克思主义的代表人物彼·伯·司徒卢威和米·伊·杜冈-巴拉诺夫斯基。

1894 年 2 月以后—1895 年 12 月 9 日（21 日）以前

经常在星期日同娜·康·克鲁普斯卡娅会面。

4 月以前

研究恩格斯的《家庭、私有制和国家的起源》一书，并将个别段落译成俄文。

研究尼·康·米海洛夫斯基的文章《文学和生活》（载于 1892 年《俄国思想》杂志第 6 期）。

4 月

写完《什么是"人民之友"以及他们如何攻击社会民主党人?》第 1 编。

不晚于 5 月

写完《什么是"人民之友"》第 2 编。

春天

主持工人马克思主义小组组织员会议。会议在工人马克思主义小组成员瓦·安·舍尔古诺夫的家里举行。

6 月 14 日（26 日）以前

在彼得堡的马克思主义小组作专题报告,分析批判民粹派分子尼·亚·卡雷舍夫的《根据地方自治局的统计资料所作的俄国经济调查总结,第2卷,农民的非份地租地》一书。

写完《什么是"人民之友"》第 3 编。

6 月 14 日（26 日）

离开彼得堡去莫斯科。在莫斯科期间,住在郊区姐姐安娜的别墅里。

6 月 15 日和 8 月 27 日（6 月 27 日和 9 月 8 日）之间

翻译考茨基的小册子《爱尔福特纲领解说》。

6 月

写《什么是"人民之友"》第 1 编第 1 版跋:《出版者说明》。第 1 编第 1 版在彼得堡秘密出版。

7 月 21 日（8 月 2 日）以前

研究恩格斯的著作《论住宅问题》。

7 月

写《什么是"人民之友"》第 1 编第 2 版跋:《本版说明》。第 1 编第 2 版在彼得堡秘密出版。

7 月—8 月

前往弗拉基米尔省哥尔克镇同阿·亚·甘申联系秘密出版《什么是"人民之友"》事宜。

8 月 27 日（9 月 8 日）

从莫斯科回到彼得堡。

8 月—9 月

《什么是"人民之友"》第 1 编第 3 版和第 2 编第 1 版在哥尔克、从 9 月初起在莫斯科油印出版(第 2 编没有印完)。

夏天

《什么是"人民之友"》第 1 编在切尔尼戈夫省博尔兹纳县刊印。

9 月

《什么是"人民之友"》第 3 编第 1 版在彼得堡秘密出版,封面上印的是:

"社会民主党地方小组刊印"。

1894 年 9 月底—1895 年 12 月 8 日（20 日）以前

在涅瓦关卡外亚历山德罗夫钢厂工人尼·叶·梅尔库洛夫家里，给工人小组讲课。参加涅瓦关卡进步工人的集会。

10 月

《什么是"人民之友"》第 1 编第 4 版在彼得堡秘密出版。

不晚于 11 月

《什么是"人民之友"》第 2 编第 2 版在彼得堡秘密出版。

秋天

在彼得堡马克思主义小组宣读《什么是"人民之友"》。

出席革命马克思主义者和彼得堡合法马克思主义者代表的讨论会，以《马克思主义在资产阶级著作中的反映》为题作专题报告，批判司徒卢威的《俄国经济发展问题的评述》一书。出席这次讨论会的革命马克思主义者还有瓦·瓦·斯塔尔科夫、斯·伊·拉德琴柯，合法马克思主义者有彼·伯·司徒卢威、罗·爱·克拉松等。

秋冬

领导彼得堡的进步工人小组，给维堡、涅瓦关卡等地的工人小组讲课，并参加工人的集会。

指导西门子-哈耳斯克工厂工人伊·伊·雅柯夫列夫学习马克思的《资本论》。

12 月 24 日（1895 年 1 月 5 日）以后

就彼得堡谢米扬尼科夫工厂 12 月 23 日的工潮事件，撰写告该厂工人的传单（工人伊·瓦·巴布什金参加起草工作）。这是俄国马克思主义者的第一份宣传鼓动传单。

冬天

主持有各工人小组的代表参加的工人运动指导中心小组会议，讨论从小组宣传转向群众性政治鼓动问题。

1894 年底—1895 年初

写《民粹主义的经济内容及其在司徒卢威先生的书中受到的批评》一文。

1894—1895 年

编制研究工人劳动条件和生活条件调查表。

《列宁全集》第二版增订版
新增文献一览表

篇　　　名	收入卷次
调查提纲（1894—1895 年）	第 1 卷附录
关于粮价问题（给编辑部的信）（1897 年 2 月底—3 月初）	第 2 卷正文
俄国社会民主工党中央全会关于派别中心的决议草案（1910 年 1 月 2 日〔15 日〕和 1 月 23 日〔2 月 5 日〕之间）	第 19 卷正文
给社会党国际局的信的草稿（1913 年 11 月 14 日〔27 日〕以前）	第 24 卷正文
关于开除马林诺夫斯基（1914 年 5 月 21 日〔6 月 3 日〕以前）	第 25 卷正文
罗·瓦·马林诺夫斯基案件调查委员会的结论（1914 年 7 月）	第 25 卷附录
罗·瓦·马林诺夫斯基奸细活动案询问记录（1917 年 5 月 26 日）	第 30 卷附录
在俄国社会民主工党（布）彼得堡委员会会议上的发言（1917 年 11 月 1 日〔14 日〕）	第 33 卷正文
俄共（布）中央组织局和政治局决定草案（1919 年 7 月 5 日）	第 37 卷正文
俄共（布）中央关于乌克兰政策的提纲草案（不晚于 1919 年 11 月 21 日）	第 37 卷正文

篇　　　名	收入卷次
俄共(布)莫斯科市代表会议就星期六义务劳动的报告所作的总结发言(1919年12月20日)	第38卷正文
在全俄工会中央理事会共产党党团会议上的讲话(1920年1月12日)	第38卷正文
为俄共(布)中央全会准备的关于波兰问题的提纲草案(1920年7月16日)	第39卷正文
俄共(布)第九次全国代表会议中央委员会政治报告、总结发言(1920年9月22日)	第39卷正文
俄共(布)第九次全国代表会议关于乌兰诺夫斯基报告的决议草案(1920年9月22日)	第39卷正文
答俄国共产主义青年团第三次代表大会代表问(1920年10月2日)	第39卷正文
俄共(布)第九次全国代表会议中央委员会政治报告的提纲(不晚于1920年9月20日)	第39卷附录
同西班牙社会主义工人党代表团的谈话(1920年12月10日)	第40卷正文
在全俄矿工第二次代表大会俄共(布)党团会议上作的讨论笔记和总结发言提纲(1921年1月23—24日)	第40卷附录
俄共(布)第十次全国代表会议关于党的纪律和党的统一问题的讲话(1921年5月27日)	第41卷正文
共产国际第三次代表大会对共产国际《关于策略问题的提纲》草案的意见(1921年6月10日)	第42卷正文
共产国际第三次代表大会关于法国共产党现状问题的讲话(1921年6月17日)	第42卷正文
俄共(布)中央政治局决定草案(1921年7月28日)	第42卷正文

篇　　名	收入卷次
俄共(布)中央秘密信件的草稿(1921 年 9 月 9 日)	第 42 卷正文
给维·米·莫洛托夫并转俄共(布)中央政治局各委员的信(1922 年 3 月 19 日)	第 43 卷正文
俄共(布)中央政治局给格·瓦·契切林的电报(1922 年 4 月 17 日)	第 43 卷附录
俄共(布)中央政治局给格·瓦·契切林并转在热那亚的俄罗斯联邦代表团全体成员的电报(1922 年 4 月 25 日)	第 43 卷附录
致卡·考茨基(1911 年 6 月 4 日〔17 日〕和 15 日〔28 日〕之间)	第 46 卷正文
致伊·费·阿尔曼德(1914 年 7 月 7 日〔20 日〕)	第 46 卷正文
致格·叶·季诺维也夫(1916 年 3 月 8 日〔21 日〕以前)	第 47 卷正文
给 A.M.尤里耶夫的直达电报记录(1918 年 3 月 26 日)	第 48 卷正文
致尼·亚·罗日柯夫(1919 年 1 月 29 日)	第 48 卷正文
给斯大林的电报(1919 年 3 月 8 日)	第 48 卷正文
给列·谢·索斯诺夫斯基和叶·阿·普列奥布拉任斯基的电报(不早于 1919 年 11 月 8 日)	第 49 卷正文
致阿富汗国王阿曼努拉汗(1919 年 11 月 27 日)	第 49 卷附录
给俄共(布)各省委员会和区域委员会的电报(1921 年 7 月 30 日)	第 51 卷附录
致格·瓦·契切林(1922 年 2 月 10 日)	第 52 卷正文
致列·波·加米涅夫和约·维·斯大林(1922 年 3 月 9 日)	第 52 卷正文
致约·维·斯大林(1922 年 7 月 16 日)	第 52 卷正文
致格·瓦·契切林(1922 年 10 月 24 日)	第 52 卷正文

篇　　　名	收入卷次
致莫·伊·弗鲁姆金和波·斯·斯托莫尼亚科夫(1922 年 12 月 12 日)	第 52 卷正文
致约·维·斯大林(1922 年 12 月 13 日)	第 52 卷正文
俄共(布)中央委员会致出席共产国际第四次代表大会的意大利共产党代表团(1922 年 11 月 24 日)	第 52 卷附录
致玛·伊·乌里扬诺娃(1904 年 5 月 20 日〔6 月 2 日〕)	第 53 卷附录

《列宁全集》第二版第1卷编译人员

译文校订：陆梅林　汤钰卿　罗　焚　高叔眉　王问梅　郭值京
　　　　　谭金云
资料编写：林　扬　张瑞亭　刘方清　刘丕烈　周秀凤　毕世良
编　　辑：杨祝华　盛　同　江显藩　李桂兰　林海京
译文审订：姜其煌　岑鼎山

《列宁全集》第二版增订版编辑人员

翟民刚　李京洲　高晓惠　张海滨　赵国顺　任建华　刘燕明
孙凌齐　李桂兰　门三姗　韩　英　侯静娜　彭晓宇　李宏梅
武锡申　戢炳惠　曲延明

审　　定：韦建桦　顾锦屏　王学东

本卷增订工作负责人：刘燕明　李宏梅

责任编辑：郇中建
装帧设计：石笑梦
版式设计：周方亚
责任校对：吴海平　周　昕

图书在版编目(CIP)数据

列宁全集.第1卷/(苏)列宁著；中共中央马克思恩格斯列宁斯大林著作编译局编译.
 —2版(增订版)-北京：人民出版社,2013.12(2024.7重印)
ISBN 978-7-01-010685-4

Ⅰ.①列… Ⅱ.①列… ②中… Ⅲ.①列宁著作-全集 Ⅳ.①A2

中国版本图书馆 CIP 数据核字(2012)第 026735 号

书　　名	列宁全集	
	LIENING QUANJI	
	第一卷	
编 译 者	中共中央马克思恩格斯列宁斯大林著作编译局	
出版发行	人民出版社	
	(北京市东城区隆福寺街 99 号　邮编 100706)	
邮购电话	(010)65250042　65289539	
经　　销	新华书店	
印　　刷	北京新华印刷有限公司	
版　　次	2013 年 12 月第 2 版增订版　2024 年 7 月北京第 3 次印刷	
开　　本	880 毫米×1230 毫米 1/32	
印　　张	19.125	
插　　页	6	
字　　数	452 千字	
印　　数	6,001—9,000 册	
书　　号	ISBN 978-7-01-010685-4	
定　　价	49.00 元	

ISBN 978-7-01-010685-4

9 787010 106854 >